Un Fontanero en Wall Street

El Camino hacia la Independencia Económica

Gabriel Rodríguez
www.efficientallocation.net

Copyright ©2018 Gabriel Rodriguez
www.efficientallocation.net

Todos los derechos reservados. Se prohíbe la reproducción, distribución o transmisión total o parcial de este libro por cualquier medio sin la autorización escrita del autor, excepto en el caso de citas breves incluidas en criticas u otro tipo de publicaciones no comerciales permitidas por las leyes de copyright.

Las opiniones, consejos o sugerencias de inversión vertidos en este libro no conllevan ningún tipo de responsabilidad por parte del autor.

Foto de portada y contratapa: Vista de Nueva York, Estados Unidos, tomada desde el Rockefeller Center.
Copyright ©2016 Gabriel Rodriguez
www.efficientallocation.net
info@efficientallocation.net

A Elías, y a todos aquellos que, con espíritu libre y pensamiento independiente, se atreven a cuestionar los dogmas y las creencias más arraigadas, teniendo de su lado sólo hechos y evidencia en lugar de opiniones e intereses personales.

CONTENIDO

I - AHORRO E INVERSIÓN   15

Cuanto más Tonto más Listo   17

Un Juego Peligroso   11
    Un viaje de mil kilómetros   15
    Hoja de ruta   17

El Ahorro no es la Base de la Fortuna   20
    Esos pequeños costos   22
    Poniendo el dinero a trabajar   26
    ¿Cuestión de suerte?   29
    Puntos Clave   32

Sin Pena no hay Gloria   33
    Probabilidad   33
    Una visita al casino   34
    Retorno Promedio vs Retorno Real   35
    Ley de los Grandes Números   37
    Volatilidad   38
    Desviación estándar   40
    Regla de las tres sigmas   44
    Críticas   45
    Puntos Clave   46

Divide y Vencerás   48
    Teoría Moderna del Portafolio   48
    Correlación   50
    Del casino a Wall Street   52
    Frontera Eficiente   53
    ¿Problema resuelto?   57
    Puntos Clave   59

Contenido

II - CLASES DE ACTIVOS 61

Acciones 63
  Bolsa de Valores 63
  Acciones 65
  Riesgo sistémico y no sistémico 66
  Capitalización 68
  Bid, Ask y Spread 69
  Libro de órdenes (Stock Order Book) 70
  Volumen, liquidez y Slippage 73
  Dividendos y apreciación de capital 74
  Rendimiento por dividendo (*Dividend Yield*) 76
  Payout Ratio 77
  Indicadores de Valor: EPS y P/E 77
  Indicador de Valor: P/B 79
  No es oro todo lo que reluce 80
  Capitalización: el tamaño sí importa 81
  Índices bursátiles 83
  Crecimiento 86
  Valor 88
  Stock Picking 89
  Índices basados en Crecimiento y Valor 91
  Las cuatro esquinas del mercado 92
  Puntos Clave 94

Bonos 96
  Deuda pública 97
  Deuda privada 98
  Midiendo el riesgo: Calificación crediticia 100
  Componentes básicos de un bono 103
  Rendimiento de un bono 104
  Valor de mercado de un bono 105
  Sensibilidad a los tipos de interés 105
  Edad 107
  Rol de los bancos y autoridades monetarias 107
  Completando el puzle 110
  Cuadro Morningstar 111
  Cupón Cero 112
  Retorno y diversificación 113
  Puntos Clave 114

Contenido

Fondos de Inversión	**116**
Fondos Mutuos	116
Fondos abiertos y cerrados	118
Expense Ratio	119
Más costos	120
Fondos indexados	121
Rotación de activos: Turnover	123
Inversión pasiva vs activa	124
Exchange Traded Funds: ETF	127
Tracking Error	130
Estructura de un ETF	130
Ineficiencias de mercado y arbitraje	134
Fondos de renta fija (Bonos)	136
Fondos de renta fija vs bonos individuales	138
Inversión activa vs pasiva en el caso de renta fija	139
Puntos Clave	140
Tomando Decisiones	**143**
Puntos Clave	149

III - CONSTRUCCIÓN DEL PORTAFOLIO   151

Un Portafolio para Todos los Climas	**153**
Una perspectiva desalentadora	154
El primer paso	155
Calibrando el portafolio	159
Clases de activos a nivel global	162
Apostando al ganador	165
Poniendo manos a la obra	170
Portafolio 0: Todo en uno	171
Portafolio 1: Dos fondos	173
Portafolio 2: Cuatro y seis fondos	173
Portafolio 3: Valor y Pequeña Capitalización	175
Portafolio 4: Global	176
Portafolio 5: Sectores	179
Portafolio 6: Mínima correlación	180
Portafolio 7: El gusto está en la variedad	182
Un caso a favor de los bonos a largo plazo	183
Puntos Clave	189

Contenido

Midiendo la Eficiencia del Portafolio — 190
  Beta (β) — 191
  Sharpe ratio — 192
  Sortino ratio — 194
  Comparando portafolios — 194
  Puntos Clave — 197

IV - INVERSIÓN ACTIVA — 199

El Inversor Irracional — 201
  Comprar caro y vender barato — 201
  Corrección de precios vs desplome bursátil — 204
  Burbujas — 205
  Una historia de excesos — 207
  La medida del éxito: *Benchmarks* — 208
  Puntos Clave — 211

Análisis Fundamental — 212
  Modelo de Gordon — 214
  Problemas del análisis fundamental — 217
  Desafiando las probabilidades — 218
  La quimera de predecir el futuro — 219
  Tendencias al alza y a la baja — 223
  El costo de ser el ganador — 225
  Inversión en Valor — 227
  Puntos Clave — 230

Análisis Técnico — 232
  Stop loss y take profit — 233
  Soportes y Resistencias — 235
  Patrones — 237
  Promedios Móviles (MA) — 239
  Múltiples Promedios Móviles — 241
  Índice de Fortaleza Relativa (RSI) — 243
  Calibrando nuestra estrategia: *Backtesting* — 245
  Eficiencia del mercado — 248
  Market Timing — 250
  Selección de activos — 252
  Inteligencia Artificial: ¿La última frontera? — 253
  Puntos Clave — 257

V - GESTIÓN DEL PORTAFOLIO — 259

Ejecutando el Plan — 261
- Dollar Cost Average (DCA) — 263
- Dollar Value Average (DVA) — 266
- Reajuste del Portafolio — 270
- Cosecha de pérdidas — 273
- Ciclo de vida del inversor — 275
- La regla del 4% — 277
- Portafolio en compartimientos — 279
- Puntos Clave — 282

Errores Comunes del Inversor — 284
- Insuficiente diversificación — 284
- No reajustar el portafolio — 286
- No prestar atención a los costos — 289
- Pagar por asesoramiento financiero — 290
- Seguir a la manada — 292
- Intentar predecir el mercado — 293
- Invertir en compañías individuales — 294
- Invertir dinero que necesitaremos en el corto plazo — 296
- Observar el comportamiento de cada activo por separado — 297
- Productos apalancados — 297
- Operaciones en corto — 300
- Penny Stocks — 302
- Expectativas poco realistas — 304
- Enfocarse solo en los dividendos — 305
- Comprar ETFs exóticos — 306
- Dejar que nuestras emociones tomen el control — 307
- Puntos Clave — 310

Enfrentando el Riesgo — 312
- Naturaleza del riesgo — 312
- Liquidar el portafolio — 314
- Aparcar efectivo para usar durante un desplome bursátil — 315
- Apostar en contra del mercado — 316
- Oro — 318
- Bitcoins — 321
- Opciones — 323
- Opciones Call — 324
- Opciones Put — 329

Activos + Opciones Put: Una póliza de seguros 331
¿Qué alternativa nos queda? 334
Puntos Clave 334

Conclusiones **336**

VI - APÉNDICES 345

Apéndice A: Herramientas de Búsqueda y Análisis **347**
Morningstar 347
Yahoo Finance 349
Etfdb.com 350
Portfolio Visualizer 353

Apéndice B: Brókeres **355**
Disponibilidad Geográfica 355
Servicios adicionales 355
Certificado por una autoridad financiera 356
Fondo de Garantía 356
Reputación 356
Productos exóticos 356
Comisiones 357
Cuenta demo o de prueba 357
Apertura de cuenta 357
Ingreso y retiro de fondos 358
Brókeres globales 358
Tómese el tiempo necesario 358
Impuestos 359

Apéndice C: Lista de ETFs por Categoría **360**
Mercado Total 360
Principales índices americanos 361
Gran Capitalización 361
Media Capitalización 361
Pequeña Capitalización 362
Bonos. Mercado total 362
Bonos del Tesoro 363
Bonos Cupón Cero 363
Bonos Corporativos 364
Bonos de alto rendimiento (o bonos basura) 364

Contenido

Mercados Internacionales - Bonos ... 364
Mercados de Acciones por Región ... 365
Mercado internacional de Acciones por Capitalización ... 365
Sectores ... 366
Cosecha de pérdidas (*Loss Harvesting*) ... 366

Apéndice D: Glosario de Términos ... **368**

Apéndice E: Lecturas Recomendadas ... **380**

Referencias ... **384**

Índice Alfabético ... **394**

Nada en la vida debemos temer, sino entender.
Es ahora el momento de entender más, así podremos temer menos.

Marie Curie
1867-1934

I
Ahorro e Inversión

1

Cuanto más Tonto más Listo

"Debo juzgar por mí mismo, pero ¿cómo hacerlo? La única forma en que alguien puede juzgar es abriendo y expandiendo su mente mediante la lectura"
John Adams

Hace más de 15 años, un colega de trabajo me comentó sobre un juego online en el que se podía invertir en Bolsa con dinero ficticio. La idea capturó mi interés desde el primer momento y no tardé en darme de alta en la plataforma online y comenzar a "invertir". Me sentía un profesional de Wall Street.

El juego era patrocinado por un bróker local para promocionar la inversión en Bolsa y, por supuesto, sus propios servicios. A cada jugador, al momento de darse de alta, se le asignaba un capital de 20.000 dólares americanos que podía utilizar durante los siguientes 30 días. El jugador con las mayores ganancias al final del juego obtenía como premio un viaje a Nueva York, con todos los gastos pagados.

Si bien el dinero era ficticio, los instrumentos financieros disponibles para invertir eran reales, así como también sus precios, y cada jugador podía comprar y vender cualquiera de ellos.

Por supuesto que las ganancias eran ficticias, pero también lo eran las pérdidas. Comencé a operar con todo tipo de instrumentos y solo bastaba con que aparecieran en mi pantalla para comprarlos, aunque no tenía ni la menor idea de cómo funcionaban o en qué consistían. Tampoco me importaba. Mi estrategia era sencilla: ordenaba los instrumentos financieros (o lo que fueran aquellas líneas en mi pantalla) por precio de menor a mayor y luego seleccionaba los 10 que estaban al tope de la lista (es decir, los 10 "más baratos"). A continuación, simplemente invertía el 10% de mi capital en cada uno de ellos.

Era una estrategia brillante: comprar los instrumentos más baratos, esperar a que subieran de precio para después vender todo y embolsarme las ganancias. Luego repetía todo el proceso. Seguro que a nadie se le había ocurrido antes. "*Que listo soy*", me decía a mí mismo.

Lo que comenzó como una curiosidad, se terminó convirtiendo en algo adictivo. El poder ver en todo momento en que posición me encontraba con respecto a los otros jugadores tampoco ayudaba. Cada pequeña ganancia me animaba a aumentar la apuesta. Cada pérdida, me llevaba a asumir mayores riesgos para recuperar lo perdido. Observaba el valor de mis posiciones cada 10 minutos, luego cada 5 y finalmente no me despegaba de la pantalla.

Como era de esperarse, al finalizar el juego mis pérdidas eran casi totales. De los 20.000 dólares iniciales acabé con menos de 100. Esto, claro, no me impidió volver a intentarlo en la siguiente edición del juego, un año más tarde. Luego del primer fracaso, me sentía seguro de que lo haría mucho mejor en el siguiente intento; había aprendido la lección. Me sentía un inversor experimentado y ya me imaginaba paseando por la *Quinta Avenida* de Nueva York y tomándome una *selfie** en lo alto del *Empire State*, solo me faltaba empacar las maletas. El resultado final: no fueron necesarios 30 días para completar el juego, ... solo me bastó una semana para ¡perderlo todo!

---

*En aquel momento las *selfies* aún no se habían inventado, solo había... fotografías, una tecnología del siglo pasado. El progreso no deja de sorprenderme, ¿y a Ud.?

Cuanto más Tonto más Listo

Lo volví a intentar un par de veces más con resultados similares hasta que finalmente desistí por completo. Unos años más tarde probé suerte con dinero real, pero esa vez fui más cauteloso, o al menos eso era lo que yo creía. Luego de ganar un poco de dinero, tenía la confianza suficiente para asumir un riesgo mayor. No solo acabé perdiendo lo que había ganado inicialmente, sino que continué perdiendo aún más. Volví a abandonar la idea de invertir.

Un tiempo después, luego de superar el mal trago, comencé a preguntarme que era lo que estaba pasando. ¿Es la inversión un juego de suma cero en donde todo lo que ganamos es lo que alguien más ha perdido? Si es realmente así, entonces no es posible obtener beneficios a largo plazo porque la mitad del tiempo ganaremos y la otra mitad perderemos y nos quedaremos como al principio o tal vez peor, perdiendo dinero. ¿Es la inversión como el casino, en donde la casa siempre gana? Y si es así ¿quién es la casa? ¿está el pequeño inversor destinado al fracaso y no tiene ninguna oportunidad frente a las grandes instituciones financieras? Todo parecía indicar que así era.

En mi profesión, la informática, los programadores y administradores de sistemas nos enfrentamos todo el tiempo a una variedad de problemas técnicos que a primera vista parecen no tener sentido: "Todo está en su lugar y cada parte funciona perfectamente por separado, ¿por qué todo el conjunto no hace lo que se supone que debe hacer?". Por supuesto, al final todo tiene una explicación lógica y ésta suele ser el error humano: algo que hemos pasado por alto o que no le hemos dado la importancia suficiente. Una vez identificado y corregido el error, el sistema vuelve a funcionar como si nada hubiera pasado. Por esta razón, no podía evitar pensar que el problema del permanente fracaso a la hora de invertir debía tener causas similares: hay algo que estoy haciendo mal, algo que no he visto, que no he notado, pero ¿qué es?

Tal vez son mis emociones las que interfieren a la hora de tomar decisiones y hacen que mi irracionalidad se disfrace de racionalidad. Si es así, ¿existirá entonces alguna estrategia de inversión sistemática y mecánica o tal vez algún algoritmo* de inversión que pueda simplemente ser programado en un computador? Sin dudas un robot sin emociones ni siquiera pestañará cuando gane millones. Tampoco sufrirá ante las pérdidas y no tomará decisiones impulsivas basadas en el miedo o la euforia, ¡sería el perfecto inversor!

Si algo así le parece ciencia ficción, le sorprenderá saber que estos robots inversores, o más bien programas de computador inversores, existen desde hace décadas y son parte de una industria en auge. Incluso puede adquirir uno de estos robots por solo $99 que opere en el mercado de divisas, o *Forex*, y que trabaje para usted las 24 horas del día, ganando dinero mientras Ud. duerme. Pero que importa el precio, ¿quién no pagaría $99 o $999, o incluso más, por un robot con el potencial de producir millones? ¿cuál es el truco se preguntará Ud.? Pues le respondo con otra pregunta: ¿quién cree Ud. que vendería una máquina de hacer dinero (legalmente) y en forma ilimitada por solo $99 o $999? Pues creo que ya tiene la respuesta: alguien que gana dinero vendiendo máquinas que NO hacen ningún dinero.

Sin embargo, el hecho de que hasta la fecha no existiera ningún robot millonario no respondía mi pregunta: ¿existe o no alguna estrategia sistemática de inversión con la cual obtener beneficios reales sin tener que timar a nadie? En mi búsqueda de respuestas, ya no se trataba simplemente de ganar dinero. Aún en el caso de que no existiera tal estrategia, necesitaba comprender el por qué. No me valía con que alguien simplemente afirmara una cosa o la otra, necesitaba juzgar por mí mismo y llegar a entender como encajaban las piezas, si es que encajaban.

Viéndolo en retrospectiva, la respuesta era de esperarse: no existe ninguna estrategia mágica, que genere dinero en forma consistente por la sencilla razón de que, si tal estrategia existiera, todo el mundo la utilizaría y rápidamente dejaría de tener efecto. Si alguien

---

*Un algoritmo es un conjunto de instrucciones que se ejecutan en forma secuencial y mecánica, una después de la otra hasta llegar a un resultado final. Todos los programas de computador son por definición un algoritmo, pero también lo es una receta de cocina: una serie de instrucciones ejecutadas en orden hasta obtener un producto final, nuestra cena.

le ofrece un método para hacer dinero a cambio de una comisión, mejor será que se aleje lo antes posible. Si se lo ofrece a cambio de nada, salga corriendo de inmediato, porque el timo está a la vuelta de la esquina.

¿Significa esto que no es posible ganar dinero con la inversión en bolsa? Sí que es posible, pero el truco está en *no intentar ser el más listo de la clase* y sobre todo no pagarle a alguien para que haga la tarea por Ud. Siempre me entretiene leer y escuchar a supuestos gurús de la inversión, cada uno con sus propios métodos infalibles, todos exitosos y aconsejando a los no iniciados sobre cómo hacerse ricos. Lo que nunca cuadra es que siempre están intentando vender algo. Si tengo una estrategia ganadora, ¿por qué perdería el tiempo intentando venderla? Simplemente la utilizaría para mi propio beneficio y luego me iría de vacaciones.

Pero la paradoja no acaba allí: si todo el mundo conoce mi estrategia, mi ventaja competitiva desaparece por completo. Imagine que Ud. posee un método que predice que la empresa X aumentará 10% su valor en bolsa en las próximas 2 semanas. Si esto es cierto, el valor de X ya ha subido un 10% hoy a la mañana o incluso ayer, mucho antes de que su método se lo informe, simplemente porque los demás inversores cuentan con la misma información y actúan en consecuencia (antes que Ud.).

Tal vez crea que su estrategia es superior y que nadie más la conoce. Piénselo de nuevo: hay millones de inversores allí fuera dedicados a tiempo completo a analizar cada pieza de información existente sobre el mercado, sin importar que tan insignificante sea. Instituciones financieras con una cantidad de recursos inimaginables para el pequeño inversor y que están dedicados única y exclusivamente (y a tiempo completo) a explotar la más mínima oportunidad que los mercados ofrezcan para extraer beneficios y cuando digo oportunidad, me refiero a fracciones de segundo luego de las cuales la oportunidad se ha esfumado. ¿Cree Ud. ser capaz de competir contra eso y salir victorioso? El inversor y asesor presidencial Bernard Baruch (1870-1965) lo ha expresado en forma más que elocuente: *"Algo que todo el mundo sabe es algo que no vale la pena saber"*. Esto es especialmente cierto en los mercados y lo analizaremos más adelante.

Ahorro e Inversión

La única manera de invertir en forma exitosa es aceptar nuestras limitaciones y dejar que el mercado nos dé el rendimiento que esté dispuesto a darnos, ni más ni menos y sin intentar hacer apuestas arriesgadas. Admito que la inversión vista de esta manera no suena muy emocionante, pero es como tiene que ser. La inversión debe ser aburrida y desprovista de emociones, como ver crecer el césped. Si quiere emociones, le recomiendo ir a un casino. Los estudios académicos muestran una y otra vez que en el largo plazo el inversor paciente, que se conforma con obtener un resultado promedio (que no es lo mismo que mediocre), acaba por lograr beneficios superiores a la mayoría de los inversores profesionales y sin haber pagado un céntimo por asesoría financiera.

Warren Buffet, presidente del conglomerado *Berkshire Hathaway*, y considerado por muchos el mejor inversor de todos los tiempos, lo expresa de esta manera:

"Mediante la inversión periódica en fondos indexados, el inversor que nada sabe puede obtener beneficios superiores a la mayoría de los profesionales de la inversión. Paradójicamente, cuando el dinero 'tonto' reconoce sus limitaciones, deja de ser tonto." [1]

El párrafo que acaba de leer resume el mensaje central de este libro. En las siguientes páginas, iremos analizando una serie de conceptos que nos ayudarán a entender esta idea. Lo invito pues a continuar leyendo.

2

Un Juego Peligroso

"Pocos ven lo que somos, pero todos ven lo que aparentamos"
Nicolás Maquiavelo.

Cuentan las crónicas de la época que en la tarde del 29 de Octubre de 1929, un hombre se encontraba en la cornisa de uno de los edificios más altos del distrito de Wall Street en Nueva York. Al notar la presencia del aquel hombre, los transeúntes que por allí pasaban comenzaron a agolparse para observar e intentar discernir qué estaba haciendo aquel individuo.

Aquel día era el que luego se conoció como el martes negro, el día en que la Bolsa de Nueva York se desplomó y dio inicio a una de las recesiones económicas más severas de la historia. La multitud que observaba a aquel hombre empezó a especular sobre sus intenciones y cuanto más tiempo pasaba, la idea se volvía cada vez más clara: seguro que era uno de esos especuladores de Wall Street que acababa de perderlo todo y estaba a punto de lanzarse al vacío.

Eso era lo que la gente temía o tal vez deseaba ver. De alguna manera sería como una compensación por el daño causado por esos tiburones del mundo bursátil, que no producen nada y solo se enriquecen con el dinero ajeno.

Luego de varios minutos observando, la situación acabó por aclararse: aquel hombre en aquella cornisa comenzó a recoger sus enseres y volvió al interior del edificio; era un fontanero que se encontraba desatascando unos canalones. La gente en la calle comenzó poco a poco a dispersarse, con un sentimiento que era mezcla de alivio y decepción.

Solemos asociar el mundo de la inversión en Bolsa con oportunistas codiciosos e interesados en sacar provecho de los más incautos. Hollywood nos reafirma esta idea del depredador bursátil: Martin Scorsese en su película Wall Street (1987) nos retrataba a Gordon Gekko (Michael Douglas), un especulador voraz que se valía de tácticas ilegales para ganar millones y que no tenía reparos en utilizar a todos los que confiaban en él. "*Si quieres un amigo, cómprate un perro*", le espeta a su discípulo Bud Fox (Charlie Sheen) en la escena del vestuario. Por cierto, si no ha visto la película, ¡se la recomiendo!

Unas semanas antes del martes negro, el periodista Samuel Crowther publicaba un artículo en donde entrevistaba a uno de los directivos financieros de la General Motors, John J. Raskob. El título del artículo era por demás llamativo: "*Todo el mundo debería ser millonario*" [2]. En la entrevista, Raskob argumentaba que cualquier persona podía amasar una fortuna con solo invertir una modesta cantidad de dinero en forma mensual. Pronosticaba un rendimiento anual del 24% en los siguientes 20 años. Esto ciertamente parecía factible en aquel momento, dada la tremenda expansión industrial que Estados Unidos había estado experimentando durante más de una década, luego de finalizada la primera guerra mundial. Unos días después de publicada la entrevista, el índice *Dow Jones* alcanzaba su máximo histórico hasta la fecha.

En las semanas que siguieron los precios comenzaron a oscilar más de lo normal. El 16 de octubre, el renombrado economista de Yale, Irving Fisher, por entonces de 62 años, hacía las ya famosas declaraciones: "*Los precios del mercado de acciones han alcanzado lo que parece ser un máximo permanente y estable"* y que las oscilaciones observadas se debían a un comportamiento puramente irracional de los inversores. Su tesis era que los precios ni siquiera reflejaban aún el verdadero valor de las compañías cotizadas y que debían subir aún más. A pesar de sus logros académicos, Irving Fisher será siempre recordado por hacer una de las predicciones de mercado más erradas de la historia [3].

Tan solo una semana después se producía lo impensable: un desplome bursátil que fue solo el inicio de la catástrofe. Los principales índices continuaron cayendo durante los siguientes 3 años hasta alcanzar pérdidas superiores al 80% [4], en lo que se considera la crisis financiera más devastadora en la historia de Estados Unidos. Lo que inicialmente fue solo un problema del sector financiero, pronto se trasladó a la economía real, dando lugar a una recesión de larga duración que se conoce como la *"Gran Depresión"*, en donde el desempleo llegó a alcanzar el 25% [5], una cifra nunca registrada hasta ese momento y que no se ha vuelto a ver desde entonces. La crisis arrastró también a las economías del resto del mundo, que tardaron en promedio alrededor de una década en recuperarse. Hay quienes incluso argumentan que se necesitó una segunda guerra mundial para recuperar el curso de la economía...

Unas décadas más tarde, y cuando todo el mundo pensaba que un evento como la Gran Depresión no volvería a ocurrir, la calamidad vuelve a hacer acto de presencia. A lo largo de 2 años, desde enero de 1973 a diciembre de 1974 el índice *Dow Jones* pierde el 45% de su valor. La guerra de Vietnam, la crisis del petróleo, el escándalo *WaterGate* y la subsecuente renuncia de Nixon, fueron eventos que parecieron confabularse para prolongar una recesión que parecía interminable. El dólar comenzó a perder su valor rápidamente y la inflación llegó a superar el 12% [6] [7]. El impacto fue aún mayor en la bolsa de Londres, que registró pérdidas superiores al 70% en el mismo período y no volvió a sus niveles previos sino hasta mediados de los años 80.

La década de los 90 fue testigo del surgimiento de un nuevo paradigma en la economía: Internet. La promesa de un mundo totalmente interconectado provocó el furor por las nuevas tecnologías. Hacia finales de la década, nuevas empresas se creaban casi a diario y con solo añadir *.com* a su nombre se convertían en un imán que atraía el dinero de los inversores. Esta vez todo parecía diferente, la tecnología haría que las economías crecieran en forma constante, resolverían todos nuestros problemas y no había nada de qué preocuparse, el futuro era brillante. Hasta que la realidad volvió a golpear a la puerta: desde marzo de 2000 a octubre de 2002 el índice NASDAQ, que representa el rendimiento del sector tecnológico, perdió un 78% de su valor. Los atentados del 11S añadieron más leña al fuego, prolongando aún más la caída. El ataque, a su vez, mostró que la mayor superpotencia del planeta no era invulnerable y que podía ser golpeada en su propio territorio. Las cosas ya no volverían a ser como antes [8].

Tan solo 6 años más tarde, y con los eventos aún frescos en la memoria, el mundo fue testigo impotente de la mayor crisis financiera en la historia moderna, sólo superada por la de 1929 [9]: el estallido de la burbuja inmobiliaria. A diferencia de la burbuja tecnológica de finales de los 90, la del 2008 acabó afectando a la totalidad de los sectores económicos, y no estuvo confinada a Estados Unidos: se propagó a nivel global en un efecto dominó. Los índices bursátiles alrededor del mundo entraron en caída libre, uno tras otro, y las pérdidas parecían no tocar fondo. Miles de millones de dólares se esfumaban a diario del sistema financiero. El índice *Standard & Poor's 500*, considerado el indicador de referencia de la economía americana, acumuló una pérdida superior al 50%. Si consideramos la década comprendida entre los años 2000 y 2009, el índice obtuvo un rendimiento total negativo durante el período, lo que luego se dio en llamar la *década perdida* [10]. En el peor momento de la crisis, el mundo parecía dirigirse hacia el abismo y el pánico era tal, que muchos ya anunciaban el fin del capitalismo y el comienzo de una nueva era...de miseria absoluta.

Esta es solo una (muy) corta lista de eventos financieros devastadores; la historia está repleta de ellos. El veredicto, entonces, parece claro: la inversión bursátil es un juego peligroso del cual es mejor mantenerse a distancia segura. ¿Pero es este veredicto realmente justo? ¿Es la Bolsa de Valores un juego de suma cero? ¿Qué papel juegan las empresas que cotizan en Bolsa? ¿Y los brókeres? ¿Tiene el pequeño inversor alguna oportunidad frente a los grandes inversores y las instituciones financieras? ¿Qué hacer cuando ocurre un desplome bursátil? ¿Están los asesores financieros de nuestro lado o solo intentan vendernos un producto?

No todo es lo que parece, nos enseña la sabiduría popular. Pero no me malentienda, ¡seguro hay muchos Gordon Gekkos allí fuera! Como los hay en todas las actividades humanas. El truco está en intentar entender, en forma objetiva, cómo funcionan y cuál es el propósito de esas actividades, en este caso el sistema financiero y bursátil, y despojarnos por un momento de los prejuicios y valoraciones morales.

Cuando llevamos nuestro coche al mecánico, confiamos en que vamos a recibir un servicio de calidad a un precio razonable, y no nos cuestionamos la existencia o moralidad del servicio de reparación de coches. Eso no significa que no haya mecánicos pasados de listos que intenten aprovecharse de un cliente incauto que no tenga la menor idea de cómo funciona un coche, o el costo de una reparación.

Un viaje de mil kilómetros

Es mi intención presentar, en las siguientes páginas, un caso a favor de la inversión en Bolsa a largo plazo e intentar convencerlo de que cualquier persona puede y *debe* invertir en forma regular a lo largo de su vida productiva. Tal vez en algún momento se haya planteado la pregunta: "¿Debería invertir o ahorrar dinero?" Permítame aclararle esta duda: la inversión no es algo alternativo al ahorro, la inversión ES ahorro. Mantener capital en efectivo en un banco o debajo del colchón no es ahorro, sino erosión de valor a manos de la inflación.

Es mi deseo, también, poder demostrar que no es necesario ser un experto en finanzas o inversiones para poder crear riqueza genuina que nos brinde independencia económica y tal vez heredar esa riqueza a futuras generaciones. A diferencia de ese fontanero en Wall Street, que probablemente se sentía totalmente ajeno a todo lo que ocurría en el interior de esos edificios, Ud., yo y cualquier otra persona, sin importar nuestra ocupación – ya sea fontanería, carpintería, docencia o servicios de limpieza - y sin importar nuestro nivel de ingresos, podemos participar en la economía global, aportando y beneficiándonos de ella sin que ello implique disponer de una gran cantidad de dinero, ni tener la sensación de que estamos apostando en un casino o un hipódromo.

La inversión no es apostar sino aportar a la economía para que ésta crezca y a cambio obtener una recompensa. En el proceso todos acabaremos beneficiándonos, directa o indirectamente.

Hoy en día, a diferencia de las décadas previas, el acceso a los mercados financieros se ha facilitado en gran medida al público en general y podemos invertir desde la comodidad de nuestro hogar a precios más que razonables. La oferta de instrumentos financieros y la facilidad de acceso a los mismos que existe hoy, hubieran sido impensables hace 20 o 30 años. Adicionalmente, el costo de acceso a estos instrumentos, es decir las comisiones de los brókeres, se ha ido reduciendo en forma drástica debido a la creciente competencia, lo cual resulta en un beneficio directo para el pequeño inversor. Ya no es necesario contar con decenas o cientos de miles de dólares para iniciar una inversión o contratar un bróker: podemos hacer todo online y empezar a invertir con tan solo ¡**1 dólar**!

Permítame tomarme la libertad de asumir que en este instante puede Ud. tener muchas ideas preconcebidas – al igual que yo en algún momento – con respecto a la inversión en Bolsa. Lo que muchas veces nos sucede es que tendemos a creer o pensar lo que la mayoría cree u opina sobre algún tema, simplemente porque nos parece razonable y nos tranquiliza el hecho de que nuestra opinión sea compartida por muchos. Pocas veces nos molestamos en contrastar los hechos o las estadísticas. No se preocupe, es lo que todos hacemos porque es parte de nuestra naturaleza, que nos lleva a asumir, muchas veces en forma inconsciente, la opinión de la mayoría como una verdad demostrada. Es lo que se conoce en sicología como el efecto del falso consenso [11] y es importante reconocerlo porque nos va a afectar negativamente a la hora de invertir.

Mi plan es pues, explorar una serie de conceptos básicos y analizar la evidencia existente a favor (y en contra) de la inversión o métodos de inversión. Tendremos que distinguir entre lo que significa invertir y especular, porque creo que allí radica el problema: solemos confundir ambos conceptos lo que nos lleva a ver la inversión como algo a evitar.

Como en cualquier actividad humana, los mejores resultados los obtenemos cuando hacemos el esfuerzo de adquirir los conocimientos necesarios que nos permitan desempeñarnos cada vez mejor en esas actividades. Lo que le presento aquí es solo el primer paso hacia un entendimiento mayor, pero creo que será más que suficiente para iniciarse y espero que lo motive a continuar explorando. Como dijo el gran filósofo chino *Lao Tzu* en el siglo VII antes de Cristo: *"Un viaje de mil kilómetros comienza con un solo paso"**.

Hoja de ruta

Lo que le propongo es un camino de iniciación que consta de las siguientes paradas:

- **Capítulo 3:** Veremos la diferencia entre ahorro e inversión, y por qué ambos conceptos son en realidad la misma cosa.
- **Capítulo 4:** Investigaremos la íntima relación entre riesgo y retorno, así como también las herramientas de las que disponemos para cuantificarlos.
- **Capítulo 5:** Estudiaremos los conceptos de diversificación y correlación entre activos y el por qué son fundamentales a la hora de construir un portafolio de inversiones eficiente.
- **Capítulo 6:** En este capítulo comenzaremos a ver los tipos de activos disponibles en el mercado, en particular, acciones e índices bursátiles y sus características más relevantes.
- **Capítulo 7:** Aquí nos concentraremos en otro tipo de activos: bonos. Veremos cómo funcionan y por qué deben estar presentes en todo portafolio de inversiones.
- **Capítulo 8:** En este capítulo estudiaremos el instrumento básico que utilizaremos para acceder a las acciones y bonos: Fondos de inversión. Veremos los diferentes tipos que existen y cuál deberíamos utilizar. Además, discutiremos los dos paradigmas fundamentales de la inversión: *Pasiva* y *Activa*.
- **Capítulo 9:** Analizaremos los aspectos básicos a tener en cuenta a la hora de seleccionar un instrumento de inversión.

---

* Estoy seguro de que los kilómetros aún no se habían inventado en la época de Lao Tzu, pero todas formas lo importante es el mensaje.

- **Capítulo 10:** Finalmente aquí construiremos nuestro portafolio de inversiones utilizando los conceptos analizados hasta el momento. Veremos 8 ejemplos de portafolios que nos servirán de punto de partida para construir el que más se ajuste a nuestro perfil como inversores.
- **Capítulo 11:** Veremos qué tan eficientes son los 8 portafolios del capítulo anterior y qué herramientas podemos utilizar para medir esa eficiencia.
- **Capítulos 12, 13 y 14:** Indagaremos con cierto detalle el paradigma de la inversión activa y qué podemos esperar de ella.
- **Capítulo 15:** Veremos el plan de acción que deberíamos implementar a lo largo de nuestra vida como inversores.
- **Capítulo 16:** No menos importante será conocer los errores más comunes que todo inversor suele cometer. Ser consciente de ellos es el primer paso para evitarlos.
- **Capítulo 17:** Aquí discutiremos las estrategias más utilizadas a la hora de reducir el riesgo que supone cualquier inversión. Descubriremos cual de todas es la más apropiada.
- **Capítulo 18:** Conclusiones.

En el capítulo final presentaré mis conclusiones sobre por qué invertir y cómo deberíamos hacerlo. Si siente curiosidad, le presento un breve adelanto:

✓ El ahorro como acumulación de efectivo en una cuenta bancaria no es ahorro, sino erosión de capital debido a la fuerza implacable de la inflación.
✓ El dinero debe ponerse a trabajar para nosotros lo antes posible mediante la inversión sistemática de nuestros ahorros, no sólo para combatir la inflación sino para crear una riqueza genuina que nos permita una independencia económica real al momento de retirarnos o incluso antes. Es altamente probable que una pensión estatal no sea suficiente en el futuro para cubrir nuestras necesidades y en cualquier caso no podremos heredar una pensión a nuestros hijos.
✓ Invertir nuestros ahorros mensuales en un portafolio diversificado basado en su mayor parte en fondos indexados, con

una proporción de acciones y bonos que se ajuste a nuestro nivel de riesgo tolerado.
- ✓ Nunca intentar predecir cómo evolucionará el mercado en el corto plazo.
- ✓ Una vez construido nuestro portafolio deberemos reajustarlo en forma anual o semestral para restablecer las proporciones elegidas inicialmente. Esto mantendrá constante la relación riesgo/beneficio que hemos elegido.
- ✓ Un desplome del mercado, una crisis financiera o una simple corrección de precios estarán siempre a la vuelta de la esquina. Cuando eso ocurra, deberemos actuar con prontitud y tomar las medidas que han producido los mejores resultados hasta ahora: ¡No hacer nada! ¿Le sorprende? Ya veremos el por qué.
- ✓ Evitar contratar un asesor financiero. Poseemos todas las herramientas necesarias para administrar nuestro propio dinero: saber leer, sumar y restar. Nadie tendrá más interés que Ud. mismo en preservar y hacer crecer su capital.
- ✓ Enfocar su atención en mejorar su capacidad de ahorro en lugar del rendimiento potencial de una inversión. Ninguna inversión resolverá su situación financiera si Ud. no desarrolla una disciplina de ahorro saludable. Ante todo, evite tener deudas, y si ya las tiene, intente cancelarlas o reducirlas antes de iniciar cualquier inversión.

Si algún punto no le queda claro, no se preocupe, le invito a seguir leyendo y a continuar el viaje. El primer paso ya lo ha dado.

3

El Ahorro No es la Base de la Fortuna

"Regla Nro. 1: No perder dinero.
Regla Nro. 2: Nunca olvidar la regla nro. 1"

Warren Buffet

Imagine que una empresaria de éxito, llamémosle Francesca, es la dueña de una empresa de transporte turístico que opera en una gran ciudad, cosmopolita y económicamente próspera, como por ejemplo, Nueva York.

Su principal actividad es la organización de tours turísticos, así como también el transporte de personas desde y hacia los diferentes aeropuertos de la ciudad. Ciertamente Francesca no es la única ofreciendo estos servicios y la competencia es intensa, pero esta ciudad es visitada por millones de personas cada año, con lo cual la demanda no es un problema. Cuenta además con una docena de empleados y está planeando expandir sus actividades a otro tipo de

Ahorro e Inversión

servicios, como por ejemplo el transporte en limusinas para personas con alto poder adquisitivo.

Ha tenido que trabajar muy duro para hacer que su nombre y su empresa sean sinónimos de calidad. Tal vez aún no sea millonaria, pero está segura de que lo será en algún momento y eso la hace sentirse orgullosa de sí misma por haber logrado llegar hasta donde está.

Ahora imagine que, en forma repentina, a Francesca le invade un sentimiento de incertidumbre, y no puede evitar pensar que tal vez sus servicios, por alguna razón, ya no sean demandados, o que el precio del combustible se incremente en forma exorbitante y haga que sus beneficios se reduzcan a tal punto que se vea obligada a liquidar su negocio. Piensa también que todo el dinero que ha invertido en esos vehículos esta en este momento circulando por las calles y en cualquier instante pueden tener un accidente fatal, ser robados, o tal vez algún cliente insatisfecho presente una demanda que dañe su reputación en forma irreparable. Si bien su empresa cuenta con todos los seguros en caso de estas eventualidades, por alguna extraña razón los miedos irracionales de Francesca no la abandonan y se hacen cada vez más angustiosos. Empieza a sospechar, además, que sus empleados están planeando una huelga, aunque nunca ha recibido queja alguna por su parte.

Todas sus preocupaciones nos pueden sonar a paranoia y probablemente lo sean. Pero para Francesca todos estos riesgos son muy reales. Tan reales e inminentes que finalmente decide hacer algo al respecto: un buen día deja de hacer circular todos sus vehículos y los guarda en sus garajes en forma indefinida. Contrata, además, varios vigilantes que los custodien día y noche, para que no los roben. Decide también que no va a despedir a ningún empleado y continúa pagando sus sueldos. De esta manera ninguno estará motivado a presentar una demanda o hacer una huelga.

Claramente Francesca no solo ha dejado de ganar dinero, ha comenzado a perder el que había acumulado y en forma muy rápida. Seguramente esta historia le puede parecer ridícula, ¡y lo es! Nadie en su sano juicio haría algo así...y sin embargo esto es lo que muchos de nosotros acabamos haciendo sin notarlo. Permítame aclarar este punto.

El ahorro no es la base de la fortuna

Esos pequeños costos

En algún momento de nuestras vidas, tarde o temprano, nos plantearemos la pregunta: ¿debería arriesgarme e invertir mis ahorros o mantenerlos a buen seguro en mi cuenta bancaria? ... La inversión en general y la inversión bursátil en particular, es un negocio arriesgado y solo para expertos que conocen del tema o peor aún, para personas sin escrúpulos que se aprovechan de los incautos. ¿Voy a apostar en la Bolsa el dinero que tanto trabajo me ha costado ganar? Es preferible continuar ahorrando y dejar el dinero en el banco, donde estará más seguro.

Es muy probable que el dinero en el banco este seguro. Sin embargo, lo que también es seguro es que el valor de ese dinero disminuirá con el tiempo, nunca aumentará. Esa pérdida de valor constante no se debe solo a la inflación, la cual va erosionando el poder de compra de nuestro capital en forma inexorable, sino también a la nula capacidad que tiene el efectivo de producir más efectivo.

El dinero, ya sea que esté depositado en un banco o debajo de su colchón, puede otorgarle esa sensación de seguridad que tanto cree necesitar, al igual que la protagonista de nuestra historia, Francesca. Pero la pregunta es: ¿a qué precio? ¿Somos realmente conscientes de los números involucrados? Seguramente una inflación del 2% o 3% anual no es tan grave o incluso las comisiones bancarias por guardar nuestro dinero puedan ser consideradas despreciables... ¿o tal vez no?

La verdad es que casi nunca nos detenemos a pensar en los *"pequeños"* costos de ciertas cosas, precisamente porque percibimos esos costos como pequeños o insignificantes. El problema es que éstos se acumulan, pero como lo hacen a lo largo de mucho tiempo perdemos la perspectiva de su valor total. Por esta razón, le propongo que nos detengamos un momento para poder recuperar esa perspectiva.

Todos recordamos del colegio haber estudiado interés compuesto, algo que ciertamente no nos divertía. Pero el interés compuesto es una herramienta muy poderosa y a la vez peligrosa, en el caso de la inflación.

Para simplificar nuestro análisis vamos a considerar una inflación promedio anual del 2% en un período genérico de 20 años,

Ahorro e Inversión

algo que suele ocurrir en muchas economías.

Como este valor es un promedio, es claro que a lo largo de estos 20 años la inflación registrada va a estar por encima y por debajo de ese 2%. Incluso es posible observar deflación en algún momento. Sin embargo, tarde o temprano se observará una inflación superior al 2% que dará como resultado el promedio calculado.

Imaginemos a nuestra protagonista Francesca varios años antes de la historia con la que comenzamos este capítulo. En ese momento, en lugar de iniciar lo que podría ser un próspero negocio, simplemente pone sus ahorros a buen seguro en un banco. Digamos que posee un capital de $10.000 dólares en efectivo. En un período de 20 años y con una inflación media anual del 2%, esos $10.000 dólares sufren una pérdida de valor progresiva de acuerdo con lo indicado en la tabla 3.1[*].

Luego de transcurridos 20 años, Francesca tendrá exactamente la misma cantidad de dinero que al inicio: $10.000 dólares. Sin embargo, su poder de compra será de solo **6,864** dólares, es decir ¡un **31,4%** menos que al inicio! En otras palabras: Francesca ha perdido unos $3,136 dólares en total, aunque su estado bancario continúe mostrando la cifra $10.000[†].

Este *beneficio* lo ha obtenido Francesca por *ahorrar* su dinero durante 20 años. Como una imagen vale más que mil palabras, he graficado el contenido de la tabla 3.1 para poder apreciar mejor este declive en valor.

Si bien este ejemplo es ficticio, podemos encontrar casos similares, o incluso peores, en economías reales: la inflación acumulada en España en el período que va de 2000 a 2017 fue del 45.14%[‡], lo que se traduce en una erosión de capital total de 31.1%, muy similar al caso de Francesca, pero en solo 17 años. El mismo fenómeno se observa en casi todos los países como lo muestra la tabla 3.2. A excepción de Japón, con una inflación cercana a 0%, el resto de

---

[*] Si la inflación es del 2%, el valor real de nuestro capital luego de un año lo calculamos como: Valor Año Anterior/ 1.02

[†] No incluyo aquí el interés recibido por una cuenta corriente o depósito bancario, que suele ser más bien magro y que se verá anulado, a su vez, por las comisiones bancarias cobradas durante el período considerado.

[‡] Fuente: *Bureau of Statistics (www.statbureau.org)*

El ahorro no es la base de la fortuna

los países de la lista sufren una pérdida de poder de compra que varía entre 20% y 90%.

Año	Estado bancario	Poder real de compra	Pérdida real acumulada
1	$10,000	$10,000	$0
2	$10,000	$9,804	$196
3	$10,000	$9,612	$388
4	$10,000	$9,423	$577
5	$10,000	$9,238	$762
6	$10,000	$9,057	$943
7	$10,000	$8,880	$1,120
8	$10,000	$8,706	$1,294
9	$10,000	$8,535	$1,465
10	$10,000	$8,368	$1,632
11	$10,000	$8,203	$1,797
12	$10,000	$8,043	$1,957
13	$10,000	$7,885	$2,115
14	$10,000	$7,730	$2,270
15	$10,000	$7,579	$2,421
16	$10,000	$7,430	$2,570
17	$10,000	$7,284	$2,716
18	$10,000	$7,142	$2,858
19	$10,000	$7,002	$2,998
20	**$10,000**	**$6,864**	**$3,136**

Tabla 3.1: Efecto de una inflación de 2% sobre un capital de $10.000 en un período de 20 años.

Entonces, ¿es el ahorro de efectivo una mala idea? Nada más alejado de la verdad: "*El ahorro es la base de la fortuna*", nos dice el dicho popular y es verdad. El problema es que el dinero no está hecho para dejarse en reposo, debemos ponerlo a trabajar y en forma inmediata, de lo contrario comenzará a perder su valor ya desde el primer día.

La pregunta planteada en los párrafos previos: "¿debería invertir o ahorrar?" no es, en mi opinión, una pregunta válida. Ahorrar e invertir no son opciones excluyentes, son la misma cosa.

Ahorro e Inversión

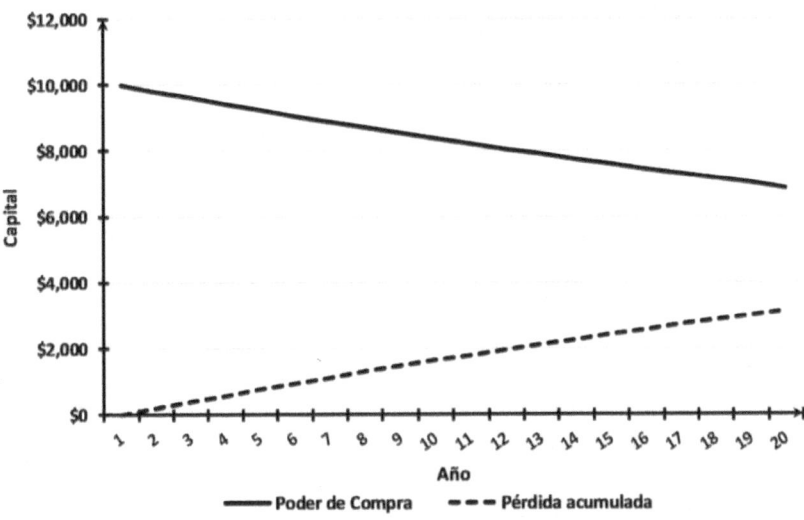

Gráfico 3.1: La línea continua muestra la evolución del valor real del capital a lo largo de 20 años. La línea punteada muestra la pérdida acumulada en términos de poder de compra.

País	Depósito Inicial	Poder de compra final	Inflación Anual	Pérdida de poder de compra
Brazil	$10.000	$3,314	5.95%	66.86%
Mexico	$10.000	$4,737	4.07%	52.64%
EEUU	$10.000	$6,931	2.02%	30.69%
India	$10.000	$3,403	5.81%	65.97%
Francia	$10.000	$7,888	1.31%	21.12%
Reino Unido	$10.000	$7,160	1.84%	28.40%
Turquía	$10.000	$1,014	11.94%	89.86%
Alemania	$10.000	$7,863	1.33%	21.37%
Japón	$10.000	$9,930	0.04%	0.70%

Tabla 3.2: Pérdida del poder de compra por país en el período 2000-2017. Todos los valores están expresados en moneda local. Fuente: *Bureau of Statistics* (www.statbureau.org)

La acumulación de efectivo no es equivalente a acumular valor, sino más bien lo contrario. En este sentido, ahorrar debe traducirse en una actividad que no solo mantenga el valor del dinero, sino que además lo incremente con el transcurso del tiempo. La actividad a la que me refiero es, por supuesto, la inversión. Ahorrar es sinónimo de invertir, no de acumular efectivo. El problema es que el segundo significado de la palabra ahorrar es el que está más arraigado en nuestra cultura.

El diccionario de la Real Academia Española define la palabra ahorro como:

> *Ahorro (tr)*: *Evitar un gasto o consumo mayor.*

Como hemos visto, mantener dinero en efectivo sin utilizarlo equivale a entregárselo a la inflación a cambio de nada. La inflación es, en la práctica, el impuesto que pagamos por no utilizar nuestro dinero. Según la definición de ahorro, *deberíamos evitar ese gasto o consumo mayor (e innecesario)*.

Ahora bien, si equiparamos el ahorro con la inversión, la siguiente pregunta es: ¿qué tipo de inversión? ¿tal vez poner nuestro dinero en depósitos bancarios a largo plazo? Si bien esta opción es mejor que mantener efectivo debajo del colchón, con el interés que los depósitos pagan hoy en día ni siquiera cubriremos los efectos de la inflación. Entonces, ¿qué hacemos?

Poniendo el dinero a trabajar

Imagine que pudiéramos invertir nuestro dinero en un activo que a largo plazo nos brinde un rendimiento promedio anual de entre 9% y 10%. ¿Le resulta más atractivo que un depósito bancario?

Imagine ahora que Francesca tiene 20 años, es estudiante y tiene un trabajo a tiempo parcial que le permite ahorrar $100 al mes de su salario, algo así como $3.3 al día (¡un café en Starbucks!). Cada 10 años, en promedio, Francesca consigue un aumento de salario o un mejor trabajo que le permite añadir $100 más a su ahorro mensual, así, a los 30 años es capaz de ahorrar $200 al mes, a los 40 ahorra $300 al mes y así sucesivamente. A la edad de 65, cuando se retire, habrá acumulado un total de $145.000, lo cual no está nada mal.

Sin embargo, si en lugar de mantener sus ahorros mensuales en efectivo, Francesca los invierte cada mes en el activo mencionado antes, cuando alcance la edad de retiro habrá acumulado un capital de más de **¡1.3 millones de dólares!** Casi 10 veces el dinero que habría ahorrado en efectivo. Pero no solo eso, durante sus años de retiro esta

Ahorro e Inversión

inversión continuará creciendo al mismo ritmo, a pesar de que Francesca ya no cuente con un salario que le permita ahorrar mensualmente.

Es probable que cuente además con una pensión. Pero de no ser así, Francesca simplemente puede retirar en forma anual un 4% de su inversión y dejar que el 5% restante siga acumulándose. Este 4% serán algo así como $52,900 al año o unos $4.400 al mes. En otras palabras, podrá vivir tranquila el resto de su vida y habiéndose retirado millonaria con solo ahorrarse ¡un café al día!

¿Le parece irreal este plan? ¿Qué tal si le digo que ese activo misterioso es muy real? Me refiero, específicamente, al índice bursátil *Standard & Poor's 500*, o en forma abreviada: *S&P500*. Este índice mide el rendimiento de las 500 empresas de mayor capitalización del mercado americano (y muchas de ellas son, además, las de mayor capitalización a nivel mundial).

En los siguientes capítulos indagaremos más en detalle sobre los conceptos de capitalización e índices bursátiles, pero por el momento le adelanto que el *S&P500* ha tenido un rendimiento promedio anual de 9% desde el año 1871*, y casi un 11% desde 1977.

En el gráfico 3.2 vemos el resultado de haber invertido $1 en este índice en el año 1871. Luego de 146 años, ese dólar se convierte en $546. Sin embargo, reinvirtiendo todos los dividendos durante este período, la suma final supera los **$300,000**†. De no haber sido invertido, ese mismo dólar valdría hoy, en términos de poder de compra, menos de 4 centavos.

Lo primero que notamos en este gráfico es un claro patrón ascendente, aunque con algunos tropiezos importantes, como el desplome del año 1929.

Evidentemente nadie podrá vivir 146 años (al menos no todavía) para ver el resultado de invertir $1 en el *S&P500*. Sin

---

* Cabe señalar que el índice que se utiliza hoy en día fue establecido como tal recién a mediados del siglo XX. Sin embargo, es posible reconstruir el rendimiento de un índice hipotético que incluya las compañías de mayor capitalización del mercado americano en las décadas previas, hasta el año 1871 [12]

†No estamos considerando aquí los impuestos sobre los dividendos que habríamos tenido que pagar durante el período. De hacerlo, la suma final es algo menor a $220,000.

embargo, si hubiéramos invertido $100 mensuales en este índice* durante todo el período 1977-2017, habríamos acabado con casi *un millón y medio de dólares*.

Gráfico 3.2: Resultado de haber invertido $1 en el *S&P500* en el año 1871 hasta el presente, incluyendo dividendos. Fuente: *Robert J. Shiller, Yale University.* [12] [13]

Claro está que tendríamos que invertir esa cantidad cada mes sin excepción, durante 40 años y a la vez reinvertir todos nuestros dividendos. Es muy posible que no siempre podamos hacerlo, pero también es muy posible que a lo largo de nuestra vida seamos capaces de invertir sumas mayores de dinero durante ciertos períodos, que compensen los períodos de menor inversión. En cualquier caso, acabaremos en una mejor situación financiera que si simplemente mantenemos nuestro efectivo en una cuenta bancaria.

---

* Como veremos más adelante, técnicamente no es posible invertir en un índice, sino en las compañías que lo componen. En el caso del *S&P500*, estamos hablando de las 500 empresas de mayor capitalización de Estados Unidos. Esto a su vez no es muy práctico para el pequeño inversor, sin embargo, veremos que existen instrumentos financieros de fácil acceso que nos permiten hacer precisamente eso.

Ahorro e Inversión

¿Cuestión de suerte?

Puede que nos estemos planteando la pregunta: pero ¿y qué ha sucedido en otros períodos? Tal vez los últimos 40 años han sido una rara excepción y la inversión a largo plazo no nos garantiza un resultado aceptable. Es cierto que no podemos predecir el futuro y no sabemos qué resultados podemos esperar en los próximos 40 años. Sin embargo, no debemos olvidar que el período 1977-2017 incluye la llamada *década perdida*, en donde el índice no produjo beneficio alguno.

Pero si esto no es suficiente, podemos analizar lo que ha sucedido en los últimos 146 años. Para esto he compilado el retorno anual del *S&P500* en todos los períodos de 20 años consecutivos, a partir de 1871. El gráfico 3.3 nos muestra el resultado.

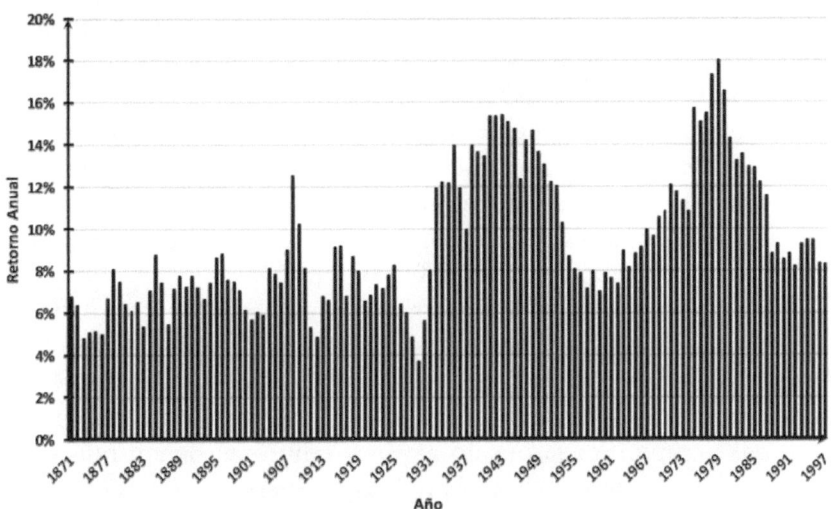

Gráfico 3.3: Retorno anual del *S&P500* durante períodos de 20 años consecutivos desde 1871 (reinvirtiendo dividendos) [14].

Cada barra vertical representa el rendimiento anualizado de los siguientes 20 años. Por ejemplo, la primera barra ubicada sobre el año 1871 nos dice que una inversión realizada ese año hubiera tenido un rendimiento o retorno anual del 6.2% durante los siguientes 20

El ahorro no es la base de la fortuna

años, hasta 1891*. La segunda barra (1872) muestra un retorno anual del 6.34% durante el período que va desde 1872 a 1892. La tercera barra, un 6.1% anual entre 1873 y 1893, y así sucesivamente hasta llegar al período 1997-2017.

Contamos un total 127 períodos de 20 años, y en ninguno de ellos vemos un rendimiento anual negativo. El peor resultado lo observamos entre 1929 y 1949, con un retorno anual de solo 3.07%. Alguien que haya tenido la mala suerte de invertir en el peor momento de la historia, *solo* hubiera duplicado su dinero en las siguientes dos décadas.

En el otro extremo encontramos un retorno anual de casi 18% en el período 1979-1999. Una inversión en el año '79 se hubiera multiplicado ¡27 veces! al cabo de los siguientes 20 años.

Si calculamos el promedio de estos 127 retornos anuales obtenemos un 9.31%. Esto es equivalente a decir que, en promedio, esperaremos duplicar nuestra inversión cada 8 años, o multiplicarla por 6 cada 20 años (o por 35 cada 40 años).

Volvamos un momento al gráfico 3.2. El *S&P500* muestra una tendencia ascendente, casi en línea recta, a lo largo de 146 años y un retorno medio anual de algo más de 9%. Nos preguntamos entonces: ¿qué es lo que causa que ese camino ascendente se mantenga a lo largo de tanto tiempo? ¿cuál es el truco?

Pues no hay truco. Ese permanente ascenso es el producto de la actividad económica (en este caso de Estados Unidos). La actividad productiva del conjunto de todas las compañías y organizaciones que forman parte de una economía es la que crea riqueza genuina a lo largo del tiempo. Por supuesto algunas empresas tienen más éxito que otras e incluso muchas acaban desapareciendo. Pero el producto o riqueza combinado que todas generan crece en forma permanente. En términos muy generales, esto se debe a 3 factores:

- ✓ El número de personas aumenta constantemente, y éstas son las que demandan cada vez más bienes y servicios.

---

* Cada año observaríamos un retorno por encima o por debajo del 6.2%. Pero al final del período acabaríamos con un capital final que sería el equivalente a haber obtenido ese 6.2% en todos y cada uno de esos 20 años.

Ahorro e Inversión

- ✓ Hay una permanente innovación tecnológica que da como resultado nuevos productos y servicios, y a la vez una constante mejora de la eficiencia de los procesos productivos existentes.

- ✓ La inflación siempre está presente, en mayor o menor medida, haciendo que los precios y los salarios se incrementen, lo que a su vez aumenta los ingresos de las compañías y las personas.

Este proceso constante de creación de riqueza es el que diferencia la actividad económica de las apuestas en un casino. Y es mediante la inversión que podemos participar en ese proceso (y progreso) económico y obtener a cambio una parte de esa riqueza creada.

El mensaje es bien claro: aquí no hay truco. Al poner nuestro dinero a trabajar mediante la inversión a largo plazo, estaremos creando riqueza genuina. La inversión no es un juego de suma cero, como los juegos de azar, en dónde sólo ganamos lo que alguien más ha perdido. La inversión, bien entendida, permite que todas las partes acaben beneficiándose.

Pues bien, entonces lo que debemos hacer es simplemente invertir todo nuestro dinero en el *S&P500* y esperar el retiro, ¿o tal vez no?... Como ya hemos visto, el gráfico 3.2 muestra una curva con algunos sobresaltos notorios, sobre todo el desplome de 1929, el cual se ve como una oscilación menor. Sin embargo, el impacto real de ese desplome estuvo muy lejos de ser menor, así como muchos otros que han ocurrido a lo largo de todo el período. Antes de lanzarnos a invertir compulsivamente, debemos comprender dos conceptos básicos: Riesgo y Retorno.

El ahorro no es la base de la fortuna

Puntos Clave

La acumulación de efectivo no es equivalente a la acumulación de valor, una idea que solemos asociar con el ahorro. La pérdida de valor del dinero en efectivo no se debe solo a la inflación, sino también a la nula capacidad que éste tiene de producir más dinero.

El verdadero ahorro implica poner nuestro dinero a trabajar mediante la inversión responsable. No hay diferencia entre los conceptos de ahorro e inversión: son exactamente lo mismo.

El poder de la inversión para crear riqueza genuina reside en la actividad económica de las naciones, no en el azar. El producto de esta actividad económica tiende a crecer con el tiempo, sobre todo gracias a la constante innovación tecnológica y al incremento de la población que produce y demanda cada vez más bienes y servicios.

La inversión a largo plazo no es un juego de suma cero como los juegos de azar. Si Ud. realmente tiene la intención de ahorrar y hacer crecer su patrimonio, la inversión es el único camino.

4

Sin Pena no hay Gloria

"Nadie debería hacer predicciones, especialmente sobre el futuro"
Samuel Goldwyn

Los conceptos de riesgo y retorno son centrales a la hora de construir un portafolio de inversiones que más se ajuste a nuestras necesidades y preferencias. Si solo nos enfocamos en el posible retorno de una inversión sin prestar ninguna atención a los riesgos involucrados, mejor será que apostemos en un casino de Las Vegas.

Probabilidad

El concepto de probabilidad está íntimamente ligado a los conceptos de riesgo y retorno. En mayor o menor medida todos estamos familiarizados con la idea básica: si lanzamos una moneda al aire sabemos que hay un 50% de probabilidades de obtener cara, o lo que es lo mismo, una probabilidad de ½ = 0.5. Pero ¿cómo obtenemos realmente este valor? Pues simplemente dividimos el número de eventos favorables entre el número total de eventos posibles.

En este caso, la cantidad de eventos posibles es dos: cara o número. La cantidad de eventos favorables es uno: obtener cara. Así, al dividir estos dos números obtenemos una probabilidad de ½ o 0.5.

Lo mismo ocurre si lo que lanzamos es un dado: la probabilidad de obtener un 4 es $1/6$ = 0.166... En este caso el número de eventos favorables es 1, obtener un 4, y el número de eventos posibles, incluido el favorable, es 6.

¿Cuál es la probabilidad de obtener un 3 o un 5? Aquí tenemos dos eventos favorables, por lo que la probabilidad es 2/6=0.333....

Ahora bien, el saber que la probabilidad de obtener cara es del 50% no nos dice nada acerca de lo que ocurrirá la siguiente vez que lancemos la moneda. Lo que esa probabilidad nos está diciendo en realidad es que, si lanzamos una moneda un número suficientemente grande de veces, obtendremos cara aproximadamente la mitad de esas veces, y la otra mitad obtendremos número. En otras palabras, la mitad del tiempo obtendremos un resultado y la otra mitad el resultado opuesto.

Esto no significa que sea imposible obtener cara (o número) 5 o 6 veces consecutivas, de hecho, esto ocurrirá a menudo. Pero si hacemos 100 o 200 lanzamientos consecutivos, el patrón comenzará a emerger. En general, un evento con una probabilidad de ocurrencia de $X\%$, implica que lo observaremos $X\%$ del tiempo (si observamos lo suficiente).

La principal utilidad de una probabilidad es que nos brinda información del comportamiento a largo plazo de un evento o variable, y no lo que sucederá a continuación.

Una visita al casino

Nuestra protagonista Francesca se siente con suerte y decide ir a la ruleta de un casino. Es una apostadora conservadora por lo que solo apuesta por un color, negro o rojo, y deja los 36 números de la mesa a los apostadores más arriesgados.

Sus probabilidades de ganar o perder son las mismas: 50%. Esto significa que la mitad del tiempo doblará su apuesta y la otra mitad lo perderá todo. Al igual que al lanzar una moneda, es perfectamente posible que pueda ganar (o perder) 4, 5 o 6 veces consecutivas. Pero si continúa apostando, por ejemplo, 100 o 200 veces consecutivas, sus ganancias netas acabarán siendo muy cercanas a cero*.

Por otro lado, si apuesta por uno de los 36 números de la mesa, sus probabilidades de ganar se reducen a 1/36 (=0.02777). En otras palabras, multiplicará su dinero por un factor de 36 solo el 2.7% del tiempo mientras que perderá todo lo apostado el ¡97.3% del tiempo! Al igual que antes, sus ganancias netas acabarán siendo cero luego de realizar un gran número de apuestas, pero durante el proceso habrá experimentado ganancias y pérdidas considerables.

Comenzamos a ver aquí la relación básica entre riesgo y retorno (o volatilidad y beneficio): un mayor retorno potencial, nos exige asumir un mayor riesgo. Si no nos basta con duplicar nuestro dinero, debemos estar dispuestos a asumir un riesgo muy superior para poder multiplicar por 36 nuestra apuesta.

Retorno Promedio vs Retorno Real

Imaginemos ahora que se instala en la ciudad un casino muy particular, llamémosle Casino *Market* o simplemente casino *M*, en donde la ruleta funciona en forma muy diferente: solo es posible apostar rojo o negro y no hay ningún número disponible. Además, el resultado luego de cada apuesta también es muy diferente:

1. Si sale nuestro color, el casino no doblará nuestra apuesta, sino que solo nos entregará el 40% de lo apostado. Por ejemplo, si hemos apostado $100, el casino nos pagará $40.

2. Por otro lado, si perdemos la apuesta, el casino sólo nos quitará el 20% de lo apostado y podremos conservar el 80% restante.

Las reglas de esta hipotética ruleta nos resultan bastante

---

* La realidad es que el retorno a largo plazo de una ruleta no es cero sino **negativo.** La rueda de una ruleta contiene 36 números, 18 negros y 18 rojos más dos verdes: 0 y 00. En total 38 números. Nuestras probabilidades de ganar son entonces 18/38 = 47.4%, mientras que la probabilidad de perder es 20/38 = 52.6%. ¡La casa siempre gana!

extrañas, pero nuestra intuición nos dice que es una ruleta mucho más favorable para el apostador que las ruletas de los casinos reales. Ciertamente no encontrará una de éstas en un casino Trump.

Si bien no doblamos nuestro dinero cuando ganamos (solo obtenemos el 40%), tampoco lo perdemos todo cuando no sale nuestro color, sino solo el 20%. Además, aunque tengamos una racha de mala suerte, por ejemplo, perder la apuesta 5 veces consecutivas, nuestro dinero nunca llegará a ser cero si bien disminuirá con cada ronda de apuestas: si comenzamos apostando $100 nos quedarán $80 luego de la primera apuesta perdida y a continuación $64, $51, $41 y finalmente $33. Obviamente no es agradable perder casi el 70% de nuestro capital inicial, pero es mucho mejor que perderlo todo en el primer intento, y volver a perderlo todo en las siguientes 4 rondas de apuestas, como pasaría en un casino Trump.

Francesca decide probar suerte en este nuevo casino. Luego de realizar varias apuestas ¿qué retorno puede esperar obtener en esta ruleta? ¿Ganará o perderá dinero? ¿Y cuánto?

Como el resultado de cada apuesta tiene la misma probabilidad de ocurrencia (50%), podemos simplemente calcular el promedio de los dos retornos posibles:

$$Retorno\ Promedio = \frac{40\% - 20\%}{2} = 10\%$$

¿Es el retorno promedio, en este caso 10%, lo que Francesca espera obtener de cada apuesta? Ella es buena con los números y sabe que el retorno promedio no es muy útil aquí. ¿Por qué?

Si comienza apostando $100 y gana la primera apuesta, obtendrá un 40% de ganancias, y su capital resultante será $140. En este escenario simplemente multiplica su apuesta inicial por 1.4. Si pierde, se queda con el 80% de lo apostado. En ese caso, multiplica su apuesta previa por 0.8. En general, cuando gana multiplica su apuesta por 1.4 y cuando pierde por 0.8. Note que da igual el orden:

Ganar – Perder = $100 x 1.4 x 0.8 = $100 x 1.12 = $112
Perder - Ganar = $100 x 0.8 x 1.4 = $100 x 1.12 = $112

Básicamente acabamos multiplicando la apuesta inicial por un factor de 1.12 en ambos casos, porque como ya aprendimos en el colegio: el orden de los factores no altera el producto.

En otras palabras, el retorno real "típico" que Francesca espera obtener, luego de dos apuestas consecutivas, es de 12%. Esto, a su vez, es equivalente a obtener un retorno real típico de aproximadamente 5.83% en cada apuesta individual*, en lugar de 10%, que es solo el promedio de los retornos posibles.

El retorno promedio se lo conoce también como **retorno esperado**†, aunque lo que realmente nos interesa es el **retorno real** y no el promedio, que suele ser mayor (e irreal).

Ley de los Grandes Números

Pues bien, Ud. se estará preguntando ¿pero de qué le sirve a Francesca saber que su retorno real "típico" por apuesta es 5.83% o que su retorno promedio es 10%? Lo que determine su resultado final solo dependerá de la secuencia concreta de apuestas perdidas o ganadas. Si pierde más veces de las que gana obtendrá mucho menos que ese 5.83% por apuesta o incluso puede que pierda dinero.

Y está Ud. en lo correcto: en la práctica Francesca no siempre ganará y perderá (o viceversa) en forma alternativa cada vez que complete dos apuestas consecutivas. Imagine que después de 4 apuestas, Francesca pierde tres y solo gana una. Si comienza con $100 acabará con tan solo $71.7, y no importa el orden en que se den los resultados (vea la tabla 4.1). En este caso, su retorno real por apuesta habrá sido de un triste -8%.

Secuencia	Resultado
Perder – Perder – Perder - **Ganar**	$100 x 0.8 x 0.8 x 0.8 x 1.4 = **$71.7**
Ganar - Perder – Perder – Perder	$100 x 1.4 x 0.8 x 0.8 x 0.8 = **$71.7**
Perder – Perder – **Ganar** - Perder	$100 x 0.8 x 0.8 x 1.4 x 0.8 = **$71.7**

Tabla 4.1: Resultado de perder 3 de 4 apuestas.

Francesca lo piensa de nuevo y se da cuenta de que lo único

---

* Esto es porque: *1.0583 x 1.0583 ≈ 1.12*
† En realidad, el retorno esperado se calcula como el promedio de todos los retornos posibles ponderado por la probabilidad de ocurrencia de cada uno de esos retornos.

importante aquí es la cantidad total de apuestas: si solo realiza unas pocas, por ejemplo 5 o 10, su resultado final será totalmente impredecible. Podrá ganar o perder dinero. Pero si se mantiene en el juego el tiempo suficiente hasta completar, por ejemplo, 100 o 200 apuestas, la situación cambia totalmente.

Recuerde que hay igual probabilidad de perder y ganar en cada ronda, como al lanzar una moneda al aire. Si realizamos un número suficiente de apuestas (o lanzamientos de moneda), la cantidad de apuestas ganadas será muy similar a la cantidad de apuestas perdidas. La buena noticia es que, en este caso, cada ganancia compensa y supera cada pérdida por lo que a la larga nuestros beneficios serán positivos.

Si nos detenemos a pensarlo un momento, este resultado nos puede parecer obvio, sin embargo, hasta hace unos pocos siglos atrás no lo era. El descubrimiento se lo debemos al matemático suizo Jakob Bernoulli que en 1713 demostró lo que se dio en llamar *"La Ley de los Grandes Números"* [15]. A pesar de su pomposo nombre, lo que esta ley nos dice es bien sencillo: si un evento tiene una probabilidad de ocurrencia de X%, entonces ocurrirá aproximadamente X% del tiempo, siempre y cuando "el experimento" (en nuestro caso la apuesta) se realice un número suficientemente grande de veces.

En nuestro casino M, Francesca puede estar segura de que, en forma aproximada, la mitad del tiempo ganará y la otra mitad perderá, con lo que sus beneficios netos serán positivos siempre y cuando se mantenga en el juego durante el tiempo suficiente. Si hace esto, su retorno real por apuesta será cada vez más parecido a ese 5.83% que habíamos calculado inicialmente. Si solo apuesta unas pocas veces, su retorno real será totalmente impredecible.

Volatilidad

Antes de ir al casino, Francesca quiere tener una idea de lo que puede ocurrir una vez que comience a apostar en esta ruleta. Para lograr esto, decide programar su computador para que realice una simulación de 100 apuestas consecutivas en el casino M y ver así, como resulta.

Al comenzar con una apuesta inicial de $100 y luego de completar la simulación, el resultado final es de $110.634, es decir,

Sin pena no hay gloria

Francesca hubiera multiplicado su dinero 110 veces, nada mal. Este resultado es equivalente a haber obtenido un 7.3% de retorno real en cada una de esas 100 apuestas, no muy alejado del 5.83% típico.

Para visualizarlo mejor, Francesca dibuja un gráfico que le muestra la evolución de su capital a lo largo de la simulación (Gráfico 4.1). La línea continua muestra el valor real de su capital luego de cada apuesta. La línea punteada que atraviesa todo el gráfico representa una "apuesta imaginaria" que siempre nos devuelve ese 7.3%. Ambas líneas acaban en el mismo punto luego de completadas las 100 apuestas: $110.634.

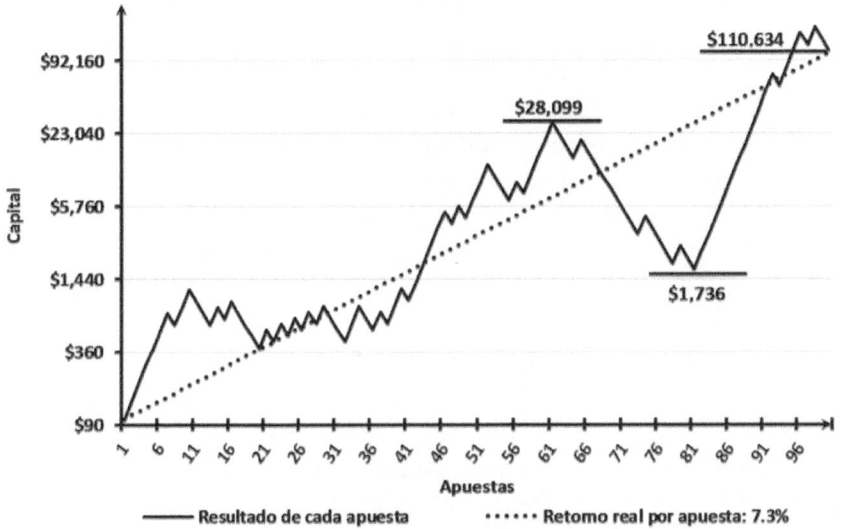

Gráfico 4.1: Simulación de 100 apuestas consecutivas. La línea continua muestra el valor real del capital luego de cada apuesta mientras que la línea punteada el retorno de una apuesta imaginaria que siempre nos devuelve 7.3%.

Observe que la línea continua se va moviendo por encima y por debajo de la línea punteada en forma más o menos alternativa. Esto es porque nunca vemos materializarse ese retorno de 7.3%, sin embargo, cuando la línea continua se aparta de la punteada, tarde o temprano vuelve a ella, una y otra vez.

Al observar el gráfico un poco más en detalle notamos que, si bien el dinero resultante va creciendo a lo largo del tiempo, no lo hace sin sobresaltos. En efecto, en la apuesta número 60 observamos que

Francesca alcanza un capital total de $28,099, sin embargo, solo 20 apuestas más tarde su dinero ha caído hasta los $1,736, ¡lo que resulta en una pérdida acumulada de **93.8%**! Recordemos que esta secuencia de resultados es totalmente aleatoria con lo que esta pérdida masiva pudo haber ocurrido al comienzo del juego.

Si bien el retorno final por apuesta, luego de completar las 100, sigue siendo equivalente a 7.3%, este beneficio viene acompañado de un alto grado de volatilidad, lo que financieramente es sinónimo de riesgo. ¿Estamos mentalmente preparados para sobrellevar una pérdida de esta magnitud? Podemos pensar que si porque las probabilidades están de nuestra parte. Sin embargo, esto es más fácil de decir que de hacer, sobre todo cuando vemos que nuestro dinero (dinero real) se nos está yendo de las manos rápidamente.

Además, no debemos olvidar que luego de sufrir pérdidas considerables no sabremos si éstas se detendrán allí o continuarán acumulándose. En el ejemplo de la ruleta, el hecho de haber perdido casi el 94% de nuestro capital, no tiene ninguna influencia sobre las siguientes apuestas. ¿Qué tal si nuestras pérdidas acaban siendo de 98% o 99%? Muy probablemente entraríamos en pánico y decidiéramos retirarnos mientras aún conservamos algo de dinero.

Nos enfrentamos aquí a una pregunta que todos deberíamos plantearnos en algún momento: ¿cuál es mi nivel de riesgo tolerado? La respuesta, por supuesto, dependerá de cada persona. Pero para poder responderla, necesitamos contar con alguna herramienta que nos permita medir ese riesgo.

Desviación estándar

La desviación estándar, o SD (por sus siglas en inglés), es un valor numérico que nos da una idea de la volatilidad asociada a una variable aleatoria; esa variable aleatoria puede ser el resultado de las apuestas en nuestra ruleta hipotética o el rendimiento anual de un activo financiero. Dada una serie de valores, la desviación estándar simplemente nos indica qué tanto se desvían esos valores de su promedio. Esta medida se suele presentar en forma de porcentaje con respecto a ese valor promedio [16].

Por ejemplo, en nuestra ruleta del casino *M*, la desviación estándar del retorno obtenido en cada apuesta es 30%, ¿por qué? Pues porque en cada apuesta nuestro resultado es o bien -20% o bien +40%, es decir, siempre estamos 30% por encima o por debajo del retorno promedio, que en este caso es +10%.

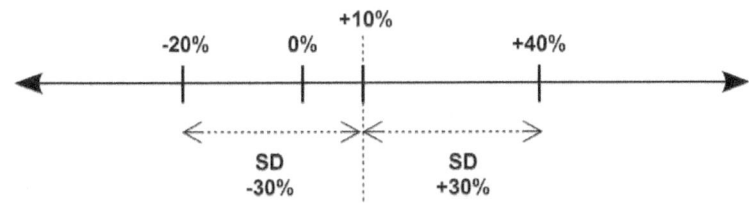

Figura 4.1: La desviación estándar o SD nos da una idea de cómo se distribuyen nuestros retornos alrededor del promedio.

Finalmente hemos encontrado una utilidad para el retorno promedio o esperado.

Luego de analizar los resultados obtenidos en su simulación, a Francesca le invaden las dudas. Esta ruleta es demasiado volátil y no se siente cómoda con ella. Decide entonces echar un vistazo al resto del casino y encuentra otra ruleta que ofrece las siguientes condiciones:

- ✓ 10% al ganar.
- ✓ -5% al perder, por lo que conservamos el 95% de lo apostado.

¿Qué tipo de resultados podemos esperar de esta nueva ruleta? El retorno promedio es ahora 2.5% y el retorno real típico por apuesta es de sólo 2.2%*. Sin embargo, sospechamos que nuestro capital no se moverá como una montaña rusa.

Para verificarlo, Francesca introduce en su computador las mismas 100 apuestas simuladas previamente, pero en la nueva ruleta. El resultado: acaba con un capital final de $1,275, significativamente menos que los $110.634 anteriores. Esto representa un retorno real por apuesta de tan solo 2.6%.

Sin embargo, en la apuesta número 60 su capital alcanza los $673 y 20 apuestas más tarde cae hasta los $375. Esto representa una

---

* 1.10 x 0.95 = 4.5% cada 2 apuestas, lo que equivale a 2.2% por cada apuesta individual.

pérdida acumulada de 44%, muy inferior al 94% sufrida previamente. Esta nueva ruleta tiene una desviación estándar de solo 7.5%, lo que la hace significativamente menos volátil que la primera, y mucho más tolerable. Como contrapartida, su rendimiento final es mucho más modesto.

Para ver mejor la diferencia de resultados entre ambas, Francesca construye el gráfico 4.2. Vemos cómo evoluciona el capital en uno y otro caso: la curva con una desviación estándar de 7.5% parece no sufrir demasiados altibajos en su camino ascendente. Por otro lado, la curva con una desviación estándar de 30% asciende y desciende abruptamente en comparación. La tabla 4.2 nos resume los resultados.

Ruleta	Apuesta inicial	Retorno real por apuesta	Desviación Estándar (SD)	Máxima pérdida registrada	Capital final
1	$100	2.6%	7.5%	44%	$1,275
2	$100	7.3%	30%	94%	$110,634

Tabla 4.2: Retorno vs Desviación Estándar

Lo que hemos hallado aquí es la relación básica entre riesgo (volatilidad) y retorno, la cual ya sospechábamos:

A mayor retorno esperado, mayor riesgo (o volatilidad)

Sin embargo, lo opuesto no es necesariamente cierto. Por ejemplo, en las ruletas de los casinos Trump, experimentamos una desviación estándar del 100%: cada apuesta tiene un retorno de +100% o -100% (duplicamos o perdemos todo), sin embargo, nuestro retorno potencial a largo plazo es cero[*]. Evidentemente intentar ganar dinero en un casino Trump no es lo que llamaríamos una buena inversión.

---

[*] Ya hemos visto que es incluso negativo.

Sin pena no hay gloria

Gráfico 4.2: Evolución de resultados en ambas ruletas

En el mundo real, la desviación estándar es una medida muy útil (y muy utilizada) para evaluar el comportamiento de un activo a lo largo del tiempo. Por ejemplo, un depósito bancario a 10 años que nos devuelva un 1% anual tiene una desviación estándar de 0%. ¿Por qué? Porque ese rendimiento será siempre el mismo durante todo el período y nuestro capital crecerá a un ritmo constante y conocido de antemano. Si depositamos $1,000, luego de 10 años acabaremos con un capital $1,105, o lo que es lo mismo, un rendimiento total de 10.5% que probablemente ni siquiera supere a la inflación.

Por otro lado, si hubiéramos invertido $1,000 en acciones de Microsoft durante el período que va de enero de 2007 a enero de 2017, nuestro capital final hubiera sido superior a los $2,700, lo que es equivalente a un rendimiento anual de 10%. Sin embargo, la desviación estándar de este activo, en ese período, fue superior al 20%. Como resultado, durante la crisis financiera de 2008, nuestras acciones hubieran perdido más del 50% de su valor. En ese momento nos preguntaríamos: ¿¡Por qué no he puesto mi dinero en un depósito bancario!?

Ahorro e Inversión

Viéndolo en retrospectiva, la opción de invertir en Microsoft hubiera sido sin dudas la mejor. Pero no debemos olvidar que una vez que nuestro capital ha perdido 50% de su valor, no sabremos cuánto tiempo le tomará recuperarse (si es que lo hace). Es perfectamente posible que luego de transcurridos esos 10 años, las acciones de Microsoft no hubieran alcanzado aún su valor previo. En ese caso, el depósito bancario hubiera sido una opción muy superior.

En definitiva, la elección entre los activos A, B o C dependerá básicamente de nuestra tolerancia al riesgo. Es claro que siempre nos resultará más atractivo un activo con un retorno potencial superior, pero ese retorno es precisamente potencial y no garantizado.

Regla de las tres sigmas

Otra forma de interpretar el concepto de desviación estándar o SD, que nos puede resultar más intuitiva (o tal vez no), es la llamada *"Regla de las Tres Sigmas"*, siendo sigma la letra griega que denota la desviación estándar (σ) [17].

Esta regla nos dice que el 68.2% del tiempo el retorno de un activo estará a una *sigma* de distancia del valor promedio, por encima o por debajo, siendo sigma el valor indicado por la desviación estándar.

Por ejemplo, si un activo tiene un retorno promedio anual de 10% y una desviación estándar de 8%, hay una probabilidad del 68.2% de que el retorno registrado por ese activo en cualquier año sea de al menos 2% (=10%-8%) y no más de 18% (=10%+8%). Dicho de otro modo: el 68.2% del tiempo ese activo registrará un retorno que estará comprendido entre 2% y 18%. Estos dos valores se encuentran a "una *sigma* de distancia" del promedio, que en este caso es 10%.

Si ampliamos el intervalo a dos sigmas o dos desviaciones estándar, podemos afirmar que el 95.5% del tiempo nuestro activo registrará un retorno que estará por encima de -6% (=10% - 2x8%) y no más allá de 26% (=10%+2x8%). En otras palabras, el 95.5% del tiempo el retorno observado de nuestro activo no estará a más de "dos *sigmas* de distancia" del retorno promedio (por encima o por debajo).

Finalmente, si ampliamos una vez más el intervalo a 3 *sigmas*, nuestra probabilidad aumenta hasta el 99.7%. En nuestro ejemplo, el retorno anual del activo se moverá por encima de -14% (=10%-8x3%)

Sin pena no hay gloria

y por debajo de 34% (=10%+8x3%). Por supuesto que en cualquier año podremos observar valores fuera de este rango, pero eso ocurrirá en muy contadas ocasiones.

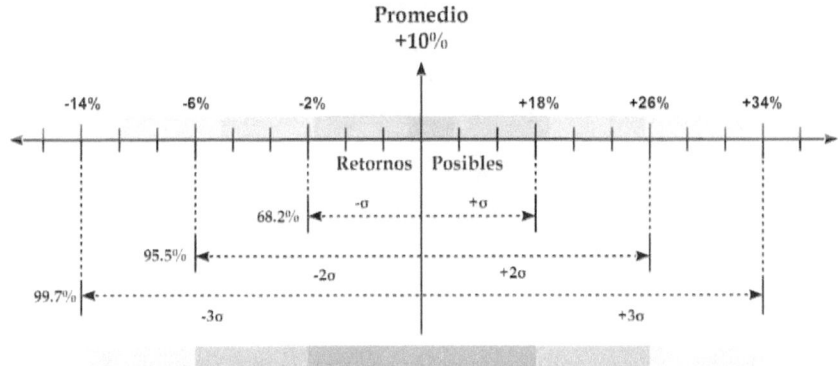

Figura 4.2: Regla de las 3 sigmas. El 68.2% del tiempo el retorno de un activo no se encontrará más allá de una *sigma* (SD) de distancia del retorno promedio, tanto por encima como por debajo de este. El 95.5% a una distancia de dos *sigmas* y el 99.7% a una distancia de 3 *sigmas* del valor promedio.

Puede que todo esto le parezca un poco confuso, pero la idea básica es muy simple: al ampliar el rango de retornos posibles, aumentamos la probabilidad de que el retorno finalmente obtenido caiga en ese rango, algo que parece obvio. La verdadera utilidad de la desviación estándar es que nos da una medida precisa de esos rangos y la probabilidad asociada a cada uno, lo que a su vez nos permite comparar la volatilidad o riesgo de dos activos entre sí.

A la hora de invertir en los activos A o B, no nos resultará muy útil saber que nuestro retorno potencial estará entre -100% (pérdida total) e infinito. El retorno de cualquier activo siempre estará dentro de ese rango. La situación cambia si sabemos que A muestra una probabilidad de 10% de perder la mitad de su valor mientras que la probabilidad de que eso mismo ocurra con el activo B es de 80%, o que es tres veces más probable duplicar nuestro dinero con el activo B que con el activo A.

Críticas

La desviación estándar se ha convertido, valga la redundancia, en el estándar de la industria a la hora de medir el riesgo asociado a una inversión. A pesar de su amplia utilización, la SD no ha estado libre de críticas, sobre todo porque penaliza la variación del retorno tanto por debajo como por encima del valor promedio. A la hora de asumir un determinado riesgo con el objetivo de obtener un determinado retorno esperado, solo nos preocupa saber cuánto de ese retorno puede caer por debajo del valor promedio. ¡Todo lo que obtengamos por encima de ese valor es más que bienvenido!

Por esta razón, algunas veces se utiliza una variante de la desviación estándar: la *semi-varianza*, o *semi-desviación estándar*, la cual solo toma en cuenta las variaciones de retorno cuando estas están por debajo del promedio [18].

Utilizaremos este concepto más adelante cuando analicemos la eficiencia de un portafolio en términos de su relación riesgo/retorno. Como adelanto le diré: lo que en realidad nos interesa es comparar el rendimiento de dos portafolios diferentes, y poder determinar si el que presenta un mayor rendimiento es porque simplemente está asumiendo un mayor riesgo (es decir, una mayor volatilidad) o realmente es capaz de entregar mayores beneficios sin incrementar el nivel de riesgo.

Puntos Clave

El retorno real de un activo no es equivalente al promedio de sus retornos posibles. Consideremos, por ejemplo, un activo que registra los siguientes rendimientos en un período de 5 años:

Año 1: +5%
Año 2: -10%
Año 3: +20%
Año 4: +10%
Año 5: -8%

El retorno promedio anual de este activo es 3.4%*. Sin embargo, el retorno real anual es de solo 2.8%. Con una inversión inicial de $1.000 obtendríamos, luego de 5 años, un capital final de $1,147.61. Este resultado es equivalente a obtener ese 2.8% de retorno real

---

* 3.4% = (5% - 10% + 20% + 10% - 8%) / 5

durante todos y cada uno de los 5 años, aunque en la práctica nunca hemos observado ese retorno específico en ningún año.

La desviación estándar o *SD* nos da una medida de la volatilidad de los retornos de un activo con respecto a su valor promedio. Es ampliamente utilizada para cuantificar el riesgo de un activo o portafolio de inversiones.

La desviación estándar del activo del ejemplo anterior es de 11.2%. Podemos interpretar este resultado utilizando la regla de las tres sigmas: el 68.2% del tiempo el rendimiento de este activo estará entre -7.8% y 14.6%, es decir, a un 11.2% de distancia por encima o por debajo de 3.4%, el retorno promedio del activo.

Para tener una seguridad del 95.5%, debemos ampliar el rango a -19% y 25.8%, esto es, a dos desviaciones estándar (2x11.2%) de distancia del valor promedio.

Una menor desviación estándar nos indica que el activo mostrará un rendimiento más *predecible* en el futuro, en el sentido de que los rangos posibles de esos rendimientos serán más estrechos.

Todas estas métricas nos confirman lo que ya sabemos: a mayor beneficio potencial mayor riesgo (o volatilidad).

5

Divide y Vencerás

"Asumir riesgos calculados es muy diferente a ser imprudente"
General George Patton

Si queremos un mayor rendimiento, deberemos asumir un mayor riesgo. ¿Hay alguna forma de escapar de esta realidad? Si no podemos eliminar el riesgo, ¿podemos al menos incrementar los beneficios sin asumir un riesgo mayor?

Teoría Moderna del Portafolio

Luego de completar algunas simulaciones en su computador, Francesca se hace la misma pregunta. La primera ruleta tiene un retorno típico por apuesta de 5.83%, sin embargo, una desviación estándar de 30% supera su nivel de tolerancia. Por otro lado, la segunda ruleta es mucho menos volátil, pero solo le brinda 2.2% de ganancias por apuesta. ¿Qué hacer? Tras meditarlo un buen rato, decide volver al casino al día siguiente, pero no irá sola, invitará a una amiga para que la acompañe.

Divide y Vencerás

Su plan es sencillo: dividir en dos los $100 de la apuesta inicial. Luego cada una apostará sus $50 en ruletas separadas, pero que funcionan igual que la ruleta 1. ¿Qué espera obtener con esta estrategia? El dinero total apostado inicialmente no ha cambiado ($100) y las dos ruletas funcionan exactamente igual, esto es, ambas entregan el 40% de lo apostado al ganar y retiran el 20% al perder. ¿No deberían, entre ambas, obtener el mismo resultado que antes luego de realizar el mismo número de apuestas?

La diferencia crucial aquí es que, en cada ronda de apuestas, el resultado obtenido en la primera ruleta es totalmente independiente del resultado obtenido en la segunda. Por lo tanto, en cada ronda tendremos 4 resultados posibles, según nos muestra la tabla 5.1.

Escenario	Ruleta 1	Ruleta 2	Retorno Total	Factor
Perder-Perder	-10.00%	-10.00%	-20.00%	0.8
Perder-Ganar	-10.00%	20.00%	10.00%	1.1
Ganar-Perder	20.00%	-10.00%	10.00%	1.1
Ganar-Ganar	20.00%	20.00%	40.00%	1.4

Tabla 5.1: Combinación de resultados posibles en ambas ruletas por cada ronda de apuestas.

En cada ruleta, Francesca y su amiga apostarán la mitad del dinero. Esto significa que las ganancias o pérdidas individuales también se reducirán a la mitad: la que pierda una apuesta, perderá el 10% del dinero total que ambas poseen, en lugar del 20%. Lo mismo ocurre si ganan: obtendrán solo el 20% del total, en lugar del 40%.

Ahora bien, como podemos ver, al dividir el dinero en 2 y apostarlo por separado, los resultados posibles ya no son 40% y -20%, sino: -20%, 10%, 10% y 40%. El retorno promedio sigue siendo 10%[*], el mismo que se obtendría al apostar todo el dinero en una sola ruleta. Sin embargo, el retorno típico luego de completar un número suficientemente grande de apuestas es:

Retorno típico = 0.8 x 1.1 x 1.1 x 1.4 = 1.3552

Es decir, esperamos obtener un beneficio de 35,52% cada 4

---

[*]Es decir: (-20 + 10 + 10 + 40) / 4

apuestas típicas, lo que equivale a un retorno de 7.9% por cada apuesta individual*. Al utilizar dos ruletas en lugar de una, han logrado incrementar el retorno de 5.83% a 7.9% por apuesta, es decir, más de 2 puntos porcentuales con sólo dividir el dinero.

Pero la pregunta es: ¿cuál es la desviación estándar de esta nueva estrategia? Francesca introduce los 4 retornos posibles (-20%, 10%, 10% y 40%) en una planilla de cálculo y obtiene que la *SD* es de 21.2%. En otras palabras: ha incrementado su beneficio potencial a la vez que ha reducido el riesgo casi un tercio. Nada mal teniendo en cuenta que ambas ruletas siguen siendo exactamente las mismas. Solo ha tenido que dividir el dinero.

Tal vez le sorprenderá saber que este resultado le mereció el premio Nobel al economista Harry Markowitz, quien en 1952 introdujo la que hoy se conoce como la Teoría Moderna del Portafolio o *Modern Portfolio Theory* (evidentemente era moderna en 1952) [19]. Esta teoría presenta un modelo matemático que establece lo siguiente:

"Un inversor puede reducir su nivel de riesgo e incrementar sus beneficios mediante la combinación de activos que no estén perfectamente correlacionados"

¿Qué significa eso de que los activos *"no estén perfectamente correlacionados"*?

Correlación

Imaginemos que nuestras dos ruletas están conectadas de alguna forma de modo que cada vez que en una sale el color rojo, en la otra también vemos el color rojo. Lo mismo ocurre con el color negro. En este caso decimos que ambas ruletas (o activos) están perfectamente correlacionadas. En otras palabras, el resultado obtenido en cada apuesta es exactamente el mismo en ambas ruletas (lo cual sería un fraude, pero vamos a permitirlo por el momento).

Cuando esto ocurre, no obtenemos ningún beneficio al dividir

---

* No olvide que este es el retorno potencial luego de completar un número suficientemente grande de apuestas. Si solo permanecemos en el juego durante 5 o 6 rondas, el resultado será totalmente impredecible.

Divide y Vencerás

el dinero y apostarlo por separado: en cada ronda de apuestas obtenemos siempre el mismo resultado por lo que todo el ejercicio es equivalente a apostar en una sola ruleta.

Si ocurriera lo contrario, es decir, que en cada apuesta observáramos siempre el color opuesto en ambas ruletas (rojo y negro o negro y rojo), decimos que ambas tienen una correlación negativa perfecta. Éste es el caso óptimo porque siempre ganaremos en una y perderemos en la otra lo que nos asegura un 10% de retorno todo el tiempo (nunca obtendremos el 40% de ganancia, pero por otro lado nunca registraremos una pérdida).

La correlación entre dos activos A y B, es una medida matemática que indica el grado de "conexión" entre ambos. Su valor se expresa como un número que va de -1 a +1 [20]:

- **Correlación = +1:** Perfectamente correlacionados. Ambos activos se mueven en la misma dirección y en una magnitud relativa preestablecida. Por ejemplo, si el activo A retorna un 10% en un determinado período, el activo B retorna exactamente el mismo porcentaje en el mismo período (o un factor constante de ese porcentaje).
- **Correlación = -1:** Correlación negativa perfecta. Ambos activos se mueven en direcciones opuestas y en una magnitud relativa preestablecida. Por ejemplo, si el activo A retorna un 10% en un determinado período, el activo B perderá un 10% de su valor en el mismo período (o un factor constante de ese porcentaje).
- **Correlación = 0:** No hay correlación alguna. Los activos A y B no tienen ningún tipo de relación o conexión y sus retornos son completamente independientes entre sí. En nuestro caso, si las ruletas no están conectadas, mostrarán una correlación 0.
- **Cualquier valor intermedio:** Nos indica que tan fuerte o débil es la correlación, dependiendo que tan cerca esté de los valores extremos (-1 o +1). Una correlación positiva, pero menor a +1, nos dirá que los activos A y B se mueven en la misma dirección, pero no podemos predecir en qué magnitud exactamente.

En la práctica, cualquier correlación menor a +1 nos será útil a la hora de construir un portafolio de inversiones. Idealmente, nos va a interesar invertir en dos o más activos que muestren una correlación negativa entre sí, aunque esto es bastante difícil de lograr en el mundo real. Volveremos sobre este concepto cuando comencemos a construir nuestro portafolio de inversiones.

El mensaje que extraemos de todo esto es: a la hora de invertir, la diversificación es la única clave del éxito. Las matemáticas parecen confirmar lo que establece la sabiduría popular: *"No poner todos los huevos en la misma cesta"*. La teoría moderna del portafolio nos explica formalmente el por qué esto es así.

Del casino a Wall Street

Como habrá podido notar, nuestra ruleta especial del casino M (o *Market*) es una metáfora de los mercados financieros que podemos encontrar en el mundo real. Y la metáfora no es casual: así como esa ruleta especial nada tiene que ver con las ruletas de los casinos Trump, la inversión a largo plazo tampoco tiene que ver con los juegos de azar. Solo en el corto plazo la inversión se parece más a un casino porque sus resultados son impredecibles. Sin embargo, en el largo plazo, ganaremos dinero invirtiendo mientras que en el casino lo perderemos.

Creo que ya es hora de dejar atrás las ruletas de fantasía y comenzar a hablar de activos financieros. Pero antes debemos analizar algunos aspectos de la diversificación que nos ayudarán a construir nuestro portafolio.

Hasta ahora hemos visto que combinando dos activos A y B es posible reducir el riesgo (desviación estándar) e incrementar el beneficio, siempre y cuando esos dos activos no estén perfectamente correlacionados. Simplemente hemos repartido nuestro dinero entre ambos, asignando el 50% a cada uno. Ahora bien, ¿por qué hemos decidido dividir nuestro dinero en partes iguales? ¿Por qué no asignar, por ejemplo, 75% al activo A y 25% al activo B? ¿O tal vez 80/20 o 30/70? La decisión, por supuesto, ha sido totalmente arbitraria.

Por esta razón es válido preguntarnos: ¿cómo se comportaría nuestro portafolio con diferentes proporciones del activo A y B? ¿Qué conclusiones podemos extraer de dicho análisis?

Divide y Vencerás

Frontera Eficiente

Pues para investigarlo, podemos hacer un sencillo ejercicio. La tabla 5.2 nos muestra una lista de 11 portafolios con diferentes combinaciones de los activos A y B. Ambos muestran un retorno potencial de 5.83% y una desviación estándar de 30%, muy similar a nuestras ruletas especiales.

El portafolio #1 está compuesto exclusivamente del activo A (100%) y nada del activo B (0%). Cada vez que descendemos un escalón por la tabla, añadimos 10% de B y quitamos 10% de A, hasta llegar a la última línea en donde el portafolio #11 solo contiene el activo B.

Portafolio	Activo A	Activo B	A + B	Desviación Estándar	Retorno
#1	100%	0%	100%	30.00%	5.83%
#2	90%	10%	100%	27.17%	6.59%
#3	80%	20%	100%	24.74%	7.17%
#4	70%	30%	100%	22.85%	7.57%
#5	60%	40%	100%	21.63%	7.81%
#6	50%	50%	100%	21.21%	7.89%
#7	40%	60%	100%	21.63%	7.81%
#8	30%	70%	100%	22.85%	7.57%
#9	20%	80%	100%	24.74%	7.17%
#10	10%	90%	100%	27.17%	6.59%
#11	0%	100%	100%	30.00%	5.83%

Tabla 5.2: Retorno vs SD por cada combinación de los activos A y B

Lo primero que notamos es que la tabla es simétrica, es decir, la mitad superior e inferior muestran los mismos valores de SD y retorno (portafolios #1 y #11, #2 y #10, etc.). Esto era de esperarse porque los activos tienen las mismas características entre sí.

A partir de estos datos podemos graficar el retorno de estos portafolios en función de su desviación estándar, es decir, en función de su riesgo. El gráfico 5.1 nos muestra el resultado.

Ahorro e Inversión

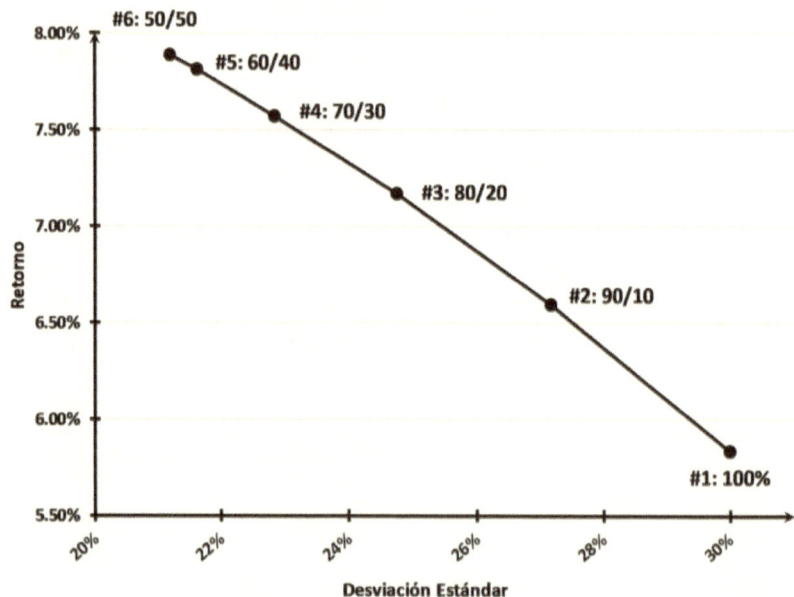

Gráfico 5.1: Comparación de portafolios con diferentes combinaciones del activo A y B.

En la esquina inferior derecha tenemos los portafolios extremos #1 y #11 que contienen 100% del activo A o B. En estos dos casos obtenemos el peor resultado posible: máximo valor de SD (máximo riesgo) y menor retorno. A medida que añadimos al portafolio cantidades mayores del segundo activo y quitamos la misma proporción del primero, la relación riesgo/retorno comienza a mejorar, esto es, nos vamos desplazando sobre la curva hacia la esquina superior izquierda. Al hacer esto, la SD comienza a decrecer mientras que el retorno se incrementa gradualmente.

Con solo un 10% del activo B (o A), la SD se reduce en casi 3 puntos porcentuales y el retorno aumenta en casi 2. Finalmente, al llegar al otro extremo de la curva encontramos la combinación óptima de ambos activos: 50% de cada uno. En este punto hemos minimizado la SD y maximizado el beneficio. Casualmente, la proporción óptima de 50/50 coincide con nuestra primera elección.

De alguna manera esto ya lo intuíamos: ambos activos tienen exactamente las mismas características; extraño sería que la combinación óptima no fuera 50/50. Un ejercicio más interesante sería investigar cómo se comportan dos activos con diferente retorno y desviación estándar. Esta situación es la que vamos a encontrar con más frecuencia en el mundo real.

Pues bien, imaginemos que tenemos el activo A que ya nos es familiar, con un retorno de 5.83% y SD = 30%. Ahora lo combinamos con el activo B, que presenta un retorno de 1.73% y una SD de 12.5%*, esto es, un activo "menos riesgoso" que A, pero con un beneficio potencial menor. La tabla 5.3 y el gráfico 5.2 nos muestran el retorno y SD de los portafolios resultantes.

Portafolio	Activo A Retorno = 5.83% SD = 30%	Activo B Retorno = 1.7% SD = 12.5%	A + B	Desviación Estándar	Retorno
#1	100%	0%	100%	30.00%	5.83%
#2	90%	10%	100%	27.03%	5.80%
#3	80%	20%	100%	24.13%	5.78%
#4	70%	30%	100%	21.33%	5.61%
#5	60%	40%	100%	18.68%	5.35%
#6	50%	50%	100%	16.25%	4.99%
#7	40%	60%	100%	14.15%	4.54%
#8	30%	70%	100%	12.55%	3.99%
#9	20%	80%	100%	11.66%	3.34%
#10	10%	90%	100%	11.64%	2.59%
#11	0%	100%	100%	12.50%	1.73%

Tabla 5.3: Retorno vs SD por cada combinación de los nuevos activos A y B

Esta vez comenzamos por el portafolio #11, compuesto exclusivamente del activo B, y nos movemos gradualmente hacia arriba, hasta alcanzar el portafolio #1. Es decir, comenzamos con el activo menos volátil y con menos retorno potencial y gradualmente vamos añadiendo otro que tiene casi el doble de retorno, pero a la vez, es casi tres veces más volátil. ¿Qué sucede ahora? Observe el gráfico 5.2.

Para empezar la curva tiene una forma muy diferente a la anterior. Nuestro portafolio va desplazándose desde la esquina inferior izquierda hacia la esquina superior derecha. Esto no debe

---

* Los valores elegidos son totalmente aleatorios.

sorprendernos: lo que estamos haciendo es incrementar tanto el retorno como la desviación estándar en cada paso.

Sin embargo, este desplazamiento desde el portafolio #11 hasta el #1 no es en línea recta y además notamos algo curioso: al añadir una pequeña cantidad del activo A, vemos que nuestro portafolio se desplaza hacia arriba, aumentando el beneficio, y ligeramente hacia la izquierda, disminuyendo la SD (riesgo).

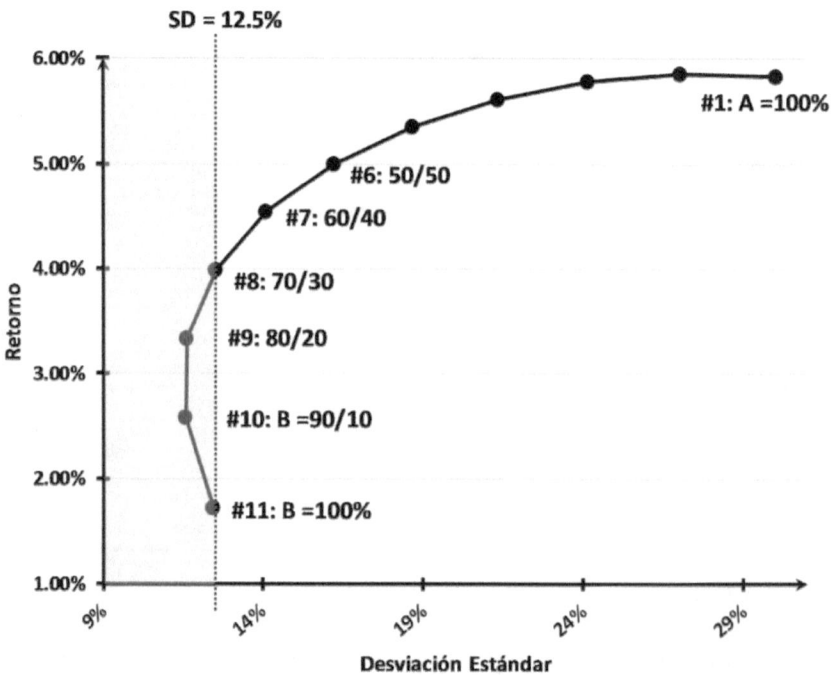

Gráfico 5.2: Retorno vs SD para cada combinación de los activos A y B.

Así, los portafolios #9 y #10 muestran un rendimiento superior, pero con una desviación estándar menor a la del activo B (que es el activo menos volátil del portafolio). Este es otro importante resultado de la teoría del portafolio:

Combinar pequeñas cantidades de un activo riesgoso puede aumentar el beneficio, y a la vez reducir la volatilidad

Divide y Vencerás

Sin embargo, una vez que sobrepasamos esta "pequeña cantidad", que en nuestro caso es alrededor del 20%, la relación riesgo/retorno deja de ser ventajosa. En efecto, a partir del portafolio #9 (80/20), la desviación estándar deja de disminuir y comienza a aumentar nuevamente mientras que el retorno, aunque también aumenta, lo hace en forma cada vez más lenta. En otras palabras, a partir de la combinación óptima de activos (en este caso 80/20), la única manera de aumentar nuestros beneficios es asumiendo un riesgo cada vez mayor.

¿Qué implicaciones tiene todo esto? Pues que, si nuestro nivel de riesgo tolerado es equivalente al que ofrece el activo B, es decir, si nos sentimos a gusto con una desviación estándar de 12.5% y no más, deberíamos, si somos racionales, incluir en nuestro portafolio una pequeña cantidad del activo A (más riesgoso) que nos permita obtener un retorno superior sin incrementar el riesgo. Este es uno de los beneficios fundamentales de la diversificación.

La curva que vemos en el gráfico 5.2 se denomina *Frontera Eficiente* y suele tener esa forma cóncava que observamos [21]. Se utiliza para visualizar la relación riesgo/beneficio de un grupo de activos con el objetivo de encontrar la combinación óptima que nos dé el máximo retorno para un nivel de riesgo dado. Por ejemplo, si no toleramos una desviación estándar superior al 12.5%, es decir, la del activo B, entonces nuestro portafolio óptimo es el #8 (A = 30%, B = 70%) y no el #11 compuesto en un 100% del activo B.

¿Problema resuelto?

Pues bien, entonces todo lo que tenemos que hacer es trazar la frontera eficiente y elegir la combinación óptima de activos para construir nuestro portafolio de inversiones...

Lamentablemente la frontera eficiente no es estática, sino que cambiará según el período analizado. Nadie sabe de antemano cuál será la combinación ideal de activos en los próximos 5 o 10 años. Esta información solo se conoce en retrospectiva: es muy fácil saber cuál era el portafolio óptimo hace 10 años atrás. Sin embargo, es poco probable que ese mismo portafolio sea el óptimo durante la siguiente década.

A pesar de esto, la diversificación sigue siendo la herramienta más poderosa con la que cuenta el inversor. Sin saber de antemano cual es la combinación de activos perfecta, podemos simplemente seleccionar la proporción 50/50 y no estaremos demasiado lejos del portafolio óptimo. O simplemente seleccionar una proporción menor de los activos más riesgosos, por ejemplo 25/75. De nuevo, no será la proporción ideal, pero estará muy cerca.

¿Qué sucede cuando intentamos combinar más de 2 activos? Encontrar la composición óptima en este caso se convierte en un problema cada vez más complejo. En el mundo real encontraremos una gran variedad de activos o, mejor dicho, clases de activos. La tarea de seleccionar en cuáles invertir y en qué proporción puede convertirse en una pesadilla. Sin embargo, como veremos en breve, los activos principales que deberían formar parte de cualquier portafolio son solamente dos: activos de renta variable y activos de renta fija, es decir, acciones y bonos. La principal decisión de todo inversor es pues, determinar qué proporción de cada una de estas clases incluir en su portafolio.

Por supuesto, existen muchos otros tipos de activos además de las acciones y los bonos como ser: materias primas, metales preciosos, petróleo o divisas extranjeras. Sin embargo, y esto es una opinión muy personal, no creo que sean tipos de activos en los que valga la pena invertir. Presentan un alto grado de volatilidad y son muy dependientes de los ciclos de la oferta y la demanda, por lo que son más apropiados para el especulador. El verdadero inversor debería enfocarse en activos que produzcan riqueza con el tiempo, como ser acciones o bonos y no en activos "inertes", como los metales preciosos.

Le invito pues a continuar. En los siguientes capítulos investigaremos más en detalle las diferentes clases de activos disponibles, que en definitiva serán los bloques básicos con los que construiremos nuestro portafolio.

Divide y Vencerás

Puntos Clave

La correlación es un valor numérico entre -1 y +1 que nos permite medir que tan *conectados* están dos activos entre sí. Una correlación positiva nos indica que esos activos se mueven en la misma dirección. Por el contrario, una correlación negativa nos dice que se mueven en direcciones opuestas. Una correlación igual o muy cercana a cero implica que los activos son totalmente independientes entre sí.

Combinar dos o más activos que no estén perfectamente correlacionados, esto es, que presenten una correlación menor a 1, nos permitirá reducir el riesgo (desviación estándar) total de nuestro portafolio y en algunos casos incrementar su rendimiento.

A su vez, añadir pequeñas cantidades de un activo riesgoso suele reducir la volatilidad de todo el conjunto e incrementar el rendimiento total esperado.

La frontera eficiente es una herramienta que nos permite visualizar la relación riesgo/beneficio de diferentes combinaciones de activos en un intento por determinar la proporción óptima de cada uno. Por supuesto que ésta y otras herramientas de análisis se basan en datos históricos y como tales no resuelven el problema de saber cuál será la combinación óptima de activos en el futuro. Sin embargo, nos resultan útiles como punto de partida para estimar la relación riesgo/beneficio de un portafolio, aunque no como herramientas predictivas.

II
Clases de Activos

6

Acciones

"Cualquier tonto puede saber. Lo importante es entender."
Albert Einstein

Antes de comprar cualquier cosa, ya sea un coche, un televisor o un computador, lo primero que hacemos es investigar que modelos hay en el mercado y que características tienen. Entender lo que vamos a comprar es esencial para sacar el mayor provecho a nuestro dinero. Lo mismo ocurre a la hora de invertir. Es por esta razón que debemos detenernos un momento para conocer los conceptos básicos de los instrumentos financieros, porque de lo contrario estaremos navegando a ciegas.

Bolsa de Valores

La Bolsa de Valores es básicamente un mercado, como los que han existido desde los inicios de la civilización, donde compradores y vendedores se reúnen para negociar el precio de diferentes productos, en nuestro caso, instrumentos financieros. Los compradores obtienen valor de los productos que compran y los vendedores obtienen valor de los beneficios que resultan de sus ventas. Ambas partes salen ganando.

Los orígenes de lo que hoy llamamos Bolsa de Valores los podemos encontrar ya en el siglo XII en Francia, donde los llamados *"courratiers de change"* comerciaban títulos de deuda agrícola en nombre de los bancos [22]. Siglos más tarde, mercaderes en Venecia negociaban bonos del gobierno conocidos como *prestiti*, que básicamente servían para financiar las constantes guerras entre las ciudades estado italianas [23].

Sin embargo, el primer mercado de valores o productos financieros como tal, se lo reconoce recién en el siglo XV en la ciudad de Amberes, Bélgica. Allí, la influyente familia *Van der Beurze* poseía una casa en donde llevaba a cabo sus actividades comerciales. Con el tiempo, este lugar y sus actividades se acabaron llamando *Beurze* y de allí el nombre Bolsa en castellano [24].

La diferencia con las bolsas de valores actuales es que estos primeros centros de comercio no ofrecían títulos corporativos (acciones), sino más bien títulos de deuda pública y privada, es decir, préstamos de dinero al gobierno o a individuos a cambio del pago regular de intereses, así como también el comercio de productos básicos.

La compañía de las *Indias del Este* es ampliamente reconocida como la primera empresa en ser cotizada en Bolsa. Era una compañía del imperio británico, cuyos orígenes datan del año 1600, a la que se le otorgó un monopolio para explotar las nuevas rutas de comercio con el sur y sureste asiático. Hoy en día esto sería impensable, pero en esa época los monopolios eran algo común y aceptado [25].

Cruzar los océanos para comerciar con tierras distantes era un negocio de alto riesgo. Los barcos solían ser atacados por piratas o hundidos al atravesar mares tempestuosos. Este tipo de emprendimientos requería una gran inversión de capital que de resultar exitosa suponían unos beneficios más que atractivos. Por otro lado, el fracaso se traducía en pérdidas totales, además claro, del costo en vidas humanas.

Por esta razón, los inversores vieron la oportunidad de reducir su riesgo al invertir en la compañía de las *Indias del Este* en lugar de expediciones transoceánicas individuales. Aunque uno o dos de cada cuatro barcos se perdiera, el inversor aún podía obtener ganancias sustanciales y así es como muchas fortunas se amasaron en este período. Vemos aquí el uso temprano del principio de diversificación.

En esos primeros momentos las regulaciones eran casi inexistentes. Cualquiera podía crear una empresa y comenzar a vender acciones, aunque dicha empresa fuera un completo fraude y no realizara actividad comercial alguna. Las primeras burbujas bursátiles comenzaron a observarse ya desde los inicios, siendo la propia compañía de las *Indias del Este* un ejemplo clásico. Su víctima más famosa fue nada más ni nada menos que el propio Isaac Newton, quien más tarde dijo: *"Puedo calcular el movimiento de las estrellas, pero no la locura del hombre"* [26].

Con el tiempo la actividad bursátil comenzó a regularse, lo que acabó brindando mayor seguridad y transparencia al inversor. Hoy en día, prácticamente todas las capitales alrededor del mundo cuentan con su propia Bolsa de Valores, o incluso más de una en las ciudades más importantes (como Nueva York), y con una autoridad bursátil regulando su actividad. Por supuesto, esto no ha evitado que sigan ocurriendo burbujas y desplomes bursátiles en forma periódica. Más adelante retomaremos este punto.

Acciones

De la enorme variedad de instrumentos financieros que podemos encontrar en una Bolsa de Valores, el más conocido es sin duda la acción (o *share* en inglés). Al comprar acciones de la empresa ABC, nos convertimos en dueños de una fracción de esa empresa, aunque sea una fracción muy pequeña, por ejemplo, una millonésima parte si es que la cantidad total de acciones en el mercado es exactamente un millón. La idea es bastante sencilla.

Las acciones existen desde el momento en que la propia empresa es creada, sin que sea necesario que ésta cotice en bolsa. Inicialmente todas las acciones pertenecen a sus fundadores y pueden ser negociadas (compradas y vendidas) en forma privada, fuera de la Bolsa de Valores, aunque estas transacciones deben ser notificadas a la autoridad bursátil correspondiente.

Algunas veces, además, se suele ofrecer un paquete accionario a los empleados que de esta forma pasan a ser dueños de una parte de la compañía. Esta práctica tiene como objetivo incrementar la lealtad de los empleados. Que esto se logre, sin embargo, es materia de discusión.

Cuando una empresa pasa a cotizar en Bolsa, decimos que se hace pública, porque a partir de ese momento el público en general se convierte en su dueño, o al menos de una parte de ella. ¿Qué motiva a una empresa a hacerse pública? Básicamente para financiarse y poder expandir su negocio o para adquirir nuevas líneas de negocio. Es una alternativa al préstamo bancario o la inversión privada, lo que puede tener una serie de condiciones poco favorables, como por ejemplo ¡devolver el dinero prestado! Esto no significa que cotizar en bolsa no conlleve cumplir estrictas reglas y condiciones: para empezar, todos los resultados, balances contables y decisiones corporativas de una empresa pública pasan a ser también públicos. La compañía debe reportar todos sus números en forma periódica (normalmente cada trimestre), y todas sus operaciones están bajo el escrutinio de la autoridad bursátil correspondiente y, por supuesto, de los inversores, que ahora son sus dueños.

Antes de empezar a cotizar en bolsa, la empresa debe ser auditada y valorada mediante un proceso exhaustivo, normalmente llevado a cabo por una institución financiera habilitada para ello. A partir de ese análisis, se determina el precio inicial de cada acción que, en teoría, refleja el valor real de la empresa.

Este es un proceso largo que culmina con lo que se llama Oferta Inicial Pública (o *IPO: Initial Public Offering* [27]) en la cual se ofrecen las acciones al público a través de diferentes instituciones financieras y al precio inicial establecido. Luego, en una fecha futura prefijada, las acciones comienzan a cotizar en bolsa. A partir de ese momento su valor oscilará según lo que dicte el mercado.

Riesgo sistémico y no sistémico

El precio de una acción lo determinan las ya conocidas oferta y demanda. A mayor demanda o menor oferta, mayor será su precio de mercado y viceversa.

Este precio de mercado será pues el resultado de la percepción que el público tenga con respecto al desempeño financiero de la empresa en términos de facturación, beneficios netos, flujo de efectivo, proyección de ventas futuras, etc. así como también todo tipo de noticias, positivas o negativas, relacionadas con la empresa o el sector económico al que pertenece, como por ejemplo, la construcción de una nueva planta de producción, la apertura de un nuevo local comercial, la aprobación de beneficios fiscales o un escándalo sexual de alguno de sus directivos.

Empresas basadas en plataformas online, como *Facebook, Twitter* o *Netflix*, tienen que reportar, además, el número de usuarios activos que utilizan sus servicios. Cualquier variación en el uso de sus plataformas afectará su valor en bolsa, positiva o negativamente.

Los analistas financieros están permanentemente intentando estimar los números que una empresa presentará en el siguiente informe de resultados. Se establecen valores esperados de facturación, beneficios netos, gastos, número de nuevos usuarios, etc. Si los números finalmente reportados en el siguiente informe superan los valores estimados por los analistas, el valor en bolsa de la empresa suele dispararse en forma inmediata. Lo mismo ocurre a la inversa: si la empresa no cumple con las expectativas, su precio se desplomará.

Por esta razón, el valor de las acciones de una compañía suele fluctuar en forma considerable en el corto plazo, algunas más que otras dependiendo de su salud financiera y del sector económico al que pertenezcan. Esta volatilidad o riesgo asociado a una compañía o activo específico es lo que se conoce como riesgo no sistémico [28].

En contraste, el riesgo sistémico se refiere al riesgo del mercado en general o de un sector económico en particular. Este riesgo o volatilidad es determinado, sobre todo, por factores macroeconómicos, como cambios en los tipos de interés, un aumento del desempleo, nuevas políticas fiscales y en general cualquier factor que pueda afectar la economía a nivel nacional o global.

El mercado se ve afectado también por eventos inesperados no relacionados con la economía o las finanzas, como por ejemplo un ataque terrorista o la posibilidad de una guerra. Se estima que en los 5 días que siguieron al ataque de las Torres Gemelas en Nueva York, las bolsas americanas perdieron un valor total equivalente a 1.400 millones de dólares [29].

Cuando alguno de estos factores entra en juego, los precios de todas las compañías tienden a moverse en la misma dirección, aunque en diferentes proporciones. Esta volatilidad grupal es lo que se conoce como riesgo sistémico [30].

Un claro ejemplo de esto lo hemos visto durante la gran crisis financiera de 2008. Si bien su origen estuvo en el sector inmobiliario americano, la crisis acabo afectando a toda la economía, dentro y fuera de Estados Unidos. Compañías no relacionadas con el sector inmobiliario que venían desempeñándose en forma aceptable, vieron caer en picado su valor de mercado sin que esto tuviera algo que ver con la propia compañía o su sector económico. Por ejemplo, el gigante tecnológico Google perdió casi un 60% de su valor en Bolsa entre noviembre de 2007 y noviembre de 2008, sin que existiera ningún problema serio con la compañía antes del desplome.

De nuevo identificamos los beneficios de la diversificación: al invertir en una variedad de empresas y sectores, estamos eliminando o disminuyendo en gran medida el riesgo que supone cada activo en forma individual, es decir, el riesgo no sistémico. Lo que no podemos eliminar, claro, es el riesgo sistémico o el riesgo del mercado en general. Más adelante veremos qué podemos hacer al respecto.

Capitalización

El valor total de todas las acciones de una empresa es lo que se conoce como capitalización de mercado. Ese valor es lo que tendríamos que pagar para ser los únicos dueños de la empresa. La tabla 6.1 compara la capitalización de dos compañías hipotéticas, ABC y XYZ.

Empresa	Precio por acción (A)	Número de acciones (B)	Capitalización (AxB)
ABC	$2	10.000.000	$20.000.000
XYZ	$3	1.000.000	$3.000.000

Tabla 6.1: Capitalización de dos compañías hipotéticas.

Si bien las acciones de ABC cotizan a un precio menor que XYZ, su capitalización de mercado es mucho mayor. Para poder ser los únicos dueños de ABC, deberíamos disponer de unos 20 millones de dólares, mientras que para comprar la totalidad de XYZ, *solo* necesitamos contar con 3 millones de dólares.

Acciones

Lo que realmente importa es la capitalización de mercado y no el precio de la acción. ¿Por qué? Pues porque la capitalización es el valor que los inversores le atribuyen a una empresa. Para que los inversores valoren XYZ de igual forma que ABC, el precio de sus acciones debería subir de $3 a $20, mientras que el precio de ABC debería continuar siendo $2.

En torno a una acción y su precio, se suele confeccionar una variedad de métricas orientadas a brindarnos información detallada sobre el desempeño y características de la compañía que representan, algo así como una radiografía de su estado financiero actual y sus expectativas de futuro. En breve veremos algunos ejemplos.

Contar con múltiples métricas para medir el rendimiento de una empresa puede parecer algo deseable, sin embargo, en la práctica no lo es tanto debido al enorme volumen de información que debemos procesar. Peor aún, las conclusiones que extraigamos de tal información no son definitivas y dependerán de nuestra interpretación subjetiva. Dos personas que analicen los mismos datos sobre un activo pueden llegar a conclusiones totalmente opuestas. Volveremos sobre este punto en los siguientes capítulos.

Bid, Ask y Spread

El valor *Ask* es el precio demandado por los vendedores de un activo, es decir, el precio que debemos pagar para adquirirlo. El *Bid* es su contraparte, es decir, el precio que un comprador está dispuesto a pagar por ese activo (precio ofertado).

El *spread* es simplemente la diferencia entre estos dos valores (*Spread* = *Ask* - *Bid*) o, en otras palabras, el diferencial de compraventa*. Como podemos intuir, el precio *Ask* será siempre superior al *Bid* [31].

Por ejemplo, en el mercado de divisas, el dinero que deberemos pagar por un Yen Japonés será ligeramente superior al dinero que recibiremos si lo vendemos. El *spread* es el costo de la transacción de

---

* Evidentemente el termino *spread* es mucho más corto y cómodo que "diferencial compraventa", al igual que *Bid* y *Ask*. Por esta razón los usaré sin más aclaración de aquí en adelante. Además de la comodidad de su uso, considero fundamental que nos familiaricemos con la terminología en inglés si pretendemos sacar el mayor provecho de la economía global.

compraventa.

¿Qué determina los precios *Bid* y *Ask*, y por tanto el *spread*? Básicamente la oferta y la demanda del activo negociado ya sean Yenes japoneses, oro, acciones o patatas. En todo momento existe en el mercado una cantidad determinada del activo en cuestión que se encuentra a la venta, es decir, la oferta. Análogamente, existe una cantidad determinada que está siendo demandada en ese mismo instante, es decir, la demanda. La variación de estas dos cantidades hará que el precio fluctúe.

Imaginemos un raro diamante que por sus propiedades de dureza lo hacen especialmente útil en la industria metalúrgica, por ejemplo, para cortar ciertos metales en forma eficiente. Si un buen día se descubre un yacimiento que duplica la cantidad total existente de este diamante a nivel mundial, su precio se desplomará debido a que la oferta se ha duplicado. Si, por el contrario, se descubre un nuevo uso de este diamante que lo hace indispensable en otro sector de la industria, su precio se disparará debido a que la demanda es ahora aún mayor.

Libro de órdenes (*Stock Order Book*)

Al observar el funcionamiento del mercado un poco más en detalle, notamos dos clases de participantes o inversores interactuando: quienes poseen un determinado activo y lo ofrecen a un determinado precio y quienes demandan el mismo activo, pero a precios diferentes.

La tabla 6.2 nos muestra lo que ocurre en el caso de las acciones de la empresa ABC: los vendedores ofrecen cierta cantidad de acciones a un determinado precio (*Ask*). Por otro lado, los compradores hacen lo opuesto: demandan una cierta cantidad de acciones a precios menores (*Bid*). Lo que vemos en la tabla 6.2 es lo que se denomina "*Stock Order Book*" o libro de órdenes bursátiles [32].

Claramente los compradores ofertan precios menores a los exigidos por los vendedores. La mitad superior de la tabla nos muestra las ofertas de los vendedores ordenada por precio en forma descendente. En la mitad inferior vemos la demanda de los compradores también ordenada por precio.

El mejor precio exigido por los vendedores (desde el punto de

Acciones

vista de los compradores) es de $10 por acción y sólo hay 100 acciones disponibles a este precio. Análogamente, el mejor precio ofrecido por los compradores (desde el punto de vista de los vendedores) es de $9.5 por acción, pero *el mercado* está dispuesto a comprar sólo 200 acciones a este precio. Estos dos valores, el mejor precio de compra y de venta en cada momento, es lo que define el *Bid* y el *Ask* del activo. En el ejemplo *Ask* = $10 y *Bid* = $9.5.

El libro de órdenes es básicamente una radiografía del estado del mercado en un momento dado y nos da información sobre el volumen de la oferta y demanda de un activo.

Bid/Ask	Compañía	Número de Acciones	Precio
Ask (venta)	ABC	1200	$12.0
Ask (venta)	ABC	1000	$11.0
Ask (venta)	ABC	500	$10.5
Ask (venta)	**ABC**	**100**	**$10.0**
Bid (compra)	**ABC**	**200**	**$9.5**
Bid (compra)	ABC	300	$9.0
Bid (compra)	ABC	1000	$8.5
Bid (compra)	ABC	1500	$8.0

Tabla 6.2: Libro de órdenes bursátiles de la empresa ABC (*Stock Order Book*)

Ahora bien, estas órdenes de compra y venta son solo *instrucciones* dadas al mercado. Ninguno de los participantes acaba por ponerse de acuerdo en un precio común por el cual completar una transacción. Entonces, ¿cómo es posible comprar o vender algo? Pues para ello contamos con otro tipo de orden llamada *"Orden de mercado"*. Esta es simplemente una orden de compra o de venta sin un precio predeterminado, es decir, quien la ejecuta está aceptando el mejor precio que esté disponible en ese momento. Por ejemplo, si colocamos una orden de mercado para comprar 50 acciones, ésta se ejecutará inmediatamente y estaremos comprando esas 50 acciones a $10 cada una, porque ese es el mejor precio disponible en este momento.

Si lo piensa, ocurre lo mismo cuando vamos a comprar patatas: tenemos en mente un precio máximo el cual estamos dispuestos a pagar, ese es el *Bid* de las patatas. El mejor precio exigido por las

Clases de Activos

tiendas o supermercados será el *Ask*. Sin embargo, al momento de efectuar la compra de 1kg de patatas, acabamos aceptamos el precio exigido por un vendedor específico, es decir, acabamos ejecutando una orden de mercado.

¿Qué ocurre si ahora alguien coloca una orden de mercado para comprar 150 acciones de ABC? Pues en ese caso el *mercado* le otorgará 50 acciones a $10 cada una y las restantes 100 a $10.5, que es el siguiente mejor precio disponible. Luego de completada esta segunda transacción, los mejores precios de compra y venta (*Bid* y *Ask*) serán $9.5 y $10.5 respectivamente. Vemos que ahora el *Ask* de ABC se ha incrementado 5%. El nuevo estado del libro de órdenes se muestra en la tabla 6.3.

En forma análoga, lo mismo ocurre con una orden de mercado de venta en la cual el vendedor acepta el mejor precio ofertado en ese momento. Si hay suficientes órdenes de venta, el valor *Bid* comenzará a bajar.

Bid/Ask	Compañía	Número de Acciones	Precio
Ask (venta)	ABC	1200	$12.0
Ask (venta)	ABC	1000	$11.0
Ask (venta)	**ABC**	**400**	**$10.5**
Bid (compra)	**ABC**	**200**	**$9.5**
Bid (compra)	ABC	300	$9.0
Bid (compra)	ABC	1000	$8.5
Bid (compra)	ABC	1500	$8.0

Tabla 6.3: Libro de órdenes bursátiles luego de ejecutar dos órdenes de mercado para comprar 50 y 150 acciones de ABC respectivamente. El precio *Ask* de $10 ya no está disponible. El mejor precio de venta es ahora $10.5.

Al aumentar el número de órdenes de compra, esto es, al aumentar la demanda del activo, el precio *Ask* continuará subiendo. A la inversa, al aumentar el número de órdenes de venta, aumentará la oferta del activo y con ésta disminuirá el precio *Bid*.

Este tipo de órdenes se colocan y ejecutan en el mercado todo el tiempo. En las bolsas de valores, como las de Nueva York o Londres, estamos hablando de millones de órdenes por segundo, provenientes de inversores en todo el mundo, pero también de

Acciones

programas informáticos ejecutando compras y ventas en forma masiva. Los precios *Bid* y *Ask* cambian permanentemente, en fracciones de segundo, y por tanto también el *spread*.

¿Cuál es entonces el precio de una acción en un momento dado? Pues en realidad tiene cuatro precios diferentes: *Bid*, A*sk*, último precio pactado y precio promedio entre *Bid* y A*sk*. En nuestro ejemplo, las acciones de ABC presentan los siguientes valores luego de la última transacción:

Precio	Valor
Bid	$9.5
Ask	$10.5
Promedio Bid-Ask	$10.0
Último precio pactado	$10.5

Tabla 6.4: Diferentes precios de una acción.

Cuando vemos la cotización de un activo en algún sitio web de finanzas, lo que en realidad vemos es alguno de estos cuatro valores (normalmente el precio medio entre el *bid* y *ask*) por lo que tenemos la falsa impresión de que el activo tiene asociado un único precio.

Volumen, liquidez y Slippage

Otro valor asociado a la cotización de una acción es el número o volumen de acciones que se negocian diariamente. Esto nos da una idea del interés que la empresa o activo genera entre los inversores.

El *spread* se ve directamente afectado por este valor: a menor volumen, mayor será la distancia entre el *Bid* y el *Ask*. El volumen está directamente relacionado con la liquidez de las acciones en cuestión, es decir, que tan fácil o difícil es comprar y vender cierto número de acciones sin afectar considerablemente el precio que éstas tienen. Si compramos 100 acciones de IBM a $150 cada una, podemos tener la confianza suficiente de que nuestra orden de mercado se ejecutará a un precio muy cercano a $150. No ocurrirá lo mismo si queremos comprar (o vender) 200 millones de acciones, aunque no creo que ni Ud. ni yo nos enfrentemos a este problema en un futuro cercano. Este inconveniente lo suelen enfrentar las instituciones financieras y los fondos de pensiones: si necesitan adquirir un activo o deshacerse de él, deben hacerlo en forma gradual para no colapsar el mercado.

El hecho de que las acciones de una empresa presenten un alto grado de liquidez, nos brinda la suficiente confianza de que al momento de comprar o vender obtendremos el precio indicado por el mercado. En caso contrario, el precio por el cual se completan nuestras transacciones puede ser muy distinto del que teníamos en mente. Si observamos de nuevo la tabla 6.2, vemos que, si colocamos una orden de compra por más de 2.000 acciones, nuestra orden se ejecutará a 4 precios distintos, en el siguiente orden:

1. 100 acciones a $10
2. 500 acciones a $10.5
3. 1000 acciones a $11
4. 400 acciones a $12

Si ABC cotiza actualmente a $10, luego de ejecutar nuestra orden nos damos cuenta de que hemos comprado 2.000 acciones por un total de $22,050, es decir, a $11.03 por acción. Este es un fenómeno conocido como *Slippage* o desplazamiento [33]. Si no prestamos atención al volumen que mueve un activo, y por tanto su liquidez, podemos estar pagando precios muy por encima de lo esperado. Lo mismo ocurre al vender en donde podemos estar obteniendo precios muy por debajo de lo que teníamos planeado. De todas formas, si estamos hablando de empresas como Apple, Amazon o McDonald´s, esto no es un problema.

Una alternativa que tenemos a nuestra disposición, y que ofrecen la mayoría de los brókeres, es el uso de las ordenes límite (o *limit orders*) en las que especificamos un precio mínimo (o máximo) al que queremos vender (o comprar). Éste es el tipo de órdenes que acaban registrándose en el libro de órdenes del activo. El problema es que, si especificamos un valor muy alejado del precio actual, es probable que nuestra orden nunca llegue a ejecutarse.

Dividendos y apreciación de capital

Pues bien ¿qué motiva a los inversores a adquirir acciones de una determinada compañía? Pues ¡ganar dinero!, por supuesto. Sin embargo, cuando adquirimos acciones de una empresa nos convertimos en dueños de una parte de ella y como tales adquirimos el derecho sobre una parte proporcional de los beneficios que esa empresa produce. Estos beneficios son de dos tipos: apreciación del capital invertido a lo largo del tiempo y dividendos.

Los dividendos se pagan en forma de efectivo directamente a los inversores, normalmente en forma trimestral o semestral. Podemos ver este dinero como un ingreso regular que complemente nuestro salario o que cubra nuestros gastos una vez retirados. La alternativa es simplemente reinvertirlos en nuestro portafolio. Esos dividendos reinvertidos continuarán generando aún más dividendos en el futuro.

No todas las empresas los pagan: algunas deciden retener todas sus ganancias y reinvertirlas para expandir su negocio. Esto lo suelen hacer las empresas jóvenes que están en fase de crecimiento o intentando afianzarse en el mercado. Empresas que no pagan dividendos no son necesariamente menos atractivas para el inversor. En efecto, estas compañías suelen presentar un mayor potencial de crecimiento, debido a la reinversión de beneficios, lo que suele traducirse en una mayor apreciación del capital invertido. Como contraparte, el valor en bolsa de estas compañías suele ser mucho más volátil.

Las que sí pagan dividendos suelen ser empresas ya establecidas y maduras por lo que su potencial de crecimiento futuro es más bien limitado, aunque hay excepciones. El inversor conservador, que busca reducir el riesgo y preservar su capital, optará por este tipo de empresas. Este perfil de inversor se ajusta más al de alguien próximo al retiro o que esté más interesado en recibir un flujo regular de dinero. El inversor más joven, por el contrario, puede permitirse una mayor tolerancia al riego a cambio de un mayor retorno potencial en el futuro, por lo que le resultarán más atractivas las empresas que no paguen dividendos. Por supuesto que todo esto depende de las preferencias y situación personal de cada inversor. Siempre encontraremos jóvenes poco aventureros y otros más aventureros que jóvenes.

Es importante notar que las empresas no están obligadas a pagar dividendos y pueden decidir recortarlos o incluso eliminarlos si así lo creen necesario, dependiendo de la situación financiera por la que estén atravesando. Por esta razón, la inversión basada únicamente en dividendos puede ser un arma de doble filo. También lo es la inversión basada solo en crecimiento: muchas de las empresas con mayor potencial no siempre acaban materializándolo. De nuevo, la clave aquí es la diversificación.

Rendimiento por dividendo (*Dividend Yield*)

El valor del dividendo pagado por una empresa se especifica como un valor monetario anual por acción, por ejemplo, $0.1/acción. Ahora bien, ¿cómo comparamos el dividendo que pagan dos empresas diferentes? Si ABC paga $0.1/acción y XYZ $0.2/acción, ¿cuál paga más dividendos? Pues en principio no lo sabemos porque nos falta una pieza de información: su cotización de mercado.

Si las acciones de la empresa ABC cotizan actualmente a $10 y pagan un dividendo anual de $0.1 por acción, significa que para recibir $1 al año en dividendos, deberemos poseer 10 acciones por un valor total de $100. Es decir, estamos recibiendo un 1% anual en dividendos con respecto al capital invertido. Por otro lado, si XYZ cotiza a $50 por acción, estaremos obteniendo solo un 0.4% en dividendos por el mismo capital invertido, es decir, menos de la mitad que ABC. Este porcentaje anual se denomina rendimiento por dividendo o "*Dividend Yield*", y simplemente se calcula como:

$$Rendimiento\ por\ Dividendo = \frac{Dividendo\ por\ Acción}{Precio\ de\ la\ Acción}$$

Si aplicamos esta sencilla fórmula a nuestras dos empresas hipotéticas, obtenemos:

*Rendimiento por acción ABC: $0.1/$10 = 0.01 = **1%***
*Rendimiento por acción XYZ: $0.2/$50 = 0.004 = **0.4%***

Lo primero que notamos es que el rendimiento por dividendo no permanece constante, sino que varía de acuerdo con la cotización actual de la empresa. Si el valor de ABC aumenta de $10 a $12 por acción, nuestro rendimiento por dividendo será: $0.1/$12 = 0.0083 = 0.83%. Sin embargo, si bien el rendimiento ha bajado, continuamos recibiendo exactamente la misma cantidad de dinero en forma anual:

$0.1 por cada acción. En forma análoga, si el valor de la acción baja, nuestro rendimiento por dividendo aumentará, sin embargo, el dinero que recibimos anualmente permanecerá incambiado. En otras palabras, al comprar esas 100 acciones estamos fijando nuestro rendimiento por dividendo, independientemente de cómo evolucione el precio de la acción en el futuro.

Payout Ratio

Otra métrica importante relacionada con el pago de dividendos y que encontraremos a menudo, es la relación entre los beneficios netos de la empresa y sus dividendos, lo que se conoce como *"Payout Ratio"* [34]. Este valor es simplemente el porcentaje de los beneficios netos que la empresa destina a pagar dividendos. Si una empresa factura 10 millones de dólares al año, de los cuales 2 millones son beneficios netos, y tiene un *Payout Ratio* de 25%, significa que pagará un total de $500.000 a los inversores en forma de dividendos, es decir, el 25% de esos 2 millones.

El inversor que priorice el pago de dividendos deberá tener claro el significado de estas métricas. Si la empresa A tiene un mayor rendimiento por dividendo que la empresa B, esto hará de A una inversión más atractiva. Sin embargo, puede ocurrir que la empresa A haya aumentado su rendimiento por dividendo en forma dramática simplemente porque el valor de sus acciones se ha desplomado recientemente. Esto a su vez puede ser un síntoma de problemas más profundos asociados a la empresa o al sector al que pertenece. Por otro lado, una empresa cuyo *Payout Ratio* es de solo 10%, contará con un mayor margen de maniobra a la hora de aumentar sus dividendos en el futuro, que una empresa con un *Payout Ratio* de 80%.

Y, por supuesto, no debemos olvidar que una empresa puede reducir o eliminar sus dividendos en cualquier momento.

Indicadores de Valor: EPS y P/E

Si la compañía ABC cotiza a $10 por acción y la compañía XYZ a $15, ¿cuál es más cara? Creo que ya adivina que la respuesta no es necesariamente XYZ. Cuando adquirimos una acción lo que debemos preguntarnos es: ¿qué obtenemos a cambio? Y ¿qué tan caro lo estamos pagando?

Imaginemos que necesitamos una batería y existen en el mercado dos opciones: la batería ABC que tiene una duración de 10 horas y cuesta $10, y la batería XYZ que tiene una duración de 20 horas y cuesta $15. Realizando unos cálculos matemáticos básicos descubrimos que al comprar la batería ABC estamos pagando $1 por cada hora de energía. En cambio, con la batería XYZ estamos pagando solo $0,75 por cada hora de energía. Simplemente hemos dividido el número de total de horas entre el costo de la batería. En este caso, XYZ resulta más barata que ABC, aunque estemos pagando $5 más por ella.

Cuando analizamos el valor de la acción de una empresa sucede algo muy similar: al comprarla nos convertimos en propietarios de una fracción de esa empresa y como tales, tenemos derecho a una parte proporcional de sus beneficios, ya sea en forma de dividendos o de apreciación del capital invertido. El problema es saber cuánto estamos pagando por esos beneficios, que tal vez podríamos obtener a un mejor precio si invirtiéramos en otra empresa o instrumento financiero.

Para esto contamos con una métrica llamada Beneficios por Acción o *EPS* (*"Earnings per Share"*). Este valor se obtiene dividiendo los beneficios netos de la empresa (obtenidos en el último período reportado) entre el número total de acciones disponibles en el mercado. Si, por ejemplo, ABC ha declarado unos beneficios netos de 10 millones y existen 25 millones de acciones en el mercado, su EPS será:

$$\text{EPS} = \frac{Beneficios\ Netos}{Número\ de\ Acciones} = \frac{\$10,000,000}{25,000,000} = \$0.4\ por\ Acción$$

Esto es equivalente a decir que, al comprar una acción de ABC, estamos adquiriendo el derecho sobre esos $0,4 de beneficios. Por supuesto, esto no significa que al día siguiente podemos acudir a las oficinas de la empresa y exigir que nos paguen $0.4. Estos beneficios nos llegarán en forma de dividendos, por un lado, y apreciación de capital por otro.

Acciones

Ahora bien, si la compañía XYZ tiene un mayor EPS que ABC, por ejemplo $0,8 por acción, puede resultar una inversión más atractiva. Pero de nuevo, esto no es suficiente. Para poder hacer una comparación válida necesitamos añadir a la ecuación el precio de cada acción.

Para ello contamos con otra métrica llamada Ratio Precio-Beneficio o P/E (*"Price to Earnings Ratio"*) [35]. Este valor lo calculamos dividiendo el precio de la acción entre su EPS.

Si ABC cotiza a $10 la acción, su P/E será entonces:

$$P/E = \frac{Precio\ por\ Acción}{EPS} = \frac{\$10}{\$0.4} = 25$$

En el caso de XYZ, su P/E es: $15/$0.8 = 18.75. Al tener un P/E menor que ABC, significa que estaremos pagando un menor precio por "cada unidad de beneficio neto obtenido". Como en el caso de las baterías, estaremos pagando un menor precio por cada hora de energía. Claramente XYZ resulta más atractiva que ABC, aunque su precio por acción sea mayor. Al comprar acciones de XYZ estaremos obteniendo un mayor beneficio neto por cada dólar invertido.

¿Qué valores de P/E son considerados bajos o altos? A lo largo del siglo XX, el P/E promedio de todo el mercado de acciones americano se ha movido, la mayor parte del tiempo, entre los valores 10 y 20 [36]. Si utilizamos esto como referencia, podríamos considerar cara a una compañía con un P/E superior a 20 o 25, mientras que una con un P/E inferior a 10 se podría ver como barata o incluso una ganga. Sin embargo, un bajo P/E no es siempre sinónimo de buena inversión.

Indicador de Valor: P/B

Otro coeficiente, o ratio, muy utilizado es el Precio-Valor Contable o P/B (*"Price to Book"*) [37]. Este valor es simplemente la relación entre la capitalización de mercado de la empresa y el valor neto contable de todos sus activos. Por ejemplo, el valor neto contable de una aerolínea estará dado por el valor total de los aviones que posee más los hangares, el equipamiento técnico, vehículos, combustible, etc. menos todas sus deudas y obligaciones (su pasivo).

Clases de Activos

El P/B lo calculamos entonces como el coeficiente entre ambos valores:

$$P/B = \frac{Capitalización\ de\ Mercado}{Valor\ Contable}$$

Este coeficiente nos da una idea de que tan caro o barato estamos pagando los activos netos (actuales) de una empresa. Podemos ver el valor contable de la empresa como aquello que recibiríamos hoy en caso de que la empresa se declarara en quiebra, es decir, si luego de cancelar todas las deudas, se repartieran todos los activos restantes entre los inversores.

Mientras que el P/E nos dice cuanto estamos pagando por los beneficios que la empresa produce o producirá en el futuro*, el P/B nos dice cuánto estamos pagando por el valor neto actual de la empresa si ésta se liquidase hoy, en cuyo caso ya no produciría beneficio alguno. De nuevo, a menor P/B menor será el precio que estaremos pagando por sus activos. Ambos coeficientes nos dan una medida de qué tan cara (o barata) es una empresa desde puntos de vista diferentes. Cuanto más bajos sean estos coeficientes, más "valor" estaremos adquiriendo por cada dólar invertido.

No es oro todo lo que reluce

Pues bien, ahora que sabemos cómo medir el *costo* de una empresa, lo único que tenemos que hacer es seleccionar aquellas que muestren el mayor EPS, el menor P/E y el menor P/B, para asegurarnos de estar comprando a precios de "ganga". Como ya lo dice el dicho: *"Si algo parece muy bueno para ser cierto, probablemente lo sea"*.

Un valor específico de P/E o P/B no nos dice mucho acerca de la valoración real de una empresa. ¿Una compañía con un P/B = 1 es siempre más barata que una con P/B = 5? Lo que podríamos considerar una "ganga" dependerá, entre otras cosas, del sector económico que estemos analizando. Por ejemplo, empresas en el

---

* Si en nuestro cálculo utilizamos la estimación de beneficios futuros en lugar de los beneficios pasados, lo que obtenemos es el *Forward P/E* o *P/E futuro estimado*.

sector industrial requieren, para poder operar, una considerable infraestructura y por tanto consumirán un mayor capital de inversión, lo que hace que el P/B promedio en este sector sea inferior al de, por ejemplo, el sector de la consultoría informática el cual no exige un uso intensivo de capital para funcionar. Esto no significa que el sector industrial sea, en promedio, más "barato" que el sector de la consultoría informática.

Por otro lado, una empresa con un *P/E* o *P/B* decreciente puede indicar que efectivamente sea más barata y realmente valga la pena invertir en ella, o que la reducción de estos coeficientes se deba a que la empresa este atravesando dificultades financieras y afronte serios problemas para mantenerse a flote. Si esto es así, los inversores perderán interés en ella, su precio caerá y con él su *P/E* y *P/B*.

Lo difícil aquí es poder diferenciar una situación de otra. Dos inversores o analistas financieros pueden tener opiniones opuestas sobre las perspectivas de futuro de una empresa luego de analizar la misma información. Los datos se pueden interpretar de forma muy dispar y solo el tiempo dirá quién tiene la razón, pero para entonces será demasiado tarde.

Podemos tener a nuestra disposición todas las métricas habidas y por haber para encontrar a los ganadores y descartar a los perdedores, pero eso no garantiza que nuestras conclusiones serán las correctas. La realidad es que las probabilidades están en nuestra contra. Retomaremos este punto más adelante.

Capitalización: el tamaño sí importa

A partir del valor total de mercado de las compañías, es decir su capitalización* [38], es posible agruparlas según las categorías listadas en la tabla 6.5.

Esta clasificación está basada en el mercado americano. Los valores inferiores y superiores de cada banda variarán según el país o región que analicemos. Además, estos valores también evolucionarán con el tiempo. Una empresa con capitalización de 200.000 millones de dólares hubiera sido impensable hace 100 años y probablemente se considere una *mirco-cap* dentro de un par de siglos.

---

*Recordemos que Capitalización = *Precio por acción* x *Número total de acciones*

Clases de Activos

Categoría	Rango de capitalización (millones de dólares)	Descripción
Mega Capitalización o *Mega-Cap*	Más de 200.000	Como ejemplo tenemos a las americanas *Exxon Mobile* y *Wal-Mart**. Es claro que muy pocas empresas estarán en esta categoría y las que lo están suelen ser los líderes de su sector. En general muestran una baja volatilidad de precios.
Gran Capitalización o *Large-Cap*	De 10.000 a 200.000	Ejemplos: IBM y General Electric. Son empresas con una reputación establecida y su precio de mercado, al igual que las *mega-cap*, suele ser muy estable.
Capitalización media o *Mid-Cap*	De 2.000 a 10.000	Estas no suelen ser los líderes de su sector, pero muchas están en camino de serlo. Su precio suele mostrar una mayor volatilidad que las de capitalización superior.
Pequeña Capitalización o *Small-Cap*	De 300 a 2.000	En general, estas empresas tienen una "expectativa de vida" más corta que las de mayor capitalización, debido a que aún no se han afianzado y su futuro es más incierto. Sin embargo, las que resultan exitosas acaban teniendo un crecimiento superior a la media.
Micro Capitalización o *Micro-Cap*	De 50 a 300	El riesgo de invertir en estas empresas es extremo, así como también el potencial de retorno. Además, presentan problemas de liquidez: no siempre habrá compradores o vendedores suficientes. Aquellas con una capitalización menor a 50 millones, se denominan *Nano-Cap*. Mejor mantenerse lejos de estas últimas.

Tabla 6.5: Clasificación de compañías según su capitalización de mercado.

---

*Los ejemplos corresponden a Julio/2017.

Acciones

Índices bursátiles

No es necesario que recordemos los límites que definen cada banda de capitalización. Para eso contamos con la ayuda de índices bursátiles que se basan precisamente en esta característica [39].

Existen instituciones dedicadas a definir y mantener estos índices, por ejemplo, *MSCI (Morgan Stanley), FTSE, Standard and Poor's* o *Dow Jones*, entre otras. Cada índice selecciona un grupo de activos según un criterio predeterminado, por ejemplo, todas las empresas del mercado americano clasificadas como *Gran Capitalización* o empresas a nivel mundial clasificadas como *Pequeña Capitalización*.

Una vez que se define el criterio de selección y se establece la lista de activos que componen el índice, se calcula el promedio ponderado de sus precios de mercado actual y luego se lo multiplica (o divide) por algún factor constante. El número obtenido es el valor del índice. Suena más complicado de lo que realmente es. Un índice puede verse como el promedio de precios de un grupo de activos que tienen ciertas características en común.

¿Qué peso tiene cada activo dentro del índice? El criterio más utilizado es su capitalización de mercado. Por ejemplo, consideremos un índice hipotético, llamémosle SP04, que contiene 4 empresas: A, B, C y D. Digamos que la capitalización total de estas 4 compañías es 100 millones repartidos de la siguiente manera: A vale 40 millones mientras que las 3 restantes valen 30, 20 y 10 millones respectivamente. La composición del índice SP04 será entonces: 40% de A, 30% de B, 20% de C y finalmente 10% de D.

Estos porcentajes, junto con el precio por el que cotiza cada empresa, determinará el valor actual del índice. La principal utilidad de este tipo de indicadores es la de ser un "termómetro" con el cual medir el rendimiento de un sector económico o del mercado en su conjunto, sin tener que analizar cada uno de sus componentes por separado.

Un ejemplo real de índice bursátil, que ya conocemos, es el *S&P500* el cual se compone de las 500 empresas de mayor capitalización de los Estados Unidos y la proporción asignada a cada una se corresponde precisamente con su capitalización de mercado. La tabla 6.6 nos muestra las 10 empresas con mayor peso en este

Clases de Activos

índice a Julio de 2017.

Además del *S&P500*, la clasificación por capitalización ha dado lugar a la creación de una gran variedad de índices, basados en diversos criterios, o dicho en lenguaje llano, para todos los gustos. Algunos ejemplos los vemos en la tabla 6.7. La lista no es exhaustiva, de lo contrario ocuparía varias páginas.

Básicamente lo que estos índices hacen es dividir el marcado según las diferentes categorías de capitalización: Grande, Media, Pequeña o Micro. A su vez, dentro de estas categorías, encontramos índices dedicados a regiones geográficas específicas (Europa, Asia, Medio Oriente) o países individuales.

Compañía	Porcentaje
Apple Inc.	3.59%
Alphabet Inc. Class A (Google)	2.60%
Microsoft Corporation	2.53%
Amazon.com, Inc.	1.82%
Johnson & Johnson	1.72%
Facebook, Inc. Class A	1.68%
Exxon Mobil Corporation	1.67%
JPMorgan Chase & Co.	1.58%
Berkshire Hathaway Inc. Class B	1.57%
Wells Fargo & Company	1.21%

Tabla 6.6: Las 10 empresas de mayor peso en el *S&P500* y su porcentaje dentro del índice (julio 2017).

Si bien estos índices nos sirven como indicadores de rendimiento del sector o región que representan, no es posible invertir en ellos directamente. Para ello utilizaremos fondos de inversión indexados que básicamente invierten en los activos que componen un índice y en las cantidades que éste prescribe. En el capítulo 8 veremos más en detalle estos instrumentos.

Acciones

Índice	Descripción
S&P500	El más popular a nivel mundial. Está compuesto sobre todo de compañías de Gran Capitalización, pero también incluye capitalización media. Representa alrededor del 80% de la capitalización total del mercado americano.
S&P SmallCap 600 Index	Contiene 600 empresas en la categoría Pequeña Capitalización (EE. UU).
Dow Jones Industrial Average	Representa las 30 compañías de mayor capitalización del sector industrial (EE. UU)
Russell 3000	Sigue el rendimiento de las 3.000 empresas de mayor capitalización. Se lo considera un representante más preciso del mercado americano que el *S&P500*, cubriendo alrededor del 98% de su capitalización total.
Russell 2000	Toma del *Russell 3000* las 2000 compañías de menor capitalización. Se considera un representante de la categoría Pequeña Capitalización.
NASDAQ Composite	Es un índice que sigue el rendimiento de las empresas cotizadas en la bolsa de valores NASDAQ, en Nueva York. En esta bolsa suelen cotizar los gigantes tecnológicos como Facebook, Google, Apple, Microsoft, etc.
FTSE 100	Pronunciado "futsi" en inglés, contiene las 100 compañías de mayor capitalización que cotizan en la bolsa de Londres.
IBEX 35	Se compone de las 35 empresas de mayor capitalización del mercado español. Es el equivalente al *S&P500* americano, y representa a la economía española. Casi todos los países ofrecen hoy en día un índice bursátil como representante de sus respectivas economías.
MSCI EAFE	Es un índice global que sigue el rendimiento de los países desarrollados, excluyendo Estados Unidos y Canadá. Cubre alrededor de 20 países. Las siglas EAFE provienen de: Europa (E), Australasia (A) y Lejano Oriente (FE = Far East)
MSCI Emerging Markets Index	Cubre la media y gran capitalización de los mercados emergentes en 24 países, conteniendo más de 800 compañías.

Tabla 6.7: Algunos ejemplos de índices bursátiles basados en capitalización de mercado y región geográfica

Clases de Activos

Crecimiento

Además de la capitalización, es común encontrarnos con otro criterio de clasificación de compañías: crecimiento o *"Growth"* [40]. Las compañías en esta categoría, como lo indica su nombre, son aquellas que muestran un crecimiento por encima del promedio del mercado.

En este grupo solemos encontrar empresas que no pagan dividendos y que reinvierten todos sus beneficios, especialmente en investigación y desarrollo de nuevos productos. Es común ver ejemplos de este tipo de empresas en el sector tecnológico, que cuentan con patentes de productos novedosos y prometedores que le dan una ventaja competitiva frente al resto. Pueden incluso registrar pérdidas durante varios períodos fiscales, pero se mantendrán en el juego siempre y cuando los inversores sigan apostando por ellas.

Generalmente son empresas jóvenes, con una pequeña capitalización de mercado y que se encuentran en fase de expansión, aunque éste no es siempre el caso. Por ejemplo, el gigante del entretenimiento *Netflix* cae en la categoría de crecimiento a pesar de tener una capitalización de mercado de más de 80 mil millones de dólares, lo que difícilmente consideraríamos pequeña. Ha tenido, y sigue teniendo, un crecimiento muy por encima de la media. Es importante no confundir Crecimiento con Pequeña Capitalización, aunque muchas veces coincidan.

Si bien ser clasificada como "crecimiento" puede hacer muy atractiva a una empresa a los ojos de los inversores, no todas son ventajas: estas empresas corren el riesgo de no cumplir con las expectativas o incluso quedarse fuera del negocio si sus apuestas de expansión no resultan según lo planeado. A cambio de ese riesgo, el inversor obtiene un mayor potencial de retorno futuro, si es que sobreviven. Si tenemos la fortuna suficiente de invertir en el próximo Apple, y hacerlo a un precio razonable, seremos muy bien recompensados. El problema, claro, es saber de antemano quienes serán los ganadores, como en las carreras de caballos.

Consideremos, por ejemplo, el caso de Google. Hoy en día, cuando necesitamos buscar cualquier tipo de información en Internet no nos detenemos ni un momento a pensar en cómo hacerlo, simplemente utilizamos el buscador de Google. Es como si Google e Internet fueran la misma cosa. Quien no lo conozca seguramente ha vivido en una cueva durante los últimos 20 años. Incluso hemos introducido el verbo *"Googlear"* en nuestro lenguaje cotidiano. Sin embargo, Google no es solo sinónimo de Internet: esta empresa es un gigante tecnológico con unos ingresos astronómicos* que le permiten incursionar en diversas áreas: inteligencia artificial, procesamiento de lenguaje natural, conducción automática de coches, ingeniería de software, criptografía, seguridad informática, algoritmos de alta performance, etc.

Comenzó a cotizar en Bolsa a mediados de 2004 y llegó a estar por debajo de los $55 por acción. Trece años después, en 2017, alcanza una cotización superior a los $1.000 por acción, un incremento de casi 2.000% o el equivalente a multiplicar por 20 su valor inicial. En comparación el *S&P500* obtuvo en el mismo período, incluyendo dividendos, un retorno total de *solo* 250%.

Sin embargo, cuando Google se crea allá por el año 1998, era solo un buscador más de internet entre una miríada de otros buscadores. Nombres como *Archie, Veronica, Altavista, Excite, Lycos, Infoseek, WebCrawler, LookSmart* ¿le suenan familiares? Pues al lector más joven seguro que no y por una buena razón: ya no existen. Imagínese como un inversor en 1997 y con la visión suficiente para darse cuenta de que internet llegó para quedarse y quien domine las búsquedas en este nuevo medio dominará también el mercado. ¡Muy bien! Su predicción es correcta.

Ahora solo tiene que elegir la compañía que hará realidad esa visión, ¿cuál elegiría? Pues allí está el problema, porque seleccionar cualquiera de ellas es como intentar elegir el caballo ganador. Tal vez pensemos que contamos con el conocimiento y habilidad suficientes para encontrar el candidato más probable, pero aun así ¿cómo sabemos que el ganador siquiera está entre las compañías que existen actualmente? ¡Es posible que ni siquiera se haya fundado aún!

Tal vez tengamos suerte y apostemos por el ganador (Google), pero será solo eso, suerte. El número de opciones incorrectas es mucho mayor que el número de opciones correctas. Las

---

* Solo en 2016, Google obtuvo unos beneficios netos de casi 20.000 millones de dólares, unas cuatro veces superior a los de American Airlines, la aerolínea más grande de Estados Unidos.

probabilidades están en nuestra contra. En otras palabras: las empresas catalogadas como *Crecimiento* presentan un mayor potencial de retorno, pero no está garantizado que ese retorno se materialice, ni siquiera que la empresa sobreviva.

Valor

En el otro extremo del espectro de crecimiento encontramos la categoría llamada Valor o *"Value"* [40]. Al contrario de lo que su nombre pueda indicar, las compañías en este grupo no se caracterizan por ser las más valoradas, sino más bien lo contrario. Son empresas cuyo valor de mercado está por debajo de su *valor real* o *valor intrínseco* y por tanto cotizan como si estuvieran en temporada de rebajas, algo así como un Black Friday bursátil. La idea es que, al adquirirlas a precio de descuento, obtendremos mayores beneficios una vez que el mercado las vuelva a *valorar correctamente*.

Muy bien, ahora la pregunta es: ¿cómo determinamos el valor real o intrínseco de una empresa o activo? Aquí es donde comienzan los problemas. Los inversores en Valor, como se los conoce a quienes invierten en esta clase de activos, tienen a su disposición toda una gama de métricas y métodos que les permiten determinar si una empresa está infravalorada por el mercado. Algunas de esas métricas ya las conocemos: los coeficientes *precio-beneficio* (P/E) y *precio-valor contable* (P/B). Si estos coeficientes, entre otros, se encuentran dentro de ciertos rangos, la empresa en cuestión se clasifica como *Valor*.

Como ya hemos visto, un P/E reducido puede significar que la empresa este atravesando dificultades financieras y el mercado la está valorando en forma acorde. Por esta razón, el inversor en *Valor* suele tomar en consideración otras métricas además del P/E o P/B, como por ejemplo la evolución reciente en la facturación de la empresa, sus beneficios netos, flujo de efectivo, deudas, así como también otras características más difíciles de evaluar cómo ser la competencia que afronta, que tan populares son sus productos, la capacidad de liderazgo de la gerencia, etc.

Si bien es perfectamente sensato comprar algo ofrecido a descuento o por debajo de su valor real, lo que ocurre aquí es similar a lo que ocurría con la categoría crecimiento: las empresas calificadas como *Valor* no necesariamente se comportarán como se espera. Es posible que no estén incorrectamente valoradas por el mercado, a pesar de lo que indiquen las métricas. No está garantizado que el precio acabe reflejando su *"valor real"*, si es que tal cosa existe. Peor aún: el mismo conjunto de métricas que nos dice que una empresa es de *Valor* hoy, puede decirnos mañana que ya no lo es, sin que su precio haya cambiado en forma significativa.

Por ejemplo, a comienzos de 2017, la compañía *Netflix* cotizaba a unos $130 por acción y mostraba un P/E superior a 300. Sin duda esto hubiera ahuyentado a cualquier inversor en valor. Sin embargo, doce meses más tarde, *Netflix* supera los $250 por acción, lo que representa un incremento de casi 100% en solo un año. Su *P/E*, en cambio, pasó a estar por debajo de 200 y se estima que continuará bajando (…o tal vez no).

Stock Picking

Que en la actualidad estos principios de inversión en valor o crecimiento sean válidos, o incluso que den algún resultado, es un tema de debate. Lo que sí se observa a partir de los datos históricos, es que las empresas que caen dentro de las categorías *Valor* o *Pequeña Capitalización* han obtenido, **en el largo plazo**, un rendimiento superior a otras clases de activos como ser *Crecimiento* y *Gran Capitalización* [41].

Lo importante a destacar aquí es que ese rendimiento histórico superior está asociado a la categoría en su conjunto y no a los activos individuales dentro de ella. En otras palabras, el rendimiento promedio de todos los activos que componen estas categorías es superior al rendimiento promedio del resto de las categorías, pero solo **en el largo plazo**.

¿Por qué ocurre esto? Por un lado, dentro del grupo de empresas catalogadas como *Valor*, encontraremos aquellas que efectivamente están infravaloradas por el mercado y que harán que el beneficio total del grupo eventualmente se incremente.

Por otro lado, en la categoría *Pequeña Capitalización* encontraremos todas aquellas empresas que tienen mayor potencial de expansión, por el simple hecho de que aún no se han expandido lo suficiente. Allí estarán las que efectivamente acaben por obtener una mayor cuota de sus respectivos mercados, haciendo que el

Clases de Activos

rendimiento promedio del grupo se incremente. Lo curioso es que este mismo resultado no se ha observado en la categoría *Crecimiento*.

Pero de nuevo, esos resultados superiores se observan solo cuando consideramos estas empresas en conjunto y no en forma individual. Nunca sabremos de antemano y a ciencia cierta quienes destacarán en cada categoría. Esto, por supuesto, no impide que los inversores más osados se crean capaces de identificar a los ganadores de antemano y acaben haciendo apuestas más arriesgadas que el resto. Esta forma de inversión se denomina *Stock Picking* o selección de activos individuales.

Este tipo de inversores suele dedicar gran cantidad de tiempo y esfuerzo a analizar datos financieros con el objetivo de encontrar esas gemas que el mercado esconde y que muchos pasan por alto. Este inversor suele equiparse con toda una batería de métricas y estrategias que le permiten precisamente obtener esos resultados superiores, o al menos eso es lo que cree. El problema es que el éxito no está garantizado. Dentro de la miríada de inversores que están permanentemente intentando encontrar el caballo ganador, siempre habrá alguien que lo logre y cuando lo haga, por supuesto, atribuirá el éxito obtenido a su particular método o estrategia de inversión.

En la sección IV "Inversión Activa" indagaremos un poco más en detalle acerca de este tipo de estrategias, pero en resumen le diré que la tarea de selección de activos o *Stock Picking*, es un negocio peligroso y con pocas probabilidades de éxito.

A favor del *Stock Picking* se suele argumentar que el propio Warrent Buffet, uno de los inversores más exitosos de la historia, invierte enormes sumas de dinero en empresas individuales que él mismo o sus asociados seleccionan. Sin embargo, como en todas las actividades humanas, siempre encontraremos personas con un desempeño excepcional que muy pocos son capaces de igualar o siquiera acercarse. La última vez que lo verifique, el récord mundial de los 100 metros llanos lo ostentaba Usain Bolt, con unos 9.58 segundos... aun entrenando día y noche ¿cree Ud. ser capaz de igualar o siquiera acercarse a eso?

Acciones

Índices basados en Crecimiento y Valor

Al igual que en el caso de la capitalización, las clasificaciones de Crecimiento y Valor han dado lugar a la creación de diversos índices bursátiles basados en estos criterios. La tabla 6.8 nos muestra algunos ejemplos.

Índice	Descripción
S&P 500 Growth	Subgrupo de las compañías dentro del *S&P500* catalogadas como Crecimiento.
Russell 3000 Growth	Subgrupo de las compañías dentro del índice *Russell 3000* catalogadas como Crecimiento.
Russell 2000 Value	Compañías de pequeña capitalización (*Russell 2000*) que además presentan características de Valor.
Russell 1000 Growth	Gran capitalización (*Russell 1000*) con características de Crecimiento.
Dow Jones U.S. Large Cap Value Index	Contiene las empresas de Gran Capitalización del mercado americano que además muestran características de Valor.
Dow Jones U.S. Large Cap Growth Index	Gran capitalización con características de Crecimiento.
Wilshire US Large Cap Growth	De nuevo, Gran Capitalización con características de Crecimiento.

Tabla 6.8: Ejemplos de índices que clasifican los activos como Crecimiento o Valor, en combinación con su capitalización.

Al igual que en el caso de los índices basados en capitalización, los basados en Crecimiento y Valor son creados y mantenidos por diferentes entidades financieras, por ejemplo, *Standard and Poor's (S&P), Russell Investments, MSCI, NASDAQ, WilShire*, etc.

Por esta razón encontraremos índices de diferentes proveedores que cubren las mismas clases de activos. Por ejemplo, los índices *"Dow Jones U.S. Large Cap Growth Index"* y *"Wilshire US Large Cap Growth"*, representan el rendimiento de las compañías de Gran Capitalización que muestran características de Crecimiento. Sin embargo, esto no significa que los índices sean idénticos: cada institución utiliza métricas y métodos propios de clasificación de activos que pueden resultar en índices con portafolios ligeramente diferentes entre sí.

No existe un estándar establecido por el cual una empresa es catalogada como Valor y no Crecimiento, así como tampoco para determinar si es de Capitalización Media o Pequeña. Sin embargo, estas diferencias no serán sustanciales y en términos generales nos resultará indiferente el índice de referencia siempre y cuando cubra la clase de activos que nos interese.

Las cuatro esquinas del mercado

Morningstar es una firma americana de inversiones e investigación financiera que recoge datos sobre el rendimiento de casi cualquier activo cotizado. Posee una base de datos históricos considerable (y envidiable) que es ampliamente utilizada por inversores e instituciones financieras alrededor del mundo. Su principal distintivo es el sistema de calificación que utiliza para medir el rendimiento de un activo, similar al de los hoteles, basado en un número de estrellas de 1 a 5, donde 1 representa un rendimiento mediocre mientras que 5 un rendimiento excepcional. Por supuesto, esta calificación se basa enteramente en resultados históricos. Un activo que ostente 5 estrellas no nos garantiza un rendimiento excepcional en el futuro.

De todas maneras, lo que nos interesa es otro sistema de codificación de activos, introducido también por esta firma, y que se ha convertido en el estándar de la industria: el cuadro *Morningstar*.

Se trata simplemente de un cuadrado dividido en 9 partes iguales (3x3), que nos permite visualizar rápidamente las características de un activo en cuanto a su clasificación dentro las categorías de Valor, Crecimiento y Capitalización. La figura 6.1 nos muestra el diseño básico del cuadro [42].

El eje horizontal representa el espectro *Valor-Crecimiento*, o lo que se denomina *estilo*. En el extremo izquierdo tenemos los activos catalogados como *Valor* mientras que, en el extremo derecho, los activos considerados como *Crecimiento*. En el centro encontramos una combinación de ambos estilos, lo que se denomina *Blend* [43].

En el eje vertical, comenzando desde arriba, encontramos los diferentes niveles de capitalización: Grande, Media y Pequeña.

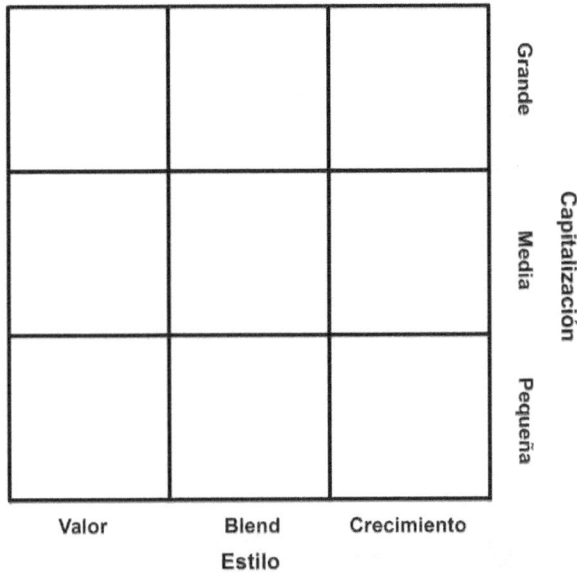

Figura 6.1: Cuadro *Morningstar*. Eje vertical = Capitalización. Eje horizontal = Estilo (Valor-Crecimiento).

Mediante esta codificación, podemos ver el mercado representado en dos dimensiones: capitalización en el eje vertical y Estilo en el eje horizontal (es decir, Valor o Crecimiento). Cada activo que analicemos ocupará una casilla dentro del cuadro. En particular las 4 casillas ubicadas en las esquinas del cuadro es lo que se ha dado en llamar *Las Cuatro Esquinas del Mercado*.

Esta codificación nos permite visualizar en forma rápida las características fundamentales de un activo con solo ver qué casilla ocupa dentro del cuadro *Morningstar*. Por ejemplo, si vemos el diagrama ▦, sabremos que estamos ante un activo de Gran Capitalización y con características de Crecimiento. También nos encontraremos con activos que combinan más de una característica, por ejemplo, ▦ representa un activo dentro de la categoría Pequeña Capitalización pero que muestra una combinación (*blend*) de características de Valor y Crecimiento. La figura 6.2 nos muestra las posibles combinaciones.

Es importante señalar que este diagrama es una herramienta

Clases de Activos

de análisis rápido de activos (o instrumentos financieros) y solo será el primer paso de una investigación más detallada. Deberemos ver, por ejemplo, a qué sector o sectores económicos pertenece el activo, regiones geográficas, costos asociados, liquidez, riesgo, retorno, quién es y qué reputación tiene el proveedor del instrumento que nos da acceso al activo de interés, etc. Volveremos sobre estos puntos más adelante.

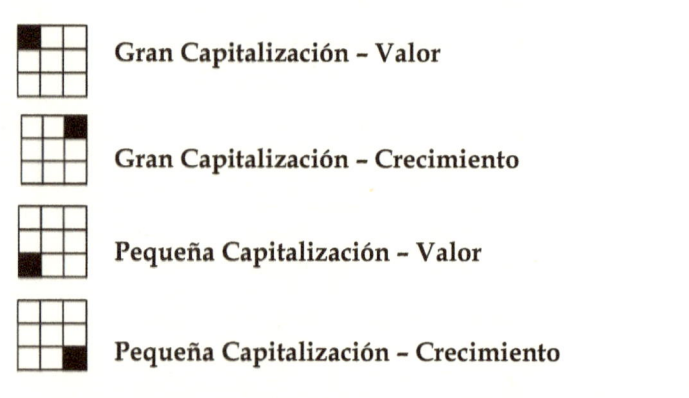

Figura 6.2: Las cuatro esquinas del mercado

Puntos Clave

En este capítulo hemos abordado una gran variedad de conceptos, por lo que es un buen momento para recapitular.

- ✓ Al comprar acciones de una empresa, nos convertimos en propietarios de una fracción de ésta y por tanto adquirimos el derecho sobre una fracción proporcional de sus beneficios, en forma de dividendos y apreciación del capital invertido.
- ✓ El riesgo asociado a una empresa o activo individual es lo que se conoce como riesgo no sistémico. La diversificación nos permite reducir o eliminar este riesgo.
- ✓ El riesgo asociado al mercado en su conjunto es lo que se conoce como riesgo sistémico. Este riesgo es más difícil de eliminar o reducir.

Acciones

- ✓ P/E o Coeficiente Precio-Beneficio (*Price to Earnings*): Nos permite valorar cuánto estamos pagando por los beneficios netos de la empresa.
- ✓ P/B o Coeficiente Precio-Valor Contable (*Price to Book*): Nos permite valorar cuánto estamos pagando por los activos netos que posee la empresa actualmente.
- ✓ La capitalización es el valor de mercado total de una empresa. Se puede clasificar en: Grande, Media, Pequeña y Micro.
- ✓ Compañías catalogadas como Valor tienen un precio de mercado por debajo de su valor *real* o *intrínseco*, al menos en teoría.
- ✓ Compañías catalogadas como Crecimiento muestran un crecimiento superior a la media del mercado, aunque no está garantizado que esto se mantenga en el tiempo.
- ✓ Los índices bursátiles son herramientas que nos permiten medir el rendimiento de un sector de la economía o del mercado en su totalidad. Un índice es básicamente el promedio de precios de un grupo de empresas o activos con características comunes entre sí.
- ✓ El cuadro *Morningstar* nos permite identificar rápidamente las características principales de un activo, en términos de su capitalización de mercado (Grande, Media o Pequeña) y su estilo, esto es, si es considerado un activo de *Valor*, *Crecimiento* o una combinación de ambos: *Blend*.
- ✓ El *stock picking* es un estilo de inversión en dónde se seleccionan empresas o activos individuales con el objetivo de obtener resultados superiores a la media. Para ello, el inversor utiliza una variedad de estrategias que, en teoría, le permiten encontrar los activos más prometedores. Esta forma de inversión se asemeja más a las apuestas en un hipódromo.

7

Bonos

"Quien toma prestado es ciervo de quien presta"
Proverbios 22:7

El sentido común nos dice que nuestra situación financiera mejorará si evitamos las deudas. ¿Qué tal si además nos convertimos en acreedores? Mejor aún, ¿qué tal si nuestros deudores son empresas o incluso gobiernos? Afortunadamente contamos con una clase de activos para hacer precisamente esto: bonos. Al igual que las acciones, estos cotizan en bolsa y constituyen lo que se denomina el mercado de renta fija en contraste con el de renta variable, es decir, el mercado de acciones.

Los bonos son instrumentos de deuda, tanto pública como privada, y juegan un rol fundamental en todo portafolio diversificado. Veamos un poco más en detalle qué son y cómo funcionan [44].

Clases de Activos

Deuda pública

¿Qué significa *"instrumento de deuda"*? Pues básicamente que cuando compramos un instrumento de este tipo lo que estamos comprando es una deuda. La entidad que emite un bono está solicitando un préstamo y al comprarlo estamos prestando dinero a esa entidad emisora a cambio del pago de un interés periódico que puede ser anual, semestral o trimestral. El bono (o el préstamo) tendrá una determinada duración o período de maduración luego del cual, nuestro dinero se nos devolverá. La idea es bien sencilla.

Por ejemplo, si compramos un bono a 10 años emitido por el gobierno de Estados Unidos (o cualquier otro país) por un valor de $1.000 y con un interés anual del 5%, significa que recibiremos un pago de $50 al año durante los próximos 10 años. Al completarse este período, se dice que el bono expira o madura y el emisor del bono debe cancelar la deuda. En el ejemplo, el gobierno de Estados Unidos nos pagará exactamente $1.000. En otras palabras, se nos compensa con el pago de un interés anual a cambio de dejar aparcados esos $1.000 durante 10 años, al igual que cuándo solicitamos un préstamo bancario, solo que en el caso de los bonos somos nosotros los prestamistas.

Es importante notar que el valor nominal del bono no se ajustará por inflación. En el ejemplo anterior, una vez que el bono madure recibiremos exactamente $1.000 independientemente de la inflación registrada durante los 10 años previos. La inflación es, pues, el principal enemigo de los bonos. ¿Vale entonces la pena invertir en ellos? En breve volveremos sobre este punto.

No solo los gobiernos emiten bonos[*], los cuales llamamos bonos del tesoro o deuda pública, sino también las empresas. Estos se conocen como bonos corporativos o deuda privada [45]. ¿Qué motiva a un gobierno o empresa a emitir bonos, o lo que es lo mismo, a emitir deuda? En el caso de los estados, el dinero obtenido por la venta de bonos se destina a cubrir los gastos y obligaciones que superen sus ingresos (provenientes de impuestos), es decir, para cubrir su déficit. Paradójicamente, estas obligaciones muchas veces incluyen el pago

---

[*] También existen bonos municipales que son emitidos por los estados o municipalidades dentro de un país.

de intereses por bonos emitidos anteriormente. Además de destinar el dinero prestado a los gastos normales de un estado, como ser el pago de salarios a los funcionarios, mejorar las carreteras o servicios públicos en general, también habrá un aumento en la emisión de deuda cuando el estado incurra en gastos extraordinarios, como por ejemplo durante un desastre natural, una guerra o el rescate de instituciones financieras*.

El nivel de deuda de un estado se suele comparar con su producto interior bruto (PIB) y muchos lo utilizan como un indicador de la salud financiera de la economía en su conjunto.

Por ejemplo, el coeficiente o ratio entre deuda pública y PIB de Estados Unidos en la actualidad (2017) es de un 105%, es decir, la deuda pública de este país está un 5% por encima de su PIB. Evidentemente no es posible deber más dinero del que se ingresa por mucho tiempo†. Por esta razón, algunos economistas llevan algún tiempo llamando la atención sobre la gravedad de la situación de la deuda en Estados Unidos. Esto no es un problema solo para este país, también lo es para el resto: la experiencia nos dice que una crisis o recesión económica en Estados Unidos acabará afectando, más temprano que tarde, al resto del mundo.

Por otro lado, también se señala que, en 1946, recién acabada la Segunda Guerra Mundial, la deuda pública americana era superior al 119% de su PIB, precisamente debido al gasto extraordinario que supuso una guerra mundial, por lo que los niveles actuales, si bien no son deseables, no son razón para entrar en pánico. Solo el tiempo nos dará la respuesta [46].

Deuda privada

¿Qué ocurre en el caso de las empresas? Estas suelen emitir bonos para financiarse y expandir sus líneas de negocio o simplemente cubrir otras deudas. Una alternativa de financiación para las empresas, además de los bonos, es la emisión de más acciones que coticen en Bolsa. El problema con esta opción es que, cuando se

---

* No entramos aquí en discusiones sobre la necesidad o no de rescatar a los bancos.
† Aquí habría que diferenciar también entre la deuda dentro y fuera de fronteras, pero esa es otra discusión.

Clases de Activos

incrementa el número de acciones en el mercado, el valor de las ya existentes se reduce, simplemente porque se está aumentando la oferta de acciones mientras que la demanda permanece incambiada. Cuando esto ocurre se dice que el valor de las acciones se "diluye" y claramente no está bien visto por los inversores.

Otra ventaja de la emisión de bonos es que el interés pagado sobre ellos suele ser inferior al interés exigido por un banco a cambio de un préstamo equivalente. Al solicitar un préstamo directamente al público, la empresa está eliminando al banco como intermediario. Recordemos que el dinero del banco proviene, a su vez, del público.

¿Cuál es el atractivo para el inversor? Los bonos son un contrato que obliga al emisor a pagar un interés predefinido en forma periódica. A diferencia de los dividendos, el interés que una empresa paga sobre un bono no se puede reducir o eliminar. Los bonos, además, conllevan la obligación de devolver el dinero prestado originalmente, lo que no ocurre con las acciones. Una empresa no tiene ninguna obligación de volver a comprar sus propias acciones a los inversores. Si queremos nuestro dinero de regreso, deberemos encontrar un comprador* y aceptar el precio de mercado actual, que puede o no ser superior a lo que hemos pagado por ellas.

Otro aspecto por destacar y que puede hacer mover la balanza a favor de los bonos, y en contra de las acciones es que, en caso de que la empresa quiebre, los poseedores de bonos se encuentran en los primeros lugares de la lista de acreedores a ser compensados mientras que los accionistas están en el último lugar y rara vez recuperan su inversión. Si bien un bono no es una garantía contra pérdidas totales, ciertamente disminuye el riesgo de que esto ocurra en comparación con las acciones. Entonces, ¿qué es mejor? ¿Bonos o acciones?

La pregunta correcta debería ser: ¿qué proporción de bonos y acciones debo incluir en mi portafolio? Estas son dos clases de activos de naturaleza muy diferente, y como tales se comportarán en forma muy diferente. Los bonos suelen considerarse activos *seguros* en los que refugiarse en épocas de crisis y recesión. Al combinar bonos y acciones en nuestro portafolio estaremos mejor preparados para

---

* Esto es más sencillo si la empresa ya cotiza en bolsa.

navegar la tormenta cuando ésta llegue.

Por cierto, la respuesta a la pregunta planteada en el párrafo anterior sobre la proporción de acciones y bonos, la discutiremos en la sección III, cuando construyamos nuestro portafolio de inversiones.

Midiendo el riesgo: Calificación crediticia

Acabamos de mencionar el riesgo de quiebra de una empresa que ha emitido bonos, el cual por supuesto siempre está presente. ¿Qué sucede en el caso de los gobiernos? Estos también presentan el riesgo de no cumplir con sus obligaciones y cuando esto ocurre decimos que entran en *default*.

La tarea de evaluar el riesgo de quiebra o default de una entidad emisora de bonos (pública o privada), está a cargo de las agencias de calificación crediticia. Las más importantes a nivel mundial son solo tres: *Moody's, Standard & Poor's* y *Fitch*. Si bien cumplen un rol indispensable como calificadoras de deuda, estas agencias no han estado libres de crítica.

Existe un serio conflicto de intereses por el simple hecho de que quienes pagan a estas agencias por sus servicios de calificación son muchas veces los propios emisores de deuda. Es claro que en un escenario así, la imparcialidad de las agencias queda en entredicho. También se argumenta que tuvieron su rol en la crisis financiera del 2008, al calificar como seguros productos financieros de alto riesgo*, que en última instancia resultaron ser el catalizador de la propia crisis y posterior recesión [47].

Dejando de lado la polémica, de la que ya se han escrito varios libros, los servicios de calificación que estas agencias ofrecen nos sirven de punto de partida para evaluar el riesgo de un instrumento de deuda específico. Cada agencia utiliza un código de letras y números, bastante similar entre sí, para estratificar el riesgo, como nos muestra la tabla 7.1.

Al tope de la lista vemos la clasificación triple A (*AAA*), que denota la mejor calificación de riesgo que un emisor de deuda puede obtener. Note la probabilidad de default de esta calificación: si bien

---

* Las llamadas hipotecas basura o "*Mortgage Backed Securities*" (MBS)

Clases de Activos

es muy baja (0.1%), no llega a ser cero. Un ejemplo dentro de esta categoría es el gobierno alemán, cuya probabilidad de incumplimiento o default es mínima y por tanto sus instrumentos de deuda se consideran los más seguros. Otros ejemplos son Canadá, Dinamarca o Suiza (curiosamente, EEUU perdió su status de *AAA* en 2013, cayendo un peldaño y pasando a ser *sólo AA+*).

Moody's	Standard & Poor's	Fitch	Probabilidad de incumplimiento o default
Aaa	AAA	AAA	0.10%
Aa1	AA+	AA+	0.10%
Aa2	AA	AA	0.20%
Aa3	AA−	AA−	0.30%
A1	A+	A+	0.90%
A2	A	A	0.80%
A3	A−	A−	0.80%
Baa1	BBB+	BBB+	1.20%
Baa2	BBB	BBB	2.00%
Baa3	BBB−	BBB−	3.10%
Ba1	BB+	BB+	7.30%
Ba2	BB	BB	8.10%
Ba3	BB−	BB−	16.90%
B1	B+	B+	20.10%
B2	B	B	25.20%
B3	B−	B−	36.90%
Caa1	CCC+	CCC+	47.30%
Caa2	CCC	CCC	49.90%
Caa3	CCC−	CCC−	67.00%
Ca	CC	CC	70.20%
-	C	C	70.20%
C	D	D	100.00%

Tabla 7.1: Esquema de calificaciones de las tres agencias más importantes: M*oddy's, Standard & Poor's* y *Fitch*. La tercera columna muestra la probabilidad de incumplimiento o default del emisor de duda, para cada una de las notas de calificación. Fuente: *CFA Institute Research Foundation*. [48]

Bonos

En el terreno de los bonos corporativos, la calificación *AAA* es más difícil de encontrar. Actualmente (2017-18) Microsoft y Johnson & Johnson, entre otros, se encuentran en este selecto grupo y no es de extrañar: son líderes del mercado y capaces de generar beneficios en forma consistente a lo largo del tiempo. Por supuesto, la calificación o nota crediticia de un emisor no está garantizada y puede variar con el tiempo (para mejor o para peor).

A medida que descendemos por la tabla 7.1 la calificación crediticia se degrada. Al pie de la lista encontramos la calificación *D* (*C* para *Moody's*) que nos indica una probabilidad de incumplimiento del 100%, es decir, el emisor ya ha incumplido sus obligaciones y ha entrado en default. Observe que la probabilidad de default no se incrementa en forma lineal cada vez que descendemos un lugar en la tabla, sino que suele hacerlo en forma exponencial. Por ejemplo, según *Fitch*, al pasar de una calificación *AA* a *AA-*, el riesgo de incumplimiento pasa de 0.2% a 0.3%. Sin embargo, si el emisor de bonos vuelve a caer otra posición, hasta *A+*, su probabilidad de incumplimiento pasa de 0.3% a 0.9%, es decir, tres veces superior.

La pregunta que inevitablemente nos viene a la mente es: ¿cómo hace un emisor de bonos con una baja calificación (por ejemplo, B-) para atraer compradores? Pues básicamente ofreciendo el pago de un interés más elevado. De nuevo vemos aquí la característica fundamental de cualquier tipo de inversión: a mayor riesgo, mayor retorno potencial. No será lo mismo adquirir bonos del tesoro alemán que bonos de Uganda o Iraq. Esta evaluación del riesgo crediticio es similar al que hacen las tarjetas de crédito sobre sus clientes.

¿Significa esto que deberemos elegir necesariamente entre menor-riesgo y menor-retorno vs mayor-riesgo y mayor-retorno? Pero ¿por qué elegir una u otra opción cuando podemos tener un poco de todo? Esto es, diversificación: simplemente podemos construir un portafolio de bonos de diferentes calificaciones, con lo cual reduciremos el riesgo de default de todo el conjunto. No obtendremos el mejor rendimiento, pero tampoco el peor, sino el promedio. En breve veremos cómo hacer esto mediante el uso de fondos de inversión, sin tener que comprar una variedad de bonos en forma individual.

Clases de Activos

Componentes básicos de un bono

Desafortunadamente la posibilidad de incumplimiento o default no es el único riesgo al que se enfrenta el inversor en bonos. Sin embargo, antes de continuar debemos aclarar algunos conceptos básicos que nos ayudarán a entender los riesgos involucrados.

Un bono presenta 4 características fundamentales:

- **Valor principal o** *face value*: Es el valor por el que se emite el bono, por ejemplo $1.000, y es el dinero que recibirá el inversor cuando el bono madure, sin estar ajustado por inflación. No es necesariamente el precio que pagamos por el bono al adquirirlo. Luego aclararemos este punto.

- **Vencimiento o** *Maturity Date*: Cada bono tiene una fecha de vencimiento o maduración prefijada, en la cual la deuda se cancela y el emisor deberá pagar el valor principal al poseedor del bono en ese momento. Bonos con una duración de menos de 1 año desde su emisión, se los considera de corto plazo. Entre 1 y 10 años, plazo medio y más allá de 10 años, largo plazo. De todas formas, los limites exactos en cada categoría son bastante arbitrarios y pueden variar según quien los clasifique.

- **Cupón**: Es un porcentaje fijo del valor principal que recibiremos como pago en forma anual hasta la fecha de vencimiento del bono. Por ejemplo, un bono a 10 años, con un valor principal de $1.000 y un cupón de 5%, pagará al poseedor del bono exactamente $50 cada año durante 10 años. Al completar ese período, el inversor recibirá $1.000 en efectivo y el bono dejará de existir.

- **Edad**: Es el tiempo transcurrido desde la emisión del bono. Es importante notar que no estamos obligados a comprar un bono en el momento de su emisión. Podremos adquirir bonos de otros inversores que fueron emitidos hace meses o años.

Bonos

Rendimiento de un bono

Ahora bien, ¿cuánto deberá pagar un inversor a la hora de adquirir un bono? ¿Su valor principal, por ejemplo, $1.000? Es aquí donde las cosas comienzan a complicarse.

El precio de un bono suele ser diferente de su valor principal, y a veces, muy diferente. El inversor que posea un bono no está obligado a mantenerlo hasta que madure: puede venderlo a otros inversores cuando lo crea conveniente. Esto hace que el precio de un bono fluctúe según la oferta y demanda que éste tenga, en forma similar a lo que sucede con las acciones.

Si el precio actual del bono está por encima de su valor principal, se dice que cotiza a Premium, si está por debajo, a descuento. Si el precio es igual o muy similar a su valor principal, se dice que cotiza a la par. Así, un bono puede cotizar por encima y por debajo de su valor principal en forma alternativa a lo largo de su vida.

Consideremos de nuevo el ejemplo visto al inicio. Si el bono tiene un cupón de 5% y un valor principal de $1.000 pero su precio actual de mercado es de sólo $900, significa que los $50 anuales que el emisor debe pagar (el cupón) representan un 5.6% del valor actual del bono. Este porcentaje es el rendimiento real del bono (o *Bond Yield*) y varía constantemente dependiendo de la cotización de mercado actual que éste tenga.

Valor Principal	Precio de Mercado	Tipo de Cotización	Cupón (5%)	Rendimiento (Cupón/Precio)
$1.000	$900	*Descuento*	$50	5.56%
$1.000	$950	*Descuento*	$50	5.26%
$1.000	**$1.000**	*A la par*	**$50**	**5.00%**
$1.000	$1.050	*Premium*	$50	4.76%
$1.000	$1.100	*Premium*	$50	4.55%

Tabla 7.2: Cupón vs Rendimiento de un bono. El rendimiento es inversamente proporcional al precio de mercado actual del bono.

No debemos confundir el rendimiento del bono con su cupón, que es un porcentaje fijo del valor principal y que permanece constante a lo largo de la vida del bono. En resumen, cuando el precio de un bono cae, éste se vuelve más atractivo porque su rendimiento aumenta. Con él, el inversor recibirá un mayor interés por cada dólar invertido. Lo opuesto ocurre cuando el precio del bono sube.

De nuevo, todo esto ocurre sin que el cupón del bono o su valor principal cambien en ningún momento. En cierta forma se asemeja al rendimiento por dividendos o *Dividend Yield* de una compañía que cotiza en bolsa. La tabla 7.2 nos muestra lo que ocurre.

Valor de mercado de un bono

Ahora bien, ¿cómo es posible que el precio de un bono sea diferente al de su valor principal? Hay varios factores que afectan el precio de un bono, entre ellos su cupón y vencimiento.

El precio actual de un bono refleja el flujo de dinero futuro que obtendremos de él, es decir, el pago de intereses más el efecto de la inflación. Sin entrar en detalles matemáticos, el valor actual de un bono debería ser equivalente a todo el dinero que recibiremos de él (intereses + principal) desde el momento de la compra hasta su vencimiento, pero incluyendo el efecto de la inflación en el cálculo.

Con esto en mente, intuimos que un bono a 20 años debería costar menos que un bono a 3 años, aun cuando ambos tengan el mismo valor principal, por el simple hecho de que al comprar un bono de mayor duración nuestro dinero estará más tiempo "bajo llave", sin que podamos disponer de él hasta su vencimiento. En otras palabras, cuanto más tiempo pase, mayor será el efecto erosivo de la inflación sobre nuestro capital.

Por la misma razón, el cupón ofrecido por un bono a 20 años debería ser mayor que el cupón ofrecido por un bono a 3 años. El mecanismo es similar a un depósito bancario: recibiremos más interés cuanto más tiempo dure el depósito [49].

Sensibilidad a los tipos de interés

Para complicar aún más las cosas, el cupón que paga un bono recién emitido no necesariamente será igual al cupón de un bono similar emitido en el pasado. Por ejemplo, un bono del tesoro americano a 10 años emitido hoy no necesariamente ofrecerá el mismo cupón que otro bono a 10 años emitido hace un año, o cualquier bono a 10 años que se pueda emitir en el futuro. Lo peor es que no sabremos qué cupón pagarán los bonos en el futuro.

¿Qué implicaciones tiene esto? Imaginemos que hace 6 meses hemos comprado un bono a 10 años con un cupón de 3%. Es muy probable que hoy se estén emitiendo nuevos bonos a 10 años que paguen un cupón diferente, por ejemplo 5%. ¿Qué sucede entonces con el precio actual del bono que ya poseemos?

Como ahora existen en el mercado bonos similares que pagan un interés mayor, nuestro bono se vuelve menos atractivo. Para compensar, su precio deberá caer. ¿Cuánto? Pues la cantidad de dinero que un inversor dejaría de ganar si acepta un cupón de 3% en lugar de 5%. Básicamente nuestro bono debe hacerse igual de atractivo que el nuevo bono a 10 años que ahora ofrece un cupón de 5%. Como el cupón es fijo, la única manera de compensar la diferencia es que el precio del bono baje, es decir, nuestra inversión perderá valor.

Sin embargo, ocurrirá lo contrario si los nuevos bonos ofrecen un cupón menor, por ejemplo, 2%. En este caso nuestro bono se vuelve más atractivo, porque sigue ofreciendo un cupón de 3%, por lo que su precio de mercado se incrementará. En ese momento podríamos vender el bono y embolsarnos las ganancias.

Nos encontramos aquí con el principal riesgo de un bono: el tipo de interés prevalente que se paga en el mercado en un momento dado y que afecta en forma inversa el valor del bono. Cuando los tipos de interés se disparan, el valor de los bonos ya emitidos cae y viceversa.

Esta dependencia del precio del bono con respecto al tipo de interés prevalente en el mercado se denomina *"sensibilidad a los tipos de interés"* o lo que es lo mismo, riesgo en función de la variación de los tipos de interés [50].

Algo a tener presente es que esta sensibilidad será mayor cuanto mayor sea la duración del bono. ¿Por qué? Digamos que tenemos un bono a 1 año y los tipos de interés suben abruptamente. Si bien su valor de mercado caerá, en menos de un año el bono madurará, el emisor nos pagará el principal y con ese dinero podremos comprar otro bono a 1 año con un cupón mayor. Muy diferente es la situación con un bono a 20 o 30 años. Estaremos todo ese tiempo recibiendo un cupón menor al que ofrece el mercado, por lo que nuestro bono deberá caer en valor mucho más que un bono a 1 año. Lo opuesto ocurre si los tipos de interés caen: un bono a largo plazo se apreciará mucho más que un bono a corto plazo.

Recuerde, el mercado valorará su bono según el flujo de dinero futuro que éste producirá. Si los nuevos instrumentos ahora disponibles ofrecen un flujo futuro de dinero mayor, el valor de su bono caerá en forma proporcional. En resumen: a mayor duración del bono, mayor cupón pagará, y por tanto mayor rendimiento tendrá, pero a la vez mayor será su sensibilidad a los cambios en los tipos de interés. De nuevo, un mayor rendimiento potencial implica asumir un mayor riesgo.

¿Es realmente posible que un bono cotice a un precio mayor que su valor principal? Aunque parezca contra intuitivo, sí que es posible si los tipos de interés caen lo suficiente.

Por ejemplo, un bono con un valor principal de $1.000 y un cupón de 5% pagará una cantidad fija de $50 al año. Imaginemos que el tipo de interés prevalente en el mercado para este tipo de bonos cae al 3%. En este caso, nuestro bono puede fácilmente cotizar a $1.100 porque los $50 que paga anualmente representan un rendimiento del 4.55%, que si bien es menor al 5% que pagaba cuando valía $1.000, sigue siendo mayor al 3% que el mercado está pagando actualmente.

Edad

Otro factor que afecta el precio del bono es su edad. A lo largo de su vida, un bono puede cotizar por encima o por debajo de su valor principal dependiendo de las condiciones del mercado. Sin embargo, a medida que este bono se acerca a su fecha de maduración, su precio se acercará cada vez más a su valor principal.

Esto resulta evidente dado que, al alcanzar su fecha de vencimiento, solo se nos pagará el valor principal del bono, ni más ni menos, y ya no recibiremos ningún cupón.

Rol de los bancos y autoridades monetarias

Tal vez haya notado que nos está faltando un elemento en nuestra ecuación... ¿Qué o quién determina los tipos de interés prevalentes en el mercado? Al igual que con el precio de los bonos, existen una serie de factores que determinan los tipos de interés en cada momento.

En primer lugar, tenemos los bancos centrales de los países o regiones económicas, por ejemplo, la Reserva Federal de Estados Unidos (*Fed*) o el Banco Central Europeo (*BCE*) quienes son los encargados de dictar las políticas monetarias [51].

En segundo lugar, tenemos los bancos normales cuyo negocio es básicamente recibir dinero en forma de depósitos y luego prestarlo al público o a empresas, a cambio del pago de un interés periódico.

Ahora bien, para evitar que presten el 100% de todo el dinero depositado, cada banco está obligado por ley a mantener un cierto porcentaje de ese dinero en forma de depósito en la reserva federal o el banco central correspondiente. Este es un requerimiento diario, lo que significa que al final del día, cualquier exceso de dinero allí depositado puede ser prestado a otros bancos que requieran, a su vez, cubrir el depósito mínimo exigido. Estos préstamos no son gratis, sino que se les aplica un interés que es cobrado a diario por los bancos acreedores. Ese interés o tipo de interés interbancario, es fijado por el banco central (o Reserva Federal en Estados Unidos) quien en definitiva cumple el rol de control.

Mediante la manipulación de este tipo de interés, los bancos centrales (autoridades monetarias) pueden mantener cierto control sobre la inflación, o al menos, ese es su objetivo [52]. ¿Cómo lo logran?

Si bien la inflación es algo a evitar, esta viene de la mano del crecimiento económico: a mayor expansión económica, más empleo, mayor consumo, mayor demanda de productos y servicios y por tanto mayores precios, es decir, inflación.

Cuando ésta se dispara, los bancos centrales toman medidas que invariablemente van en contra de la expansión económica. Lo que suelen hacer en estos casos es aumentar el tipo de interés interbancario (entre otras medidas). Cuando esto ocurre se dice que aumenta el *costo del dinero*. En este escenario, es más costoso para los bancos prestarse dinero entre sí por lo que trasladan ese sobrecosto a sus clientes, aumentando a su vez el interés exigido por sus préstamos.

Esto no solo afecta a los préstamos de dinero a empresas e individuos, sino también a las hipotecas y el interés cobrado por las

Clases de Activos

tarjetas de crédito. Los clientes, tanto personas como empresas, estarán menos dispuestos a solicitar un préstamo para financiarse. Este aumento del *costo del dinero* acaba provocando que las empresas encuentren menos atractivo realizar nuevas inversiones y cancelen sus planes de expansión, o que las personas utilicen menos sus tarjetas de crédito o adquieran menos hipotecas. Todo este proceso acaba haciendo que la economía se desacelere y con ella la inflación, que es el objetivo último de los bancos centrales [53] [54].

Por el contrario, en los momentos de crisis, cuando es necesario estimular la actividad económica, los bancos centrales reaccionan en forma opuesta: suelen bajar los tipos de interés. Todo el proceso se revierte: la reducción del costo del dinero tiene como objetivo alentar las inversiones lo que a su vez debería volver a activar la economía y, eventualmente, la inflación, con lo que el ciclo se repite una y otra vez.

Es importante notar que las medidas adoptadas por los bancos centrales no repercuten en forma inmediata en la económica y suelen tardar meses en tener efecto. Es como ser es el capitán de un buque petrolero. Cuando giramos el timón, el enorme tamaño del barco impide que éste complete la operación en forma inmediata y tardará un buen rato en hacerlo, por lo que cada cambio de dirección debe planearse y ejecutarse mucho tiempo antes.

Sin embargo, los mercados bursátiles sí que reaccionan en forma inmediata a los cambios de dirección en las políticas monetarias, porque saben muy bien el impacto que éstas tendrán. Los bancos centrales, por ejemplo, la Reserva Federal de Estados Unidos, mantienen reuniones periódicas (normalmente en forma trimestral) en las cuales anuncian cualquier cambio en sus políticas. Cuando esto ocurre, los mercados están muy atentos y a la espera de que se anuncie cualquier modificación.

Los mercados suelen reaccionar en forma negativa ante una subida de los tipos de interés porque entienden que esto acabará perjudicando a la economía. Lo contrario ocurre cuando los tipos de interés bajan. De todas maneras, estas reacciones se dan cuando los cambios son inesperados. Si el mercado percibe que hay una alta probabilidad de que la Reserva Federal suba (o baje) los tipos de interés en su próxima reunión, la reacción se producirá semanas o incluso meses antes del siguiente anuncio.

Bonos

Pero volvamos a los bonos, que es lo que nos interesa a la hora de construir nuestro portafolio. Las decisiones de los bancos centrales acaban afectando el precio de estos instrumentos. Por ejemplo, el aumento de los tipos de interés aumenta el "*costo de prestar dinero*" y esto hace que los nuevos bonos se emitan con un cupón mayor, haciéndolos más atractivos que los bonos ya existentes. Éstos últimos, por tanto, verán caer su valor de mercado.

Completando el puzle

Como vemos, existen varios factores que determinan el precio de cotización de un bono en todo momento. Si hiciéramos una comparación con la física, sería algo así como diferentes fuerzas actuando a la vez sobre el mismo objeto. La velocidad resultante de ese objeto (en nuestro caso el precio observado del bono) es el "efecto neto" de todas estas fuerzas actuando simultáneamente en un momento dado. La figura 7.1 nos muestra todas las piezas en su lugar.

Al igual que con las acciones, podemos hacer el ejercicio de intentar predecir cómo evolucionarán estas fuerzas en el futuro, por ejemplo, si los tipos de interés subirán o bajarán, con el objetivo de predecir cómo se moverá el precio de los bonos. Al igual que en el caso de las acciones, este es un ejercicio fútil, como todo intento de predicción del futuro.

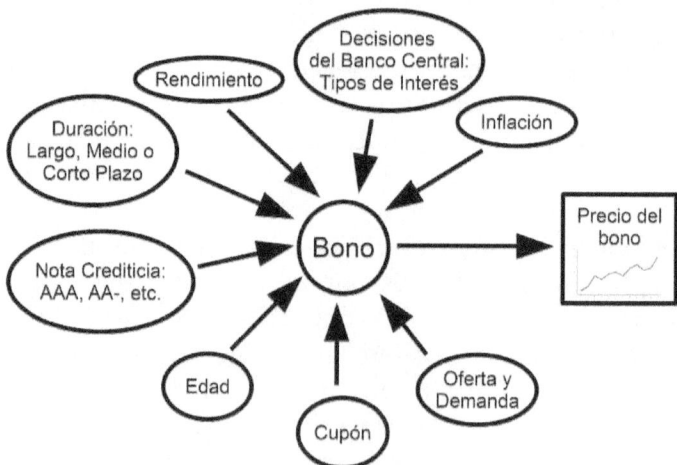

Figura 7.1: Factores que influyen en el precio de mercado de un bono.

Clases de Activos

Cuadro Morningstar

¿Recuerda el cuadro *Morningstar*, introducido en el capítulo anterior? Ese cuadro nos permitía ver el mercado de acciones en dos dimensiones: *Capitalización* vs *Crecimiento-Valor*. Es una herramienta especialmente útil para visualizar en forma rápida las características fundamentales de un activo. Por esta misma razón, *Morningstar* ha desarrollado el mismo concepto para los bonos. En este caso, las dos dimensiones a representar son: calificación crediticia, en el eje vertical, y sensibilidad a los tipos de interés en el eje horizontal. Ambas dimensiones se dividen en tres valores: Baja, Media y Alta. En la figura 7.2 vemos esta nueva versión del cuadro *Morningstar*.

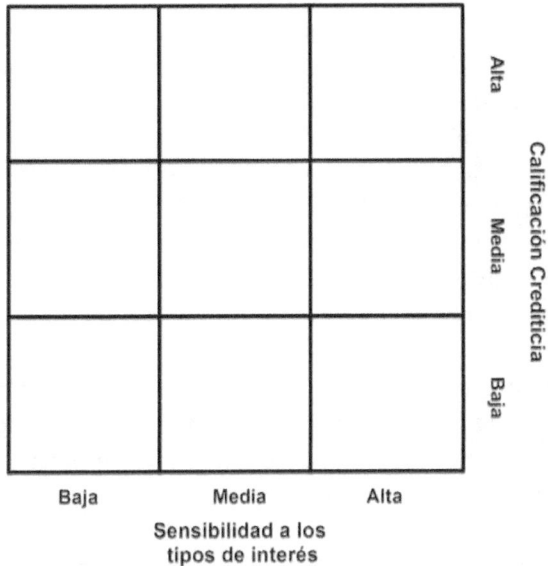

Figura 7.2: Cuadro *Morningstar* para bonos. Eje vertical = Calificación crediticia. Eje horizontal = Sensibilidad a los tipos de interés.

A modo de ejemplo, el diagrama ▦ nos estará diciendo que nos encontramos frente un bono con una alta calificación crediticia, tal vez AAA o AA+ pero que es altamente sensible a los tipos de interés, probablemente porque sea un bono a largo plazo, lo que significa que su precio de mercado mostrará una mayor volatilidad.

Al igual que con las acciones, este diagrama es una

herramienta de análisis rápido, que tendremos que completar con un análisis más detallado, por ejemplo: se trata de bonos gubernamentales o corporativos, de qué región, qué tan diversificado es el instrumento que nos da acceso a estos bonos, qué reputación tiene el proveedor de dicho instrumento, etc.

Cupón Cero

Existe una variante de bonos que hasta ahora no he mencionado, pero que puede ser una opción muy interesante a la hora de construir nuestro portafolio. Son los llamados bonos de cupón cero o desprovistos de cupón ("*Stripped Bonds*" en inglés) [55].

Como su nombre lo indica, son bonos que no pagan ningún interés, es decir, presentan un cupón cero y solo prometen pagar el valor principal al vencimiento. ¿Cuál puede ser su atractivo entonces? Pues que su precio de mercado será muy inferior al de un bono similar que sí pague interés. Como hemos visto, el precio actual de un bono debe reflejar el flujo futuro de dinero que recibiremos de él. En el caso de los bonos cupón cero, no recibiremos ningún dinero desde su emisión hasta su vencimiento, solo el valor principal al final de todo el período. Esta ausencia de intereses hace que el precio actual del bono deba incluir un descuento importante para compensar esa falta de ingresos futuros.

Una peculiaridad de estos bonos es que son mucho más sensibles a los cambios de los tipos de interés que los bonos normales, porque no cuentan con un cupón que compense la variación. El resultado es que su precio de mercado suele ser extremadamente volátil.

Ud. se preguntará: un momento, un bono que no paga interés, tiene mayor volatilidad y es extremadamente sensible a los tipos de interés... ¿Quién en su sano juicio invertiría en ellos? Y estoy totalmente de acuerdo con Ud. si el plan es invertir en este tipo de bonos en forma aislada. Su principal ventaja radica en que, al combinarlos con otras clases de activos dentro de un portafolio, obtenemos un nivel de diversificación difícilmente alcanzable con otras opciones porque suelen tener una correlación mínima con respecto a las demás clases de activos.

Clases de Activos

En los capítulos 10 y 11, analizaremos la composición y rendimiento de algunos portafolios que contienen este tipo de bonos.

Retorno y diversificación

¿Cuál es el retorno de los bonos como clase de activos? Al igual que las acciones, esto dependerá de su naturaleza. Por ejemplo, los de mayor duración mostrarán un retorno superior a los de menor duración. Por otro lado, a igual duración, un bono cupón cero tendrá un mayor retorno que un bono normal. A su vez, una menor calificación crediticia implica un mayor retorno potencial (y un mayor riesgo de default).

Como es de esperarse, los bonos con mayor potencial de retorno también muestran una mayor volatilidad. Otra particularidad, es que los bonos corporativos parecen mostrar un retorno ligeramente superior a los bonos gubernamentales. Esto podría explicarse por el simple hecho de que un gobierno es visto como más fiable que una empresa a la hora de pagar sus deudas. De esta forma, para atraer compradores, una empresa deberá ofrecer un cupón superior al que ofrecen los gobiernos por un bono de características similares.

Históricamente los bonos, como clase de activos, han tenido un rendimiento significativamente inferior al de las acciones. Esto no es de extrañar: las acciones son activos mucho más riesgosos que los bonos y por tanto presentan un potencial de retorno superior [56].

Adicionalmente, uno de los principales factores que afecta negativamente a los bonos es la inflación, que como ya sabemos, está siempre presente, en mayor o menor medida. Al tener un retorno fijo (el cupón), una inflación en ascenso reducirá o incluso eliminará el beneficio final de un bono. En el caso de las acciones, la inflación es, en cierto modo, un aliado: el incremento de precios que sufren los productos que las empresas venden, hace que los beneficios de éstas acompañen la inflación.

Entonces, si los bonos parecen no tener ninguna ventaja significativa frente a las acciones, ¿por qué invertir en ellos? De nuevo, la razón principal es diversificación: los bonos son una clase de activos fundamentalmente diferente a las acciones y por tanto se comportan en forma muy diferente a éstas. En los momentos de crisis, los inversores suelen refugiarse en activos considerados seguros, sobre todo bonos. Al incluirlos en nuestro portafolio lograremos reducir la volatilidad total de nuestra inversión y a la vez lograremos amortiguar las caídas severas del mercado.

Puntos Clave

Un bono es un instrumento financiero que representa una deuda. Esta deuda puede ser de un gobierno (deuda pública) o de una empresa (deuda privada). Sus componentes básicos son:

- ✓ **Valor principal**: Valor monetario que será pagado por el emisor al cancelar la deuda. No es necesariamente el valor que pagamos por el bono al adquirirlo.
- ✓ **Vencimiento**: Fecha en que se cancela la deuda.
- ✓ **Cupón**: Cantidad fija de dinero pagada anualmente por el emisor del bono al poseedor de éste, desde la emisión hasta el vencimiento del instrumento.
- ✓ **Calificación crediticia**: Nos da una idea de que tan fiable es el emisor del bono a la hora de pagar su deuda.
- ✓ **Rendimiento**: Interés pagado por el bono expresado como porcentaje de su valor de mercado actual.

Un bono puede cotizar por encima o por debajo de su valor principal. Los factores que afectan el precio actual de un bono son:

- ✓ **Flujo futuro de dinero**: El flujo de dinero que un bono producirá desde hoy hasta su fecha de vencimiento determinará su valor de mercado. En el precio del bono ya está descontado el dinero que obtendremos de él hasta que se cancele la deuda.
- ✓ **Tipos de interés**: El precio de los bonos se mueve en dirección opuesta a los tipos de interés. Cuando éstos suben, los precios de los bonos caen y viceversa.
- ✓ **Duración**: A mayor duración del bono, mayor sensibilidad a los tipos de interés. Frente a un cambio en los tipos de interés, los bonos a largo plazo se verán más afectados que los bonos a medio y corto plazo. El impacto, por supuesto,

puede ser negativo o positivo.
- ✓ **Calificación crediticia**: A mayor calificación, más seguros serán los bonos, pero a la vez menos interés (cupón) pagarán. Bonos con mayor riesgo de incumplimiento ofrecerán un cupón más atractivo. Adicionalmente, la nota de crédito no está garantizada de por vida. Un emisor puede obtener una mejor o peor calificación en cualquier momento y esto, claramente, afectará el precio de los bonos que ya ha emitido y los que emitirá en el futuro.
- ✓ **Inflación**: Es el principal enemigo de los bonos. Un incremento de la inflación afectará el valor real del cupón pagado por el bono hasta su vencimiento, por lo que la cotización actual de éste se verá afectada en forma negativa.
- ✓ **Edad**: A medida que el bono se aproxime a su fecha de maduración, su precio se acercará a su valor principal, ya sea que esté por encima o por debajo de éste.

Históricamente los bonos como clase de activos han tenido un rendimiento inferior a las acciones, sin embargo, cumplen un rol fundamental en cualquier portafolio: Diversificación.

8

Fondos de Inversión

"La simplicidad no es el objetivo final, es el subproducto de una buena idea"
Paul Rand

Los fondos de inversión serán la principal herramienta que utilizaremos para construir nuestro portafolio. Con ellos obtendremos diversificación, simplicidad y bajos costos. Veamos cómo funcionan.

Fondos Mutuos

Los fondos mutuos de inversión son simplemente entidades legales habilitadas para captar dinero del público en general o inversores institucionales. Este dinero es luego utilizado por el gestor o gestores del fondo para adquirir activos con el objetivo de obtener beneficios tanto para los inversores y como para el propio fondo.

Las razones para utilizar este tipo de instrumentos son muy

Fondos de Inversión

simples: al invertir en un fondo de inversión nos ahorramos el trabajo de tener que analizar y seleccionar activos financieros por nuestra cuenta y delegamos esta tediosa tarea al gestor o grupo de gestores que administran el fondo. Estas personas suelen ser expertos en economía y finanzas con muchos años de experiencia a sus espaldas, con lo cual resulta perfectamente lógico permitir que administren nuestro dinero a cambio, claro, de una comisión.

Otras ventajas destacables de estos instrumentos son la diversificación y reducción de costos que ofrecen: un fondo suele invertir en cientos, o incluso miles, de activos diferentes. Esto sería imposible, o al menos prohibitivo, para el pequeño inversor sobre todo por el costo en comisiones en el que incurriría. El fondo de inversión realiza compras y ventas de activos en grandes cantidades, lo que reduce el número de transacciones y por tanto las comisiones. En este sentido, los fondos de inversión son mucho más eficientes, en términos de costos, que la inversión en activos individuales. Adicionalmente, los fondos dan acceso a un gran número de activos sin necesidad de contar con un gran capital, lo que resulta ideal para el pequeño inversor.

Al colocar nuestro dinero en un fondo de inversión obtenemos a cambio unidades o participaciones del propio fondo, cuyo precio refleja el valor de mercado de los activos que el fondo posee. A esto se le llama "Valor Neto de los Activos" o *"Net Asset Value* (NAV)", como se lo conoce en inglés. Si un fondo posee acciones de, por ejemplo, 500 empresas diferentes y el valor total de estas acciones en el mercado es de 100 millones de dólares, ese será entonces su valor NAV. A su vez, si se emiten 2 millones de unidades del fondo, cada una de ellas costará $50 (=100m/2m)*. En otras palabras, con solo $50 estamos invirtiendo en esas 500 empresas. Si tuviéramos que comprarlas en forma individual necesitaríamos un capital muy superior, además de tener que pagar 500 comisiones por la compra de 500 activos individuales.

La idea detrás de los fondos de inversión es pues, bastante sencilla, pero relativamente reciente. Su origen es aún motivo de

---

* El NAV se suele expresar por unidad. En el ejemplo, el NAV del fondo es $50 en lugar de 100 millones.

debate. Algunos apuntan a que el primer fondo de inversión apareció en Holanda en el siglo XIX mientras otros atribuyen su origen en Alemania un siglo antes. Lo cierto es que el primer fondo de inversión moderno se crea recién en 1924 en Boston, EE.UU Se llamaba *"Massachusetts Investors Trust"* [57]. Para 1929 existían ya cientos de fondos compitiendo entre sí por el dinero de los inversores. El desplome financiero que siguió a continuación acabó eliminando a muchos de ellos. De todas maneras, esto no impidió que la industria de los fondos de inversión continuara prosperando en las décadas siguientes.

Fondos abiertos y cerrados

Según su estructura legal, los fondos de inversión se dividen en dos tipos [58]:

- **Abiertos o *"Open-Ended Funds"*:** Las unidades o participaciones de este tipo de fondos se crean y se destruyen según los inversores ingresen o retiren dinero respectivamente. Esto es, cuando un inversor ingresa capital al fondo, éste debe adquirir los activos correspondientes y crear así nuevas unidades del propio fondo que son luego entregadas al inversor en propiedad. Lo mismo ocurre a la inversa. Cuando los inversores retiran dinero del fondo, éste debe vender parte de sus activos para obtener el efectivo necesario que debe entregar a los inversores. Las unidades del fondo que poseían estos inversores dejan por tanto de existir.

  En la práctica esto no se hace por cada ingreso o egreso de dinero que un inversor en particular realice, sino más bien en bloques de determinado tamaño para minimizar los costos de transacción. Se suele también cancelar ingresos con egresos, esto es, transferir acciones del fondo de un inversor a otro cuando uno retira dinero y el otro lo deposita, sin necesidad de comprar o vender ningún activo.

- **Cerrados o *"Closed-Ended Funds"*:** En este caso el fondo emite una cantidad fija de unidades que no se crean ni se destruyen según el capital ingresado o retirado por los inversores. Cuando

Fondos de Inversión

alguien desea invertir en el fondo lo que acaba haciendo es comprar unidades a otros inversores. La cantidad total de unidades del fondo en existencia permanece constante.

A diferencia de las acciones de compañías u otros instrumentos financieros cotizados en Bolsa, las órdenes de compra y venta de unidades de un fondo mutuo se completan todas a la vez, al finalizar la jornada bursátil. Cuando el mercado cierra, se calcula el valor NAV del fondo, esto es, el valor neto de los activos que el fondo posee. Una vez hecho esto, se procesan todas las órdenes de compra y venta de unidades utilizando dicho valor, por ejemplo, $50 por unidad. Esto significa que hay un único precio de compra y venta (el NAV) y por tanto no hay *spread*.

Esto, por supuesto, tiene pros y contras. La principal ventaja es que estaremos pagando el *"precio justo"* por los activos que el fondo posee, es decir, nos ahorraremos el *spread*. La desventaja es que, si colocamos una orden de compra por la mañana, ésta se ejecutará al precio alcanzado al cierre del mercado, por lo que no sabremos exactamente a qué precio estaremos comprando o vendiendo.

Expense Ratio

Además de las posibles comisiones que pagaremos a nuestro bróker por la compra de unidades de un fondo, éste a su vez, también tiene asociado un costo adicional llamado *"Expense Ratio"* [59]. El expense ratio se expresa como un porcentaje anual de los activos que posee el fondo y se utiliza para cubrir todos los gastos administrativos y demás costos en los que el fondo pueda incurrir, como por ejemplo publicidad.

El fondo tiene, además, la obligación de mantener informado a cada uno de los inversores sobre sus resultados mediante la confección y envió periódico de informes de rendimiento, lo cual añade un nivel extra de costo administrativo.

El expense ratio puede ser de solo unas décimas de porcentaje, por ejemplo: 0.40% o 0.60% o llegar hasta el 1% o 2%. Debemos tener en cuenta que este porcentaje es deducido cada año de los activos que posee el fondo, sin importar que se hayan registrado pérdidas o ganancias en el período. Esto significa que cualquier pérdida se verá

Clases de Activos

incrementada por el expense ratio.

Es importante notar, además, que esta comisión no es cobrada directamente a los inversores en forma de efectivo, sino que ya viene descontada en el rendimiento del propio fondo (lo cual, por supuesto, lo acaban pagando los inversores).

Más costos

Adicionalmente, los fondos mutuos suelen tener un costo de *"entrada"* y de *"salida"*, esto es, un porcentaje del capital que cada inversor ingresa o retira es retenido por el fondo como comisión. De nuevo, este valor puede variar desde solo unas décimas de porcentaje hasta varios puntos porcentuales.

Muchos fondos, además, establecen un capital inicial mínimo de inversión. Este mínimo no suele estar por debajo de $1.000 o $3.000, y algunos pueden llegar incluso hasta $50.000. Sin embargo, es importante notar que este mínimo es exigido solo la primera vez que se invierte en el fondo y no se aplica a las contribuciones posteriores que el inversor realice.

Por si esto fuera poco, deberemos añadir las comisiones de los brókeres a través de los cuales accedemos a estos instrumentos. Si nuestro plan es hacer una única inversión, este costo puede ser fácilmente ignorado. Sin embargo, si planeamos realizar compras periódicas, por ejemplo, en forma mensual, estas comisiones pueden tener un impacto significativo en el rendimiento final de nuestra inversión.

Todos estos costos pueden hacer de los fondos de inversión una opción poco atractiva. Debemos tomar en cuenta que la principal ventaja que ofrecen es la diversificación: replicar una inversión similar en forma "manual", que involucre la compra de cientos o miles de activos, sería imposible de realizar para un pequeño inversor. Por otro lado, la competencia feroz para atraer nuevos inversores ha resultado en una drástica reducción de estos costos a lo largo de las últimas décadas.

Otro argumento a favor de estos instrumentos, aunque a la vez el más débil, es que las comisiones que pagamos al fondo son el costo del conocimiento y experiencia de los expertos que lo administran y que deciden en qué invertir y cuando hacerlo. Estos expertos, afirman

Fondos de Inversión

sus defensores, son capaces de identificar las mejores oportunidades de inversión en base a un conocimiento profundo de los mercados financieros, que al pequeño inversor le tomaría años dominar. Estas comisiones se traducirán en beneficios superiores a la media del mercado.

Así como pagamos a otros expertos (médicos, ingenieros, abogados, etc.) para resolver problemas cuya resolución requiere conocimientos y experiencia que no poseemos, deberíamos también pagar a expertos en finanzas que se encarguen de invertir nuestro dinero de la mejor forma posible. Si este argumento no le resulta muy convincente, no se preocupe... ¡a mí tampoco! En breve volveremos sobre esta cuestión. De todas formas, ¿existe alguna alternativa más económica a los fondos mutuos de inversión?

Fondos indexados

Uno de los grandes avances en el mundo financiero, comparable, en mi opinión, a la llegada del hombre a la luna*, ha sido la creación de los fondos indexados [60]. Estos son básicamente idénticos a los fondos mutuos que acabamos de ver, pero la gran diferencia radica en que no hay un administrador o gestor del fondo dedicado a tomar decisiones sobre qué activos invertir y cuándo hacerlo. El fondo simplemente replica el portafolio de un índice bursátil determinado.

Por ejemplo, un fondo que se base en el índice *S&P500*, invertirá en las 500 empresas que componen el índice y en las proporciones que éste indique. En otras palabras, es el índice quien dicta qué activos debe poseer el fondo (y en qué proporción) y no un gestor a quien se le paga para tomar decisiones.

Una vez establecido el índice de base, podemos afirmar que es el propio mercado el que gestiona el fondo. La primera ventaja que observamos aquí es el costo: dado que no es necesario pagarle a un "experto" para que tome decisiones de inversión, la comisión del fondo indexado, o expense ratio, es significativamente inferior a los fondos mutuos activamente gestionados. De todas maneras, este costo nunca será cero debido a que siempre hay gastos

---

* Ok, tal vez estoy exagerando un poco.

Clases de Activos

administrativos que el fondo debe cubrir.

Continuando con el ejemplo, un fondo basado en el *S&P500* y con un capital de 100 millones para invertir, contendrá un portafolio muy similar al mostrado en la tabla 8.1. Vemos allí las 10 empresas de mayor peso en el fondo, es decir, las 10 empresas de mayor capitalización del mercado americano.

Normalmente los fondos mantienen una porción de su capital en efectivo u otro tipo de instrumentos con gran liquidez para afrontar gastos administrativos, sin embargo, en la práctica podemos considerar que están 100% invertidos en los activos del índice.

Evidentemente la composición del índice de referencia no se mantiene estática. ¿Qué ocurre cuando los porcentajes de capitalización cambian y, por ejemplo, Apple que está en el tope de la lista, pasa a estar en la quinta posición y Microsoft pasa de la tercera a la primera posición? ¿Necesita el fondo vender parte de Apple y comprar más acciones de Microsoft? Pues esta es una de las ventajas de los fondos indexados: cuando ocurren este tipo de cambios, y ocurren todo el tiempo, no es necesario modificar absolutamente nada. Al cambiar la capitalización de una empresa, la proporción correspondiente en el portafolio del fondo cambiará de igual manera, con lo que el ajuste será automático.

Compañía	Porcentaje	Fondo Indexado
Apple Inc.	3.59%	$3,590,000
Alphabet Inc. Class A (Google)	2.60%	$2,600,000
Microsoft Corporation	2.53%	$2,530,000
Amazon.com, Inc.	1.82%	$1,820,000
Johnson & Johnson	1.72%	$1,720,000
Facebook, Inc. Class A	1.68%	$1,680,000
Exxon Mobil Corporation	1.67%	$1,670,000
JPMorgan Chase & Co.	1.58%	$1,580,000
Berkshire Hathaway Inc. Class B	1.57%	$1,570,000
Wells Fargo & Company	1.21%	$1,210,000
...	...	...

Tabla 8.1: Primeras 10 empresas del portafolio de un hipotético fondo indexado basado en el *S&P500* (julio 2017).

Fondos de Inversión

En nuestro ejemplo, si la capitalización de mercado de Apple cae un 20% y pasa a ser la quinta compañía del índice, según su capitalización, lo mismo ocurrirá en el portafolio que mantiene el fondo. El truco por tanto es utilizar la capitalización para determinar la composición de cada activo en el portafolio.

¿Qué implicaciones tiene esto? Pues que el fondo se ahorrará enormes sumas de dinero en comisiones al no tener que comprar o vender sus activos. Al reducir el número de transacciones, también reducirá la posibilidad de pagar impuestos al capital en caso de contabilizar ganancias.

Esta reducción de costos no solo beneficia al fondo: cualquier costo que el fondo evite, impactará positivamente en su rendimiento y por tanto en el retorno final de los inversores. En principio, el fondo solo se verá obligado a realizar cambios en su portafolio cuando alguna empresa acabe por salirse del índice y otra ingrese al mismo, aunque estos eventos ocurren con muy poca frecuencia.

Estas ventajas en la estructura de costos no están presentes en los fondos mutuos por el simple hecho de que suelen tener una mayor actividad bursátil. El gestor de un fondo no indexado se enfrenta a varios desafíos simultáneamente: no solo obtener beneficios superiores, sino que además esos beneficios deben compensar los costos adicionales que involucran las comisiones de los brókeres y el pago del impuesto a las ganancias de capital.

Rotación de activos: Turnover

El portafolio de los fondos indexados suele ser más estable que el de los fondos no indexados. Sin embargo, ambos tipos de instrumentos adolecen de lo que se denomina rotación de activos o *"turnover"* [61].

Esta es una métrica que simplemente nos indica el porcentaje del portafolio que es reemplazado en un período dado, normalmente un año. Un fondo indexado, basado en capitalización, suele tener un *turnover* reducido (normalmente menos del 5% anual), mientras que los no indexados pueden llegar a tener un *turnover* de hasta 100%, dependiendo de la estrategia de inversión utilizada por sus gestores. ¿Por qué es relevante esta métrica? Pues porque a mayor *turnover*, mayor actividad bursátil y por tanto mayores costos (comisiones e impuestos). Esto, a su vez, se traduce en un menor rendimiento para los inversores.

Si un fondo no indexado esta todo el tiempo vendiendo y comprando activos con el objetivo de obtener beneficios superiores, es posible que la totalidad de su portafolio sea remplazado en el transcurso de un solo año, es decir, mostrará un *turnover* del 100%. Esto en principio no es algo negativo en sí mismo, si el resultado final lo compensa, esto es, si el beneficio neto finalmente obtenido es superior al beneficio neto obtenido por un fondo indexado que invierta en activos similares. Desafortunadamente éste no suele ser el caso.

Inversión pasiva vs activa

Llegados a este punto, comenzamos a notar dos paradigmas de inversión diametralmente opuestos: por un lado, la "*Inversión Activa*", en donde alguien toma decisiones sobre qué activos comprar y vender y en qué momento hacerlo, y por otro la "*Inversión Pasiva*", representada por los fondos indexados, en donde el índice de referencia es quien dicta en qué activos debemos invertir y en qué proporciones.

Podemos ver a la inversión pasiva como un proceso automático, mecánico o simplemente "*tonto*". El concepto surgió inicialmente en el mundo académico y no fue sino hasta el año 1975 que se implementó en la práctica con el primer fondo indexado: "*Vanguard Index Trust*" basado precisamente en el índice *S&P500*. Su creador, *John C. Bogle*, funda al mismo tiempo el ya famoso grupo *Vanguard*, que hoy en día gestiona cientos de fondos de inversión, con un capital total de más de 4 billones de dólares (trillones en EE. UU).

Inicialmente, el concepto de inversión indexada o pasiva no fue bien recibido en el mundo financiero [62]. ¿Quién confiaría su dinero a los vaivenes de un índice bursátil sin ningún tipo de inteligencia y ningún incentivo para obtener beneficios o evitar pérdidas, en lugar de contratar a un experto en finanzas que se encargue de tomar las mejores decisiones por nosotros, y con todos los incentivos para obtener rendimientos superiores y reducir nuestras pérdidas? Si a ese experto, además, se lo recompensa en forma proporcional a sus resultados, tendrá entonces aún más incentivos para hacer su mejor

Fondos de Inversión

esfuerzo y cumplir sus objetivos.

La respuesta a esa pregunta parecía clara, al menos al comienzo. El tiempo se encargó de revelar una realidad muy diferente: la inversión pasiva, y a largo plazo, acaba por obtener mejores resultados que la mayoría de las estrategias de inversión activa. Este resultado ha sido confirmado una y otra vez por diversos estudios académicos [63].

El propio John Bogle, en su *"Pequeño Libro de la Inversión Sensata"* recopila estadísticas sobre el desempeño de los mejores fondos de inversión activamente gestionados (es decir, no indexados) durante el período que va de 1982 a 2006 y compara sus resultados posteriores para determinar si realmente son capaces de sostener esos rendimientos superiores en el tiempo o si simplemente han tenido suerte. Como resultado, los 20 mejores fondos de cada año solo obtienen un resultado promedio en los años siguientes [64]. Estudios más recientes y que abarcan un mayor volumen de datos históricos, estiman que hasta un 98% de los fondos de inversión activa no muestran ningún tipo de habilidad para obtener resultados superiores al promedio. Inclusos algunos muestran especial habilidad para obtener rendimientos mediocres [65].

Debemos tener en cuenta que en cualquier año vamos a encontrar fondos activamente gestionados que obtienen un retorno superior o muy superior al *S&P500*. El problema es que esos resultados no se mantienen a lo largo del tiempo. Los fondos con los mejores resultados este año, no serán los mejores en los años siguientes. Esto no es un problema solo para los gestores de dichos fondos, es un problema aún más grave para los inversores.

En efecto, cuando añadimos a la ecuación las elevadas comisiones que estos gestores cobran solo por administrar el fondo, el resultado es mucho más aplastante para el pequeño inversor. Estos acaban pagando un precio más alto a cambio de un beneficio mediocre. No parece un buen negocio.

¿Cuál es el problema? ¿Son estos expertos gestores tontos o simplemente timan a los pequeños inversores? La verdad es que ni una cosa ni la otra. Lo que vemos aquí es un fenómeno llamado *"regreso a la media"* [66] el cual es bien conocido en estadística y finanzas. Algo así como *"Todo lo que sube tiene que bajar"*: rendimientos

Clases de Activos

recientes por encima del promedio, tienden a ser compensados con rendimientos mediocres en el futuro. El conjunto de todos los inversores y fondos de inversión constituyen precisamente el mercado, y el mercado (representado en este caso por el *S&P500*) simplemente refleja el rendimiento promedio de todos sus participantes. Por esta misma razón, el retorno de cada inversor estará, durante un tiempo, por encima del promedio (es decir, por encima del mercado) para luego estar por debajo de este y viceversa.

Si todos obtienen un beneficio superior al promedio, entonces hemos calculado mal el promedio en primer lugar y el promedio real está muy por encima de lo que creemos. Cada inversor puede pensar que es más listo que el resto y ser capaz de estar por encima del mercado todo el tiempo. ¿Es esto posible? Claro que lo es. También es posible ganar 10 medallas de oro consecutivas en los juegos olímpicos, ¿qué porcentaje de atletas lo han logrado?

Otro problema característico de los fondos no indexados o activamente gestionados es su tamaño. El principal objetivo del gestor no es en realidad obtener resultados superiores, sino atraer capitales y extraer una comisión de ellos. Por supuesto que un rendimiento superior atraerá nuevos inversores, pero una vez que esto suceda, será cada vez más difícil sostener retornos anuales del 10%, 20% o 30%. Si invertimos $1.000 en acciones de IBM, difícilmente afectaremos su precio de mercado. Sin embargo, invertir 10.000 millones de dólares es un asunto completamente diferente. Es lo que se conoce como impacto del capital.

Por otro lado, un fondo que administre, por ejemplo, 100.000 millones de dólares en activos y con un gestor que cobre una comisión de tan solo 0.1% de ese valor, estará pagando a ese gestor un modesto salario de *solo* 100 millones de dólares anuales. ¿Cree Ud. que ese gestor tendrá incentivos para obtener el mejor rendimiento posible de los $1.000 que Ud. o yo hayamos invertido en el fondo?

A pesar de toda la evidencia en contra de la inversión activa, ésta sigue teniendo, hoy en día, muchos seguidores. Siempre habrá fondos de inversión destacados, que hayan obtenido resultados extraordinarios en el último año. Inevitablemente esto hace que los inversores muevan sus capitales hacia estos fondos, para luego encontrarse con resultados decepcionantes en los años posteriores. Es

Fondos de Inversión

lo que se conoce como *perseguir el rendimiento*.

Los medios de comunicación tampoco ayudan. Hoy más que nunca encontramos historias de personas comunes que supuestamente han ganado fortunas de la noche a la mañana, con estrategias ganadoras que van a revolucionar el mundo de la inversión. En cada clic que hacemos al navegar por internet nos vemos expuestos a todo tipo de mensajes sutiles y no tan sutiles: ¿qué está esperando para hacerse millonario? No pierda el tiempo y vea pasar la vida, llame ahora mismo y por solo $9.99...

Este bombardeo constante de publicidad es difícil de evitar y no importa que tan escépticos seamos, siempre tendremos algún momento de duda. ¿Qué tal si esa estrategia funciona o ese fondo es realmente el mejor? ¿Estaré dejando pasar la oportunidad?... En la sección IV exploraremos un poco más en detalle algunas de las ideas de la inversión activa, y el por qué deberíamos evitarlas.

Exchange Traded Funds: ETF

El siguiente paso en la evolución de los fondos de inversión es el llamado fondo cotizado o ETF, por sus siglas en inglés: "*Exchange Traded Funds*" [67]. Estos son fondos (en su mayoría indexados) cuyas unidades o participaciones pueden comprarse y venderse en la Bolsa de Valores durante toda la jornada bursátil. Los ETFs suelen ser fondos "*Open-Ended*" o abiertos, es decir, las unidades del fondo pueden crearse o destruirse (redimirse) cuando sea necesario. Sin embargo, el mecanismo por el cual esto se lleva a cabo es muy diferente al de los fondos tradicionales (ya veremos cómo). Adicionalmente, cuando compramos (o vendemos) unidades de un ETF lo que realmente estamos haciendo es comprarlas (o venderlas) a otro inversor a través de la Bolsa de Valores, lo que también se conoce como mercado secundario.

Estos instrumentos fueron introducidos recién a comienzos de los 90's, por lo que son algo relativamente reciente en el mundo financiero. El primer ETF, llamado "*Toronto 35 Index Participation Units*", comenzó a cotizar en la Bolsa de Toronto en el año 1990. Unos años después, en 1993, se crea el ETF "*S&P 500 Depository Receipt*" o *SPDR (Spider)* que comienza a cotizar en la Bolsa de Nueva York [68]. Este ETF, como su nombre lo indica, replica el índice *S&P500* y se ha

Clases de Activos

convertido en uno de los ETFs más populares a nivel mundial. En la actualidad se negocian a diario un promedio de más de 100 millones de unidades de este fondo.

En los últimos 30 años, la industria de los fondos cotizados ha crecido en forma exponencial, y hoy en día podemos encontrar ETFs que cubren casi cualquier clase de activos que se nos pueda ocurrir.

Existen ETFs basados en Capitalización, Valor, Crecimiento, región geográfica, país, sector económico, bonos del tesoro, bonos corporativos, bonos de alto rendimiento (o bonos basura), metales preciosos, petróleo, gas natural, materias primas, etc. Si hay demanda por un nicho específico de la economía, aunque sea de difícil acceso, está garantizado que tarde o temprano se creará un ETF que lo cubra, si es que aún no existe.

Recientemente ha habido, además, una explosión de los llamados ETFs temáticos, que invierten en activos relacionados con actividades económicas poco comunes. Los siguientes son solo algunos ejemplos de este tipo de ETFs:

- *Orgánicos:* Enfocados en empresas orientadas a la producción y distribución de comida orgánica.

- *Mileanials:* Invierten en compañías cuyos clientes son en su mayor parte *Mileanials*, es decir, personas nacidas a partir de los años 80.

- *Obesidad:* Compañías dedicadas al cuidado y tratamiento de esta condición.

- *Marihuana:* Empresas relacionadas con la producción y distribución legal de productos basados en la marihuana.

- *Diversidad de Género*: Por el momento hay un solo ejemplo de este tipo de ETFs: se llama "SHE". Invierte en compañías que son consideradas líderes en la promoción de la diversidad de género en sus mandos medios y altos.

- *Bitcoins:* Al momento de escribir estas líneas no existe un ETF que invierta en Bitcoins, la moneda virtual, pero se encuentra en

Fondos de Inversión

proceso de ser aprobado.

Y la lista continúa. Esta proliferación de ETFs evidencia la popularidad creciente que este instrumento está teniendo. A pesar de lo colorido que puedan parecer las últimas incorporaciones a la industria y de su dudosa utilidad, no debemos perder de vista que estos instrumentos son solo una herramienta para acceder a una clase de activos determinada. Las ventajas y desventajas de estos ETFs, y sobre todo su relación riesgo/beneficio, dependerá en gran medida de esa clase de activos y no del instrumento en sí mismo.

¿Pondría UD. su dinero en un ETF basado en el *S&P500*, que invierte en las empresas de mayor valor del mercado americano, o en un oscuro índice de obesidad? La decisión es suya.

¿En qué se diferencian los ETFs de los fondos de inversión tradicionales? En primer lugar, un ETF es un fondo de inversión como cualquier otro. La principal diferencia es que sus unidades se cotizan en Bolsa durante toda la jornada bursátil. Como recordará, la compra y venta de unidades de los fondos tradicionales se realiza una sola vez al día, cuando cierra el mercado.

Esto plantea algunas ventajas y desventajas: por ejemplo, podremos comprar un ETF en cualquier momento y sabremos qué precio estamos pagando por él, sin tener que esperar al final del día para comprobarlo, como sucede con los fondos tradicionales. Por otro lado, al poder cotizarse en bolsa, el ETF presenta un *spread*, es decir, un precio de compra y otro de venta que, dependiendo de la liquidez del fondo, puede llegar a ser significativo. Esto no ocurre con los fondos tradicionales: cada día las unidades de estos fondos se negocian al mismo precio, su valor NAV.

Para el inversor a largo plazo, sin embargo, estas diferencias deberían resultar irrelevantes. ¿Qué impacto puede tener comprar un fondo a las 9:35hs o a las 17:00hs, si nuestro plan es mantener la inversión durante años o incluso décadas?

Lo único importante para el inversor a largo plazo a la hora de decidir entre un fundo u otro, serán los costos involucrados. Estos sí tendrán un impacto significativo a lo largo del tiempo. Los ETFs suelen ser (aunque no siempre) los ganadores en este apartado. Esto se refleja en un menor *Expense Ratio*, que como hemos visto, es un porcentaje anual sobre el valor total de los activos que contiene el fondo y que ya viene incluido en el precio que pagamos por él.

Por ejemplo, el *S&P500* es el índice de base del fondo indexado *"VFINX - Vanguard 500 Index Fund"* y tiene un expense ratio anual de 0.20%. Del mismo grupo *Vanguard* encontramos el ETF *"VOO - Vanguard S&P 500 ETF"* que replica el mismo índice, pero presenta un expense ratio de tan solo 0.04%, es decir, 5 veces más barato.

De todas maneras, la elección entre un instrumento y otro no es, en principio, tan obvia. Si nuestro plan es hacer inversiones periódicas, deberemos tomar en cuenta las comisiones que pagaremos al bróker en ambos casos. La buena noticia es que muchos brókeres ofrecen 0 comisión sobre determinados fondos y ETFs. Este es precisamente un factor por considerar al momento de elegir nuestro bróker. El apéndice B nos ofrece una guía básica al respecto.

Tracking Error

¿Qué impacto tiene el hecho de que un ETF cotice en Bolsa? Como todo activo, su precio de mercado oscilará dependiendo de la oferta y demanda que sus unidades presenten en un momento dado. El problema es que la oferta y demanda del propio fondo puede ser muy diferente de la oferta y demanda de los activos que éste posee.

Esto hará que inevitablemente el precio del ETF tienda a distanciarse de su valor NAV, tanto hacia arriba como hacia abajo, algo que nunca ocurre con los fondos tradicionales: estos siempre se negocian al valor exacto del NAV. Esta diferencia entre el precio de cotización del ETF y su valor NAV se denomina error de rastreo o *"Tracking Error"* [69]. Lo deseable es que este error sea mínimo, porque nuestro interés es la clase de activos que contiene el fondo y no el fondo en sí mismo.

¿Cómo soluciona el ETF este problema? La respuesta yace en su estructura que permite un mecanismo de ajuste de precios llamado arbitraje. Veamos cómo funciona.

Estructura de un ETF

Para cada ETF, existe un grupo de inversores llamados *"Participantes Autorizados"* o PA's [70]. Estos suelen ser instituciones

Fondos de Inversión

financieras con importantes capitales a su disposición y no inversores individuales. Estos participantes autorizados son quienes interactúan directamente con el fondo, y pueden crear o redimir (eliminar) unidades de éste, en lo que se conoce como el mercado primario. La diferencia crucial con respecto a los fondos tradicionales es que este proceso de creación y eliminación se realiza en especies. ¿Qué significa esto?

Tomemos como ejemplo un fondo de inversión indexado tradicional que replica el índice *S&P500*. Cuando los inversores ingresan dinero al fondo, éste crea nuevas unidades que son luego entregadas en posesión a los inversores. Como contrapartida, el fondo deberá utilizar el capital recibido para comprar acciones de las 500 empresas del índice, en las cantidades que éste indique. Por ejemplo, según la tabla 8.1 (algunas páginas atrás), el fondo deberá invertir 3.59% del capital recibido en Apple, 2.60% en Google, 2.53% en Microsoft, y así sucesivamente. A la inversa, cuando un inversor retira dinero del fondo, éste debe vender el valor equivalente de esas 500 acciones para así obtener el dinero en efectivo que debe entregar al inversor[*].

Los fondos de inversión tradicionales (indexados o no) deben acudir al mercado secundario, es decir la Bolsa de Valores, y adquirir o vender activos cada vez que se ingresa o se retira dinero del fondo. Es la única forma que tiene el fondo de crear o redimir (eliminar) sus propias unidades.

En el caso de los ETFs, esto no es necesario: los PAs suelen tener ya en su poder los activos que componen el portafolio del fondo, por ejemplo, acciones de las 500 compañías del *S&P500*, y están autorizados a entregarlas al fondo a cambio de un número equivalente de unidades del ETF. Al hacer esto se crean nuevas unidades del fondo, pero sin realizar ninguna compra de activos en el mercado secundario (Bolsa de Valores). A la inversa, el PA puede entregar al ETF un número de sus propias unidades a cambio de los correspondientes activos, en nuestro ejemplo, acciones de las 500 compañías del índice. En este caso, se están destruyendo o

---

[*] En la práctica el proceso es un poco más complejo, pero la idea básica es la que se expresa en el párrafo.

redimiendo las unidades del fondo. De nuevo, la principal ventaja de este proceso es que permite crear y redimir unidades del ETF sin tener que realizar ninguna compra o venta de activos en el mercado secundario, lo cual reducirá en gran medida los costos del fondo.

Veamos otro ejemplo. Imaginemos el ETF ficticio *SP004* que invierte en 4 compañías: A, B, C y D. Como regla, el ETF establece que un portafolio formado por una acción de cada una de estas 4 compañías equivale a 3 unidades del fondo.

Esto significa que si las empresas cotizan a $4, $6, $8 y $9 respectivamente, la suma total de estos valores ($27) es equivalente a 3 unidades del ETF. Claramente, cada unidad individual del ETF vale entonces $9, y este valor representa su NAV.

Ahora bien, imaginemos que un Participante Autorizado (PA) cuenta con 100 acciones de cada una de estas 4 empresas, por un valor total de $2.700. El PA tiene entonces la opción de entregarlas al fondo a cambio de 300 (=100x3) unidades del ETF. Haciendo un cálculo rápido, vemos que estas 300 unidades valen exactamente lo mismo que el conjunto de las 400 acciones de las 4 empresas: $2.700 (=$9x300 = $27x100).

Como resultado de esta operación se han creado 300 nuevas unidades del ETF que pasan a estar en manos del PA. A la inversa, cuando el PA entrega al ETF 300 de sus propias unidades, el fondo le otorga al PA 100 acciones de cada una de las 4 empresas (A, B, C y D). De esta manera se redimen o se destruyen 300 unidades del ETF, las cuales dejan de existir.

Una vez creadas las nuevas unidades, el PA las vende en el mercado secundario, es decir, en la Bolsa de Valores. Una vez allí, estas pasan de manos de un inversor a otro: nada se crea ni se destruye. La figura 8.1 nos resume todo el proceso.

La principal ventaja de esta estructura es que el canje de unidades del ETF por un portafolio de activos equivalente entre el fondo y los participantes autorizados evita que el fondo tenga que recurrir a la Bolsa de Valores para comprar o vender dichos activos cada vez que se ingresa o se retira dinero, con lo cual reducirá o eliminara totalmente las comisiones bursátiles.

Este costo corre por cuenta del PA. Además, al no tener que vender activos regularmente, el ETF reduce significativamente el

Fondos de Inversión

pago del impuesto a las ganancias de capital. En este sentido, los ETFs son los instrumentos más eficientes en cuanto a impuestos se refiere.

Todo esto está muy bien para el ETF, ¿pero en qué beneficia a los inversores individuales? Este ahorro en costos por parte del fondo se traduce en un menor expense ratio que es precisamente lo que pagamos los inversores. Los fondos tradicionales, que no pueden favorecerse del proceso de canje en especias, deben trasladar todos los costos a sus inversores, reduciendo así sus beneficios netos.

Por supuesto no todo son ventajas. Como ya hemos visto, al cotizarse en la bolsa, las unidades del ETF presentan un *spread* que es, en definitiva, un costo asumido por los inversores. Si bien esto no ocurre con los fondos tradicionales (siempre se negocian al valor del NAV), el inversor acaba pagando un *spread* en forma indirecta: el que paga el fondo tradicional cada vez que compra y vende los activos que componen su portafolio.

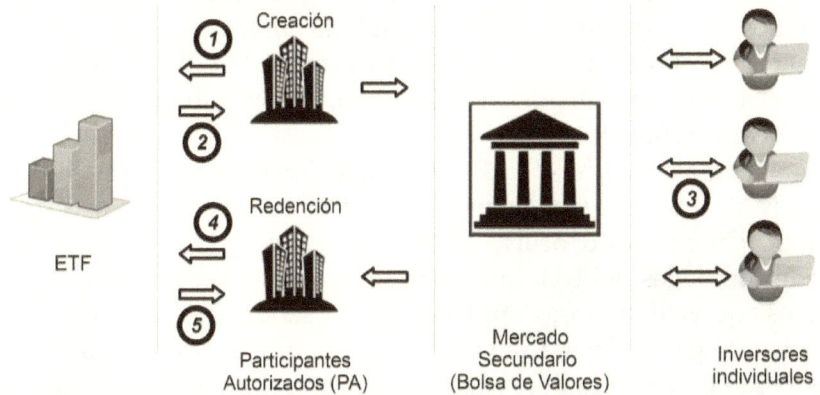

Figura 8.1: Mecanismo de creación y redención (eliminación) de unidades de un ETF.
1: Los Participantes Autorizados (PA) entregan un portafolio de acciones preestablecido al ETF.
2: El ETF crea nuevas unidades que equivalen al portafolio preestablecido y las entrega al PA.
3: Una vez creadas las unidades del ETF, los PA las venden en la Bolsa de Valores y a partir de ese momento comienzan a ser negociadas entre los demás inversores.
4: El PA entrega unidades del ETF al fondo para ser redimidas o destruidas.
5: El EFT entrega al PA el portafolio de acciones equivalente a las unidades del fondo recibidas. Estas unidades son entonces destruidas.

Clases de Activos

Ineficiencias de mercado y arbitraje

Volvamos ahora al problema planteado por el error de rastreo o *"tracking error"*. Este error mide la diferencia entre la cotización del ETF y su valor NAV. Con el tiempo, estos dos valores tienden a distanciarse provocando que gradualmente el ETF deje de reflejar el verdadero valor de sus activos. Este fenómeno se conoce como *"ineficiencias del mercado"*, esto es, encontramos dos precios diferentes de un mismo activo en forma simultánea dependiendo de cómo accedemos a él. En nuestro caso, tenemos dos formas de acceder a los activos que contiene el fondo:

1. Comprando esos activos en forma directa o
2. Comprando unidades del propio ETF.

Es aquí donde los PAs juegan un rol fundamental. Las ineficiencias de mercado representan una oportunidad para obtener beneficios que es inmediatamente explotada por los PAs, que realizan lo que se conoce como *Arbitraje*. Esta actividad de arbitraje es imprescindible para mantener bajo control el error de rastreo de un ETF. Veamos cómo funciona.

Imaginemos que el ETF cotiza actualmente por encima de su valor NAV. En este caso decimos que el ETF cotiza a *Premium* (o con prima). Cuando esto ocurre el PA puede, en forma simultánea, vender unidades del ETF que ya posee, y comprar el portafolio de activos equivalente a esas unidades. El PA sabe que, al final del día, podrá entregar ese portafolio al ETF a cambio de las unidades del fondo que ha vendido horas antes. ¿El resultado? Al final del día, el PA acabará con la misma cantidad de unidades del ETF que tenía al inicio, pero se ha embolsado la diferencia entre el NAV y el precio del ETF. El PA continuará haciendo esto hasta que la diferencia entre estos dos valores se reduzca a tal punto que ya no sea rentable continuar con el arbitraje.

En nuestro ejemplo simplificado, el ETF ficticio *SP004* cotiza a $9, que representa exactamente el valor de las cuatro compañías A, B, C y D que componen su portafolio, es decir, exactamente su valor NAV. Si en cualquier momento de la jornada bursátil la demanda de este ETF aumenta y pasa a cotizar a, por ejemplo, $9.5 mientras que las cuatro compañías mantienen incambiada sus respectivas cotizaciones, se produce entonces una ineficiencia de mercado.

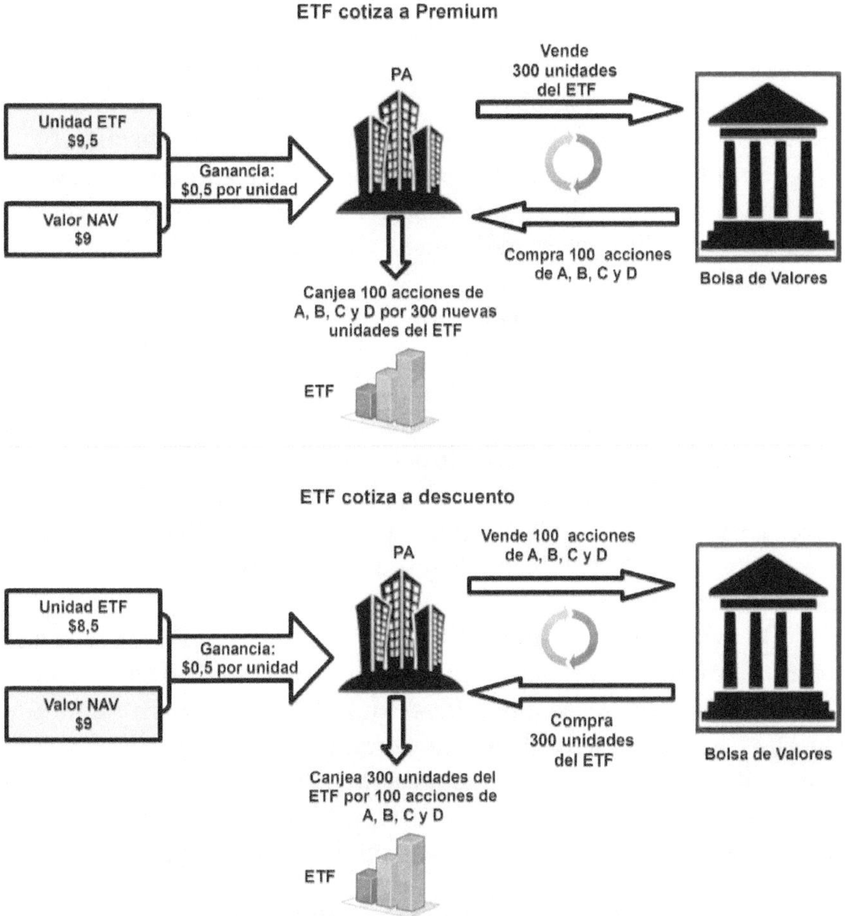

Figura 8.2: Arbitraje de un ETF. Al cotizar a Premium, el PA vende unidades del ETF y compra el portafolio de activos equivalente. El proceso se repita hasta reducir la diferencia entre el precio del ETF y su valor NAV. Al cotizar a descuento, el PA ejecuta el proceso inverso: Vende el portafolio de activos del ETF y compra el equivalente en unidades del fondo. De nuevo, repite el proceso hasta que la diferencia de precios se reduzca.

En este escenario, el participante autorizado puede vender, por ejemplo, 300 unidades del ETF por un valor total de $2.850

(=$9.5x300) y a la vez comprar 100 acciones de cada una de las 4 compañías. Como estas mantienen su cotización en $4, $6, $8 y $9 respectivamente, el costo total de esta compra será: $400 + $600 + $800 + $900 = $2.700. Al final del día, el PA canjea estos activos por 300 unidades del ETF, las que tenía originalmente, pero en el proceso se ha embolsado $150 (=$2.850 - $2.700), es decir, $0.5 por cada una de las 300 unidades del ETF, o lo que es lo mismo, el error de rastreo.

Si la diferencia de precio persiste, el PA repetirá el proceso de arbitraje hasta eliminar o reducir significativamente esta diferencia, es decir, hasta eliminar la ineficiencia de mercado y con ella el error de rastreo del ETF.

A la inversa, cuando el valor del ETF se mueve por debajo de su NAV (aquí decimos que el ETF cotiza a descuento), el PA realiza la operación opuesta: vende un portafolio de activos equivalente a un determinado número de unidades del ETF y compra simultáneamente ese mismo número de unidades, siempre en el mercado secundario (Bolsa de Valores). Al final del día simplemente canjea las unidades adquiridas por el portafolio de activos que vendió unas horas antes. Nuevamente, se embolsa la diferencia. La figura 8.2 resume todo el proceso.

El arbitraje es claramente un negocio muy lucrativo, pero a la vez fundamental para mantener bajo control el error de rastreo del ETF. Es el interés del pequeño inversor que este error sea mínimo y por tanto que el arbitraje funcione como es debido. De no haber un incentivo para que las instituciones financieras lleven a cabo esta actividad, los ETFs simplemente no podrían existir y por tanto tampoco existirían las ventajas que estos brindan al pequeño inversor.

Fondos de renta fija (Bonos)

Podemos equiparar el riesgo de default o incumplimiento de un emisor de bonos al riesgo de quiebra de una empresa y la subsecuente pérdida total de su valor de mercado. Al igual que con los activos de renta variable (acciones), en el caso de la renta fija (bonos) contamos con el mismo mecanismo para minimizar este riesgo: Diversificación. Si bien podemos construir un portafolio compuesto de una amplia gama de bonos individuales, la forma más sencilla de lograr diversificación es, nuevamente, a través de fondos

Fondos de Inversión

de inversión, en este caso, de renta fija. El concepto es el mismo: atraer capital de múltiples inversores y utilizarlo para adquirir un portafolio de bonos según ciertos criterios predefinidos.

De esta manera, encontramos fondos que se especializan en bonos a corto, medio o largo plazo; alta, media o baja calificación crediticia, bonos gubernamentales, corporativos o una combinación de todas estas características. Al igual que en el caso de los fondos de renta variable, también encontramos fondos de renta fija que son activa o pasivamente gestionados. Estos últimos se basan en índices de renta fija que se ajustan a determinados criterios de selección de bonos. La tabla 8.2 nos muestra algunos ejemplos de este tipo de índices.

Índice	Descripción
Citigroup 1-3 Year U.S. Treasury Index	Bonos del tesoro americano a corto plazo (1 a 3 años). Alta calificación crediticia.
Barclays Capital U.S. 20+ Year Treasury Bond Index	Bonos del tesoro americano a largo plazo (más de 20 años). Alta calificación crediticia.
Barclays U.S. 10+ Year Corporate Index	Bonos corporativos a largo plazo de empresas americanas (más de 10 años). Calificación crediticia diversa.
Barclays U.S. 5-10 Year Corp Index	Bonos corporativos de empresas americanas a medio plazo (5 a 10 años). Calificación crediticia diversa.
S&P International Corporate Bond Index	Bonos corporativos de empresas internacionales fuera de Estados Unidos. Incluye bonos de diversas duraciones y calificaciones crediticias.
Barclays Capital Emerging Markets Bond Index	Bonos corporativos de empresas en mercados emergentes. Incluye bonos de diversas duraciones y calificaciones crediticias.
Barclays Capital U.S. Corporate High Yield Bond Index	Bonos corporativos de empresas americanas que pagan un interés superior, esto es, bonos con una calificación crediticia media o baja, también conocidos como bonos "*basura*"

Tabla 8.2: Ejemplos de índices de renta fija (bonos).

Muchas veces, con solo leer el nombre del índice sabremos qué tipo de bonos contiene, aunque no siempre será así, en cuyo caso tendremos que analizarlo más en detalle. Algo que me resulta curioso, y divertido a la vez, es el eufemismo utilizado para describir índices especializados en bonos de baja calidad crediticia: bonos de alto rendimiento o *"High Yield"* en inglés. Coloquialmente se los suele llamar *"bonos basura"* o *"Junk Bonds"*, debido a que ese alto rendimiento viene acompañado de un alto riesgo de default del emisor, ya sean empresas o gobiernos. De todas maneras, es posible reducir o incluso eliminar este riesgo mediante la diversificación: es muy improbable que todos los emisores de esos bonos entren en default simultáneamente.

Al igual que en el caso de las acciones, si existe un índice de renta fija en el que nos gustaría invertir, seguro hay un fondo indexado o ETF a través del cual poder hacerlo. Pero ¿en qué se diferencia un bono individual de un fondo de renta fija indexado?

Fondos de renta fija vs bonos individuales

La principal diferencia es que los fondos que invierten en bonos no tienen un período de maduración o fecha de vencimiento en la cual recibimos un pago único por el valor total del principal. Tampoco cuentan con un cupón, aunque distribuyen beneficios en forma de dividendos regulares que a su vez provienen del cupón que el fondo recibe de los bonos que posee.

Si, por ejemplo, nos interesa añadir a nuestro portafolio una exposición a bonos del tesoro americano que tengan una duración de entre 5 y 10 años*, podríamos comprar 4 bonos individuales con una duración de 5, 7, 9 y 10 años respectivamente. De esta manera la duración promedio de nuestro portafolio de renta fija será de unos 7.75 años (=5+7+9+10/4). ¿Qué sucede con la calificación crediticia del portafolio? En principio deberíamos también promediar las calificaciones individuales de cada bono, pero para simplificar el ejemplo, digamos que los 4 tienen una calificación triple A.

La duración resultante del portafolio, como ya sabemos, nos expondrá a una determinada sensibilidad a los tipos de interés, es decir, a una determinada relación riesgo/retorno. Ahora bien, luego de transcurridos 4 años, los períodos restantes de maduración de

---

* En jerga financiera, la expresión "tener una exposición a un determinado activo" se refiere a que nos interesa invertir en él, aceptando la relación riesgo-beneficio que el activo ofrece.

nuestros bonos serán: 1, 3, 5 y 6 lo que nos dará una duración promedio de solo 3.75 años. En ese momento la sensibilidad a los tipos de interés que presenta nuestro portafolio será inferior a la original. Esto a su vez disminuye el riesgo al que estamos expuestos, pero también el retorno que esperábamos obtener en un principio.

Lo que realmente nos interesa es mantener en todo momento una relación riesgo/retorno constante a lo largo del tiempo.

Una posible solución sería vender nuestros bonos en forma regular a medida que "envejecen" y remplazarlos por nuevos bonos de igual duración, pero emitidos recientemente. De esta forma podremos mantener constante la duración promedio de nuestro portafolio de bonos, y por tanto su relación riesgo/retorno. Esto es exactamente lo que hacen los fondos de renta fija indexados. Al invertir en ellos no tenemos que preocuparnos de mantener la duración media o la calificación crediticia de nuestros bonos.

Además de la simplicidad, otra ventaja que ofrecen los fondos de inversión en bonos con respecto a los bonos individuales es la liquidez. La compra y venta de bonos no suele ser tan ágil como la de acciones. Por ejemplo, cuando se emiten nuevos bonos del tesoro a medio y largo plazo, éstos se ofrecen en subastas públicas a las que acuden sobre todo instituciones financieras, y suelen haber importes mínimos de compra que pueden ser prohibitivos para el pequeño inversor. Estos inconvenientes no existen al invertir en un fondo o ETF de renta fija.

Estos fondos ofrecen, además, ventajas similares a los fondos de renta variable: diversificación "instantánea" a la vez que reducen significativamente las comisiones bursátiles en las que incurriríamos en caso de comprar y vender bonos individuales.

Inversión activa vs pasiva en el caso de renta fija

Ahora bien, ¿existe la misma distinción entre inversión pasiva y activa en el caso de la renta fija, así como la hemos visto en el caso de la renta variable? Por supuesto. Es perfectamente posible especular con bonos al igual que con acciones. Esto ha dado lugar a fondos de renta fija activamente gestionados en un intento de obtener resultados superiores a los fondos indexados. Sin embargo, los resultados son los mismos: la inversión pasiva supera a la activa en el

Clases de Activos

largo plazo y la diferencia es aún más destacable que en el caso de las acciones. Los fondos de renta fija activamente gestionados suelen tener un expense ratio significativamente superior al de los fondos indexados e invariablemente estos costos se acumularán con el tiempo.

A esto se añade el hecho de que el rendimiento de los bonos suele ser inferior al de las acciones con lo cual cualquier costo extra tendrá un impacto mucho mayor. Por ejemplo, un fondo de bonos a medio plazo que muestre un retorno anual de 5% y que cobre a sus inversores una comisión de 1%, se estará quedando con el 20% de los beneficios obtenidos. Por otro lado, si un fondo de bonos a corto plazo muestra un retorno anual de solo 1.5% y carga 0.5% a sus inversores, estará reteniendo más del 30% del beneficio bruto.

Otra razón a favor de los fondos indexados de renta fija es que los bonos suelen tener un rendimiento similar entre unos y otros. En el caso de la renta variable, solemos encontrar compañías con unos rendimientos excepcionales y muy superiores a la media de su sector. Esto no ocurre con los bonos: no encontraremos al ganador que supere ampliamente al resto dentro de una misma categoría, lo cual hace de la inversión activa en bonos una tarea aún más ardua.

Puntos Clave

Distinguimos dos paradigmas fundamentales de la inversión:

- ✓ **Inversión activa:** El inversor es quién decide en qué activos invertir y cuándo hacerlo, según su propio criterio.
- ✓ **Inversión pasiva:** El inversor delega las decisiones de inversión a un índice bursátil. Éste indica qué activos debe contener el portafolio y en qué proporciones.

Los fondos de inversión son entidades legales habilitadas para recaudar capitales e invertirlos en un portafolio de activos según ciertos criterios predefinidos.

Cada fondo, independientemente de su tipo, presenta un costo llamado *Expense Ratio* que se expresa como un porcentaje anual del valor total de los activos que el fondo posee. Este costo es cobrado a

Fondos de Inversión

los inversores en forma indirecta, a través del precio que éstos pagan cuando adquieren unidades del fondo. En otras palabras, se extrae del rendimiento que los inversores finalmente reciben.

Según su estructura legal, podemos distinguir cuatro tipos básicos de fondos:

- ✓ **Fondo mutuo de inversión tradicional**

   Son fondos activamente gestionados. Sus unidades o participaciones se crean o se redimen (eliminan) una sola vez al día, al final de la jornada bursátil y por el valor neto de sus activos. Este valor se lo conoce como NAV (*"Net Asset Value"*).

- ✓ **Fondo indexado tradicional**

   Fondos cuyo portafolio de activos está determinado por un índice bursátil por lo que son instrumentos de inversión pasiva. Son más baratos que los fondos mutuos tradicionales porque no cuentan con un gestor a quien se le debe pagar una abultada comisión. Al igual que los fondos mutuos, sus unidades se crean y se redimen al valor NAV, al finalizar la jornada bursátil.

- ✓ **Fondo cotizado o ETF (Exchange Traded Funds)**

   Son fondos indexados (aunque también los hay no indexados) cuyas unidades se cotizan en bolsa durante toda la jornada bursátil. Esto hace que presentan un *spread*, es decir, un precio de compra y otro de venta. La creación y redención de unidades se realiza en especias por parte de los Participantes Autorizados (PA). Una vez que las unidades son creadas, estas se negocian en el mercado secundario (Bolsa de Valores).

   La oferta y demanda del propio ETF hace que su precio tienda a desviarse de su valor NAV, lo que se conoce como error de rastreo o *tracking error*. Esto es aprovechado por los participantes autorizados quienes realizan una actividad llamada arbitraje. Esto a su vez, mantiene el error de rastreo bajo control.

   Los ETFs suelen tener un *expense ratio* aún menor que los fondos indexados tradicionales y gracias al mecanismo de canje en especias, el ETF reduce o elimina la necesidad de comprar y vender activos para construir su portafolio. Esto, a su vez, reduce significativamente las comisiones bursátiles y el pago del impuesto a

Clases de Activos

las ganancias de capital, que en última instancia acaba beneficiando a los inversores.

✓ **Fondos de renta fija**

Son fondos que invierten en un portafolio de bonos según un criterio o estilo predefinido como, por ejemplo: duración, calificación crediticia, bonos gubernamentales, corporativos, etc. Al igual que los fondos de renta variable, encontraremos fondos de renta fija activa y pasivamente gestionados.

9

Tomando Decisiones

"La mejor manera de predecir el futuro es crearlo"
Peter F. Drucker

Pues bien, a la hora de invertir, ¿qué instrumentos elegimos? La oferta de productos existente hoy en día es tan enorme que resulta intimidante y podemos fácilmente perdernos en los detalles. Tenga en cuenta que hay una gran variedad de instrumentos financieros que ni siquiera he mencionado hasta ahora. De todas formas, creo que el inversor promedio con un horizonte temporal a largo plazo solo debería considerar entre sus opciones los fondos indexados y en particular los ETFs.

Entonces, ¿qué criterios utilizar a la hora de seleccionar fondos con los cuales construir nuestro portafolio? Antes de siquiera evaluar un fondo en particular, lo primero que debemos decidir es en qué clases de activos queremos invertir: ¿capitalización o Valor-Crecimiento? ¿Sectores económicos? ¿Bonos o acciones? ¿Región o país?

Clases de Activos

Si es capitalización, ¿qué tipo? ¿Grande, media o pequeña? Si es sector económico, ¿cuál? Si hablamos de bonos, ¿qué duración? ¿Qué calificación crediticia? ¿Gubernamentales, corporativos, o ambos? Una vez decididas las clases de activos en las que vamos a invertir*, comenzamos la búsqueda del instrumento más apropiado que nos dé acceso a esos activos. Este puede ser un ETF o fondo indexado. La decisión entre uno y otro dependerá sobre todo de los costos asociados a cada tipo de instrumento. Estos costos los podemos clasificar según las siguientes categorías:

✓ **Costos de mantenimiento**

Esto es básicamente el *Expense Ratio* que todos los fondos nos cobrarán en forma anual. Como recordará, este se expresa como un porcentaje del valor total de los activos que posee el fondo. Los ETFs suelen tener un expense ratio menor que los fondos tradicionales, pero no siempre es así. Por esta razón, el expense ratio será la primera característica de la que tomaremos nota.

✓ **Comisiones del bróker**

Estas son las comisiones que el bróker nos cobra cada vez que compramos o vendemos unidades de un fondo o ETF. Este costo tiene mayor relevancia si nuestro plan es hacer compras periódicas, por ejemplo, una vez al mes. Afortunadamente, muchos brókeres ofrecen una lista de fondos o ETFs libres de comisión. Tómese el tiempo de investigar las opciones que cada bróker ofrece. Es más probable encontrar brókeres que ofrezcan ETFs libres de comisión que fondos indexados tradicionales libres de comisión. Normalmente solo el proveedor de un fondo tradicional lo suele ofrecer sin comisión, como por ejemplo *Vanguard, Charles Schwab o Fidelity*.

✓ **Capital mínimo exigido para comenzar a invertir**

Los fondos tradicionales suelen exigir un capital mínimo de inversión inicial, que puede ser de unos pocos miles de dólares o

---

* En la sección III abordaremos esta cuestión, tenga un poco de paciencia.

varias decenas de miles, aunque estos valores se han reducido bastante en los últimos años. Este mínimo es exigido la primera vez que se invierte en el fondo. Aportaciones subsecuentes no tienen esta restricción. En contraste, los ETFs no presentan ningún tipo de mínimo con lo que llevan ventaja en este apartado.

✓ **Costos de entrada y salida**

De nuevo, este es un costo que suelen presentar los fondos tradicionales. Por cada aportación que realizamos al fondo, este retiene un porcentaje que puede ser de solo unas décimas de punto porcentual o llegar hasta el 4% o 5%. Al igual que el capital mínimo exigido, este costo se ha reducido o eliminado con los años debido a la alta competencia. Es importante notar que este cargo también se aplica cuando retiramos dinero del fondo, con lo que en la práctica funciona como un *spread*. De todas maneras, es imprescindible leer el prospecto de cada fondo para asegurarse de los costos que conlleva. Si bien los ETFs no presentan este tipo de cargos, sí tienen un *spread*, sin embargo, este suele ser muy inferior al costo de entrada y salida de un fondo tradicional equivalente.

✓ **Costos de marketing**

Los fondos de inversión, sobre todos los activamente gestionados, pueden tener cargos de marketing, es decir, un cargo extra por gastos de publicidad del propio fondo. La lógica detrás de esto es: publicitar el fondo atraerá más inversores lo que a su vez (de alguna manera) mejorará su rendimiento… Creo que no hace falta decir que deberíamos evitar este tipo de fondos a toda costa.

Como es lógico, deberíamos seleccionar aquellos instrumentos de inversión que presenten los menores costos. El problema es que muchas veces tendemos a subestimar el impacto que puede tener una diferencia de unas décimas de punto porcentual. Estas diferencias se acumularán a lo largo del tiempo y el interés compuesto actuará en nuestra contra.

Por ejemplo, una inversión de $100.000 en un fondo con un expense ratio de 0.3% y un retorno anual de 8%, acumulará a lo largo de 30 años un costo total de alrededor de $36.000. Un fondo similar,

Clases de Activos

pero con un expense ratio de solo 0.05%, acumulará en el mismo período un costo total de unos $6.000, es decir, 6 veces menos. No olvide, además, que esos $30.000 de diferencia no estarán en el mercado trabajando para Ud., sino en el bolsillo de los gestores del fondo. El costo no es el único aspecto que debemos tener en cuenta a la hora de seleccionar un fondo de inversión, aunque es uno de los más importantes.

✓ **Liquidez**

Deberemos prestar especial atención al nivel de liquidez que presenta el fondo, es decir, con qué facilidad (o dificultad) es posible comprar o vender sus unidades en el mercado. Esto se ve reflejado en el volumen que el fondo mueve diariamente. Cuanto mayor sea, mayor su liquidez.

La liquidez de un fondo tiene un impacto directo en el error de rastreo, o *tracking error*, en el caso de los ETFs. El *tracking error* es la medida estándar para determinar qué tan bueno es el ETF como representante de una clase de activos específica. Esto dependerá, a su vez, de la liquidez de la propia clase de activos.

Por ejemplo, un ETF basado en el *S&P500* rara vez mostrará algún problema de liquidez. No así un ETF basado en un índice de marihuana o en el mercado de acciones de Uganda*.

En el sitio *etf.com* podremos verificar las características principales de un determinado ETF, en particular el valor llamado "*Implied Liquidity*" el cual nos indica la facilidad (o dificultad) con la que se puede comprar o vender un millón de dólares del ETF. Es básicamente una calificación de 1 a 5, siendo 5 el mayor grado de liquidez que puede mostrar un fondo.

✓ **AUM y riesgo de clausura**

---

* No estoy sugiriendo que deberíamos evitar invertir en el mercado ugandés, solamente que debemos prestar atención a los volúmenes y liquidez que cada mercado muestra.

Tomando decisiones

Otro indicador que puede afectar la liquidez del fondo es el valor total de los activos que gestiona o AUM* (*Assets Under Management*). Un AUM de menos de 100 millones de dólares, si bien es una cantidad considerable, puede estar indicando que el fondo no es capaz de atraer suficiente capital de los inversores y esté en riesgo de ser liquidado. Como cualquier empresa, un fondo necesita obtener un nivel mínimo de beneficios para mantenerse en el negocio y esos beneficios dependerán del número de clientes que posea, en este caso el número de inversores.

Todo fondo presenta un riesgo de clausura. Cuando esto ocurre, el fondo liquida todas sus posiciones y entrega el capital a los inversores. El inversor, en teoría, no debería verse afectado, sin embargo, la clausura de un fondo no es un evento deseable.

✓ **Distribución de dividendos**

Si lo que nos interesa es una inversión que produzca un ingreso regular de efectivo, prestaremos especial atención a los dividendos que el fondo pague, los cuales provienen de los activos que componen su portafolio.

Dependiendo de la estructura legal del fondo, éste puede distribuir o no sus dividendos. En caso de que no lo haga, estos se reinvierten en forma automática sin necesidad de que el inversor tenga que realizar ninguna acción. Por otro lado, los fondos que sí pagan dividendos los distribuirán en forma de efectivo a los inversores. Si nos interesa reinvertirlos, debemos hacerlo manualmente. Esto implica, como ya sabemos, el pago de comisiones a nuestro bróker y estaremos afrontando este gasto cada vez que recibamos dividendos, normalmente en forma trimestral.

Otro aspecto que no debemos olvidar es que los dividendos están gravados con el impuesto a los ingresos o rentas personales. Solo podremos reinvertir los dividendos netos luego de impuestos.

✓ **Fecha de creación**

---

* No confundir con el NAV, que es el valor total del fondo por unidad o participación.

La fecha de creación del fondo es también un detalle relevante. Si éste se ha creado recientemente (1 o 2 años), no contaremos con datos históricos suficientes para formarnos una opinión sobre él. Tampoco sabremos qué tan atractivo resulta a los inversores. Al inicio puede tener problemas de liquidez y contar con un AUM relativamente pequeño. Es conveniente considerar solo aquellos fondos que ya cuenten con cierta trayectoria en el mercado, por ejemplo, de al menos 10 años.

✓ **Reputación**

La reputación y solvencia del proveedor del fondo no es algo a pasar por alto. En el caso del *Grupo Vanguard*, me atrevería a decir que podemos dormir con tranquilidad. Hoy en día, *Vanguard* administra un total de más de 4 billones de dólares en activos y este valor continúa creciendo. Opinión similar me merece *BlackRock*, el mayor proveedor de fondos cotizados (ETFs) a nivel mundial. Otros con similar reputación son: *Charles Schwab* y *Fidelity Investments*.

Mi preferencia personal es por el *Grupo Vanguard* y confieso que soy un admirador de la filosofía de *John C. Bogle*, su fundador, quien además creó el primer fondo indexado de la historia, allá por 1975.

Este caballero es considerado por muchos como un héroe, por haber hecho más por el pequeño inversor que cualquier otro gestor de fondos en la historia de la industria financiera. Desde el inicio predicó la reducción de las comisiones que se le cobraban al inversor, algo que sonaba a herejía en el mundo financiero, que siempre vio al pequeño inversor como la gallina de los huevos de oro a la que había que exprimir al máximo.

✓ **Retorno y volatilidad**

Por último y no menos importante, deberemos prestar atención al retorno histórico del fondo y su volatilidad (desviación estándar). Esta información estará disponible en los prospectos de cada fondo y en muchos sitios web que ofrezcan datos financieros. Por supuesto que retornos pasados no son garantía de retornos futuros. En cada

Tomando decisiones

documento que encontremos, leeremos la famosa advertencia: *"Rendimientos históricos no garantizan rendimientos futuros"*, algo que nunca debemos olvidar.

Sin embargo, el comportamiento histórico del fondo nos dará una idea de dónde nos estamos metiendo. Por ejemplo, un fondo que invierta en bonos del tesoro a corto plazo (menos de 1 año) siempre tendrá una volatilidad mínima comparada con un fondo basado en el *S&P500*, pero a la vez un retorno muy inferior a éste en el medio y largo plazo. Si bien no sabremos exactamente el retorno o volatilidad en el futuro, tendremos una idea de la naturaleza y comportamiento general del fondo, o más bien, de la clase de activos que éste representa.

El apéndice A ofrece una breve lista de las herramientas online que nos permiten analizar y comparar las características de cada fondo, como ser rendimiento histórico, volatilidad, AUM, volumen diario negociado, riesgo de clausura, etc. Estas herramientas son imprescindibles a la hora de seleccionar nuestros instrumentos de inversión.

Puntos Clave

En este breve capítulo hemos visto una lista de características básicas que debemos observar a la hora de seleccionar un fondo de inversión. A modo de resumen, éstas son:

- ✓ Costos
    - Expense Ratio
    - Comisiones del Bróker
    - Capital mínimo de inversión
    - Costo de entrada y salida
    - Cargo por Marketing
- ✓ Liquidez
- ✓ AUM o valor total de los activos gestionados por el fondo
- ✓ Riesgo de Clausura
- ✓ Distribución o reinversión de dividendos
- ✓ Fecha de creación
- ✓ Reputación del proveedor
- ✓ Retorno y volatilidad

Clases de Activos

No olvide que antes de seleccionar cualquier instrumento, deberemos tener claro en qué clase de activos queremos invertir. En la siguiente sección abordaremos esta cuestión.

III

Construcción del Portafolio

10

Un Portafolio para Todos los Climas

"Preparase para la guerra es la forma más efectiva de preservar la paz"
George Washington

Una estrategia de inversión exitosa no significa simplemente maximizar los beneficios sino, más importante aún, minimizar las pérdidas. Que tan bien o mal preparados estemos para afrontar los momentos de turbulencia nos dará la medida del tipo de inversores que realmente somos. Alguien que invierte $30.000 y acaba ganando un millón, ¿es, en su opinión, un buen inversor? No si lo que ha hecho es apostar los $30.000 en la ruleta de un casino. La realidad es que solemos confundir suerte con habilidad.

Construcción del Portafolio

Como inversores, deberemos construir un portafolio que se ajuste a nuestro nivel de riesgo tolerado y a partir de allí intentar maximizar su retorno potencial. Veamos cómo.

Una perspectiva desalentadora

Ahora que conocemos las diferentes clases de activos con las que construir nuestro portafolio, ¿cómo procedemos? ¿cuál es el portafolio ideal? ¿cuál es el que nos dará el máximo beneficio en los siguientes 5, 10 o 20 años? Si Ud. sabe la respuesta, le pido por favor que me envíe un mail con los detalles. La verdad es que nadie lo sabe. Podemos fácilmente determinar cuál fue el portafolio ideal hace 10 años atrás, pero eso no significa que lo continuará siendo durante la siguiente década, es más, es muy probable que no lo sea.

Entonces, ¿qué hacemos? ¿hay algo que podamos saber del futuro? La realidad es que no, y cuanto antes lo aceptemos, menos tiempo perderemos. Lo único que podemos saber, o creer saber, es nuestro nivel de riesgo tolerado. Esto, por supuesto, no nos impide intentar estimar el retorno que tendrá un determinado portafolio en el futuro basándonos en datos históricos, pero será solo eso, una estimación. A partir de allí solo nos resta esperar y ver como ese portafolio finalmente se comporta.

Entiendo que esto puede resultar poco alentador, y en eso estamos de acuerdo. La realidad es que ninguna inversión tiene un retorno garantizado, a excepción tal vez, de los depósitos bancarios, aunque muchas veces ni siquiera superan la tasa de inflación. Ante todo, debemos recordar que el retorno de una inversión representa nuestra compensación por asumir un cierto nivel de riesgo. Si el retorno fuera garantizado entonces no existiría riesgo alguno en primer lugar, y por tanto no podría existir compensación. Esto implica que siempre existe la posibilidad de no recibir el retorno esperado o incluso perder parte o toda nuestra inversión. A la hora de invertir, la moneda de cambio no son dólares, euros o yenes, sino riesgo: a mayor riesgo, mayor retorno potencial, aunque no garantizado.

Como hemos visto en el capítulo 5, podemos reducir el riesgo al que nos exponemos y a la vez maximizar nuestro retorno si combinamos al menos dos activos que no estén perfectamente correlacionados y tengan, cada uno por separado, un retorno positivo a largo plazo. Si, a su vez, estos activos tienen una correlación negativa, pues mucho mejor.

En el mundo real, encontrar dos activos con estas características es una tarea bastante complicada, por no decir casi imposible, pero ¿qué activos, o clases de activos, se ajustan más a estos requerimientos? Pues lo mejor que tenemos a nuestra disposición son las acciones y los bonos. Al ser activos de naturaleza muy diferente, son los vehículos ideales a la hora de buscar diversificación. Estas dos clases de activos constituirán la columna vertebral de nuestro portafolio de inversiones.

El primer paso

La primera decisión (y tal vez la única) que debemos tomar será entonces, determinar qué proporción de acciones y bonos contendrá nuestro portafolio. ¿Por qué solo estas dos clases de activos? Porque casi la totalidad de activos financieros en los que podemos invertir son en realidad bonos o acciones. Por supuesto existen otros tipos como materias primas, metales preciosos y monedas virtuales, pero son activos con un carácter más especulativo y de corto plazo que no benefician, en mi opinión, al inversor a largo plazo. Por otro lado, suelen ser activos que no producen nada y su valoración solo depende de la oferta y demanda que de ellos exista en cada momento.

Ud. se estará preguntando: pero ¿por qué tengo que incluir bonos en mi portafolio, si históricamente el retorno de las acciones ha sido muy superior? Y es correcto: los bonos tienen lo que se denomina una *"estructura de riesgo asimétrica"* que no presentan las acciones. ¿Qué significa esto? Por un lado, con ambos tipos de activos existe la posibilidad de pérdida total: las acciones perderán todo su valor si la empresa cotizada quiebra y con los bonos ocurrirá lo mismo en caso de incumplimiento o default del emisor. Por otro lado, el retorno potencial de una acción es, en principio, ilimitado porque su valor en bolsa puede continuar creciendo en forma indefinida, sin embargo, el retorno de un bono está limitado por el cupón que éste paga y por su valor principal. En resumen, el retorno total de un bono está limitado mientras que el de una acción no, si bien con ambos instrumentos

Construcción del Portafolio

arriesgamos el 100% de nuestro capital. ¿Qué sentido tiene invertir en bonos entonces?

Si nuestro criterio de selección de activos es simplemente el retorno potencial que podemos obtener a largo plazo, es claro que solo invertiremos en acciones. Sin embargo, el aspecto que no estamos considerando es nuestro nivel de riesgo tolerado o, dicho de otra forma, que tan bien podremos dormir por las noches.

¿Le incomoda que su capital pierda, temporalmente, el 1% de su valor? Tal vez no. ¿Y qué tal 5%, 10% o incluso 50%? Nuestra ansiedad aumentará en forma exponencial con cada punto porcentual extra que nuestro capital se devalúe. Ese máximo nivel de *"incomodidad"* que podemos soportar, o más bien nuestro nivel de riesgo tolerado, determinará el porcentaje de acciones y bonos que compondrán nuestro portafolio.

La tabla 10.1 nos muestra una lista de 11 portafolios con diferentes combinaciones de bonos y acciones, comenzando desde arriba con un portafolio compuesto solo de bonos (100%) y al que gradualmente le vamos añadiendo acciones hasta obtener un portafolio completamente compuesto de acciones. En cada paso, quitamos 10% de bonos y añadimos 10% de acciones. Por razones de simplicidad, la comparación se basa solo en el mercado americano. Podemos utilizar los siguientes fondos de inversión para representar estas dos clases de activos:

- **VTSMX - Vanguard Total Stock Market Index Fund**: Fondo indexado que contiene un portafolio con más de 3.500 empresas y que podemos considerar como un representante de la totalidad del Mercado americano de acciones.

- **VBMFX - Vanguard Total Bond Market Index Fund**: Fondo indexado que contiene un portafolio con más de 17.000 bonos gubernamentales y corporativos que cubren la totalidad del espectro de maduración: corto, medio y largo plazo además de una variedad de calificaciones crediticias. Podemos considerarlo como un representante de la totalidad del Mercado americano de bonos.

Un portafolio para todos los climas

La tabla 10.1 también nos muestra el retorno anual (reinvirtiendo dividendos) de cada portafolio registrado en el período de 40 años que va de 1977 a 2017. También vemos la máxima pérdida experimentada por el portafolio en algún momento de ese período, que en la mayoría de los casos se ha dado durante la crisis financiera del 2008.

Lo primero que notamos es que, al bajar por la lista, el retorno anual del portafolio va aumentando, así como también la máxima pérdida registrada.

Portafolio	Acciones	Bonos	Retorno Anual	Pérdida Máxima Registrada
#1	0%	100%	6.00%	5.90%
#2	10%	90%	6.50%	6.00%
#3	20%	80%	7.00%	8.50%
#4	30%	70%	7.56%	13.35%
#5	40%	60%	8.01%	19.36%
#6	50%	50%	8.44%	25.15%
#7	60%	40%	8.83%	30.72%
#8	70%	30%	9.19%	36.08%
#9	80%	20%	9.52%	41.22%
#10	90%	10%	9.82%	46.16%
#11	100%	0%	10.08%	50.89%

Tabla 10.1: Portafolios que combinan acciones y bonos en diferentes proporciones. Al aumentar la proporción de acciones aumentamos el retorno anual pero también la máxima pérdida registrada. Fuente: *portfoliovisualizer.com*

¿Le resulta incómodo ver que el valor de su portafolio caiga más de un 6%? Si es así, no debería tener más del 10% en acciones. Por otro lado, si no se conforma con menos del 10% de retorno anual, debería entonces tener al menos 90% de su portafolio en acciones. La contrapartida es que en algún momento puede experimentar una pérdida del 50%, o incluso superior. ¿Cree que su estómago lo soportará? Cada persona responderá a esa pregunta en forma diferente, pero recuerde: una cosa es analizar una pérdida potencial en papel y otra muy distinta es sufrirla, viendo como el dinero que tanto esfuerzo le ha costado ganar va perdiendo su valor rápidamente

Construcción del Portafolio

sin saber cuándo se detendrá, y mucho menos cuándo recuperará lo perdido hasta ese momento.

Estos valores son solo estimaciones basadas en datos históricos. No sabemos si un portafolio que contenga 80% acciones y 20% bonos tendrá, en el futuro, un retorno anual de 9.5%, 6% o 12%. Tampoco sabremos exactamente cuál será la máxima pérdida que ese portafolio experimentará. Sin embargo, la tabla 10.1 nos sirve como punto de partida y nos muestra la estrecha relación entre la composición de nuestro portafolio y el comportamiento que podemos esperar de él.

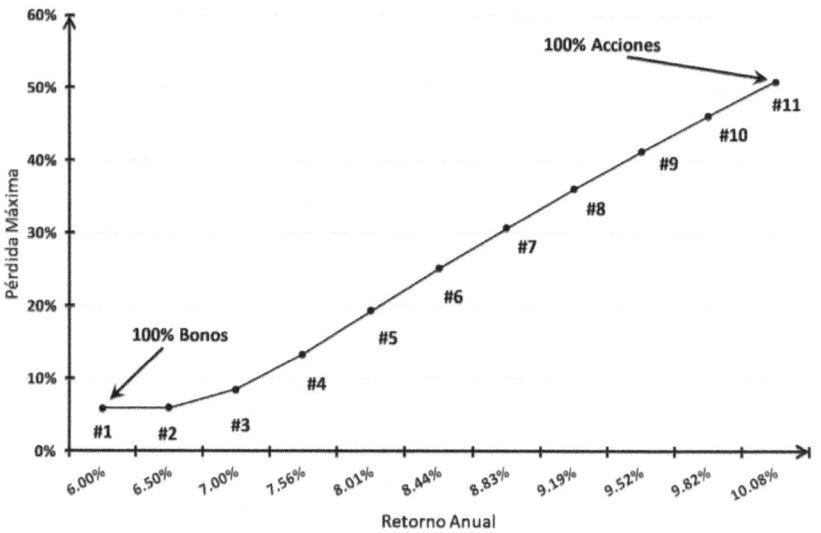

Gráfico 10.1: Representación gráfica de la tabla 10.1 – retorno anual vs máxima pérdida. Período 1977-2017.

El gráfico 10.1 nos muestra el contenido de la tabla 10.1. El eje horizontal representa el retorno anual de cada portafolio y el vertical la máxima pérdida experimentada en el período. Cada punto sobre la curva representa un único portafolio de los 11 listados. Leyendo el gráfico de izquierda a derecha, comenzamos con un portafolio formado exclusivamente por bonos (esquina inferior izquierda). Al añadir un 10% de acciones en cada paso y reducir los bonos en igual medida, nos vamos moviendo hacia el portafolio formado exclusivamente por acciones (esquina superior derecha).

Un portafolio para todos los climas

Observe que, en los tres primeros portafolios, la curva parece mantenerse casi horizontal, pero a partir del cuarto portafolio, la curva comienza a ascender en forma drástica lo que nos indica que por cada punto porcentual de retorno extra debemos esperar ver una pérdida potencial significativamente mayor.

Lo que esto nos está diciendo es que no hay nada gratis: seremos recompensados con un mayor retorno siempre y cuando estemos dispuestos a asumir un mayor riesgo. El riesgo es, en definitiva, nuestra moneda de cambio.

Cuánto riesgo asumiremos dependerá del gusto de cada inversor y de su situación particular. Como regla general se recomienda construir un portafolio con un porcentaje de bonos igual a la edad del inversor, por ejemplo, alguien con 20 años debería tener 20% en bonos y 80% en acciones. Por otro lado, alguien en edad de retiro, por ejemplo 65, debería poseer entre 60% y 70% en bonos y el resto en acciones. La lógica detrás de esta regla es que cuando somos jóvenes tenemos más tiempo para recuperarnos de una pérdida sustancial. Lo opuesto ocurre cuando nos retiramos y lo que nos interesa es preservar el capital y a cambio renunciamos a un mayor retorno potencial. Personalmente prefiero la regla de la edad menos 10 años en bonos. Con esta regla un veinteañero solo invertirá un 10% o menos en bonos, alguien en sus 30 solo 20% y así sucesivamente. Por supuesto, cada inversor utilizará la proporción que más se ajuste a su perfil.

Ahora bien, ¿es posible maximizar el retorno potencial para un determinado nivel de riesgo? En las próximas secciones experimentaremos con diferentes combinaciones de subclases de acciones y bonos para ver si posible mejorar la relación riesgo/beneficio de nuestro portafolio.

Calibrando el portafolio

Si bien utilizar solo dos instrumentos para representar nuestros bonos y acciones nos brinda un alto grado de simplicidad, no nos permite ajustar nuestras preferencias personales con respecto a diferentes subclases de activos. Tal vez nos interese dar más peso a la Pequeña Capitalización o inclinar la balanza hacia Valor y menos a Crecimiento.

Construcción del Portafolio

Con respecto a los bonos, es posible que nuestra tolerancia al riesgo nos obligue a limitar nuestra exposición a los bonos de largo plazo, que presentan una considerable sensibilidad a los tipos de interés. Por otro lado, si preferimos arriesgar un poco más, tal vez los bonos corporativos de alto rendimiento, esto es, los de menor calidad crediticia, nos resulten más atractivos que los bonos gubernamentales con calificación triple A.

En otras palabras, probablemente nos interese calibrar o afinar nuestro portafolio según nuestras preferencias. Las dos clases de activos fundamentales, acciones y bonos, pueden descomponerse en una variedad de subclases con diferentes características de riesgo y retorno.

A modo de resumen, la tabla 10.2 nos muestra una matriz que cruza 10 clases de activos diferentes y nos indica la correlación entre ellas durante el período 1998-2017, junto con su retorno anual y desviación estándar. Por cuestiones de espacio, he codificado las clases de activos con las letras A, B, C, D, E, F, G, H y J. La codificación se detalla al pie de la tabla. Las clases A, B, C y D se corresponden con las cuatro esquinas del mercado de acciones.

En el capítulo 5 hemos aprendido que la correlación entre dos activos nos brinda información acerca de su comportamiento, uno con respecto al otro. Una correlación positiva entre dos activos nos dice que ambos tienden a moverse en la misma dirección. Si la correlación es negativa, entonces se moverán en direcciones opuestas.

El primer problema que encontramos es que esto no es exacto, sino que es solo un comportamiento estadístico. El segundo problema es que la correlación no permanece constante, sino que varía con el tiempo. La correlación entre dos activos puede ser negativa durante cierto período y luego pasar a ser positiva. Dos economías diferentes, por ejemplo, China y Estados Unidos, pueden haber tenido una correlación negativa o cercana a cero en el pasado y pasar a ser positiva o cercana a 1 en la actualidad debido al fenómeno de la globalización. Hoy en día, es muy probable que una crisis económica en cualquiera de estos dos países acabe afectando a todos los mercados del planeta, como ya ha ocurrido en 2008.

A pesar de esto, la correlación sigue siendo una herramienta muy útil. Los bonos y acciones mantendrán, en general, sus

Un portafolio para todos los climas

correlaciones dentro de ciertos límites a lo largo del tiempo. En ese sentido, la tabla 10.2 nos es de gran utilidad.

	A	B	C	D	E	F	G	H	I	J	Retorno Anual	SD Anual
A	-	0.89	0.88	0.84	-0.27	-0.31	-0.33	-0.27	0.6	-0.02	6.04%	16.19%
B	0.89	-	0.84	0.9	-0.27	-0.32	**-0.34**	-0.28	0.71	-0.01	6.07%	15.37%
C	0.88	0.84	-	0.93	-0.24	-0.31	-0.33	-0.27	0.66	-0.01	**8.24%**	20.53%
D	0.84	0.9	0.93	-	-0.25	-0.31	**-0.34**	-0.28	0.79	-0.01	**8.47%**	18.79%
E	-0.27	-0.27	-0.24	-0.25	-	0.86	0.66	0.66	-0.16	0.06	3.36%	1.86%
F	-0.31	-0.32	-0.31	-0.31	0.86	-	0.87	0.85	-0.19	0.02	5.04%	4.73%
G	-0.33	**-0.34**	-0.33	**-0.34**	0.66	0.87	-	0.95	-0.19	0	6.73%	10.44%
H	-0.27	-0.28	-0.27	-0.28	0.66	0.85	0.95	-	-0.17	-0.01	6.98%	8.89%
I	0.6	0.71	0.66	0.79	-0.16	-0.19	-0.19	-0.17	-	-0.01	9.33%	20.89%
J	-0.02	-0.01	-0.01	-0.01	0.06	0.02	0	-0.01	-0.01	-	1.86%	0.59%

Tabla 10.2: Correlación entre clases de activos junto con su retorno y desviación estándar anual. La codificación de activos es como sigue*:

A = Gran Capitalización - Crecimiento
B = Gran Capitalización - Valor
C = Pequeña Capitalización - Crecimiento
D = Pequeña Capitalización - Valor
E = Bonos del Tesoro a corto plazo
F = Bonos del Tesoro a medio plazo
G = Bonos del Tesoro a largo plazo
H = Bonos corporativos a largo plazo
I = Sector Inmobiliario
J = Efectivo: Depósitos y bonos a muy corto plazo

Lo primero que notamos es que la Pequeña Capitalización (C y D) tiene un retorno superior a la Gran Capitalización (A y B). Como contrapartida, observamos una mayor desviación estándar. El inversor con una mayor tolerancia al riesgo puede optar por dar más peso a la Pequeña Capitalización, siempre dentro de la porción de acciones del portafolio, esto es, sin modificar el porcentaje total de bonos ya establecido.

Otro detalle por destacar es que las clases de activos orientadas a Valor presentan un retorno ligeramente superior a las que se orientan a Crecimiento. Un resultado que ya conocíamos: la categoría

---

* Fuente: *portfoliovisualizer.com*

Construcción del Portafolio

Valor contiene las empresas con mayor potencial de crecimiento, mientras que la categoría Crecimiento contiene aquellas que ya se han expandido en forma considerable y probablemente lo sigan haciendo en el futuro, pero a un menor ritmo.

Otra característica que resalta es el retorno de los diferentes tipos de bonos. Al movernos del corto plazo hacia el largo plazo observamos un incremento del retorno, así como también un incremento de la volatilidad, algo que también esperábamos observar.

Al recorrer la tabla 10.2 en busca de la menor correlación encontramos el valor -0.34, que obtenemos al combinar bonos del tesoro a largo plazo y acciones en la categoría Pequeña Capitalización–Valor. Vemos que la correlación es también negativa entre los bonos a largo plazo y cualquiera de las 4 primeras clases de activos, es decir, las cuatro esquinas del mercado de acciones.

Esta correlación aumenta (se hace menos negativa) cuando reemplazamos los bonos a largo plazo por bonos de plazo intermedio o corto, sin embargo, se mantiene en el terreno negativo, y ha sido así durante la mayor parte de la historia. ¿Por qué? Porque, como ya hemos visto, los bonos son considerados una clase de activos segura en la que refugiarse cuando el pánico se apodera de los mercados. Esta es la principal razón por la que basamos nuestro portafolio en estos dos bloques básicos: Bonos y Acciones. Lo que luego coloquemos dentro de cada bloque dependerá de nuestras preferencias.

Las clases de activos que hemos discutido hasta ahora solo se refieren al mercado americano. ¿Qué sucede con el resto del mundo?

Clases de activos a nivel global

Históricamente, la inversión fuera de Estados Unidos siempre ha ofrecido un nivel extra de diversificación. En lo que se refiere a capitalización bursátil, Estados Unidos representa actualmente alrededor del 40% del mercado mundial. Si solo invertimos en activos americanos estamos dejando fuera el 60% de la economía global [71]. Pero, ¿cómo luce nuestra matriz de correlación cuando añadimos los mercados internacionales?

La tabla 10.3 nos muestra la relación entre el mercado de

acciones americano y tres representantes de los mercados globales: Europa, Pacífico (Sureste asiático y Japón) y Mercados Emergentes. Los datos se corresponden al período 1994-2017.

Vemos que los mercados internacionales muestran una correlación dentro del rango 0.5 y 0.8 con respecto a Estados Unidos. Al ser una correlación menor a 1, incrementarán en mayor o menor medida nuestro nivel de diversificación.

	EE. UU	Europa	Pacífico	Mercados Emergentes	Retorno Anual	SD Anual
EE. UU	-	0.73	0.57	0.70	9.56%	14.94%
Europa	0.73	-	0.64	0.74	7.24%	17.55%
Pacífico	0.57	0.64	-	0.69	2.48%	17.23%
Mercados Emergentes	0.70	0.74	0.69	-	6.58%	23.28%

Tabla 10.3: Correlación entre el mercado americano y el resto del mundo. Período 1994-2017. Fuente: *portfoliovisualizer.com*

Sin embargo, hay que destacar que esas correlaciones están más cerca de uno que de cero con lo cual no obtendremos un beneficio sustancial desde el punto de vista de la diversificación. Esto básicamente se debe a que estamos inmersos en una economía cada vez más globalizada e interconectada en donde cada parte afecta y es afectada por las demás. Se puede incluso argumentar que estas correlaciones tenderán a aumentar en el futuro.

Adicionalmente, observamos que el retorno promedio anual del mercado estadounidense es al menos 2 puntos porcentuales superior al del resto del mundo. Se puede objetar que el período de 23 años analizado (1994-2017) no es suficiente para concluir que efectivamente esto es así en el largo plazo.

Sin embargo, en un estudio académico llevado a cabo en 1999, en lo que se ha denominado arqueología financiera, se analizó el retorno histórico de 39 mercados alrededor del mundo en el período que va de 1921 a 1996. En este estudio se concluye que Estados Unidos ha mostrado un retorno medio anual (ajustado por inflación) de 4.3% en contraste con el resto de los países que en promedio solo han obtenido un magro 0.8% [72].

Construcción del Portafolio

Este resultado no necesariamente se repetirá en el futuro, como así lo advierten los autores del estudio, pero si la historia sirve de indicador, es muy probable que el mercado americano continúe entregando rendimientos superiores.

Si echamos otro vistazo a la tabla 10.3, observamos que no solo el retorno del resto del mundo es inferior al de Estados Unidos, sino que también la desviación estándar es significativamente superior a nivel global. Lo que esto nos dice es que no estamos siendo adecuadamente recompensados por el nivel de riesgo asumido al invertir fuera de Estados Unidos. La realidad es que los mercados internacionales son extremadamente volátiles y sujetos a una mayor inestabilidad política y económica, tanto en países emergentes como desarrollados.

Otro argumento en contra de la diversificación fuera de Estados Unidos (y muy válido en mi opinión) es que muchas de las compañías americanas de mayor capitalización de hecho ya obtienen gran parte de sus ingresos en los mercados internacionales. Pensemos por ejemplo en Google, Apple, Amazon, Coca Cola, Starbucks; son todas empresas con presencia global y que dependen en gran medida de la venta de productos y servicios alrededor del mundo. Al invertir en ellas, ya estamos obteniendo, en forma indirecta, una exposición al mercado global.

Otro problema añadido es que los instrumentos financieros, por ejemplo, fondos indexados y ETFs, que nos dan acceso a los mercados mundiales suelen tener unos expense ratios superiores a los de los fondos que cubren solo el mercado americano. A su vez, dependiendo de lo exótico que pueda ser el mercado de interés, estos instrumentos pueden presentar problemas de liquidez que se traducen en una mayor volatilidad y un mayor *spread*.

En cualquier caso, las ventajas o desventajas de invertir en activos a nivel global o solo dentro de Estados Unidos será siempre un tema de debate. Puede suceder que Estados Unidos deje de ser en el futuro la economía líder que es hoy, sin embargo, no parece haber indicios de que esto ocurra en el corto plazo[*].

---

[*] Esto también es un tema de debate. ¿Sera Estados Unidos desplazado por China, India o alguien más? Solo el tiempo lo dirá.

Un portafolio para todos los climas

Apostando al ganador

Uno de los errores más comunes que solemos cometer como inversores es el de perseguir el rendimiento. Esto es, una vez que un activo se ha apreciado recientemente, sentimos la urgencia de invertir en él para no quedarnos sin nuestra porción del pastel. El problema es que normalmente llegamos tarde a la fiesta y lo único que logramos es ver como nuestra inversión comienza a perder valor inmediatamente después. Una vez en esta situación, el pánico toma las riendas y hace que actuemos en forma compulsiva, y acabemos vendiendo nuestros activos a pérdida, para evitar asumir pérdidas aún mayores. Si este ciclo se repite una y otra vez el resultado es una continua erosión de capital.

Perseguir el rendimiento es, por supuesto, una batalla perdida. Lo que encontramos aquí es un fenómeno que ya conocemos: el regreso a la media. Esto básicamente significa que el retorno de un activo se moverá en forma alternativa por encima y por debajo de su valor promedio histórico en el corto plazo, haciendo que en el largo plazo su rendimiento sea precisamente el promedio observado.

El gráfico 10.2 nos muestra el resultado de invertir $10.000 en las clases de activos Pequeña Capitalización (línea punteada) y Gran Capitalización (línea continua) en el período comprendido entre 1993 y 2000. La clase Gran Capitalización destaca por su rendimiento en este período, entregando alrededor de un 20% anual en contraste con la Pequeña Capitalización con un rendimiento anual de *solo* 14%. Este período coincide con la burbuja tecnológica de finales del siglo XX, lo que se dio en llamar la nueva economía. El mundo se movía hacia la interconexión global a través de internet y el potencial de crecimiento económico parecía ilimitado.

Ciertamente un inversor en el año 2000 se sentiría más que motivado a orientar su portafolio hacia la Gran Capitalización. ¿Por qué malgastaría sus recursos en la Pequeña Capitalización que en los 7 años anteriores se había quedado rezagada?

Ahora bien, adelantemos el reloj y veamos lo que sucede en los siguientes 7 años a partir del año 2000. El gráfico 10.3 nos muestra el retorno de estas dos clases de activos en el período 2000-2007. Esta vez, la Gran Capitalización acaba dándonos un magro 1.5% anual mientras que la Pequeña Capitalización nos entrega algo más del 7%.

Construcción del Portafolio

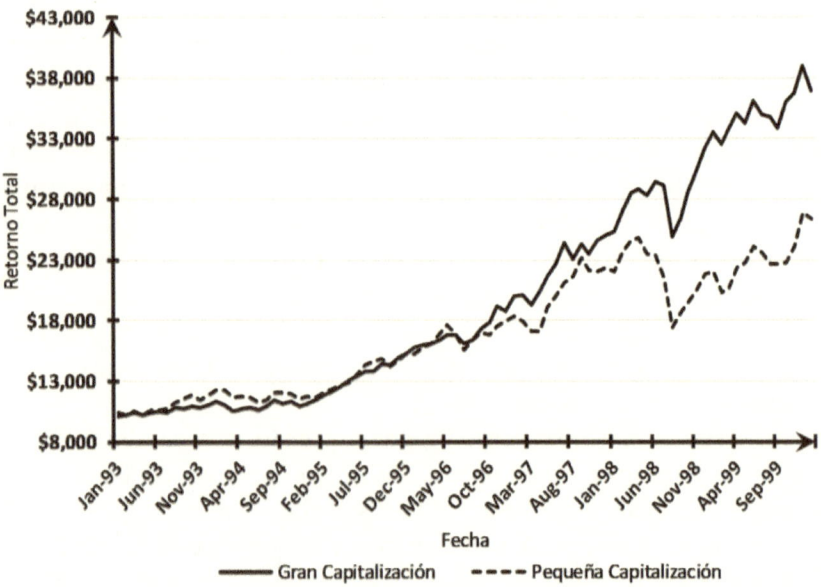

Gráfico 10.2: Retorno hipotético de una inversión de $10.000 en el período 1993-2000. Fuente: *PortfolioVisualizer.com*

Si consideramos todo el período de 14 años desde 1993 a 2007, ambas clases de activos tienen un retorno promedio de alrededor de 11% anual. En la primera mitad de este período, ambas muestran un retorno por encima de este promedio mientras que en la segunda mitad un retorno muy por debajo. ¿Cómo sabemos qué clase de activos tendrá el mejor rendimiento en los siguientes 5, 10 o 20 años? Pues simplemente no tenemos manera de saberlo.

Lo mejor que podemos hacer es construir un portafolio diversificado que contenga ambos tipos de activos, por ejemplo 50% de cada una. En ese caso nuestro resultado final no será tan bueno como la clase que resulte ganadora pero tampoco tan malo como la clase perdedora.

Un portafolio para todos los climas

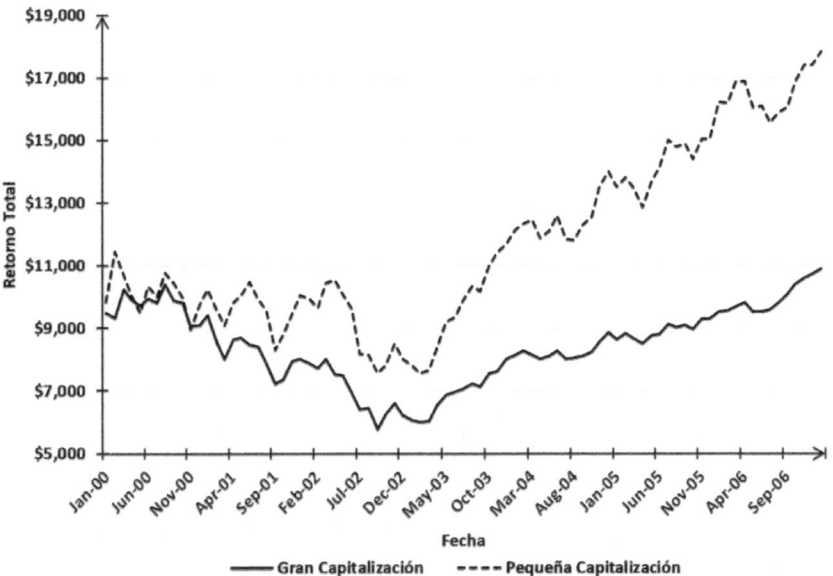

Gráfico 10.3: Retorno hipotético de una inversión de $10.000 en el período 2000-2007. Fuente: *PortfolioVisualizer.com*

¿Cómo se hubiera comportado este portafolio en el período 1993-2007? El gráfico 10.4 nos muestra el resultado de los portafolios A, B y C que presentan la siguiente combinación de activos:

	Gran Capitalización	Pequeña Capitalización	Retorno anual
Portafolio A	100%	0%	10.8%
Portafolio B	0%	100%	11.8%
Portafolio C	50%	50%	11.4%

En los primeros 7 años, el portafolio diversificado C (50/50) obtiene un retorno superior al portafolio B (100% Pequeña Capitalización) pero inferior al portafolio A (100% Gran Capitalización). En los siguientes 7 años ocurre lo opuesto, C se mueve por encima de A y por debajo de B. La ventaja de combinar ambas clases de activos es que no tendremos que adivinar cuál de las dos tendrá el mejor rendimiento.

Construcción del Portafolio

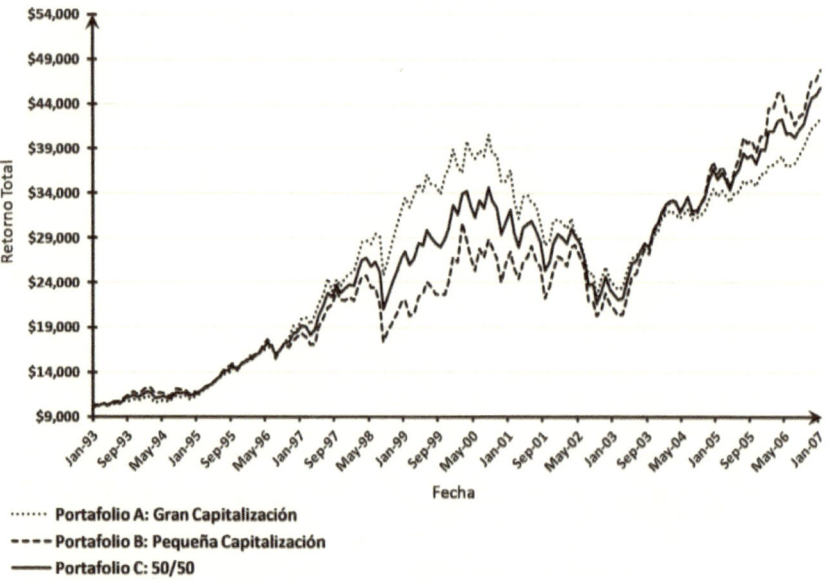

Gráfico 10.4: Rendimiento de tres portafolios en el período 1993-2007: 100% Gran Capitalización (A), 100% Pequeña Capitalización (B) y 50% de ambas clases de activos (C). Fuente: *PortfolioVisualizer.com*

En la tabla 10.4 vemos una comparación del retorno anual de diferentes clases de activos durante estos dos períodos de 7 años. La lección es clara: es posible que tengamos suerte al intentar predecir el rendimiento de un activo o clase de activos en el corto plazo, pero a largo plazo el regreso a la media hará que nuestro exceso de ganancias se cancele y en el mejor de los casos acabaremos obteniendo el mismo retorno que el mercado en su conjunto.

Hagamos el siguiente experimento mental: imaginemos que tenemos una bola de cristal que nos dice cuál será el retorno anual del mercado en su conjunto durante los próximos 30 años, por ejemplo, 10%. Sin embargo, esta bola de cristal no nos dice nada acerca de cuál será el retorno de cada uno de los componentes del mercado por separado (es decir, el retorno de las diferentes clases de activos). Tampoco nos informa del retorno del mercado en cada uno de esos 30 años, solo el retorno final anualizado si invertimos y mantenemos nuestra inversión durante todo el período.

Un portafolio para todos los climas

En este escenario, ¿por qué nos arriesgaríamos a apostar por ciertas clases de activos y obtener, por ejemplo, un 14% en un año para luego obtener solo un 6% al año siguiente? Más aún, corremos el riesgo de acabar obteniendo menos de ese 10% anual al completar el período de 30 años. ¿Por qué? Porque incrementamos la probabilidad de cometer errores al intentar adivinar cuál será el activo con mayor rendimiento el año siguiente. Es probable que pasemos de una clase de activos a otra en el peor momento. ¿Qué sentido tiene arriesgar un retorno garantizado del 10% intentando obtener un retorno superior? ¿Es posible lograrlo? Claro que es posible, así como también es posible ganar dinero en la ruleta.

Región	Clase de activos	Retorno Anual 1993-2000	Retorno Anual 2000-2007	Diferencia entre ambos períodos
Estados Unidos	Gran Capitalización	17%	1.5%	-15.5%
	Media Capitalización	16%	10.5%	-5.5%
	Pequeña Capitalización	12.7%	7.3%	-5.4%
	Mercado Inmobiliario	7.5%	16%	+8.5%
Países Desarrollados	Gran Capitalización	7%	5.2%	-1.8%
Países Emergentes	Gran Capitalización	-1.2%	15%	+16.2%
Asia-Pacífico	Gran Capitalización	-2.8%	2%	+4.8%

Tabla 10.4: Comparación del retorno anualizado de diferentes clases de activos en los períodos 1993-2000 y 2000-2007. Fuente: *portfoliovisualizer.com*

El desafío de obtener en forma consistente un retorno superior al mercado, es mucho más difícil de lo que parece porque en ese juego no estamos solos. En efecto, millones de inversores e instituciones financieras persiguen el mismo objetivo, todos compitiendo entre sí. Y no estamos hablando de inversores aficionados o a tiempo parcial, sino de profesionales que tienen a su disposición un arsenal de recursos técnicos y económicos absolutamente inaccesibles para el

Construcción del Portafolio

pequeño inversor.

¿Realmente cree Ud. poder obtener mejores resultados en su tiempo libre que un profesional a tiempo completo cuyo único objetivo es hacer dinero a escala industrial y a quién se le pagan millones por hacerlo?

La inversión no es un juego de suma cero, pero el intentar ganarle al mercado en forma constante sí lo es. Para que alguien tenga éxito en este empeño, es necesario que alguien más fracase.

Poniendo manos a la obra

Pues bien, ya contamos con un mecanismo básico para determinar qué proporción de acciones y bonos contendrá nuestro portafolio. Por ejemplo, si Ud. tiene entre 30 y 40 años puede decidir adherirse a la regla general y utilizar la proporción 70% acciones y 30% bonos. Si en cambio, se considera un inversor más agresivo, podría optar por la proporción 80/20 o incluso 90/10. Pero recuerde, a mayor retorno potencial, mayor riesgo en el corto y medio plazo.

Por otro lado, nuestra situación personal o preferencias pueden convertirnos en inversores mucho más conservadores. En este caso, la proporción de bonos será mayor que la establecida por la regla general.

Seleccionar la proporción de Acciones/Bonos que nos dé el mayor retorno a largo plazo es trivial: 100% acciones y 0% bonos. Sin embargo, no es el rendimiento lo que estamos eligiendo, sino el nivel de riesgo que estamos dispuestos a tolerar, aquel que nos permita dormir por las noches. El retorno a largo plazo será nuestra compensación por asumir ese nivel de riesgo. No olvide que las palabras claves aquí son: **largo plazo**.

Ahora bien, imaginemos que ya tenemos definida nuestras proporciones, por ejemplo 60/40... ¿cómo continuamos?

Pues si lo que busca es simplicidad, puede detenerse aquí y simplemente construir su portafolio con los dos fondos indexados mencionados al comienzo de este capítulo: *VTSMX* y *VBMFX*. O mejor aún, utilizar los ETFs equivalentes: *VTI* (*Vanguard Total Stock Market ETF*) y *BND* (*Vanguard Total Bond Market ETF*) que presentan un menor Expense Ratio que *VTSMX* y *VBMFX* respectivamente.

Estos dos fondos cubrirán todo el espectro de acciones

Un portafolio para todos los climas

(capitalización/valor/crecimiento) y bonos (corto y largo plazo/gubernamentales/corporativos) dentro del mercado americano.

Si la simplicidad le resulta aburrida y le interesa calibrar su portafolio según sus preferencias personales, entonces le propongo analizar a continuación una serie de combinaciones con diferentes grados de granularidad.

Portafolio 0: Todo en uno

Por si se lo ha preguntado, es posible construir un portafolio diversificado con ¡un solo fondo! En concreto, *"VBINX Vanguard Balanced Index Fund"* es un fondo indexado con un portafolio compuesto de 60% acciones y 40% bonos. El componente de acciones se basa en el índice *"CRSP US Total Market Index"* el cual cubre la totalidad del mercado americano de acciones. El componente de renta fija (bonos) se basa en el índice *"Bloomberg US Agg Float Adj Index"* y contiene bonos corporativos, así como también gubernamentales.

Este fondo tiene un Expense Ratio de 0.19% lo que se traduce en una comisión anual de $19 por cada $10.000 invertidos. Ver tabla 10.5

La gran ventaja de este tipo de fondos es, de nuevo, la simplicidad. Para construir nuestro portafolio nos basta con solo comprar y mantener un solo instrumento*. La proporción 60/40 será mantenida por el propio fondo sin que tengamos que preocuparnos por ella.

Tique	Nombre	Clase de Activo	%	Expense Ratio
VBINX	*Vanguard Balanced Index Fund*	Fondo Balanceado	100%	0.19%
		Expense Ratio Total		0.19%
		Costo anual por cada $10.000		$19.00

Tabla 10.5: Portafolio 0.a. Un solo fondo balanceado.

Por otro lado, la simplicidad es también su principal desventaja: la proporción de Acciones/Bonos se mantiene invariante

---
* En breve veremos que significa el mantenimiento de un portafolio.

Construcción del Portafolio

a lo largo del tiempo. No podremos ajustar la relación riesgo/retorno según vayan evolucionando nuestras preferencias y tolerancias.

Una alternativa que puede resultar interesante es la de los fondos con fecha objetivo o *TDF (Target Date Funds)*. Se trata de fondos que van ajustando su proporción de acciones y bonos a lo largo del tiempo. Tienen una fecha futura objetivo que representa el año de retiro de un hipotético inversor, por ejemplo 2030, 2040 o 2050. Así, por ejemplo, el fondo "*VFIFX - Vanguard Target Retirement 2050 Fund*" está orientado a inversores que planean retirarse entre 2046 y 2050.

Actualmente (2017) este fondo presenta una composición de 60% Acciones y 40% Bonos. Con el transcurso del tiempo, la proporción de bonos irá aumentando gradualmente al mismo tiempo que la de acciones se reducirá. Una vez llegados al año 2050 la proporción final será algo así como 90% Bonos y 10% Acciones.

En este caso, el expense ratio es incluso menor que el fondo balanceado *VBINX*. La ventaja de estos fondos con fecha objetivo es, de nuevo, la simplicidad con el añadido de no tener que preocuparnos por la relación riesgo/beneficio de sus activos: el propio fondo se encargará de ajustarla hasta que alcancemos la edad de retiro.

Tique	Nombre	Clase de Activo	%	Expense Ratio
VFIFX	Vanguard Target Retirement 2050 Fund	TDF	100%	0.16%
		Expense Ratio Total		0.16%
		Costo anual por cada $10.000		$16.00

Tabla 10.6: Portafolio 0.b. Un fondo TDF.

Estos fondos están pensados para inversores que no quieren o no pueden perder mucho tiempo construyendo y manteniendo su portafolio. Es una solución "*Todo en Uno*", apropiada para quienes buscan simplicidad y comodidad, lo cual es perfectamente válido. Sin embargo, si Ud. no es este tipo de inversores, le invito a continuar con el portafolio 1.

Un portafolio para todos los climas

Portafolio 1: Dos fondos

La búsqueda de simplicidad y comodidad no le quita mérito al inversor. No existe tal cosa como un portafolio correcto o incorrecto. Cada uno cumple una función: ajustarse a las necesidades y preferencias de cada persona en particular. Si nos interesa poder controlar a voluntad la proporción de bonos y acciones, lo más sencillo es utilizar dos fondos, uno para cada clase de activos.

Tique	Nombre	Clase de Activo	%	Expense Ratio
VTI	Vanguard Total Stock Market ETF	Mercado total de Acciones	60%	0.04%
BND	Vanguard Total Bond Market ETF	Mercado total de Bonos	40%	0.05%
		Expense Ratio Total		0.044%
		Costo anual por cada $10.000		$4.40

Tabla 10.7: Portafolio 1. Dos fondos

La tabla 10.7 nos presenta el portafolio 1 compuesto por dos ETFs, que cubren la totalidad del mercado de bonos y acciones americano. Observe el expense ratio total de este portafolio: 0.044%, es decir, menos de $5 de comisión anual por cada $10.000 invertidos. Si lo comparamos con el portafolio 0.a ($19 anuales), la diferencia de costos parece casi irrelevante, pero estamos hablando de una relación de 4 a 1. Recuerde que estos costos anuales siempre estarán presentes y se acumularán con el tiempo, por lo que una diferencia de costos de este calibre no es algo que se deba despreciar.

Portafolio 2: Cuatro y seis fondos

El siguiente paso es subdividir las acciones y los bonos en subclases de activos. Podemos construir un sencillo portafolio con 4 componentes: Gran y Pequeña Capitalización, por un lado, y bonos a corto y largo plazo por otro.

En este portafolio básicamente posicionamos los dos extremos del mercado de acciones y bonos. Dentro de cada categoría, simplemente asignamos iguales porcentajes a cada fondo: 30/30 y 20/20. De nuevo, estos valores los podrá ajustar a su gusto.

Construcción del Portafolio

Recuerde que los bonos a largo plazo son mucho más sensibles a los cambios en los tipos de interés lo que se traduce en una mayor volatilidad. Lo mismo ocurre con la Pequeña Capitalización, que suele ser más volátil que la Gran Capitalización. Si estas características le resultan incomodas, puede reducir su exposición a estas clases de activos en particular, por ejemplo: 40/20 y 30/10. El expense ratio total no cambiará demasiado, alrededor de 0.07%, lo que se traduce en un costo anual de solo $7 por cada $10.000 invertidos.

Tique	Nombre	Clase de Activo	%	Expense Ratio
VV	Vanguard Large Cap ETF	Gran Capitalización	30%	0.06%
VB	Vanguard Small-Cap ETF	Pequeña Capitalización	30%	0.06%
BSV	Vanguard Short-Term Bond ETF	Bonos Corto Plazo	20%	0.07%
BLV	Vanguard Long-Term Bond ETF	Bonos Largo Plazo	20%	0.07%
		Expense Ratio Total		0.064%
		Costo anual por cada $10.000		$6.40

Tabla 10.8: Portafolio 2a. Cuatro fondos

Otra opción es simplemente sustituir la porción de bonos por un único fondo que cubra todo el espectro, como por ejemplo BND (utilizado en el portafolio 1) o un fondo orientado a bonos de duración intermedia, por ejemplo *"BIV – Vanguard Intermediate-Term Bond ETF"* que presenta un expense ratio equivalente. De esta manera, el portafolio tendrá la composición: 30/30/40.

Si nos interesa un nivel de granularidad aún mayor, podemos utilizar 3 fondos en cada categoría, añadiendo capitalización media (*"VO – Vanguard Mid-Cap ETF"*) y bonos de duración intermedia. El portafolio resultante lo vemos en la tabla 10.9.

Este portafolio nos da más flexibilidad a la hora de manipular las proporciones de las diferentes clases de activos. Note que, si bien estamos utilizando 6 ETFs, el expense ratio total se mantiene por debajo de 0.07%.

Un portafolio para todos los climas

Tique	Nombre	Clase de Activo	%	Expense Ratio
VV	*Vanguard Large Cap ETF*	Gran Capitalización	20%	0.06%
VO	*Vanguard Mid-Cap ETF*	Media Capitalización	20%	0.06%
VB	*Vanguard Small-Cap ETF*	Pequeña Capitalización	20%	0.06%
BSV	*Vanguard Short-Term Bond ETF*	Bonos Corto Plazo	20%	0.07%
BIV	*Vanguard Intermediate-Term Bond ETF*	Bonos Medio Plazo	10%	0.07%
BLV	*Vanguard Long-Term Bond ETF*	Bonos Largo Plazo	10%	0.07%
		Expense Ratio Total		0.064%
		Costo anual por cada $10.000		$6.40

Tabla 10.9: Portafolio 2b. Seis fondos.

Portafolio 3: Valor y Pequeña Capitalización

Como ya lo habrá notado, el dividir las dos clases de activos principales (Acciones y Bonos) nos permite orientar nuestro portafolio hacia las áreas que más nos interese. Por ejemplo, sabemos que históricamente la Pequeña Capitalización y las compañías dentro de la categoría Valor han tenido un rendimiento superior en el largo plazo. Teniendo esto en mente podemos dar más peso a estas clases de activos dentro del componente de acciones.

Afortunadamente, contamos con los fondos apropiados para lograr precisamente esto. El ETF *"VBR – Vanguard Small-Cap Value ETF"*, basado en el índice *"CRSP US Small Cap Value Index"*, ofrece una exposición combinada a las clases de activo Valor y Pequeña Capitalización. Por ejemplo, una variante del portafolio 2b orientado a valor puede ser como el mostrado en la tabla 10.10.

Simplemente hemos sustituido los ETFs VV, VO y VB por SCHV, VOE y VBR respectivamente, es decir, la versión orientada a valor. De nuevo, la proporción de acciones 10/20/30 puede modificarse según su preferencia, por ejemplo 15/15/30 o 10/10/40 lo que nos permitirá controlar el peso que la Pequeña Capitalización tendrá sobre todo el conjunto.

Construcción del Portafolio

Tique	Nombre	Clase de Activo	%	Expense Ratio
SCHV	*Schwab U S Large Cap Value*	Gran Capitalización Valor	10%	0.06%
VOE	*Vanguard Mid-Cap Value*	Media Capitalización Valor	20%	0.07%
VBR	*Vanguard Small-Cap Value*	Pequeña Capitalización Valor	30%	0.07%
BSV	*Vanguard Short-Term Bond*	Bonos Corto Plazo	15%	0.07%
BIV	*Vanguard Intermediate-Term Bond*	Bonos Medio Plazo	15%	0.07%
BLV	*Vanguard Long-Term Bond*	Bonos Largo Plazo	10%	0.07%
		Expense Ratio Total		0.068%
		Costo anual por cada $10.000		$6.80

Tabla 10.10: Portafolio 3. Orientado a Valor y Pequeña Capitalización.

Vale la pena notar, de nuevo, que estas variantes continúan manteniendo un expense ratio total en torno al 0.07%, con lo cual, desde la prospectiva del costo, cada uno de estos portafolios nos resultan indiferentes entre sí.

Portafolio 4: Global

Si lo que buscamos es diversificación a nivel global sin perder simplicidad, podemos construir el portafolio mostrado en la tabla 10.11. El ETF "*VEU – Vanguard FTSE All-World exUS ETF*" nos ofrece exposición al mercado internacional de acciones excluyendo Estados Unidos, aunque aún mantiene alrededor del 5% de su portafolio dentro del mercado americano. De todas formas, constituye un vehículo ideal para acceder al mercado global. La exposición al mercado de acciones americano la obtenemos con el ETF *VTI*.

De nuevo, tenemos la opción de orientar el componente de acciones hacia la Pequeña Capitalización o Valor. A nivel internacional, contamos además con una gran variedad de fondos que nos permiten afinar nuestra exposición según la zona geográfica de interés. En la tabla 10.12 vemos 3 ejemplos de este tipo de ETFs: Mercados Emergentes, Asia y Europa.

Un portafolio para todos los climas

Tique	Nombre	Clase de Activo	%	Expense Ratio
VTI	*Vanguard Total Stock Market ETF*	Mercado de acciones americano	40%	0.04%
VEU	*Vanguard FTSE All-World ex-US ETF*	Mercado Internacional de Acciones	20%	0.11%
BND	*Vanguard Total Bond Market ETF*	Mercado total de Bonos	40%	0.05%
		Expense Ratio Total		0.058%
		Costo anual por cada $10.000		$5.80

Tabla 10.11: Portafolio 4. Mercado Global

El inversor que desee una mayor granularidad geográfica puede considerar fondos que ofrecen exposición a países específicos. La tabla 10.13 nos muestra algunos ejemplos. No pretende ser una lista exhaustiva, para ello contamos con herramientas online de búsqueda de fondos que nos ayudarán a afinar nuestra selección[*].

Tique	Nombre	Región	Expense Ratio
VWO	*Vanguard FTSE Emerging Markets ETF*	Mercados Emergentes (India, China, Brasil, Méjico, Sud-África, entre otros)	0.14%
VPL	*Vanguard FTSE Pacific ETF*	Área Pacifico (Japón, Australia, Corea del Sur, Singapur, Indonesia, Taiwán, entre otros)	0.10%
VGK	*Vanguard FTSE Europe ETF*	Europa	0.10%

Tabla 10.12: ETFs por región

Lo importante a notar aquí es el incremento del expense ratio a medida que acotamos la región de interés. Esto es una característica común a todos aquellos fondos y ETFs orientados a nichos muy específicos del mercado.

La diferenciación geográfica también la encontramos en los fondos de renta fija (bonos). La tabla 10.14 nos muestra algunos ejemplos. De nuevo, note el incremento en el expense ratio.

---

[*] Ver apéndice A.

Construcción del Portafolio

Tique	Nombre	País	Expense Ratio
EWQ	*iShares MSCI France Index Fund ETF*	Francia	**0.14%**
EIRL	*iShares MSCI Ireland Capped Investable Market Index Fund ETF*	Irlanda	**0.48%**
EWU	*iShares MSCI United Kingdom Index Fund ETF*	Reino Unido	**0.48%**
EIDO	*iShares MSCI Indonesia ETF*	Indonesia	**0.62%**
EWZ	*iShares MSCI Brazil Capped ETF*	Brasil	**0.63%**
ECH	*iShares MSCI Chile Index Fund ETF*	Chile	**0.64%**
EPU	*iShares MSCI All Peru Capped ETF*	Perú	**0.63%**
GXG	*Global X MSCI Colombia ETF*	Colombia	**0.61%**

Tabla 10.13: ETFs por país. Estos fondos suelen tener un expense ratio mayor.

Tique	Nombre	Región/País	Tipo de Bonos	Expense Ratio
BNDX	*Vanguard Total International Bond Index ETF*	Global	Gubernamentales y Corporativos	0.12%
VWOB	*Vanguard Emerging Markets Government Bond ETF*	Mercados Emergentes	Gubernamentales y Corporativos	0.32%
HYXU	*iShares International High Yield Corporate Bond ETF*	Europa	Corporativos (y alto rendimiento)	0.40%
CBON	*VanEck Vectors China AMC China Bond ETF*	China	Gubernamentales y Corporativos	0.50%

Tabla 10.14: ETFs de renta fija por región/país.

Un portafolio para todos los climas

Portafolio 5: Sectores

Apostar por sectores específicos de la economía requiere un entendimiento detallado de los factores que afectan el desempeño de cada uno de esos sectores. Pero aún en el caso de que Ud. sea un experto en el área de la salud, las nuevas tecnologías o la industria textil, se estará enfrentando al viejo problema de intentar predecir el futuro. Corre el riesgo, además, de caer en la trampa de perseguir rendimientos excepcionales recientes.

Otro problema de apostar a esta clase de activos es que estaremos reduciendo nuestra diversificación al no poder incluir todos y cada uno de los sectores y subsectores que componen una economía. Los fondos orientados a la totalidad del mercado, como por ejemplo los ETFs *VTI* o *SPY*, ya incluyen en sus portafolios todos los sectores relevantes sin que tengamos que preocuparnos por ello.

Más problemas: redundancia de activos. Al incluir sectores específicos en nuestro portafolio es probable que estemos invirtiendo, sin saberlo, en las mismas compañías más de una vez a través de diferentes fondos. Por ejemplo, un inversor interesado en los sectores Industrial, Aeroespacial y Tecnologías de la Información (TI), puede utilizar los siguientes ETFs para acceder a cada uno de ellos:

- **Sector industrial:** *"IYJ – iShares Dow Jones US Industrial"*
- **Sector Aeroespacial:** *"ITA - iShares U.S. Aerospace & Defense"*
- **Sector TI:** *"VGT – Vanguard Information Technology"*

Al analizar en detalle el portafolio de cada uno de estos ETFs encontramos que *IYJ* e *ITA* tienen en común las compañías *United Technologies Corporation, Lockheed Martin* y *Boeing*. Esto se debe a que el sector aeroespacial está incluido en el sector Industrial. Por otro lado, *IYJ* y *VGT* tienen en común las compañías *Accenture* y *PayPal*, entre otras. La redundancia es el enemigo de la diversificación.

De todas maneras, si aun así le interesa este tipo de inversión, en el apéndice C encontrará una lista (no exhaustiva) de ETFs por sectores.

Una vez hechas todas las advertencias pertinentes, debo mencionar que hay un sector que vale la pena considerar y que nos aporta una dosis interesante de diversificación: el sector inmobiliario o REIT (*Real Estate Investments Trusts*) [73], por sus siglas en inglés. Las compañías en este sector gestionan todo tipo propiedades, como ser: comerciales, residenciales, hospitalarias, deportivas, e incluso campos destinados a la industria forestal. Sus beneficios provienen sobre todo de rentas y de la compraventa de inmuebles. En Estados Unidos están obligadas por ley a distribuir a sus inversores el 90% de sus beneficios en forma de dividendos. Muchas incluso distribuyen el 100% para atraer más inversores.

Al igual que los demás sectores, el inmobiliario ya está incluido en los fondos que cubren el mercado en su conjunto, como *VTI* o *SPY*. Sin embargo, es un sector que suele tener una baja correlación con el resto del mercado.

Incluir un pequeño porcentaje en nuestro portafolio (por ejemplo, 10%), es algo que todo inversor debería considerar. De incluirla, esta clase de activos debe formar parte del componente de acciones que hemos determinado inicialmente, no del de bonos.

Teniendo esto en mente, podemos construir un portafolio como el mostrado en la tabla 10.15, con solo 3 ETFs.

Tique	Nombre	Clase de Activo	%	Expense Ratio
VTI	*Vanguard Total Stock Market ETF*	Mercado total de acciones	50%	0.04%
SCHH	*Schwab U.S. REIT ETF*	Sector Inmobiliario	10%	0.07%
BND	*Vanguard Total Bond Market ETF*	Mercado total de Bonos	40%	0.05%
		Expense Ratio Total		0.047%
		Costo anual por cada $10.000		$4.70

Tabla 10.15: Portafolio 5. Sector Inmobiliario.

Portafolio 6: Mínima correlación

Debo admitir que este portafolio es mi favorito, sobre todo porque produce los mejores resultados. Volvamos un momento a la tabla 10.2 en donde veíamos la correlación entre las diferentes clases de activos. Al recorrer la tabla encontramos que la mínima correlación

Un portafolio para todos los climas

es -0.34*, la cual obtenemos al combinar la clase de activos G con B o D, es decir, bonos a largo plazo (en este caso, bonos del gobierno americano) con una de las dos clases de activos orientada a Valor, ya sea Pequeña o Gran Capitalización.

Basándonos en estos datos, podemos construir el portafolio mostrado en la tabla 10.16. Nos valemos aquí del ETF *"VOE – Vanguard Mid-Cap Value ETF"* para representar la clase de activos Media Capitalización/Valor lo que nos permite orientar el portafolio hacia Valor y evitar, a su vez, tener que decidir qué extremo del espectro de capitalización utilizar.

Por otro lado, si lo que nos interesa es tener más flexibilidad a la hora de ajustar el peso que tendrá la capitalización sin afectar la orientación hacia Valor, podemos utilizar 2 ETFs en lugar de uno, por ejemplo, *VBR* (Pequeña Capitalización/Valor) y *VTV* (Gran Capitalización/Valor).

Tique	Nombre	Clase de Activo	%	Expense Ratio
VOE	Vanguard Mid-Cap Value	Media Capitalización Valor	60%	0.07%
TLT	iShares 20+ Year Treasury Bond	Bonos Largo Plazo	40%	0.15%
		Expense Ratio Total		0.10%
		Costo anual por cada $10.000		$10

Tabla 10.16: Portafolio 6. Activos con mínima correlación: Bonos a largo plazo y Valor.

Para el componente de bonos a largo plazo he elegido el ETF *"TLT – iShares 20+ Year Treasury Bond ETF"* que es el más popular y el que cuenta con la mayor liquidez en su categoría.

Debo advertirle que este portafolio puede herir la sensibilidad del inversor. Como ya sabemos, los bonos del tesoro a largo plazo se caracterizan por ser extremadamente volátiles. Si le incomoda ver que las diferentes partes de su portafolio se comporten como una montaña rusa, este portafolio no es para Ud. El propósito principal de esta combinación de activos es tomar ventaja de la correlación

---

* Este valor será diferente dependiendo del período considerado, pero las conclusiones serán las mismas.

negativa de sus componentes, por lo que la volatilidad de todo el conjunto se verá amortiguada y, con un poco de fortuna, estaremos maximizando nuestro rendimiento a largo plazo.

Si se considera con espíritu aventurero, una alternativa al fondo *TLT* es *"EDV – Vanguard Extended Duration Treasury ETF"*. Este fondo se compone de bonos a largo plazo, pero del tipo *Stripped*, es decir, bonos cupón cero o que no pagan interés.

Como recordará, los bonos cupón cero necesitan descontar en su precio actual la ausencia del cupón, una característica que los hace aún más sensibles a los tipos de interés que los bonos normales. Por esta razón, el ETF *EDV* es en promedio 1.5 veces más volátil que *TLT*. Como contrapartida, su retorno a largo plazo es también 1.5 mayor y con la ventaja añadida de que su correlación con el mercado de acciones es aún menor que la mostrada por *TLT*[*].

Portafolio 7: El gusto está en la variedad

Combinando todo lo que hemos visto en los puntos anteriores, podemos construir un portafolio diversificado en el que incluimos bonos a largo plazo, todo el espectro de capitalización (pequeña, media y grande) además de clases de activos orientadas a valor y crecimiento. Agregamos, además, algo de exposición a los mercados internacionales, a través del ETF *VEU*, así como también al sector inmobiliario con el ETF *VNQ* (el más popular dentro de su categoría).

Para no dar preferencia a ninguno de estos fondos sobre el resto, asignamos un 10% a cada uno de los 6 ETFs que constituyen nuestro componente de acciones. El 40% restante lo asignamos a *TLT*, es decir, bonos del tesoro a largo plazo. De esta forma, estaremos aprovechando los beneficios que nos brinda la correlación (negativa) entre este fondo y los 6 restantes. De nuevo, si nos sentimos más intrépidos, podemos reemplazar *TLT* por *EDV*, o una combinación de ambos, por ejemplo, 20% de cada uno.

Note que he incluido el ETF *VOO* que se basa en nuestro conocido índice *S&P500*. Este índice nos brinda exposición a la Gran Capitalización, así como también a una combinación de Valor y

---

[*] *EDV* es el fondo de mi preferencia, pero de nuevo, si se decide por él sepa que tiene por delante un viaje ¡lleno de curvas!

Un portafolio para todos los climas

Crecimiento (*blend*). De nuevo, podemos afinar aún más esta porción del portafolio reemplazando *VOO* con dos o más fondos especializados en Valor o Crecimiento dentro de la categoría Gran Capitalización. El problema es que estaremos añadiendo complejidad y nuestra diversificación no mejorará en forma significativa.

Tique	Nombre	Clase de Activo	%	Expense Ratio
VOO	Vanguard S&P 500 ETF	S&P500	10%	0.04%
VOE	Vanguard Mid-Cap Value ETF	Media Capitalización/Valor	10%	0.07%
VOT	Vanguard Mid-Cap Growth ETF	Media Capitalización/Crecimiento	10%	0.07%
VBR	Vanguard Small-Cap Value ETF	Pequeña Capitalización/Valor	10%	0.07%
VEU	Vanguard FTSE All-World ex-US ETF	Mercado Internacional de Acciones (fuera de EE. UU)	10%	0.11%
VNQ	Vanguard REIT ETF	EE. UU – Sector Inmobiliario (REIT)	10%	0.12%
TLT	iShares 20+ Year Treasury Bond ETF	Bonos Largo Plazo	40%	0.15%
		Expense Ratio Total		0.11%
		Costo anual por cada $10.000		$11

Tabla 10.17: Portafolio 7. Capitalización/Valor + sector inmobiliario + bonos a largo plazo.

Una característica importante de este portafolio es que, si bien se compone de 7 fondos, su expense ratio total es de tan solo 0.11%

Un caso a favor de los bonos a largo plazo

Los portafolios 6 y 7 concentran el 40% de sus activos en bonos a largo plazo. Esto suele resultar incómodo para la mayoría de los inversores debido a la volatilidad de esta clase de activos. Si esto le preocupa, no dude en diversificar este componente con bonos de menor duración o incluso eliminar por completo el largo plazo.

En un entorno como el actual (2017-18), en donde los tipos de

Construcción del Portafolio

interés se encuentran en mínimos históricos y en donde solo pueden ir en una sola dirección (hacia arriba), invertir en bonos a largo plazo parece no ser muy sensato*, y estoy de acuerdo, pero solo si vemos esta clase de activos en forma aislada y no como parte de un portafolio diversificado.

Las razones para incluir o no una determinada clase de activos no deberían ser las condiciones actuales del mercado. Si bien es cierto que en un entorno con tipos de interés al alza los bonos a largo plazos serán los más castigados, el nivel de diversificación que éstos nos otorga es difícil de igualar con otras opciones (que no impliquen un riesgo aún mayor). La principal razón de incluirlos en nuestro portafolio es la correlación negativa que presentan con respecto al mercado de acciones.

Que un portafolio sea diversificado no significa que todos sus componentes muestren el mejor rendimiento en todo momento. Las condiciones del mercado cambian constantemente haciendo que, en forma temporal, un tipo de activos sea más atractivo que otro. Intentar adaptar nuestro portafolio para que contenga los activos más prometedores en el corto plazo es un juego peligroso. Caeremos en la trampa de perseguir el rendimiento y esa es una receta para el desastre.

El problema es que nos enfrentamos aquí a un dilema y para resolverlo debemos llegar a un compromiso entre dos alternativas opuestas: por un lado, la volatilidad de los bonos a largo plazo tiende a cancelar (en mayor o menor medida) la volatilidad del componente de acciones, con lo cual todo el conjunto tiende a ser más estable que sus partes por separado. Por otro lado, si reducimos la duración media de los bonos, el componente de renta fija se volverá más estable, pero la volatilidad del portafolio se trasladará entonces al componente de acciones.

Debemos ver el comportamiento del portafolio en su totalidad y no el de sus partes, aunque esto es más fácil de decir que de hacer. Pero si lo logramos, estaremos dejando a nuestro peor enemigo fuera de la ecuación: nosotros mismos.

---

* Recuerde que el valor de los bonos se mueve en dirección opuesta a los tipos de interés, y a mayor duración del bono, mayor impacto tendrá una subida de tipos.

Un portafolio para todos los climas

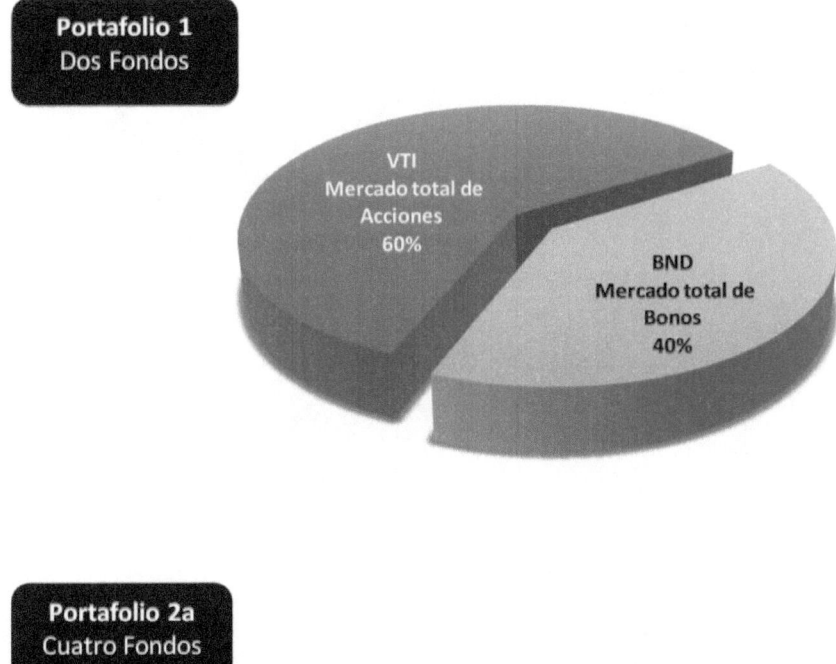

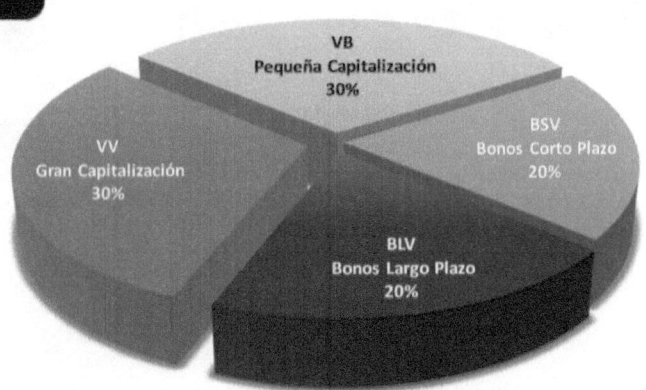

Construcción del Portafolio

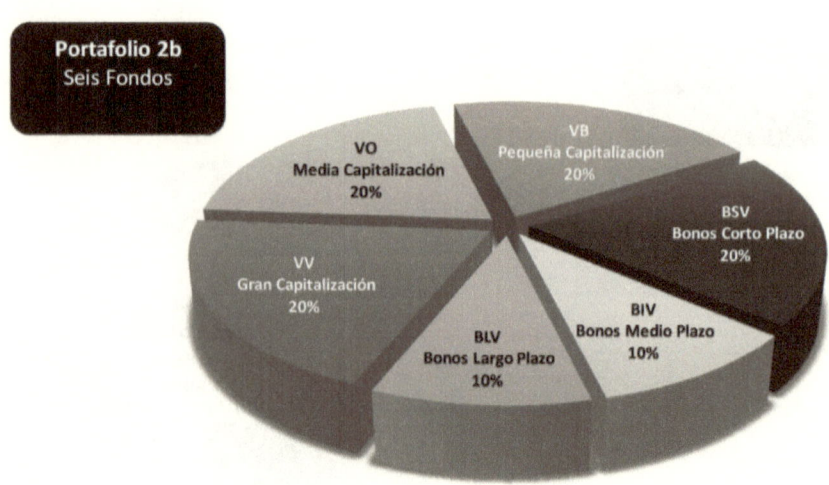

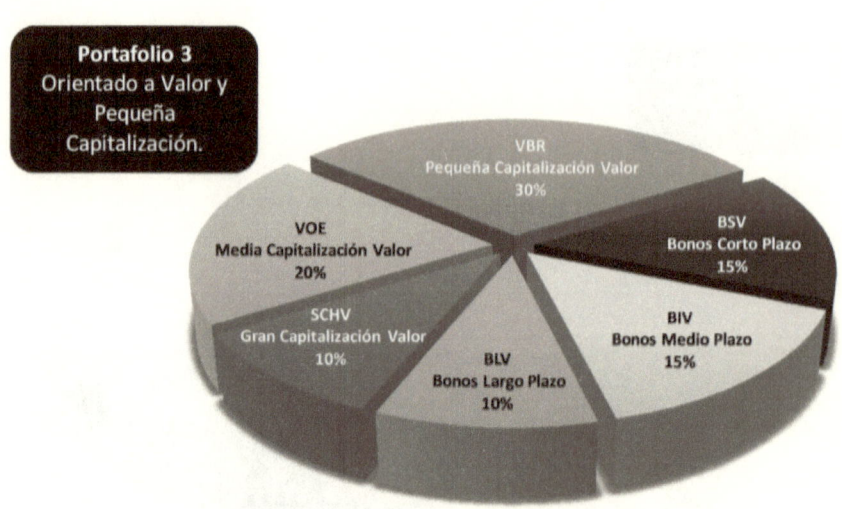

Un portafolio para todos los climas

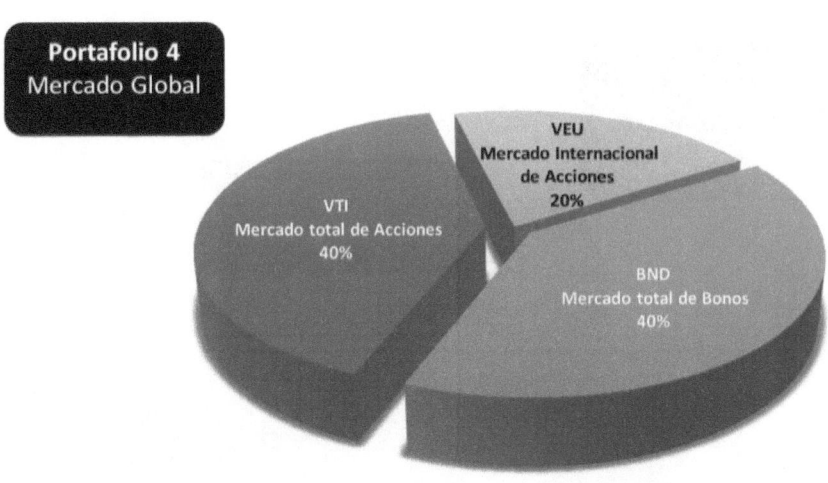

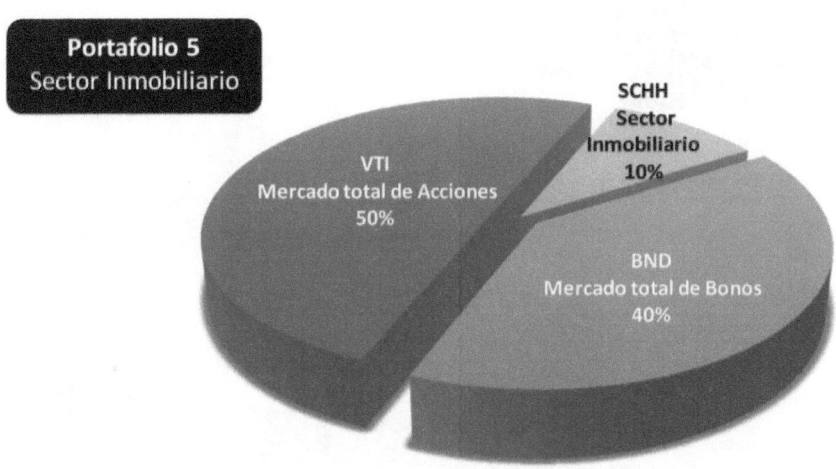

Construcción del Portafolio

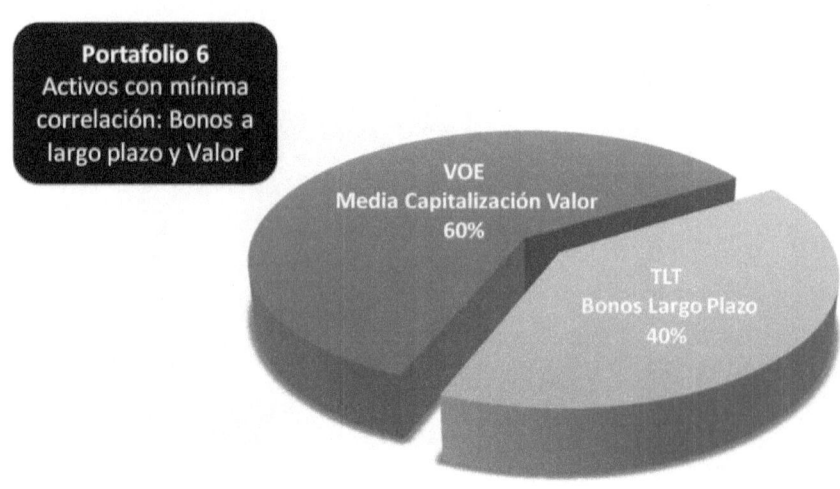

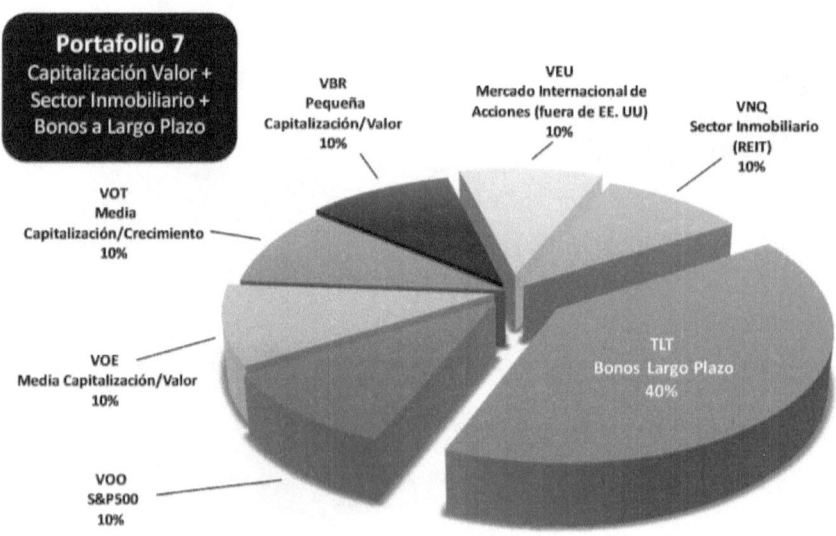

Construcción del Portafolio

Puntos Clave

En este capítulo hemos visto los principios básicos a utilizar a la hora de construir nuestro portafolio. La primera decisión que debemos tomar es qué proporción de acciones y bonos se ajusta a nuestro nivel de riesgo tolerado. Podemos utilizar la regla general de la edad para determinar la cantidad de bonos: alguien en sus 20 construirá un portafolio con 80% acciones y 20% bonos. Esto es solo el punto de partida, cada inversor ajustará esta proporción hacia arriba o hacia abajo según su tolerancia al riesgo.

Una vez que establecemos estas proporciones básicas, procedemos a subdividir cada parte según nuestras preferencias (si es que nos interesa hacerlo), ya sea orientando nuestro portafolio hacia *Valor, Crecimiento, Pequeña* o *Gran Capitalización*. Es importante no basar nuestra decisión en el rendimiento reciente de una clase de activos, lo que se conoce como perseguir el rendimiento.

Hemos analizado una serie de portafolios posibles, que son solo ejemplos ilustrativos. Cada inversor puede (y debe) construir el portafolio que más se ajuste a sus preferencias y expectativas. El portafolio más sencillo se compone de un solo fondo balanceado que, si bien nos brinda la máxima simplicidad, no nos da ninguna flexibilidad a la hora de orientar nuestra inversión hacia alguna esquina del mercado.

Hemos discutido también el caso particular de los bonos a largo plazo que nos brindan un alto nivel de diversificación con respecto a las acciones. Sin embargo, es una clase de activos muy volátil y no apta para todos los inversores. Utilícela con cautela.

Tenga en cuenta que cuando nos planteamos la pregunta: ¿debería incluir la clase de activos X en mi portafolio?, la respuesta correcta no suele ser un rotundo sí o un no. Lo que deberíamos preguntarnos es: ¿qué porcentaje de la clase de activos X debería incluir en mi portafolio y por qué? En otras palabras, deberíamos tener claro las razones por las que incluimos un tipo de activo específico y, en caso de hacerlo, ser conscientes del riesgo-beneficio al que éste nos expone.

11

Midiendo la Eficiencia del Portafolio

"Si no puedes medirlo, no puedes mejorarlo"
Peter Drucker

Al evaluar una clase de activos como posible candidata a ser incluida en nuestro portafolio, debemos preguntarnos qué es lo que ese activo aporta al conjunto. En el caso de los bonos a largo plazo, ese aporte es la diversificación y un mayor retorno que los bonos de menor duración.

Ahora bien, si un inversor necesita un portafolio compuesto en su mayor parte de bonos[*], ¿debería invertir solo en bonos a largo plazo? ¿Cómo comparamos el rendimiento de los diferentes tipos de bonos, o en forma genérica, el rendimiento de dos activos diferentes? ¿Si el activo A muestra un mayor retorno que el activo B, significa que A es mejor que B? ¿Qué rol juega la volatilidad o riesgo de cada activo?

---

[*] Por ejemplo, un inversor en edad de retiro que necesita reducir su exposición al componente de acciones y aumentar el componente de bonos para así preservar su capital. Investigaremos el ciclo de vida del inversor en el capítulo 15.

Construcción del Portafolio

Por ejemplo, si sabemos que A ha duplicado su valor en un período de 5 años (100% de retorno), mientras que B solo se ha apreciado 80% en el mismo período, ¿qué activo elegiría? Imagine que, antes de duplicarse, el activo A perdió 60% de su valor mientras que B nunca cayo más del 6%, ¿cuál sería su elección en ese caso? ¿Ese 20% extra de retorno final que ofrece el activo A justifica una volatilidad 10 veces superior? Por otro lado, siempre nos enfrentaremos a la incertidumbre de no saber cuándo un activo recuperará su valor una vez que ha caído. Si lo supiéramos, no existiría ningún riesgo en primer lugar.

Si solo nos enfocamos en el retorno para comparar dos activos o portafolios, estaremos comparando patatas con manzanas. Para poder hacer una comparación válida, debemos explorar una serie de conceptos que nos serán útiles a la hora de tomar decisiones.

Beta (β)

Una métrica comúnmente utilizada para analizar portafolios (o activos) es el concepto de *Beta* (β). Este valor, que se obtiene aplicando una fórmula matemática específica, simplemente nos indica cómo se comporta un activo o portafolio con respecto al mercado en su conjunto [74].

Por ejemplo, al *S&P500* se le asigna un valor de β igual a 1 por ser considerado un representante de todo el mercado (americano). Un portafolio compuesto 100% de un fondo basado en este índice (por ejemplo, el ETF *VOO*) mostrará un valor de β muy próximo a 1. Esto significa que el portafolio se comportará en forma muy similar al *S&P500*.

Por otro lado, un portafolio que muestre un $\beta = 0.5$, será un 50% menos volátil que el *S&P500*: si el índice cae 10%, el portafolio solo caerá, en promedio, 5%. Análogamente, si el mercado sube un 10% el portafolio también subirá, pero solo un 5%. Un $\beta = 1.5$ implica un portafolio 1.5 veces más volátil que el mercado, es decir, sus subidas y caídas se verán amplificadas por un factor de 1.5 con respecto al índice de referencia.

Es importante notar que esto no es exacto, sino estadístico, es decir, que el comportamiento observado en un caso específico puede ser muy diferente de lo que *Beta* predice. Este valor es una

Midiendo la eficiencia del portafolio

característica del promedio de todos los casos observados y no de cada caso en particular. Además, está basada en el comportamiento histórico de los activos, por lo que nada nos asegura que el valor de β se mantendrá constante a lo largo del tiempo. A pesar de estos inconvenientes, β nos sirve como punto de partida para saber que esperar de un determinado portafolio.

Otro problema con β es que no nos da información específica sobre un activo o portafolio en cuanto a su volatilidad y rendimiento. Esto dependerá de las características que muestre el mercado o índice de referencia elegido.

Sharpe ratio

Una métrica ampliamente utilizada junto con β, es el *Sharpe Ratio*, un concepto desarrollado por el economista y premio Nobel William F. Sharpe en la década de los 60 [75]. Este valor es simplemente un coeficiente que nos indica el retorno que nos entrega un activo o portafolio por cada unidad de riesgo asumido.

Podemos verlo como el rendimiento de un choche: ¿cuántos km podemos recorrer con un litro de combustible? En el caso de un activo, la *distancia recorrida* será su rendimiento a largo plazo y el *combustible* su volatilidad o desviación estándar. De esta forma calculamos el coeficiente *Sharpe Ratio* simplemente como*:

$$Sharpe\ Ratio = \frac{Retorno\ Esperado}{Desviación\ Estándar}$$

Cuanto mayor sea este coeficiente, mayor será el beneficio obtenido por cada unidad de riesgo, es decir, por cada unidad de desviación estándar. Por ejemplo, un *Sharpe Ratio* de 0.5 nos está diciendo que para obtener un 1% de retorno extra, deberemos soportar un 2% adicional de volatilidad, o lo que es lo mismo, 2 puntos porcentuales adicionales de desviación estándar.

---

* La definición exacta es:
$$Sharpe\ Ratio = \frac{Retorno\ Esperado - Retorno\ Libre\ de\ Riesgo}{Desviación\ Estándar}$$
En donde "*retorno libre de riesgo*" es el retorno de los instrumentos considerados seguros como, por ejemplo, un depósito bancario.

Construcción del Portafolio

El *Sharpe Ratio* adolece de los mismos problemas que β: no se mantiene constante a lo largo del tiempo y depende de información histórica, pero en términos generales nos es útil a la hora de comprar dos activos entre sí.

Consideremos dos portafolios hipotéticos A y B con las características indicadas en la tabla 11.1. Vemos que A presenta un retorno superior a B, pero un *Sharpe Ratio* inferior (exactamente la mitad).

Portafolio	Retorno Anual	Sharpe Ratio
A	8%	0.5
B	5%	1.0

Tabla 11.1: Retorno anual y *Sharpe Ratio* de dos portafolios hipotéticos A y B.

Ahora bien, para hacer una comparación válida del retorno entre ambos portafolios, deberíamos contestar la pregunta: ¿cuál sería el rendimiento del portafolio A si presentara el mismo riesgo o volatilidad que B? Esto es lo que se denomina *Retorno Ajustado por Riesgo* o *Risk-Adjusted Return*. Al hacer esto sabremos si A realmente nos entrega un mayor beneficio que B a cambio del mismo riesgo.

Haciendo un cálculo rápido*, encontramos que el retorno ajustado por riesgo del portafolio A es de solo 2.5%. En otras palabras, si ambos portafolios tuvieran la misma volatilidad, A nos entregaría solo la mitad del retorno de B. El rendimiento superior que obtenemos con A no justifica su volatilidad. En la práctica, sin embargo, no necesitaremos realizar ningún cálculo: al momento de comparar dos o más activos (o portafolios), simplemente identificaremos aquel que muestre el mayor *Sharpe Ratio*, porque ese será el más eficiente en términos de riesgo y beneficio (aunque no será necesariamente el que muestre el mayor rendimiento en números absolutos).

La moraleja aquí es la que ya conocemos: la moneda de cambio a la hora de invertir no son dólares, euros o yenes, sino volatilidad, o lo que es lo mismo, riesgo.

---

* *Retorno Ajustado por Riesgo* $(A) = \frac{Sharpe\ Ratio\ (A) \times Retorno\ Esperado\ (B)}{Sharpe\ Ratio\ (B)} = \frac{0.5 \times 5\%}{1.0} = 2.5\%$

Midiendo la eficiencia del portafolio

De nuevo, la relación entre A y B se basará en datos históricos, por lo que nada nos asegura que B continuará siendo una mejor opción que A en cuanto a retorno ajustado por riesgo. Sin embargo, su comportamiento histórico nos da una idea de las características fundamentales que ambos activos han mostrado en el largo plazo y que es probable que mantengan en el futuro.

Sortino ratio

El *Sharpe Ratio* no está libre de críticas. La principal es que se basa en la desviación estándar para medir la volatilidad de un activo. ¿Cuál es el problema con esto? Como hemos visto en el capítulo 4, la desviación estándar de una serie de valores aleatorios nos da una idea de qué tanto se alejan esos valores del promedio, tanto por encima como por debajo de éste. Como inversores, no nos interesa penalizar un activo cuando su valor se mueve por encima de la media, más bien lo contrario. Un activo que tiende a ganar en valor más que a perderlo es lo que todos buscamos. Por esta razón, se ha desarrollado una variante del *Sharpe Ratio* denominada *Sortino Ratio* [76].

Este coeficiente, introducido por el Dr. Frank Sortino a finales de los 70, utiliza la *semi-varianza* en lugar de la desviación estándar, la cual sólo toma en consideración la volatilidad de un activo cuando su retorno se mueve por debajo del promedio. De esta manera, el *Sortino Ratio* funciona exactamente igual que el *Sharpe Ratio*, pero con la diferencia de que penaliza a los activos con rendimiento mediocre y premia a los que se destacan sobre la media.

Este coeficiente, junto con *Beta* y *Sharpe Ratio* son los más utilizados en el mundo de las finanzas para medir la eficiencia de un activo o portafolio en términos de riesgo y beneficio.

Comparando portafolios

Pues bien, ahora que contamos con las herramientas básicas para medir la eficiencia de un activo, ¿cómo se han comportado nuestros 8 portafolios detallados en el capítulo anterior? La tabla 11.2 nos muestra un resumen del resultado obtenido en el último cuarto de siglo. A modo de comparación, la última fila detalla el desempeño del *S&P500* en el mismo período.

Construcción del Portafolio

Lo primero que observamos es que el retorno anualizado obtenido por todos los portafolios se encuentra en el entorno del 7.4% al 10%. Esto tal vez no nos resulte llamativo dado que el retorno promedio del mercado en el último siglo se encuentra precisamente en este rango. Lo que sí es llamativo es que el período analizado (1993-2017) ha sufrido dos de los desplomes bursátiles más severos de las últimas décadas: la burbuja tecnológica de las *Punto Com* a finales del siglo XX y la crisis financiera del 2008. Por esta razón, este período es especialmente útil para realizar *pruebas de estrés* de un activo y comprobar así cómo se ha comportado durante estos eventos extremos. En el gráfico 11.1 vemos la evolución de los portafolios 4, 5, 6 y 7 junto con el *S&P500*.

Portafolio	Retorno Anualizado	Desviación Estándar	Sharpe Ratio	Sortino Ratio	Beta (β)
1	8.13%	8.90%	0.65	0.97	0.59
2a	8.55%	9.08%	0.69	1.02	0.58
2b	8.63%	9.11%	0.69	1.04	0.59
3	8.95%	8.80%	0.75	1.12	0.55
4	7.40%	8.88%	0.58	0.84	0.57
5	8.24%	8.70%	0.68	1.00	0.56
6	**10.12%**	**9.43%**	**0.82**	**1.26**	**0.49**
7	9.30%	9.10%	0.76	1.13	0.51
S&P500	9.34%	14.54%	0.52	0.76	1.00

Tabla 11.2: Desempeño de los portafolios 1 a 8 en el período 1993-2017. Fuente *portfoliovisualizer.com*.

Otra característica que sobresale de nuestros portafolios es que, si bien sus retornos están un poco por debajo del *S&P500* (excepto el número 6), su desviación estándar es significativamente inferior a la del índice. Esto se ve reflejado en los coeficientes *Sharpe* y *Sortino Ratio* que muestran unos valores superiores a los del *S&P500*. Podemos concluir entonces, que nuestros portafolios presentan un retorno ajustado por riesgo superior al del mercado.

El portafolio 6 destaca por tener el mayor rendimiento anual (incluso a derrotado al mercado), aunque también presenta la mayor desviación estándar después del *S&P500*. A primera vista podríamos

Midiendo la eficiencia del portafolio

concluir que su exceso de retorno es debido al exceso de riesgo o volatilidad que posee, y es correcto. Sin embargo, debemos notar que presenta el mayor *Sharpe* y *Sortino Ratio* de la lista. Esto nos dice que éste es el portafolio más eficiente en términos de riesgo y beneficio. En otras palabras, con él estamos obteniendo el mayor retorno por cada unidad de riesgo asumido.

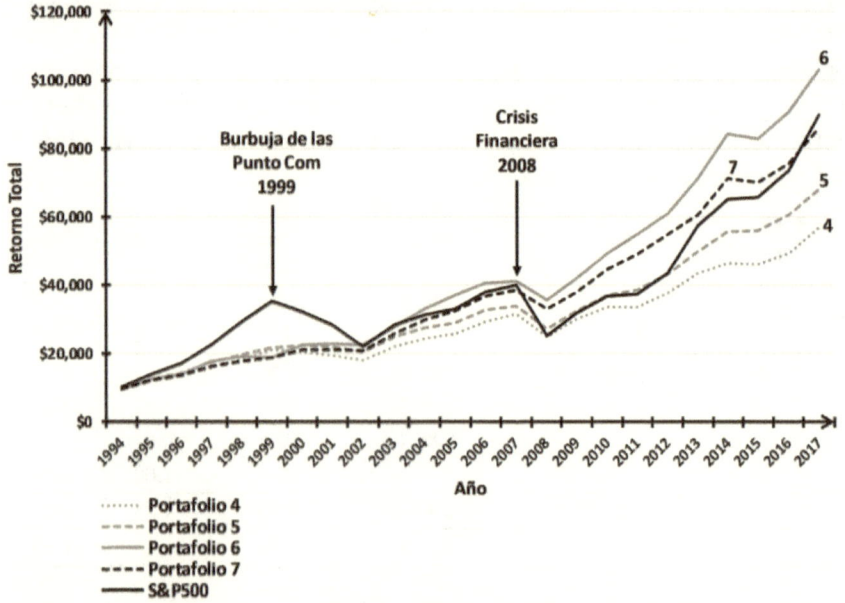

Gráfico 11.1. Rendimiento de una inversión hipotética de $10.000 en los portafolios 4, 5, 6 y 7 junto con el *S&P500*. Período 1993-2017. Fuente *portfoliovisualizer.com*

Esto no es una coincidencia: el portafolio 6 está compuesto por las dos clases de activos con menor correlación entre sí: *Capitalización Media-Valor* y *Bonos a Largo Plazo*.

Como contrapartida deberemos estar dispuestos a tolerar una desviación estándar de casi 9.5%. Aun así, obtenemos un retorno superior al del mercado que a su vez presenta una desviación estándar de casi 15% en el mismo período. Lo que vemos aquí es la ventaja de combinar activos negativamente correlacionados lo cual nos permite maximizar los beneficios de la diversificación.

Los portafolios 7 y 3 son los siguientes en la lista con mayores

Construcción del Portafolio

retornos y ratios. Estos portafolios tienen su componente de acciones orientado a *Valor* y *Media/Pequeña Capitalización*, lo cual tampoco es de extrañar debido a que históricamente estas clases de activos han mostrado un rendimiento superior. A su vez, el componente de bonos incluye largo y medio plazo, por lo que también nos beneficiamos de la correlación negativa entre acciones y bonos.

Por otro lado, el menor rendimiento lo encontramos en el portafolio 4, en el que incluimos acciones del mercado internacional, esto es, fuera de Estados Unidos. De nuevo, esto no significa que en el futuro nuestro rendimiento se verá disminuido si construimos un portafolio global. Personalmente no creo que esta relación cambie demasiado en el corto o medio plazo, sobre todo debido a la globalización de la economía, por lo que probablemente el mercado internacional continuará siendo más un escolta que un diversificador del mercado americano.

El gráfico 11.1 nos muestra otra característica interesante de estos portafolios: todas las curvas resultan ser menos accidentadas que la del *S&P500*. Esto es el resultado de una menor desviación estándar. Si bien el rendimiento anual es similar, el *S&P500* muestra dos caídas notorias en 1999 y 2008. La primera (burbuja de las *Punto Com*) afectó principalmente al sector tecnológico, el cual constituía un porcentaje considerable del índice. Los demás portafolios parecen no verse afectados durante este período gracias, de nuevo, a la diversificación de sus activos.

No ocurre lo mismo en 2008: todos los portafolios caen junto con el *S&P500*, aunque en menor medida que éste. El problema aquí es que la crisis financiera acabó afectando a casi todas las clases de activos y sobre todo al sector inmobiliario. Sin embargo, la caída de nuestros portafolios no fue tan severa gracias al componente de bonos a medio y largo plazo que contienen. Si bien esto no evitó el golpe, al menos lo amortiguó. Podemos ver la diversificación como un airbag bursátil.

Puntos Clave

Al construir nuestro portafolio no podemos enfocarnos únicamente en el retorno potencial que éste ofrezca. A la hora de invertir, deberemos evaluar qué *precio* estamos pagando por ese

Midiendo la eficiencia del portafolio

retorno en términos de riesgo.

Para ello, contamos con 3 métricas básicas que nos permiten medir la eficiencia de un activo o portafolio en términos de su relación riesgo-beneficio. Estas son:

- ✓ **Beta (β):** Este valor nos indica la volatilidad del portafolio con respecto al mercado (o un representante de él), por ejemplo, el *S&P500*. Un valor de 1 no dice que nuestro portafolio tiene una volatilidad similar a la del índice de referencia. Los valores por encima y por debajo de 1 nos indicarán el grado de volatilidad por encima o por debajo del mercado respectivamente.

- ✓ **Sharpe Ratio:** Es el coeficiente entre el retorno anual de un portafolio y su desviación estándar. Por ejemplo, un valor de 0.5 nos dice que por cada punto porcentual de retorno estamos asumiendo dos puntos porcentuales de desviación estándar. Nos es útil para comparar dos portafolios entre sí y determinar cuál de los dos nos entrega un mayor Retorno Ajustado por Riesgo (*Risk Adjusted Return*).

- ✓ **Sortino Ratio:** Es igual al *Sharpe Ratio*, pero con la diferencia de que solo penaliza la volatilidad del portafolio cuando este cae por debajo de su valor promedio y no por encima de éste, que es precisamente lo que más nos interesa.

Estas herramientas nos permiten comparar activos o portafolios en forma más objetiva evitando así que basemos nuestras decisiones solo en el retorno potencial de una inversión.

IV
Inversión Activa

12

El Inversor Irracional

"Puedo calcular el movimiento de las estrellas, pero no la locura del hombre"
Sir Isaac Newton

La idea de ganar mucho dinero en poco tiempo y sin esfuerzo es algo muy difícil de resistir, casi como un instinto primitivo. El problema es que ese instinto nos lleva a tomar decisiones irracionales. Desde una perspectiva evolutiva, estamos condicionados a huir y buscar refugio ante cualquier señal de peligro. Esta característica ha sido fundamental para la supervivencia de nuestros ancestros, pero cuando se trata de inversiones, mejor poner nuestros instintos a una distancia segura.

Comprar caro y vender barato

A modo de ilustración, imaginemos que por alguna extraña razón en nuestro guardarropa tenemos en todo momento un solo tipo de ropa: de inverno o de verano. Cuando se aproxima el invierno procedemos a vender nuestra ropa de verano y con el dinero obtenido compramos toda la ropa de invierno que necesitaremos. Hacemos lo contrario cuando llega el verano.

Si la mayoría de las personas muestran el mismo patrón de comportamiento, el resultado es que habrá mucha menos demanda de nuestra ropa al momento de venderla. Por ejemplo, al comenzar el invierno nadie estará interesado en comprar ropa de verano y por lo tanto acabaremos vendiéndola a un precio mucho menor. Por el contrario, la ropa de invierno que queremos comprar estará muy demandada, por lo que los precios subirán muy por encima de los niveles normales. En otras palabras: en cada cambio de estación estaremos comprando caro y vendiendo barato.

Pongamos las cosas un poco más complicadas: el cambio climático esta fuera de control y las estaciones del año ya no son tan predecibles; el invierno y el verano pueden comenzar en cualquier momento y nadie sabe cuánto pueden durar. Bajo estas condiciones, nuestra estrategia de compra y venta de ropa tendrá consecuencias devastadoras: estaremos comprando caro y vendiendo barato en cualquier momento y en forma aleatoria. Cuando la temperatura comienza a caer, no sabremos si el invierno está a punto de comenzar o si estamos frente a un descenso temporal de temperaturas. Cada vez que compramos y vendemos estaremos perdiendo dinero, y si hacemos esto en forma frecuente y errática, según los cambios de temperatura, acabaremos en bancarrota luego de unas cuantas malas decisiones.

Dadas las condiciones extremas de este entorno, es claro que esta estrategia no es muy productiva ni racional. Una simple solución sería mantener ambos tipos de ropa en todo momento. Cuando el invierno parece avecinarse, simplemente vendemos parte de nuestra ropa de invierno a un precio más alto y con el dinero obtenido compramos un poco más de ropa de verano a precios más bajos. Hacemos lo opuesto cuando el verano parezca acercarse.

Aplicamos racionalidad en casi todas las áreas de la vida diaria (o al menos eso pensamos), excepto a la hora de invertir. Cuando los beneficios de los mercados se disparan, no queremos quedarnos fuera de la fiesta y dejar pasar la oportunidad de ganar dinero rápidamente. Esto hace que nos lancemos a comprar activos sin reparar en el hecho de esos activos ya se han apreciado en forma considerable, y estaremos pagando mucho más de lo que valen. Esto es básicamente lo que alimenta las burbujas bursátiles: la irracional creencia de que mis activos seguirán aumentando de valor en forma indefinida y que siempre habrá alguien dispuesto a pagar un precio aún mayor.

Por otro lado, cuando una burbuja bursátil alcanza su límite y comienza a desmoronarse, el pánico se apodera del mercado. Los inversores venden los activos cuyos precios están cayendo en picado y buscan refugio en activos considerados seguros en ese momento, por ejemplo, bonos, oro, plata, etc. Al observar el pánico general, el inversor promedio se convence de que lo racional es hacer lo mismo: vender sus activos depreciados y poner su dinero en activos *"seguros"*. El problema es que al hacer esto, el inversor está básicamente vendiendo barato sus activos depreciados y comprando caro los activos *"seguros"* que ya han subido de precio debido a la avalancha de compradores.

Cuando el inversor se deja controlar por las emociones, y sobre todo por las emociones del resto del mercado (la manada), tiende a tomar decisiones incorrectas en el peor momento, pero que parecen absolutamente racionales. Es una situación similar a nuestra historia del guardarropa.

El problema, por supuesto, es poder identificar que estamos actuando en forma irracional, y el hecho de que en ese momento todos los inversores estén haciendo lo mismo no ayuda mucho: sería insensato no abandonar el barco cuando éste se hunde.

Las burbujas y desplomes bursátiles no son fenómenos modernos. Se han registrado alrededor de 50 desplomes y correcciones de precios en los últimos 400 años, es decir, un desplome o corrección cada 8 años, en promedio. La pregunta no es si ocurrirá de nuevo sino cuándo. Sin embargo, como veremos en breve, el cuándo es absolutamente irrelevante porque nadie puede predecirlo. El inversor sensato acepta que estos eventos son inevitables y construye su portafolio en forma acorde.

Corrección de precios vs desplome bursátil

Se conoce como corrección de precios a una caída de al menos 10% durante un período relativamente corto de tiempo. Puede afectar a un activo en particular, como ser una empresa, un bono, oro, petróleo, etc., o al mercado en su totalidad lo que se refleja en la caída de alguno de los principales índices, como ser el *S&P500*, el *Dow Jones* o todos a la vez. Normalmente se trata de una interrupción en el patrón ascendente que el precio de un activo venía experimentando durante cierto tiempo. Suele ocurrir cuando el mercado considera que el activo está "*sobrevalorado*". El que un activo este sobrevalorado (o infravalorado) es una caracterización subjetiva por parte del mercado, o lo que es lo mismo, por parte de los inversores en su conjunto.

Por otro lado, un desplome o crash bursátil se define como una caída de precios de al menos 20%. Es una situación más grave que una simple corrección, y suele ser el resultado de una burbuja de precios previa que ya no se sostiene. La caída de precios en este escenario puede persistir por largo tiempo, tal vez meses o años. En el peor de los casos, puede ser el inicio de una recesión económica de larga duración [77].

En cada desplome o corrección, lo que invariablemente se observa es un pánico generalizado. Los inversores retiran su dinero de los activos cuyos precios están cayendo. Esto a su vez acelera la caída y provoca que más inversores cierren sus posiciones, normalmente con pérdidas. Es un proceso que se refuerza a sí mismo, como una bola de nieve.

Lo que debemos tener en cuenta en estos casos es: en todos y cada uno de los desplomes bursátiles, el mercado acaba recuperándose, más tarde o más temprano[*]. En un artículo del *Wall Street Journal* [78], el periodista y analista financiero Mark Hulbert estima que desde mediados de la década de 1920 se ha necesitado un promedio de 3.1 años para que el mercado se recupere de un desplome, siempre y cuando incluyamos los dividendos en el cálculo. El problema, claro, es que esto es un promedio. Una vez iniciado un

---

[*] Esto es especialmente cierto en al mercado americano, no tanto en el resto del mundo.

desplome, nadie sabe cuándo los precios tocarán fondo ni cuánto tiempo tardarán en recuperarse. Mientras eso no ocurra, el inversor observa impotente como su capital va deteriorándose sin saber cuándo acabará la sangría.

Durante estos eventos, las noticias y comentarios de opinión sobre la situación económica reinante son siempre desalentadores. Una cosa es ver un gráfico con la evolución del mercado durante una crisis o recesión pasada y otra muy distinta es atravesar una y sufrir sus consecuencias en carne propia. Es por esta razón que los inversores sucumben a sus propias emociones y acaban actuando en forma irracional sin notarlo. Es este comportamiento irracional el que precisamente amplifica la cuantía de un desplome bursátil, así como también el ascenso desmedido de precios, que dieron lugar a la burbuja en primer lugar.

Burbujas

Una y otra vez a lo largo de la historia, los mercados se han inflado, han creado burbujas de todo tipo y súbitamente se han desplomado, para luego ascender nuevamente. En todos los casos el consenso general fue *"esta vez es diferente"*, y es correcto, en cada burbuja y subsiguiente desplome, las causas y los factores en juego son diferentes, pero lo que no varía es el comportamiento humano: exceso de optimismo seguido de un pánico generalizado. Durante la etapa de optimismo, todo indica que los activos cotizados continuarán apreciándose en forma indefinida: la posibilidad de comprar un activo hoy y poder venderlo mañana a un precio mayor, es una oportunidad demasiado atractiva para dejarla pasar. Da igual que el precio que estemos pagando ya se encuentre por las nubes, lo que importa es que haya otro comprador que esté dispuesto a pagar un precio aún mayor. Es precisamente este optimismo el que asegura un flujo constante de compradores dispuestos a pagar cada vez más.

Es la estrategia del *"tonto mayor"*. Solo un tonto pagaría el precio inflado de un determinado activo a menos, claro, que haya un tonto mayor dispuesto a pagar más. Debemos tener presente, que en ese escenario la mayoría de los inversores no perciben que están inmersos en una burbuja. ¿Por qué? Porque todo a su alrededor destila optimismo, la economía suele estar expandiéndose, todos los indicadores son favorables y, sobre todo, el sentimiento es: *"Esta vez es diferente"* y legítimamente lo es. Lo que no es diferente es el final de la historia.

En el tope de la burbuja, alguien empieza a notar que el mercado ya no se sostiene y que esta fuera de control. Algunos inversores, tal vez grandes instituciones, comienzan a deshacerse de sus activos. Esto es inmediatamente detectado por el resto de los inversores, que comienzan a hacer lo mismo. El pánico se extiende como la pólvora y ya no hay vuelta atrás, la bola de nieve ha comenzado a rodar y el mercado entra en caída libre.

Si el optimismo que precedió el desplome inicial era irracional, el pánico que le sigue lo es aún más. Los activos pasan de cotizarse a precios muy por encima de su valor real a precios muy por debajo de éste, y lo continúan haciendo sin que nadie sepa cuando tocarán fondo.

Para los inversores más experimentados, estos desplomes son una bendición, aunque no lo admitirán a viva voz. En este escenario, los activos se encuentran extremadamente devaluados y es el mejor momento para invertir, aunque habrá que tener una mente fría para hacer lo contrario de lo que todos hacen en ese momento.

De finales de 2007 a principios de 2009, el *S&P500* perdió alrededor del 50% de su valor. Para entender la magnitud de esta caída, podemos expresarlo de esta manera: la mitad de todo el valor gradualmente acumulado por este índice durante más de un siglo, se esfumó en apenas unos meses.

Nadie en su sano juicio pregonaría las virtudes de la inversión en bolsa a principios de 2009. La economía mundial parecía al borde del colapso y nadie sabía cuándo ni cómo todo iba a acabar. Aun así, en los siguientes 9 años, el *S&P500* cuadruplicó su valor y acabó alcanzando el valor más alto de su historia, muy por encima del máximo alcanzado en el tope de la burbuja. Al verlo en retrospectiva, 2009 fue una de esas oportunidades que solo se dan una vez en la vida: era el momento ideal para invertir, precisamente cuando todo el mundo hacia exactamente lo contrario.

Inversión Activa

Una historia de excesos

El siguiente desplome bursátil está garantizado. Tarde o temprano todo inversor se enfrentará a este evento y deberá estar preparado para navegarlo. Si le quedan dudas y piensa que "esta vez es diferente", échele un vistazo a la siguiente lista (no exhaustiva) de desplomes bursátiles ocurridos en los últimos 4 siglos [79]:

- 1623: Fiebre de los Tulipanes, Holanda.
- 1720: Burbuja de los Mares del Sur, Inglaterra.
- 1769: Compañía de las Indias del Este, Inglaterra.
- 1819: Primer gran crisis financiera americana en tiempos de paz.
- 1857: Crisis financiera que provoca un pánico generalizado. Estados Unidos.
- 1873: Crisis financiera que afecta a Europa y Estados Unidos.
- 1882: Caída de la bolsa de Paris.
- 1890: Burbuja y desplome de la economía brasileña.
- 1907: Pánico bancario que provoca la quiebra de varias instituciones financieras. Estados Unidos.
- 1929: Peor colapso financiero en la historia de Estados Unidos
- 1962: El desplome Kennedy. Caída bursátil durante la presidencia de John F. Kennedy, luego de un crecimiento sostenido desde 1929.
- 1973-74: Diversos factores detonan un desplome del mercado que dura 23 meses.
- 1987: Lunes Negro. El mercado cae más de 20% en un solo día. Aún se debaten sus causas, pero muchos lo atribuyen al uso de computadores para realizar transacciones de mercado en forma automática.
- 1990: Recesión provocada por la invasión de Kuwait por parte de Iraq y la subsecuente guerra del Golfo.
- 2000: Burbuja y caída de las Punto Com.
- 2007-08: Crisis financiera mundial.
- 2015-16: Dudas sobre la economía china provocan un desplome de los mercados mundiales.

De nuevo, la pregunta no es si ocurrirá un desplome, sino cuando. Desafortunadamente es una pregunta que no podemos contestar. A pesar de lo que nos enseñe la historia, siempre acabaremos actuando en forma irracional una y otra vez.

Es precisamente esa irracionalidad lo que hace que los mercados sean impredecibles. Como lo ha expresado el economista John Keynes: *"El mercado puede permanecer irracional más tiempo del que Ud. puede permanecer solvente"*. Sin embargo, no podemos evitar intentar predecir qué hará el mercado mañana, la próxima semana o en los próximos diez años. Solemos pecar de exceso de confianza y pensar que somos mejores que el promedio. ¿Y por qué no hacerlo? Si estamos en lo cierto la recompensa será enorme.

La medida del éxito: *Benchmarks*

¿Cuál es el objetivo de cualquier inversor, ya sea profesional, amateur o autodidacta? ¿Cómo medimos su éxito? ¿Se trata simplemente de obtener un resultado positivo un año tras otro? Si Ud., como inversor individual, tiene una estrategia de inversión que le permite obtener un retorno del 14% en su primer año de inversión y una pérdida de -5% en el segundo, su retorno neto total en esos dos años habrá sido de un 8%, nada mal. ¿Se calificaría como un inversor exitoso? El problema radica en que necesitamos una medida de referencia, de la cual establecer sin ambigüedad el éxito o el fracaso de una estrategia de inversión, lo que se conoce como *Benchmark*, por su nombre en inglés [80].

Como ya sabemos, un mayor o menor retorno dependerá del nivel de riesgo que cada inversor esté dispuesto a asumir. Sin embargo, para simplificar las cosas, digamos que su riesgo tolerado es igual al riesgo que presenta el mercado en su conjunto, cualquiera que éste sea. Por ejemplo, si hablamos del mercado de acciones americano, podremos utilizar el índice *S&P500* como punto de referencia, o si queremos una mayor precisión, el índice *Russell 3000* que cubre el 98% de la capitalización total.

Volviendo al ejemplo anterior, si el *S&P500* ha retornado un 16% en el año 1 y una pérdida de -6% en el año 2, significa que Ud. ha sido superado o *derrotado* por el mercado en el año 1 (recuerde que Ud. *solo* ha obtenido un 14%). Sin embargo, en el año 2, ha sido Ud.

Inversión Activa

quien ha superado o derrotado al mercado porque sus pérdidas han sido menores. Ahora bien, si consideramos los 2 años en conjunto, el *S&P500* ha devuelto un 9% en total, mientras que Ud. solo un 8%. De nuevo, Ud. se ha visto superado por el mercado.

¿Pero qué más da? se preguntará Ud., aún ha obtenido un 8% de beneficios, lo cual no está nada mal. Sin embargo, lo que debemos notar aquí es que el *benchmark*, en este caso el *S&P500*, nos brinda un rendimiento superior sin ningún esfuerzo, porque simplemente invirtiendo en un fondo indexado basado en este índice, obtendremos ese 9%. Esa es la definición de inversión pasiva: *ausencia de esfuerzo*. En contraposición, cualquier otra alternativa de inversión será activa. La inversión activa implica un esfuerzo de investigación y análisis permanente a partir del cual decidimos qué activos comprar y vender y cuándo hacerlo, con el objetivo de obtener un resultado superior a nuestro *benchmark*, por ejemplo, el *S&P500*.

Así, cualquier estrategia activa que nos exponga a un nivel de riesgo igual o superior al de nuestro *benchmark*, debe tener un rendimiento superior para compensar el exceso de riesgo y esfuerzo, de lo contrario no valdrá la pena llevarla a cabo. Imagine que dispone de $100.000 para invertir y las opciones disponibles son:

1- Un depósito bancario que le pague un interés anual del 5%
2- Montar su propio negocio, por ejemplo, una pizzería.

Embarcarse en un nuevo emprendimiento requerirá, además de la inversión monetaria, una inversión de tiempo y esfuerzo considerable, y tendrá que asumir un riesgo significativamente mayor al de un depósito bancario. El retorno potencial de esa hipotética pizzería tiene que ser superior al del depósito bancario porque de lo contrario Ud. puede obtener ese 5% quedándose en su casa viendo TV y sin asumir ningún riesgo. En el caso de la inversión bursátil, el equivalente a ese depósito bancario es la inversión pasiva, es decir, el índice de referencia o *benchmark*. La pizzería representa cualquier estrategia de inversión activa.

A diferencia de un depósito bancario, la inversión pasiva no nos garantiza un retorno positivo año tras año, pero lo importante aquí es que no requiere esfuerzo alguno; Ud. simplemente recoge los beneficios que el mercado le otorgue, ni más ni menos, a cambio de asumir el nivel de riesgo que el mercado exija. Por esta razón, la inversión pasiva, representada por el *Benchmark* o índice de referencia elegido, es la vara con la mediremos el rendimiento y eficiencia de cualquier estrategia de inversión.

La industria financiera hace un uso extensivo de estos *Benchmark* para medir el rendimiento de los fondos de inversión activa y por extensión, el desempeño de quienes están a cargo de esos fondos: los gestores o *Fund Managers*. No importa si en un año determinado un *manager* ha obtenido resultados negativos, siempre y cuando su índice de referencia haya obtenido resultados aún peores. Como se imaginará, la competencia es feroz y todos intentan superar sus *benchmarks*, lo que se conoce como derrotar al mercado o *beat the market*. El objetivo final es atraer más inversores el siguiente año y con éstos, por supuesto, vendrán más comisiones.

¿Cómo se logra derrotar al mercado? Pues esa es la pregunta del millón, literalmente. Por definición, un índice de referencia nos devuelve el promedio de los beneficios obtenidos por todos los activos que lo componen. Por ser precisamente un promedio, siempre encontraremos activos con beneficios por encima y por debajo de este valor. El problema, claro, es identificar a los ganadores de antemano.

Este es, sin embargo, el objetivo principal de la inversión activa que, además, suele reducir nuestro nivel de diversificación y por ende incrementar el riesgo: esto se desprende del hecho de que los activos con rendimiento superior suelen ser un subgrupo más bien reducido de todo el mercado. En un artículo publicado en el New York Times, el periodista financiero Jeff Sommer destaca que desde el año 1926, solo el **4%** de las todas las compañías cotizadas (en EE.UU) han contribuido a la totalidad de las ganancias obtenidas por los inversores desde entonces [81]. Quien pretenda derrotar al mercado deberá, por tanto, ser capaz de identificar ese selecto grupo de ganadores que solo representan el 4% del total. Las probabilidades están claramente en su contra.

Un problema adicional es que estos ganadores no suelen ser los mismos a lo largo del tiempo. Por lo general, los activos que han destacado recientemente no serán los más destacados en el futuro. Un rendimiento excepcional suele estar seguido de un rendimiento mediocre. ¿Significa esto que debemos invertir en aquellos activos cuyo rendimiento reciente haya estado por debajo del promedio? Ojalá fuera tan sencillo. Un período de malos resultados puede ser el preludio de resultados aún peores.

Intentar derrotar al mercado es a lo que se dedican los managers de los fondos de inversión activa y también los inversores individuales que creen ser más listos que el resto. Esto no significa que no existan inversores más listos que otros, el problema es que la mayoría cree serlo. Siempre habrá inversores que obtengan resultados superiores al mercado en su conjunto, es decir, superiores al resto de los inversores. El problema, de nuevo, es que no son los mismos inversores a lo largo del tiempo. Simplemente no es posible obtener resultados superiores al *benchmark* en forma sostenida.

Esta permanente búsqueda del santo grial de la inversión, esto es, intentar derrotar al mercado, ha dado lugar a toda una disciplina de predicción del futuro plagada de términos técnicos y disfrazada de teoría científica. En esta disciplina distinguimos dos escuelas principales: el *"Análisis Fundamental"* y el *"Análisis Técnico"*. Veamos de qué se tratan.

Puntos Clave

Los mercados suelen tener períodos de euforia desmedida seguidos de períodos de pánico, también desmedido. Esta es una realidad que todo inversor debe aceptar. El inversor sensato no se ve influenciado por ninguna de estos dos escenarios, aunque es necesario tener mente fría para lograrlo.

Quien pretenda obtener resultados superiores al promedio deberá hacerlo mediante la inversión activa, esto es, mediante la selección de activos según ciertos criterios. La inversión activa implica un esfuerzo significativamente mayor que la inversión pasiva por lo que le exigimos un retorno superior a cambio de un nivel de riesgo similar. El éxito o el fracaso de la inversión activa la medimos utilizando un *benchmark* que suele ser algún índice que represente al mercado en su conjunto, por ejemplo, el *S&P500*. La comparación es significativa porque el *benchmark* es básicamente el equivalente de la inversión pasiva, es decir, aquella que no requiere ningún esfuerzo de nuestra parte.

13

Análisis Fundamental

*"La verdadera ignorancia no es la ausencia de conocimiento
sino negarse a adquirirlo"*

Karl Popper

El análisis fundamental se basa en la idea de que un activo tiene un valor *real* o *intrínseco* determinado. Si su precio actual de mercado está por debajo de ese valor, se dice que el activo esta devaluado o infra valorado lo cual representa una oportunidad de inversión. Con el tiempo, el mercado acabará *reconociendo* el valor real de ese activo y por tanto su precio se incrementará en forma acorde, y con él nuestros beneficios. Por el contrario, si un activo está sobrevaluado, es decir, su precio de mercado está por encima de su valor real, entonces mejor será descartarlo como inversión o tal vez venderlo si ya lo poseemos [82].

Planteado de esta manera, al análisis fundamental suena perfectamente lógico: ¿compraría Ud. un coche por el doble de su *valor real* o lo vendería por la mitad de precio? El problema, claro, es saber cuál es el valor *real* o *intrínseco* de un activo. Para ello, el análisis fundamental hace uso de una batería de métricas y metodologías que en conjunto nos darán un veredicto: el activo esta devaluado, sobrevaluado o razonablemente valuado. Algunas de esas métricas ya las conocemos, por ejemplo, el P/E ratio, que nos da la relación entre el precio de una empresa cotizada y sus beneficios netos en un período dado. Cuanto menor sea este ratio, más barata o devaluada estará la empresa. El P/B o coeficiente *precio-valor contable* es otra métrica muy utilizada.

Pero ¿qué significa el valor *real* o *intrínseco* de una compañía? ¿Se refiere al valor neto de sus activos, descontando todas sus deudas? Pues si este fuera el caso, entonces una empresa nunca estaría sobrevaluada o devaluada: todos los inversores sabrían exactamente y en forma objetiva su valor porque todos los números de una empresa cotizada son información de dominio público; solo bastaría con saber sumar y restar para determinar el valor real de una empresa o activo.

El problema es que la valoración que el mercado hace de una empresa poco tiene que ver con el valor actual de sus activos y pasivos. Lo que el mercado valora es la capacidad que tiene una empresa de generar dinero en el futuro, basándose en toda la información actualmente disponible sobre ella. Y es aquí donde comienzan las opiniones y las subjetividades.

A modo de ilustración, digamos que Ud. quiere comprar una casa en su ciudad para luego alquilarla. ¿Cuál es el precio o valor real de esa propiedad? Pues eso dependerá de los ingresos futuros, por concepto de renta, que esa propiedad le reportará en los meses y años por venir: lo que está comprando es un activo con el potencial de generar dinero. El precio de mercado actual de ese activo dependerá del flujo de dinero futuro que obtengamos de él, o más bien, de la estimación actual que el mercado hace de ese flujo de dinero futuro.

La renta que Ud. recibirá de esa propiedad dependerá, a su vez, de varios factores, por ejemplo, que tan atractiva es la ciudad para vivir, que servicios hay disponibles, la infraestructura urbana, el potencial de desarrollo económico, nivel de criminalidad, etc. No es lo mismo alquilar una vivienda en el centro de Londres que en una favela de Brasil*.

Quien vende necesita incluir en el precio final no solo el valor de los materiales y la mano de obra que se utilizaron para construir la propiedad en primer lugar sino también una compensación por la pérdida de rentas futuras. El comprador deberá hacer un ejercicio de evaluación similar. Lo que vemos aquí es la diferencia de percepción de valor que tienen ambas partes de la transacción. El comprador considera que es más beneficioso poseer la propiedad que mantener su dinero en efectivo (o en algún otro tipo de inversión). Por otro lado, el vendedor considera que es más beneficioso hacer lo contario, tal vez porque está convencido de que puede obtener mayores rentas invirtiendo el dinero en una propiedad diferente.

Compradores y vendedores hacen una valoración diferente del mismo activo lo que los lleva a tomar decisiones opuestas, es decir, uno adquiere el activo y el otro se deshace de él. Esto no significa, a priori, que una de las partes esté tomando la decisión incorrecta o que salga perdiendo, de lo contrario no llevarían a cabo la transacción en primer lugar.

En los mercados bursátiles, los inversores hacen estimaciones similares de los beneficios futuros que obtendrán de un activo, lo que a su vez los lleva a asignar un valor *real* o intrínseco diferente al mismo activo. A partir de esta valoración, los inversores actúan en consecuencia, comprando o vendiendo.

En el caso de una empresa, los ingresos futuros que el inversor espera obtener de ella son de dos tipos: 1 - Dividendos, en forma de efectivo y 2 - Apreciación de capital, es decir, incremento del precio de las acciones que el inversor posee.

Modelo de Gordon

Diversas teorías y modelos matemáticos se han desarrollado en un intento por determinar el valor real o intrínseco de una empresa, que en definitiva se reduce a estimar cuál será el beneficio futuro que esa empresa generará. Uno de los más conocidos es el Modelo de

---

*La comparación es solo a modo de ejemplo para resaltar las diferencias económicas entre ambos lugares. No pretendo hacer aquí ningún análisis causal de tales diferencias.

Inversión Activa

Crecimiento (o de dividendos) de Gordon [83], desarrollado por el economista americano Myrion J. Gordon en la década de los '50. Este modelo ofrece un mecanismo de cálculo del valor intrínseco de una empresa cotizada, que es independiente de las actuales condiciones del mercado*. En este modelo, el valor real o intrínseco de la compañía ABC, se calcula como:

$$Valor\ Real\ ABC = \frac{Próximo\ Dividendo^{(1)}}{Retorno\ Esperado^{(2)} - Incremento\ Anual\ del\ Dividendo^{(3)}}$$

Sin entrar en detalles de cómo se llega a esta fórmula, lo que notamos es que el precio *real* de una acción depende (según este modelo) del dividendo que la empresa pagará el próximo año$^{(1)}$, del retorno esperado de esta empresa en el largo plazo$^{(2)}$ y del incremento anual esperado de los dividendos$^{(3)}$. El retorno esperado (o exigido) es el retorno que los inversores obtendrían si colocaran su dinero en otros activos con un riesgo similar a la empresa ABC. El incremento anual de dividendos (esperado) es simplemente el porcentaje en que el dividendo se debería incrementar año a año.

Por ejemplo, si la acción de la empresa ABC cotiza a $20, paga un dividendo de $1 por acción, el cual se espera que aumente 2% anualmente, y tiene un retorno del 6%, entonces su valor intrínseco será:

$$Valor\ Real\ ABC = \frac{\$1}{0.06 - 0.02} = \$25$$

Según este modelo, la empresa ABC se encuentra devaluada en $5 por acción por lo que eventualmente su precio de mercado debería ascender a $25..., a menos claro, que eso no ocurra.

Uno de los problemas que enfrenta este modelo es que asume que el incremento de los dividendos se mantendrá constante a lo largo del tiempo, así como también el retorno esperado de la empresa.

Cualquier pequeña variación de estos valores tendrá un impacto significativo en el valor intrínseco calculado. Lo que puede

---

* Esto de por sí ya es un problema: las empresas no están aisladas sino inmersas en un entorno (el mercado) que afecta directamente su potencial de generar beneficios.

Análisis Fundamental

ser una empresa devaluada se puede convertir rápidamente en sobrevaluada y viceversa. Además, el modelo deja de lado las condiciones de mercado que pueden afectar el rendimiento futuro de una compañía y que, por supuesto, son imposibles de conocer de antemano.

Por esta razón, el analista fundamental añade otras métricas a su modelo como ser: facturación anual, flujo de efectivo, costos operativos, beneficios netos, deudas a corto y largo plazo, retorno del capital invertido, adquisiciones de compañías competidoras, balances contables, etc.

Se toman en cuenta, además, otros factores que son más difíciles de evaluar y que caen en el terreno de la subjetividad, como por ejemplo: que tan fuerte o débil es la competencia a la que se enfrenta la compañía, que tan buena es la gerencia a la hora de tomar decisiones, que tan populares y reconocidos son los productos que la empresa ofrece a nivel nacional o mundial, que nivel de liderazgo tiene la compañía en su sector, que barreras existen en su línea de negocios a la hora de acceder a nuevos mercados, como es valorada una marca por parte de los consumidores, etc. No es lo mismo la marca Apple que una marca china de smartphones. Aún si el producto chino es objetivamente superior a un *iPhone*, Apple es considerada en la actualidad la marca de mayor valor a nivel mundial, por lo que el siguiente modelo de *iPhone* seguramente supere en ventas a cualquier competidor chino por un amplio margen.

Todas estas son variables que influyen en el valor final que le asignemos a una empresa, marca o producto. El problema es que evaluar estas características se vuelve algo cada vez más complejo y sobre todo subjetivo.

Esto lo evidencia el hecho de que encontraremos analistas recomendando la compra de acciones de la empresa X mientras que otros, al mismo tiempo, estarán recomendando lo contrario, a pesar de que ambos grupos de analistas tienen acceso a la misma información y utilizan métodos de evaluación muy similares. El que los expertos en la materia no se pongan de acuerdo entre sí a la hora de evaluar un activo, nos está indicando que hay serios problemas con este tipo de análisis.

Inversión Activa

Problemas del análisis fundamental

Si bien es perfectamente razonable que los inversores realicen un análisis exhaustivo de cada activo antes de invertir, las conclusiones a las que llegarán estarán lejos de ser unánimes. ¿Cuál es entonces, el problema del análisis fundamental? Para poder responder la pregunta, veamos primero los diferentes escenarios que se pueden dar:

1. El analista hace una valoración del activo que resulta ser correcta, pero basándose en datos incorrectos o insuficientes. Siempre existe la posibilidad de que se pase por alto cierta información relevante o que la información disponible no sea del todo precisa.

2. Los datos utilizados son correctos, pero el analista los malinterpreta, dando lugar a una valoración incorrecta del activo.

3. Ambas cosas resultan incorrectas: los datos utilizados y la valoración del analista.

4. Tanto las conclusiones del analista como sus datos son correctos, pero nueva información surgida luego de completado el análisis, invalida las conclusiones iniciales. Por ejemplo, se descubre que la empresa ha estado falseando sus resultados o se destapa algún escándalo sexual por parte de alguno de sus directivos. Por otro lado, el anuncio inesperado de que la compañía será adquirida por un competidor, suele disparar su valor en bolsa. Este tipo de eventos son totalmente aleatorios y ocurren todo el tiempo, por lo que hacen extremadamente difícil la tarea de estimar el valor real de una empresa en un momento dado y mucho menos hacia donde evolucionará su precio en el futuro.

5. El analista acierta en su valoración, pero por las razones equivocadas. Esto le hace convencerse de que su método es válido, cuando los resultados positivos observados fueron solo

Análisis Fundamental

una coincidencia.

6. El mercado, por la razón que sea, puede valorar un activo en forma muy diferente a como lo valora un analista en particular, aunque sus datos, métodos y opiniones sean correctos. En otras palabras, el valor que el mercado asigna a un activo es lo que en última instancia resulta relevante, no el valor que un analista crea que debería tener.

La posibilidad que nos resta discutir es aquella en la que, efectivamente, la valoración del analista y del mercado coinciden y por las razones correctas, dando como resultado una predicción que acaba haciéndose realidad. Aún en este escenario debemos responder a la pregunta: ¿cómo sabemos si el resultado observado fue el producto de un método que realmente funciona o fue simplemente una coincidencia? En todo momento, unos analistas recomendarán comprar el activo X mientras que otros recomendarán venderlo. Obviamente uno de los dos grupos estará en lo correcto. Y dentro de ese grupo ¿cómo distinguimos a los que han hecho una predicción válida de los que simplemente han tenido suerte?

Si en un período cualquiera, la mitad de las empresas obtienen un retorno superior a la media y la otra mitad un retorno por debajo (que es precisamente lo que nos determina el promedio en primer lugar) entonces, al seleccionar un cierto número de empresas al azar, estadísticamente la mitad de ellas obtendrán un retorno superior a la media y la otra mitad un retorno por debajo. En ese caso siempre podremos argumentar que nuestro análisis fundamental es el responsable de la cuota de éxito mientras que la cuota de fracaso se debe a eventos aleatorios adversos, imposibles de predecir y que por tanto no invalidan nuestro análisis original.

No sé a Ud. pero a mí este argumento me parece más propio de un vendedor de coches usados.

Desafiando las probabilidades

Le propongo hacer el siguiente experimento mental, solo por diversión. Imaginemos que Ud. tiene la ambición de ser el gestor o gestora de un fondo de inversiones de éxito. Para ello necesita atraer a un gran número de inversores, por lo que prepara el siguiente plan de acción: compra una base de datos de contactos con 500 mil potenciales inversores. Luego elige, al azar, una empresa cotizada en bolsa que no sea muy conocida, llamémosle ABC.

A continuación, envía un email a estos 500 mil contactos (no se preocupe, hay herramientas que lo pueden hacer automáticamente), pero a la mitad de ellos les dice que, luego de realizar un análisis fundamental exhaustivo, la empresa ABC obtendrá resultados superiores al índice de referencia (por ej. el *S&P500*) en los siguientes 2 meses. A los otros 250 mil contactos de su lista les pronostica lo contrario, que ABC obtendrá resultados por debajo del índice. Una vez transcurridos estos dos meses, la empresa ABC habrá hecho una cosa o la otra. Digamos que obtuvo unos resultados mediocres.

Ahora elige una segunda empresa, por ejemplo, XYZ, y vuelve a enviar un email, pero solo a los 250 mil contactos a los cuales les ha dicho que ABC tendría malos resultados, es decir, a los 250 mil potenciales inversores que han visto su predicción previa hacerse realidad. De nuevo, envía un email diferente a la mitad de ellos (125 mil) pronosticando que XYZ tendrá resultados positivos y otro email con el pronóstico contrario a los otros 125 mil contactos.

Luego de transcurridos otros 2 meses, habrá un grupo de 125 mil inversores que han visto dos de sus predicciones volverse realidad en forma consecutiva. Si repite el proceso 10 veces, acabará con un grupo de unos 1000 potenciales inversores que no darán crédito a su poder de predicción: 10 veces consecutivas ha pronosticado el resultado de 10 empresas totalmente diferentes, y sin equivocarse una sola vez… Al día siguiente le aseguro que estará recibiendo la llamada de esos 1000 inversores ávidos de entregarle todo su dinero, convencidos de que Ud. es un gurú de la inversión.

Si bien este tipo de trucos es ilegal (o al menos eso espero), nos muestra la facilidad con la que podríamos validar cualquier método de valoración de activos: simplemente mostramos la evidencia que apoya nuestra hipótesis y descartamos el resto.

La quimera de predecir el futuro

Una de las tareas que mantiene más ocupados a los analistas es la predicción de los beneficios que obtendrán las empresas en el

Análisis Fundamental

futuro y que en definitiva es lo que determina el valor *real* de un activo.

El economista Burton Malkiel, en su libro *"A Random Walk Down Wall Street"*, describe un estudio que el mismo realizó, junto con su colega John Cragg, sobre la eficacia de los analistas a la hora de predecir el futuro. En él, se analizaron las predicciones hechas por 19 instituciones financieras de renombre, sobre los beneficios futuros que obtendrían diferentes compañías en los siguientes períodos de 1 y 5 años. La idea era contrastar las predicciones a corto y medio plazo con los resultados reales y ver qué tan buenas eran. Estas predicciones acabaron siendo más que mediocres [84]. Al confrontar a los analistas con los resultados de sus predicciones a 5 años, estos argumentaron que ese era un período demasiado largo como para que una estimación de rendimientos sea confiable. El problema es que sus estimaciones a 1 año resultaron ser mucho peores.

A lo largo de los años se han realizado innumerables investigaciones académicas que se han enfocado en estudiar el rendimiento de los fondos de inversión activa, los cuales utilizan toda una batería de técnicas de análisis fundamental, con el objetivo de comparar su rendimiento con respecto a su índice de referencia, es decir, su *benchmark*. El resultado ha sido más que aplastante: hasta un 98% de los fondos activamente gestionados no son capaces de *"derrotar al mercado"* en el largo plazo. Quien se lleva la peor parte, por supuesto, es el inversor que pone su dinero en estos fondos, porque debe pagar comisiones superiores a las que pagaría con un fondo indexado y todo a cambio de unos beneficios inferiores [65] [63].

La solución, claro, sería invertir en el 2% de los fondos que sí *derrota al mercado*. El problema es saber de antemano cuáles son. Los fondos que han tenido un rendimiento superior en, por ejemplo, los últimos 5 años, no necesariamente continuarán haciéndolo tan bien en el próximo lustro. Es más, la evidencia muestra que no suelen hacerlo. Esto, en cierto modo, confirma el principio del regreso a la media: recientes retornos por encima del promedio tienden a ser compensados con retornos por debajo de éste en el futuro.

Standard and Poor's, la organización propietaria del índice *S&P500*, ha estado comparando, año tras año, el número de fondos de inversión activa que han logrado superar a sus respectivos índices

Inversión Activa

de referencia en forma sostenida. A modo de ejemplo, la tabla 13.1 nos muestra el resultado durante el período 2013-2016.

Observe, por ejemplo, que los fondos que tienen al *S&P500* como referencia, solo 204 de un total de 1034 han obtenido resultados superiores al índice en el año 2013. De estos, solo 32 han conseguido superarlo el siguiente año, 2014. En 2015, solo 12 de esos 32 y finalmente ninguno de esos 12 ha logrado superar el índice en 2016. Una tendencia similar observamos en las demás clases de activos. El mejor resultado lo vemos en el sector inmobiliario, pero aun así solo 2 de 105 fondos han logrado superar su *benchmark* en todo el período que va de 2013 a 2016 [85].

Clase de Activos	Índice de Referencia (*Benchmark*)	Número Total de fondos	2013	2014	2015	2016
Gran capitalización	S&P500	1034	204	32	12	0
Media Capitalización	S&P MidCap 400	435	94	31	11	1
Pequeña Capitalización	S&P SmallCap 600	622	95	24	8	0
Inmobiliario	S&P U.S. REITs	105	7	4	2	2
Pequeña Capitalización Mercados Desarrollados	S&P Developed ExU.S. Small Cap	55	32	9	5	1
Mercados emergentes	S&P/IFCI Composite	158	54	15	7	2

Tabla 13.1: Número de fondos de inversión activa que superan su índice de referencia en el período 2013-2016. Fuente: *Standard and Poor's*

Los resultados son claros: en todo momento encontraremos gestores de fondos o inversores individuales, que obtengan resultados por encima del promedio. Sin embargo, cuanto más tiempo pase, las probabilidades de mantenerse por encima de ese promedio decrecen y lo hacen rápidamente.

Esto nos lleva a pensar que los resultados superiores que muchos fondos obtienen suelen ser producto de la suerte. Sin embargo, concedamos el beneficio de la duda y asumamos que hay un gestor con la habilidad suficiente para obtener beneficios

Análisis Fundamental

excepcionales en forma consistente a lo largo del tiempo. Digamos, además, que hemos tenido la suerte de haber invertido en dicho fondo. El problema es que esa persona no estará al frente del fondo para siempre. Una vez que sea reemplazada, es muy probable que el fondo pase a tener unos resultados no tan excepcionales.

La habilidad de los expertos para obtener beneficios superiores al promedio es equiparable a la inversión aleatoria.

Parece contra intuitivo que los analistas y expertos en la materia, con una enorme cantidad de información a su disposición y que cuentan con las herramientas más avanzadas de análisis, no puedan lograr, como grupo y en el largo plazo, obtener resultados superiores a la estrategia más simple posible: inversión pasiva o indexada. El problema es que lo que intentan lograr no es simplemente difícil, es casi imposible.

Inversión Activa

Tendencias al alza y a la baja

El obtener resultados mediocres, como grupo, no es un monopolio de los profesionales de la inversión, también lo observamos en el pequeño inversor. Con recursos mucho más modestos de tiempo, información y herramientas de análisis, el inversor individual intenta ganar el mismo juego: derrotar al mercado, utilizando su propia versión del análisis fundamental. Los resultados son igual de desalentadores.

¿Significa esto que los profesionales de la inversión o los inversores individuales somos tontos? Pues no necesariamente. Nuestras valoraciones de mercado pueden ser correctas, racionales y con una lógica innegable, pero el juego que intentamos ganar simplemente no se puede ganar, al menos no en forma consistente a lo largo del tiempo. La razón principal es que el mercado es básicamente aleatorio en el corto plazo, aunque muchos afirman lo contrario. Intentar predecir lo que éste hará la próxima semana, mes o año es como intentar predecir la siguiente carta de póker. La única predicción medianamente confiable es que el mercado tiende a ascender en el largo plazo, o que algunas clases de activos parecen tener un retorno superior a otras, pero de nuevo, solo en el largo plazo y a cambio de una mayor volatilidad.

Se suele argumentar que el mercado muestra patrones o tendencias de las cuales poder tomar ventaja. Si el mercado se encuentra en ascenso, se dice que tiene un *"momentum"* o una inercia que hace que continúe ascendiendo aún más. Lo mismo ocurre en la dirección opuesta. Aún en el caso de que esto sea cierto, el problema es saber cuándo esa inercia se acabará, dando lugar a un cambio de dirección.

Para comprobar si estas inercias existen y que tan frecuentes son, podemos analizar el retorno mensual del *S&P500* durante el período que va de enero de 1871 a junio de 2017.

Encontramos aquí un total de 1759 meses. Si en un mes cualquiera, el índice devuelve un resultado superior al mes inmediatamente anterior, ¿qué probabilidad hay de que el siguiente mes obtengamos un resultado aún mejor? En otras palabras, ¿cuántas veces vemos el índice ascender durante uno, dos o tres meses consecutivos? ¿Qué sucede a la inversa? ¿Cuántas veces vemos el

Análisis Fundamental

índice caer durante uno, dos o tres meses consecutivos? La tabla 13.2 nos resume el resultado.

Dirección	Meses consecutivos	Número de veces	Probabilidad de Ocurrencia
Ascenso	1	995	57%
Caída	1	737	42%
Ninguna	-	26	1%
Ascenso	2	641	36%
Caída	2	375	21%
Ninguna	-	741	42%
Ascenso	3	406	23%
Caída	3	182	10%
Ninguna	-	1171	67%
Ascenso	4	260	15%
Caída	4	90	5%
Ninguna	-	1405	80%

Tabla 13.2: Frecuencia de ascensos y descensos consecutivos del *S&P500* durante dos, tres y cuatro meses consecutivos. Período analizado: enero 1871 a junio 2017.

En 146 años, el mercado ha ascendido durante 995 meses (no consecutivos) y descendido 737. Ha permanecido más o menos igual en 26 ocasiones. Podemos hacer una lectura diferente de esta estadística: el mercado se encuentra en ascenso aproximadamente el 60% del tiempo.

Si consideramos 2 meses consecutivos, el mercado ha ascendido en 641 ocasiones, mientras que ha caído, también durante dos meses consecutivos, unas 375 veces. No ha hecho ninguna de las dos cosas unas 741 veces, esto es, luego de subir un mes ha bajado el siguiente y viceversa, por lo que no vemos *momentum* o inercia en esos períodos.

Según estos números, luego de observar un ascenso en cualquier mes, hay una probabilidad de 36% de que el mercado ascienda una vez más el mes siguiente. Por el contrario, si el mercado ha caído, la probabilidad de que observemos una nueva caída el siguiente mes es de tan solo el 21%. Sin embargo, vemos un 42% de probabilidad de que el mercado no haga ni una cosa ni la otra.

Inversión Activa

Ahora bien, si incrementamos el período un mes, el mercado muestra un ascenso durante 3 meses consecutivos solo el 23% del tiempo y un descenso sostenido solo el 10%. En contraste, no hace ninguna de las dos cosas el 67% del tiempo. Si observamos 4 meses consecutivos, el mercado ni asciende ni desciende el 80% de las veces.

¿Qué nos está diciendo todo esto? En primer lugar, que la mayor parte del tiempo el mercado se encuentra al alza, lo cual confirma lo que ya sabíamos: una tendencia ascendente en el medio y largo plazo. Sin embargo, esta tendencia no es continua o sostenida en el corto plazo. En períodos de dos, tres y cuatro meses el mercado tiende a moverse hacia arriba y hacia abajo sin una clara dirección, lo que de alguna manera invalida la tesis del *momentum* o inercia en el corto plazo.

El costo de ser el ganador

Existe una infinidad de estrategias de análisis fundamental, cada una con su propia filosofía, métricas y métodos para encontrar las mejores oportunidades de inversión en cada momento. Lo que todas tienen en común es que buscan lograr lo que se denomina *Edge* o ventaja competitiva que les permita estar por delante del mercado.

Un ejemplo de tal estrategia es seleccionar solo aquellas compañías que paguen dividendos y que estos se hayan incrementado en forma sostenida en los últimos 5 años. La lógica detrás de esta estrategia en particular es que estas compañías tienen, o deberían tener, un modelo de negocio sostenible y creciente que les permite precisamente pagar cada vez más dividendos a sus inversores. Por supuesto, los dividendos que pague una empresa no están garantizados ni tampoco la supervivencia de ésta en el mercado.

Otras estrategias evalúan el ciclo económico actual, tanto a nivel nacional como global. Por ejemplo, durante una recesión las compañías que ofrecen productos y servicios considerados básicos, como ser comida, bebida, tabaco, etc., se verán menos afectadas porque estos productos no dejarán de consumirse aún durante una recesión. Por el contrario, en los momentos de prosperidad, son las empresas que ofrecen productos y servicios no básicos las que florecen, como ser vehículos, electrónica, entretenimiento, turismo, etc. La clave, por supuesto, es anticiparse al ciclo económico.

También se observan de cerca las materias primas. Si por ejemplo el precio del petróleo cae, las aerolíneas verán reducidos sus costos de operación por lo que sus beneficios netos aumentarán y con ellos su valor de mercado. Si el oro sube, las empresas mineras estarán de parabienes.

Otro ejemplo son los vehículos eléctricos que se espera dominen el mercado en los próximos años. Esto a su vez debería aumentar la demanda de baterías y de nuevas tecnologías que las hagan cada vez más eficientes. Empresas mineras de extracción de Litio, mineral con el cual se fabrican estas baterías, serían las más beneficiadas, siempre y cuando ese escenario se vuelva realidad.

El análisis fundamental tiene el atractivo de ser racional y presentar lo que parecen ser argumentos de peso a la hora de seleccionar ciertos activos y descartar otros. El problema es que las premisas en las que basa sus conclusiones, aun cuando éstas sean correctas, pueden cambiar en cualquier momento y en forma aleatoria, invalidando total o parcialmente las conclusiones iniciales. Este tipo de estrategias nos obligará a modificar la composición de nuestro portafolio en forma regular y acabaremos comprando y vendiendo activos con una frecuencia superior a la recomendable. Al hacer esto, como ya hemos visto, nuestros costos comenzarán a acumularse: comisiones bursátiles*, impuestos a las ganancias de capital y también el costo de oportunidad, esto es, estar fuera del mercado cuanto éste se encuentra al alza, dejando por el camino buena parte de los beneficios.

Otro costo que estamos pasando por alto es el *spread*, es decir, la diferencia entre el precio de compra y venta de un activo. Cada vez que completamos un ciclo de compraventa estamos pagando esa diferencia, la cual se acumula a lo largo del tiempo con cada transacción efectuada. ¿Por qué? Veamos un ejemplo. Compramos una acción de la empresa ABC que actualmente cotiza a $50 y tiene un spread de $0.5. Un tiempo después, su valor de mercado sube a $55. Si en ese momento decidimos venderla, no recibiremos $55, sino

---

* En el caso de invertir en un fondo activamente gestionado, las comisiones del bróker son menos relevantes, no así las comisiones que aplica el propio fondo.

Inversión Activa

54.5%, es decir, su precio de venta.

En otras palabras, para obtener un beneficio neto de $4.5, la compañía ha tenido que apreciarse $5. Por otro lado, si el precio cae a $45 y vendemos, solo recibiremos $44.5 por acción con lo cual nuestras pérdidas totales serán de $5.5 en lugar de solo $5. No importa si ganamos o perdemos luego de completar un ciclo de compraventa, siempre estaremos pagando el *spread*. Si nuestra estrategia de inversión nos obliga a comprar y vender en forma frecuente, estaremos acumulando este costo cada vez que entramos y salimos del mercado.

En definitiva, una estrategia de inversión activa tiene que ser suficientemente buena para compensar el costo acumulado del *spread*, las comisiones del bróker, el pago de impuestos al capital, el costo de oportunidad y por si esto fuera poco, también debería derrotar al mercado.

Otro problema que tiene la inversión activa (y que ya hemos mencionado) es que reduce nuestra diversificación. Esto se debe a que los activos que tendrán un rendimiento superior en el futuro serán necesariamente un subgrupo más bien reducido dentro del conjunto de activos que componen la totalidad del mercado. Si nuestro objetivo es identificarlos, nos veremos obligados a invertir en ciertos activos o sectores específicos, dejando de lado otros con la esperanza de dar con el ganador. Inevitablemente estaremos incrementando el riesgo al que nos exponemos.

Inversión en Valor

En su libro *"Security Analisys"**, publicado en 1934, el economista e inversor Benjamin Graham establecía los principios básicos de lo que se conoce como Inversión en Valor o *"Value Investing"*†, poco después del desastre financiero de 1929. Este paradigma de inversión nos recomienda invertir solo en aquellos activos cuyo valor de mercado está por debajo de su valor intrínseco (o real) y dentro de un cierto margen de seguridad (*margin of safety*).

---

* Traducido algunas veces como "Inversión en valor" o "Análisis de Valores"
† Benjamín Graham nunca utilizo el término inversión en valor o *"value investing"*, el cual fue acuñado por otros más tarde para describir sus ideas.

Análisis Fundamental

Al hacer esto, estaremos seleccionando activos o empresas individuales con un potencial de retorno superior al promedio. Como hemos visto, establecer el valor real de un activo depende de una adecuada estimación de los beneficios futuros que ese activo producirá, algo que se asemeja más a un ejercicio de adivinación.

La inversión en Valor es una de las piedras angulares en las que se apoya el análisis fundamental. Cualquier inversor que sea capaz de obtener resultados superiores al promedio mediante la selección de activos (*stock picking*), o lo que es lo mismo, mediante la inversión activa en oposición a la inversión pasiva o indexada, probablemente atribuirá su éxito a las ideas de Benjamin Graham. El ejemplo más notorio es sin duda Warrent Buffet, su discípulo más famoso y una de las personas más ricas del mundo. Por esta razón, atreverse a cuestionar los principios de la inversión en Valor es, hoy en día, poco menos que cometer herejía. Y, sin embargo, fue el propio Benjamin Graham uno de los primeros en cuestionar su propio paradigma.

En una conferencia dictada el 15 de noviembre de 1963, titulada "*Securities in an Insecure World*"*, Graham reflexiona sobre la idea imperante en aquel momento de que no existía ninguna conexión relevante entre el comportamiento del mercado, como un todo, y el comportamiento de los activos individuales que lo componen como si estos estuvieran, de alguna manera, aislados unos de otros.

En su disertación, detalla 3 razones por la que esta idea es incorrecta, de las cuales destacamos la tercera:

"*Creo que la tercera y más importante de las razones por la que no se debería inducir al inversor a la selección individual de activos, y de esta forma a dar menos importancia al nivel general del mercado, es el hecho de que no existe indicio alguno de que el inversor puede tener un desempeño superior al promedio, ya sea a través de su propia selección de activos o a través del consejo de los expertos. La excepcional evidencia que respalda esta pesimista afirmación la podemos encontrar al observar el rendimiento de los fondos de inversión [activa], los cuales representan una combinación de las*

---

* Un juego de palabras a raíz del hecho de que un activo cotizado en Bolsa se lo conoce en inglés como "*Security*".

Inversión Activa

mejores mentes financieras del país, y que involucran un enorme gasto de recursos, tanto de dinero, como de tiempo y meticuloso esfuerzo. La evidencia muestra que estos fondos, en conjunto, se han encontrado con una gran dificultad a la hora de igualar el rendimiento de las 30 compañías que componen el índice Dow Jones o las 500 del S&P500.

Si un inversor ha sido capaz, a través de una diversificación básica[*], de obtener un rendimiento aproximado al promedio del mercado, ese inversor podrá tener la confianza suficiente de que ese rendimiento será tan bueno como el obtenido por las estrategias de selección de activos más inteligentes y calculadas, llevadas a cabo por los gestores de los fondos de inversión." [86]

Luego continúa diciendo que, con cierta resistencia, se ve obligado a expresar escepticismo con respecto a la eficacia de las predicciones económicas y de la habilidad de los expertos para recomendar activos que tendrán un desempeño superior en el futuro. Recordemos que el párrafo citado data del año 1963. Desde entonces, la evidencia que Graham menciona no ha hecho más que acumularse, confirmando su escepticismo.

Si el propio fundador de la inversión en Valor y, por ende, del análisis fundamental como herramienta de selección de activos, acabó admitiendo sus dudas sobre la posibilidad real de poder obtener resultados superiores al promedio ¿qué posibilidades de éxito tiene entonces un inversor amateur?

En conclusión: aun si fuéramos capaces de determinar en forma precisa el valor intrínseco o real de un activo, lo cual ya es bastante improbable, nada nos asegura que el mercado lo evaluará de la misma forma, y que eventualmente nos dará la razón. En última instancia, el valor o precio *real* de un activo es lo que el mercado determine y no el que nuestro análisis fundamental nos indique.

¿Qué precio es más real, el precio teórico o el de mercado? En definitiva, es éste último el precio que deberemos pagar para poder poseer un activo. No podemos controlar o saber de antemano como el mercado valorará un activo específico en el futuro, solo podemos

---

* Es importante hacer notar que en 1963 aún faltaba más de una década para la creación del primer fondo indexado. Un inversor que quisiera replicar un índice, como el *Dow Jones*, debía hacerlo en forma "manual", comprando y manteniendo cada uno de sus componentes.

Análisis Fundamental

controlar la composición de nuestro portafolio y por tanto el riesgo al que nos exponemos. Esto es lo que determinará nuestro rendimiento a largo plazo.

Si no podemos saber a ciencia cierta el valor real de un activo, tal vez si observamos el comportamiento de su precio a lo largo del tiempo podamos obtener algunas pistas sobre su evolución futura. El Análisis Técnico intenta hacer precisamente esto.

Puntos Clave

El análisis fundamental intenta determinar el valor *real* o intrínseco de un activo, basándose en toda la información disponible sobre él y el mercado. Si la cotización actual difiere de ese valor *real*, tanto por encima como por debajo, entonces deberíamos poder beneficiarnos de esta discrepancia. Esta estrategia se conoce como inversión en valor y sus principios básicos fueron establecidos por el economista e inversor *Benjamin Graham* hace casi un siglo.

Basándose en estos principios, los analistas financieros dedican su tiempo a valorar activos y hacer recomendaciones que, desafortunadamente, no suelen ser unánimes y en muchos casos son contradictorias. Los problemas son varios:

1. La valoración puede ser incorrecta debido a que siempre hay un componente subjetivo.

2. La valoración puede ser correcta pero el mercado tiene una opinión diferente.

3. La información disponible sobre un activo puede estar incompleta o ser imprecisa.

4. Todo el tiempo ocurren eventos aleatorios que afectan tanto al activo analizado como las condiciones generales del mercado y que pueden invalidar las conclusiones iniciales.

5. Aun cuando el análisis sea correcto y el mercado actúe como se espera, no sabremos a ciencia cierta si el resultado final ha sido producto del método de análisis o

Inversión Activa

simplemente una coincidencia.

El principal desafío del análisis fundamental y la inversión en valor (o el de cualquier estrategia de inversión activa), es que su rendimiento final debe cubrir una serie de costos (comisiones, *spread*, impuestos y costo de oportunidad) que se acumularán a lo largo del tiempo y a la vez obtener unos beneficios netos superiores a los de la inversión pasiva o indexada a cambio de un nivel de riesgo similar. Lograr todo esto es una tarea excepcionalmente ardua.

14

Análisis Técnico

*"Ser poderoso es como ser una dama, si tienes que estar
diciéndolo entonces no lo eres."*
Margaret Thatcher

A diferencia del análisis fundamental, el análisis técnico se basa únicamente en el movimiento de los precios para tomar decisiones, lo que se conoce como *"Price Action"*. Según esta disciplina, el movimiento futuro de los precios está determinado, en mayor o menor medida, por su comportamiento histórico. Su premisa básica es: la historia siempre se repite [87].

Por ejemplo, si la evolución del precio de un activo muestra una clara tendencia al alza o a la baja, éste continuará moviéndose en esa dirección durante algún tiempo más, independientemente de que las condiciones del mercado lo justifiquen o no. La razón es simple: un activo al alza resulta atractivo lo que hace que más inversores lo compren, y esto a su vez empuja el precio hacia arriba aún más, independientemente de si este incremento en el precio está justificado

Inversión Activa

o no. Lo mismo ocurre cuando el precio viene cayendo.

El análisis técnico, en cierto modo, intenta interpretar la psicología del mercado para saber cómo éste responderá a determinados movimientos o patrones previos de precios.

Esta disciplina ha sido, y sigue siendo, muy prolífica a la hora de desarrollar nuevos métodos y estrategias de inversión, aún más que el análisis fundamental. Se han escrito innumerables libros sobre el tema. Su objetivo, por supuesto, es predecir lo que los precios harán mañana, la próxima semana o el próximo año. En definitiva, intenta predecir el futuro y ahí es donde también falla, al igual que análisis fundamental.

Le propongo que echemos un breve vistazo a algunos de los métodos del análisis técnico para que pueda juzgar por Ud. mismo.

Stop loss y take profit

Cualquier estrategia basada en el análisis técnico debe definir en forma precisa las condiciones en las que deberemos entrar y salir del mercado, esto es, cuándo comprar y cuándo vender un activo especifico. Si las condiciones preestablecidas se presentan decimos que obtenemos una señal de entrada (compra) o de salida (venta), algo así como un semáforo.

Una vez que entramos en el mercado, la forma más básica de salir de él es estableciendo lo que se conoce como *stop loss* y *take profit*, es decir, el punto en donde asumiremos una pérdida o una ganancia respectivamente. Así, por ejemplo, al comprar acciones de la compañía ABC a $50, tenemos la opción de ingresar una orden de venta automática si el precio alcanza los $55, en cuyo caso ganaremos $5[*]. Este valor de $55 es nuestro *take profit*. Por otro lado, también podremos ingresar otra orden de venta automática si el precio baja a $48 y en este caso estaríamos asumiendo una pérdida de $2. Este precio es nuestro *stop loss*.

Donde colocar el *stop loss* y el *take profit* dependerá de la estrategia, pero una muy sencilla puede ser: colocar el *stop loss* a 1% por debajo del precio de compra (o, de entrada) y el *take profit* a 2% por encima. La relación entre estos dos valores es lo que se llama

---

[*] Para simplificar el ejemplo dejamos de lado el *spread* por un momento.

Análisis Técnico

profit/loss ratio o coeficiente ganancia/pérdida. En nuestro ejemplo, esta relación es de 2 a 1: la ganancia potencial (2%) es el doble que la pérdida potencial (1%). Este coeficiente puede ser 3 a 1, 5 a 1 o 20 a 1. El problema es que cuanto más lejos este el *take profit* del valor de compra, más tiempo debemos esperar para alcanzarlo con lo cual aumentamos la probabilidad de que el precio alcance primero el *stop loss*. Cuando esto ocurre, nuestra posición se cierra automáticamente y la pérdida potencial se materializa.

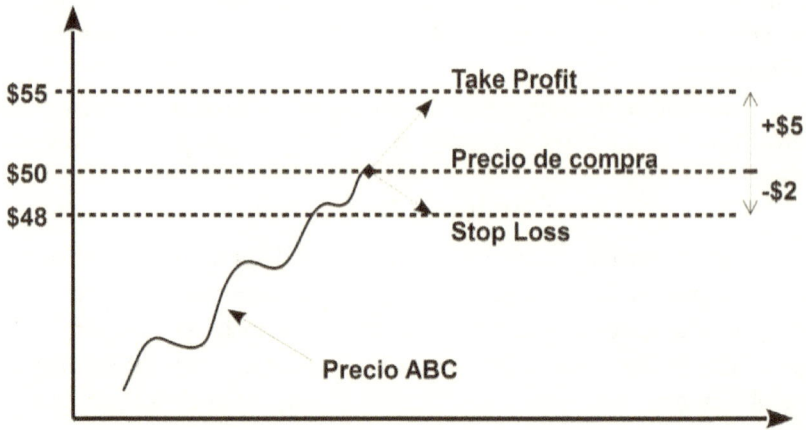

Gráfico 14.1: Take Profit y Stop Loss.

Digamos que es Ud. un inversor conservador y establece un coeficiente de ganancia/pérdida de solo 2 a 1. Luego de varias transacciones, acabará ganando el doble de lo que ha perdido, por lo que su balance neto será positivo. ¿Qué puede salir mal? El error aquí es asumir que la mitad del tiempo nuestra posición alcanzará el *take profit* y la otra mitad el *stop loss*. Pero no solo eso, como nuestra estrategia es tan buena, seguramente el *take profit* se active con más frecuencia que el *stop loss*.

La realidad es que, si establecemos un coeficiente de ganancia/pérdida de 2 a 1, en el largo plazo el *stop loss* se activará el doble de veces que el *take profit*, con lo cual nuestras ganancias se verán totalmente canceladas. Si nuestro coeficiente es 3 a 1 o 20 a 1, ocurrirá exactamente lo mismo. Por supuesto que observaremos 3, 4 o 5 posiciones cerrarse con ganancias, como cuando lanzamos una moneda al aire. Sin embargo, nuestro viejo amigo Bernoulli y su ley de los grandes números nos enseña que, a la larga, los números se compensan, y nuestro retorno neto será cero.

Pero el problema no acaba allí. Ya hemos visto que con cada ciclo de compraventa estamos pagando el *spread*, el cual se irá acumulando con el tiempo. También estamos pagando comisiones al bróker cada vez que compramos o vendemos y probablemente impuestos a las ganancias de capital. En otras palabras, nuestro retorno neto a largo plazo no será cero, sino negativo.

El analista técnico nos dirá que simplemente hemos elegido una mala estrategia. Su consejo será utilizar una que tenga más probabilidades de ganar que de perder, es decir, una que alcance el *take profit* más veces que el *stop loss*... ¿Cómo no se nos ocurrió esto antes? Aquí es donde comenzamos a ver toda una parafernalia de conceptos y métodos orientados a hacer precisamente eso. Veamos algunas de las más básicas.

Soportes y Resistencias

Si alguna vez ha escuchado las noticias financieras o leído algún artículo sobre la Bolsa, inevitablemente se habrá encontrado con los conceptos de soporte y resistencia. Una resistencia es un valor que aparenta ser un techo de precios que el activo se resiste a superar o romper. Cuando el precio se acerca a este valor (por debajo), el precio reacciona y vuelve a retroceder, una y otra vez, como si fuera rechazado. En forma análoga, un soporte es aquel valor que aparenta ser un suelo. Cuando el precio cae y se acerca a un soporte, el mercado aparenta rechazarlo haciendo subir el precio nuevamente, alejándose así del soporte [88].

Al observar un gráfico con la evolución del precio de un activo, parece ser que en efecto surgen estos soportes y resistencias todo el tiempo. La razón es simple: cuando el precio se acerca a uno de estos aparentes valores, el mercado lo nota y reacciona en forma acorde, lo cual refuerza ese valor como un soporte o una resistencia. Es como una profecía hecha realidad por sus propios creyentes.

Independientemente de las causas, si estos soportes y resistencias son reales, ¿por qué no tomar ventaja de ellos? Esto es precisamente lo que hacen algunas estrategias de análisis técnico. Por ejemplo, cuando el precio de un activo se aproxima a una resistencia, las opciones son:

1. El precio alcanza y sobrepasa ese valor: En este caso se dice que el precio rompe la resistencia o que se produce un *break out*. Cuando esto ocurre, lo recomendable es comprar porque el *break out* es señal de que el precio continuará su trayectoria ascendente, a menos que...*no lo haga*.

2. El precio no supera la resistencia y vuelve a caer: En este caso, se recomienda vender porque este escenario es señal de que el precio continuará su trayectoria descendente, tal vez hasta el soporte anterior más cercano. A menos que...*no lo haga*.

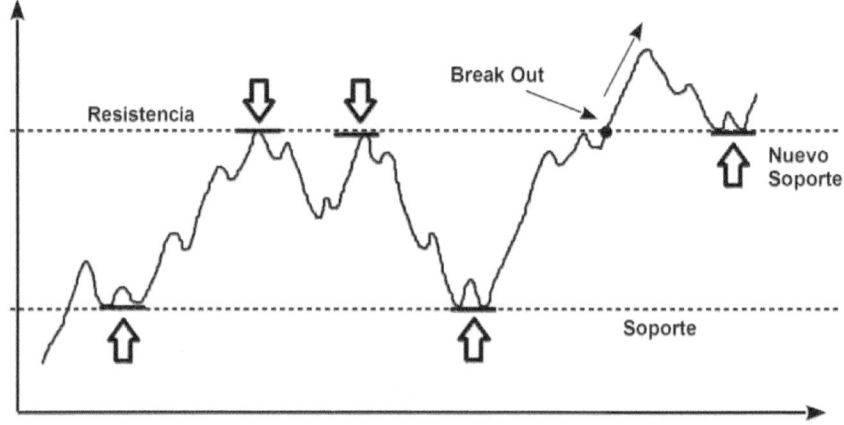

Gráfico 14.2: Soportes y resistencias

Lo mismo ocurre cuando el precio se aproxima a un soporte: si cae por debajo de él entonces se recomienda vender porque seguirá cayendo, de lo contrario se recomienda comprar. A menos, claro, que haga todo lo opuesto.

Es lo que yo llamaría la estrategia del *a menos que*. Una vez que el precio rompe o se libera de una resistencia o un soporte, este continuará subiendo o bajando, respectivamente, a menos que haga todo lo contrario. Es decir, una vez que la estrategia nos da una señal de compra o venta, el precio puede reaccionar de dos formas: subir o bajar. Note que éstas son las mismas 2 opciones que hay en todo momento, sin importar dónde están los soportes y las resistencias. ¿Qué nos aporta esto entonces?

El analista técnico argumentará que, si el precio rompe una resistencia, entonces hay *más probabilidades* de que continúe subiendo en lugar de volver a bajar. Lo mismo si cae por debajo de un soporte. Pero ¿cómo es esa probabilidad? ¿60%, 70% u 80%? ¿O es tan solo un poco por encima del 50%? ¿Es siempre la misma probabilidad o cambia según las condiciones del mercado?

Por otro lado, una vez que abrimos una posición, ¿dónde colocamos el *take profit*? ¿y el *stop loss*? Para contestar estas dos preguntas deberemos ser capaces de estimar que tanto puede desplazarse el precio en ambas direcciones. Se nos recomendará colocar el *stop loss* en el nivel donde estaba la resistencia que se acaba de romper, que ahora se transforma en un soporte. O tal vez un poco por debajo de este valor, para estar *más seguros*.

Con respecto al *take profit,* si lo colocamos muy por encima del punto de entrada, es probable que el precio alcance antes el *stop loss*. Las preguntas que debemos responder comienzan a acumularse rápidamente, y nuestras respuestas tienen que ser correctas la mayor parte del tiempo y con muy poco margen de error, de lo contrario estaremos registrando pérdidas todo el tiempo o dejando pasar beneficios sustanciales. El problema es que, a mayor número de preguntas a responder, mayor será la probabilidad de equivocarnos.

La realidad es que los precios suelen hacer todo tipo de cosas: pueden volver a caer por debajo del valor de resistencia que acaban de romper, disparando todos los *stop loss* que allí se encuentren para luego subir de nuevo y esta vez sí continuar ascendiendo para nunca volver atrás…a menos claro, que hagan todo lo contrario.

Patrones

Al observar una curva de precios, inevitablemente comenzamos a identificar diferentes patrones o formas, al igual que lo hacemos con las nubes en un cielo. El análisis técnico nos dice que cuando un determinado patrón se establece es posible predecir, con cierto grado de confianza, lo que el precio hará a continuación.

El ejemplo más sencillo es el patrón que forman los soportes y resistencias. Cuando el precio se aproxima a una resistencia en dos ocasiones consecutivas y luego retrocede, el aspecto de la curva se asemeja a una M. Cuando hace lo propio con un valor de soporte, el patrón que se forma es similar a una W, o una M invertida. Cada vez que el precio se aproxima a un soporte o resistencia y luego es rechazado, se dice que el precio pone a prueba estos valores. Cuantas más veces ocurra esto, más "fuertes" se vuelven estos valores de soporte y resistencia.

Otro patrón muy común es el de la cabeza y hombros: la curva de precios alcanza un máximo y luego desciende. Esto forma el hombre izquierdo. Luego comienza a subir nuevamente y alcanza un máximo superior al anterior para luego volver a bajar hasta alcanzar el mínimo previo. Esto forma la cabeza. Lo que sigue es de esperarse: el precio sube de nuevo hasta el primer máximo y luego desciende. El resultado se asemeja a la silueta de una persona, vista de hombros hacia arriba (Gráfico 14.3) [89].

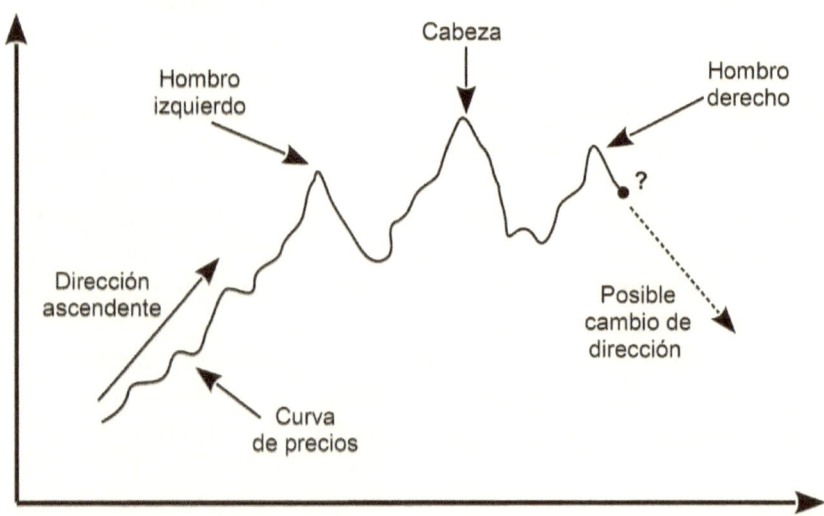

Gráfico 14.3: Patrón cabeza-hombros. Si existía una tendencia previa, ascendente o descendente, este patrón indica un posible cambio de dirección.

Si previo a la formación de este patrón, el precio venía experimentando un ascenso sostenido, este patrón indica que esa tendencia ascendente está a punto de revertirse. Lo mismo ocurre si el precio viene descendiendo. El patrón es ahora invertido, y también indica un posible cambio de dirección. De nuevo, una vez formado el patrón, el precio puede reaccionar como éste lo predice o no.

Se han desarrollado (o descubierto) infinidad de otros patrones, pero la idea básica es la misma: cada uno se asocia con un determinado movimiento de precios posterior, que por supuesto puede darse o no.

Promedios Móviles (MA)

Una de las herramientas más usadas en el análisis técnico es el indicador de precios. Se trata de cálculos matemáticos basados en datos históricos recogidos durante un determinado período de tiempo. Normalmente estos cálculos producen un único valor que se utiliza como indicador para tomar decisiones, algo así como un termómetro de precios.

El más popular de estos indicadores es el promedio móvil o *MA*, por su nombre en inglés: *Moving Average*. Este indicador simplemente computa el promedio de los precios registrados en un período de tiempo dado, por ejemplo, los últimos 10 meses o los últimos 10 minutos. En cada momento, el promedio varía ligeramente con respecto a su valor anterior porque el período considerado va desplazándose o moviéndose hacia adelante, de allí el nombre del indicador. El promedio que calculemos hoy será ligeramente diferente al mismo promedio calculado ayer o antes de ayer, porque el período de 10 meses se ha *movido* o desplazado un día hacia adelante. Si graficamos el promedio móvil junto con el precio, obtenemos algo similar a lo que muestra la figura 14.4a.

Los MAs tienen la propiedad de eliminar el *ruido* en una curva de precios, es decir, suavizar los movimientos aleatorios del precio en el corto plazo. De esta manera, la curva del MA luce mucho menos accidentada que la curva de precios en la que se basa.

Esta característica de eliminación del ruido nos permite, afirman los analistas técnicos, identificar la dirección en la que se está moviendo un precio, evitando así ser distraídos por las constantes oscilaciones. Si bien el precio de un activo estará todo el tiempo moviéndose por encima y por debajo del MA, la propia curva del MA nos dirá hacia donde se dirige el precio realmente. Basados en esta

Análisis Técnico

suposición, es posible diseñar una simple estrategia de inversión [90]:

1. Cuando la curva de precios corta la curva del MA y pasa a estar por encima de ésta, entonces compramos, porque es probable que el precio continúe ascendiendo.
2. Análogamente, cuando la curva de precios pasa a estar por debajo del MA, significa que deberíamos vender, porque es probable que el precio continúe cayendo.

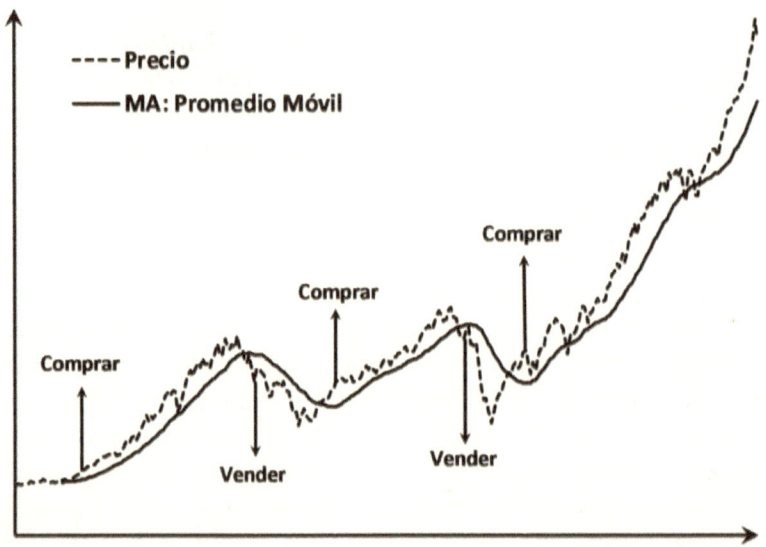

Gráfico 14.4a: Cuando la curva de precios atraviesa el MA (promedio móvil) y se ubica por encima de éste a una cierta distancia prefijada, se dispara la señal de compra. A la inversa, cuando la curva de precios cae por debajo del MA y se ubica a una cierta distancia, se dispara la señal de venta.

El gráfico 14.4.a nos muestra esta estrategia en acción. ¿Qué sucede si el precio pasa a estar apenas por encima del MA y luego cae por debajo de éste casi en forma inmediata? En ese caso estaremos comprando y vendiendo casi al mismo tiempo y con seguridad contabilizaremos pérdidas en forma frecuente. Más grave aún: cuando un precio se aproxima a su MA, suele cruzarlo en ambas direcciones varias veces consecutivas, precisamente porque todos los inversores están observando lo mismo y reaccionando en consecuencia. En este escenario estaremos materializando una pérdida detrás de la otra hasta que el precio se decida a distanciarse lo suficiente del MA.

Para resolver esto, la estrategia suele incluir un margen de seguridad: solo comprar cuando el precio haya superado el MA por un cierto valor mínimo, por ejemplo, 1%. Lo mismo a la hora de vender.

Múltiples Promedios Móviles

Una variante muy común es la utilización de dos o más MAs simultáneamente. Cada uno basado en diferentes períodos de tiempo. Por ejemplo, podemos tener un MA que nos dé el promedio de precios en los últimos 10 meses y otro MA que se base en los últimos 50 meses. El primer MA se lo conoce como *rápido* y el segundo como *lento*. Esto se debe a que un MA con un período menor será más volátil que uno con un período mayor, es decir, se *moverá más rápido*. A medida que disminuimos el período, la curva del MA resultante ira acercándose o pareciéndose cada vez más a la curva de precios. La propia curva de precios es un caso particular de promedio móvil en donde el período considerado es un instante: el que va desde el último precio registrado al siguiente.

Una vez construidos nuestros dos MAs, la estrategia simplemente consiste en detectar cuándo el MA rápido cruza el MA lento. Cuando el MA rápido pasa a estar por encima del MA lento, entonces compramos el activo. Cuando ocurre lo contrario, vendemos. El principio es el mismo que el de la estrategia anterior, pero la diferencia es que no utilizamos la curva de precios como *detonador* de eventos, sino el MA rápido. La lógica detrás de esta estrategia es que el MA rápido, al suavizar o minimizar el ruido característico de la curva de precios, nos dará menos señales *falsas* de compra o de venta. La figura 14.4.b nos muestra la estrategia en acción.

Estos métodos funcionan bien cuando los precios se mueven en un patrón ascendente o descendente claro, pero no tanto cuando oscilan sin una clara dirección. En esos casos se dice que el precio se mueve en forma lateral o *side ways*. Cuando esto ocurre, este tipo de estrategias nos darán señales falsas todo el tiempo, que acabarán cancelando las ganancias previas que hayamos obtenido.

La calidad de estas señales dependerá de cómo calibremos el procedimiento: si establecemos que el MA rápido debe estar apenas por encima del MA lento para disparar una señal de compra (por ejemplo, solo 0.5%), corremos el riesgo de obtener una falsa señal de compra, esto es, que los MAs vuelvan a intercambiar posiciones inmediatamente después. Por otro lado, si esperamos a que el MA rápido se distancie lo suficiente del MA lento (por ejemplo, 1% o 2%) para asegurarnos de que la señal de compra sea correcta, corremos el riesgo de entrar muy tarde al mercado, dejando por el camino buena parte de los beneficios.

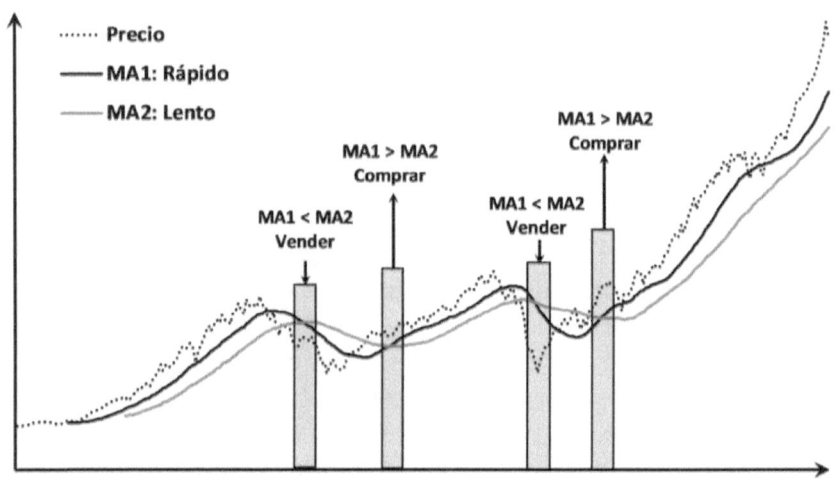

Gráfico 14.4.b: Combinación de dos MA's: Cuando el MA de menor período (MA1: rápido) pasa a estar por encima del de mayor período (MA2: lento), se produce la señal de compra. Cuando ocurre lo contrario se produce la señal de venta.

El problema fundamental de este tipo de estrategias es que detectan los cambios de dirección a posteriori, es decir, una vez que la nueva dirección en la que se mueve el precio ya está establecida por lo que perderemos parte (o buena parte) de sus beneficios. La realidad es que cualquier estrategia basada en indicadores técnicos tiene esta propiedad. Cuando las señales de compra o venta se basan en datos históricos, es inevitable que nos lleguen con cierto retraso lo que suele reducir sus ventajas. Cualquier indicador de precios solo nos dirá lo que deberíamos haber hecho en el pasado, pero no lo que ocurrirá en el futuro: esto tendremos que determinarlo (o más bien adivinarlo) nosotros mismos.

Como ya hemos visto, otro problema añadido, que generalmente se ignora, es el costo extra que estamos pagando en comisiones del bróker, *spread* e impuestos a las ganancias de capital. Estos costos variarán dependiendo de qué tan frecuentes sean las señales de compra y venta, pero en el largo plazo, nuestro retorno final se verá seriamente afectado [91].

Índice de Fortaleza Relativa (RSI)

Dentro del arsenal de indicadores técnicos, encontramos el llamado Índice de Fortaleza Relativa o RSI por sus siglas en inglés. Fue desarrollado a finales de los años '70 por Welles Wilder Jr., un ingeniero estadounidense que acabó convirtiéndose en inversor y analista técnico. El indicador ha sido modificado y extendido por otros desde entonces, pero su principio básico se mantiene: determinar si un activo ha sido comprado o vendido en exceso en un determinado período de tiempo con el objetivo de detectar posibles cambios de dirección en la curva de precios [92].

El RSI nos devuelve, en cada momento, un número entre 0 y 100, como un porcentaje. Según Wilder, cuando este valor pasa a estar por encima de 70, el activo se considera comprado en exceso (o "sobre comprado") y el precio del activo se ha incrementado en relativamente poco tiempo lo que puede estar indicando una inminente caída que haría volver el precio a sus niveles *normales*. En forma análoga, si el indicador cae por debajo de 30, el activo se considera vendido en exceso (o "sobre vendido"). Esto, a su vez, estaría indicando una posible subida (o rebote) de precios en el futuro cercano. La figura 14.5 nos muestra un ejemplo de este indicador en acción. Por encima de 70, el indicador nos recomienda vender, por debajo de 30, comprar.

Es importante notar que cuando un precio está en la zona de "sobre comprado" no significa que a continuación caerá. En forma similar, si se encuentra en la zona "sobre vendido" no significa que a continuación subirá. Independientemente de la zona en la que se encuentre el precio, las posibilidades son de nuevo dos: que el precio

Análisis Técnico

suba o baje; Y me atrevería a decir que con la misma probabilidad que en cualquier otro momento.

Aún en el mejor de los casos, cuando el indicador está en lo cierto y el precio está destinado a hacer lo que éste sugiere, nada no nos dice acerca de cuándo lo hará. Es incluso posible que el precio oscile alrededor de los mismos valores el tiempo suficiente para que el RSI nos indique que el precio se ha movido a la zona opuesta.

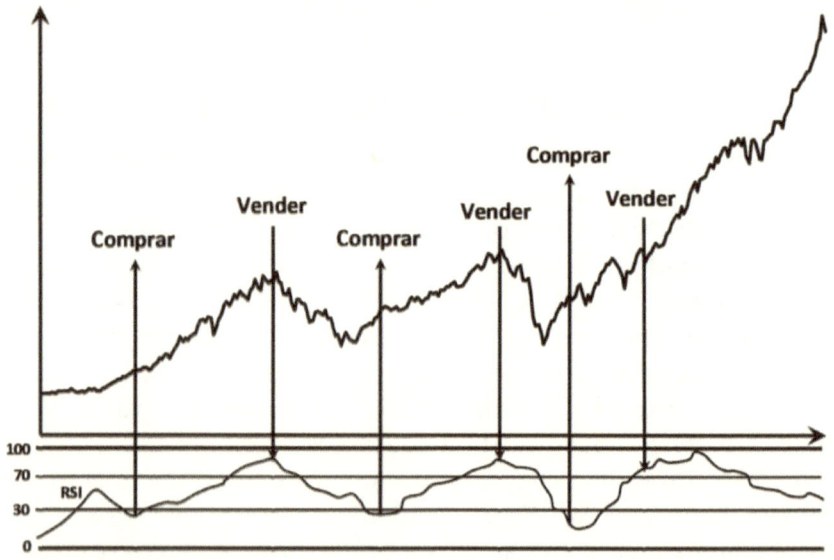

Gráfico 14.5: Indicador RSI. Cuando su valor está por encima de 70 el activo está "sobre comprado" dándonos una señal de venta. Por debajo de 30, el activo está "sobre vendido" dándonos una señal de compra.

Para incrementar las probabilidades de éxito de este tipo de estrategias, los analistas suelen combinar varios indicadores a la vez, por ejemplo, uno o más MA's junto con un RSI. Si todos los indicadores nos dan una señal de compra, o de venta, en forma simultánea, entonces incrementaremos las probabilidades de que esa señal sea correcta. La confianza del analista aumenta en forma directamente proporcional al número de indicadores. Por esta razón, la pantalla del computador de un analista técnico suele estar repleta de líneas y gráficos de todos los colores que se asemeja más a una obra de arte abstracto.

Inversión Activa

Sin embargo, una vez que un indicador, o 100 de ellos, nos dice que el precio de un activo subirá o bajará, éste puede hacer lo exactamente lo contrario. Incluso habrá indicadores que nos darán la señal de vender y otros la de comprar, al mismo tiempo. ¿Cuál está en lo correcto?

En otras palabras: si todos los inversores utilizan una variedad de indicadores que en conjunto sugieren cosas contradictorias en un instante dado, el resultado es que en cualquier momento unos inversores estarán comprando y otros vendiendo el mismo activo. Esto hará que el precio se mueva en forma aleatoria según el balance que exista entre la oferta y la demanda en ese momento (es decir, lo que hacen los precios todo el tiempo), y no por lo que diga un indicador técnico en particular. Por supuesto, cada vez que un indicador nos da una señal que resulta ser correcta, atribuiremos nuestro éxito al indicador y no a una coincidencia.

Calibrando nuestra estrategia: *Backtesting*

Los inconvenientes del análisis técnico no implican que necesariamente perderemos dinero al utilizarlo. Sin embargo, la pregunta es: ¿qué tan efectivo es y qué ventajas presenta frente a la más simple de las estrategias: la inversión pasiva o indexada a largo plazo?

El mundo académico y financiero ha dedicado gran esfuerzo en un intento por responder esta pregunta. Por ejemplo, la estrategia de utilizar un MA que nos diga cuando entrar y salir del mercado suele ser muy útil para evitar desplomes bursátiles de magnitud, como el de 1929 o 2008. Esto tiene un impacto sicológico difícil de negar y puede ser razón suficiente para utilizar algún tipo de estrategia activa basada en análisis técnico.

Durante las recesiones, mantendremos nuestro dinero fuera del mercado evitando así que pierda valor y cuando las cosas se calmen podremos volver al juego. A pesar de tener un gran beneficio sicológico, el beneficio real de esta estrategia en términos de retorno de capital a largo plazo es apenas superior a la inversión pasiva o indexada. Esto se debe, sobre todo, a que el mercado se encuentra en ascenso la mayor parte del tiempo y en descenso sostenido solo en contadas ocasiones. Y, de nuevo, las pequeñas diferencias de retorno observadas a favor de las estrategias basadas en MA suelen desvanecerse cuando incluimos las comisiones, impuestos al capital y el costo de oportunidad.

Los métodos de inversión basados en el análisis técnico tienen, además, una gran sensibilidad a los parámetros iniciales con los que configuremos el procedimiento. Por ejemplo: ¿qué período deberíamos utilizar para computar nuestros MAs? ¿10 meses? ¿50 meses? ¿50 días? Esto también se aplica al RSI: su valoración acerca de si un activo esta "sobre vendido" o "sobre comprado" se basada en el comportamiento del precio en un período previo dado, por ejemplo, los últimos 14 días o las últimas 3 semanas. Al cambiar solo un poco estas ventanas temporales, el indicador nos dará una respuesta totalmente diferente.

Cada indicador, y por tanto la estrategia que utilicemos, tendrá una serie de parámetros o valores iniciales que deberemos especificar de antemano. Cuanto más complejo el indicador o la estrategia, más parámetros será necesario especificar. El retorno que finalmente obtengamos dependerá en gran medida de estos parámetros, y no estamos hablando de pequeñas diferencias: ciertas combinaciones de valores nos harán ganar dinero y otras perderlo. Entonces, ¿cómo elegimos los valores óptimos?

Para resolver esto, lo analistas prueban sus estrategias con datos históricos utilizando un procedimiento conocido como *Backtesting*. Estas pruebas se realizan con la ayuda de un computador que se programa con la estrategia en cuestión para que la simule una y otra vez con diferentes parámetros iniciales. Por ejemplo, la estrategia que utiliza un MA puede ser verificada utilizando diferentes períodos del MA en cada prueba: 1 mes, 2 meses, 3 meses, etc. La principal ventaja de hacer esto es que la máquina puede simular la estrategia miles o millones de veces en tan solo unos segundos. Al finalizar, el programa nos devuelve los valores iniciales que produjeron los resultados óptimos, por ejemplo: un MA con un período de 2 meses y 3 días. Si la estrategia requiere definir 5 parámetros en lugar de 1, el computador nos dará la combinación óptima de esos 5 valores.

Parece ser una solución fantástica: dejar que el computador optimice nuestra estrategia para luego ponerla en marcha y sentarnos

Inversión Activa

a ver como el dinero se acumula. Pues la realidad no es tan fantástica.

El principal problema del *backtesting* es que los parámetros iniciales que obtenemos son óptimos sólo para el período histórico del cual fueron extraídos. Esto es lo que se conoce como *overfitting* o "sobre ajuste". Los valores que resultaron óptimos hasta ahora no necesariamente serán los óptimos en el futuro. Las causas son muchas y variadas, pero básicamente todo se reduce a que las condiciones del mercado cambian todo el tiempo y con éstas los valores iniciales que producirán los resultados óptimos bajo esas condiciones. En otras palabras: solo conoceremos la configuración ideal de nuestra estrategia en retrospectiva, cuando ya no nos sirva de nada.

Esto, a su vez, hace que sea muy fácil vender estrategias aparentemente exitosas: solo basta con mostrar su resultado en un período cualquiera utilizando los valores óptimos para *ese período*. El inversor desprevenido no notará la fuerte dependencia de ese resultado con los parámetros iniciales utilizados. ¿Qué más da un MA basado en 10, 12 o 15 meses? Es solo un detalle, lo importante es la estrategia y estoy viendo que funciona perfectamente…en el pasado.

Estos problemas no solo aplican al análisis técnico sino también al fundamental. Podemos estar convencidos de que nuestro mecanismo de valoración de activos nos permite realmente encontrar, en forma sistemática, aquellos que están infravalorados por el mercado y que por tanto producirán resultados superiores en el futuro. Siempre podremos encontrar activos que, según nuestra metodología, han estado infravalorados en el pasado y que desde entonces han tenido un rendimiento superior al promedio. Esto no significa que, si aplicamos el mismo método hoy, los activos que encontremos responderán de forma similar en el futuro.

Nuestro juicio también nos juega en contra. Cada vez que tomamos una decisión y esta resulta correcta, adjudicaremos nuestro éxito precisamente a la estrategia que estemos llevando a cabo. Cuando nos equivoquemos, le echaremos la culpa a factores externos fuera de nuestro control, o a los analistas de Wall Street que solo hacen comentarios negativos sobre nuestros activos y por eso estos pierden el favor de los inversores. Esto es lo que se conoce como sesgo de confirmación o *confirmation bias*, en inglés. Significa que solo tomamos en cuenta aquella evidencia que confirma nuestras ideas o creencias previas y descartamos cualquier cosa que las contradiga.

La estrategia de inversión más simple es, por supuesto, la de seleccionar activos totalmente al azar, por ejemplo, echando unos dados. Nadie en su sano juicio haría esto, pero estadísticamente, si el número de activos que seleccionemos es suficientemente grande, nuestro portafolio contendrá ganadores y perdedores. En el largo plazo, obtendremos un retorno promedio, es decir, el retorno del mercado. Si una estrategia basada en el análisis técnico o fundamental no es capaz de superar esto, y además cubrir todos los costos que implica comprar y vender en forma frecuente, entonces es una estrategia inútil. La evidencia sugiere que éste es precisamente el caso.

El principal problema del análisis técnico y fundamental es que basa sus conclusiones en datos históricos que nada nos dice acerca del futuro, porque el futuro es básicamente impredecible. La metáfora que mejor lo expresa es: "*Intentar predecir el comportamiento del mercado es como conducir un coche viendo solo el espejo retrovisor*".

Eficiencia del mercado

¿Por qué es tan difícil obtener resultados superiores a la media en el largo plazo o lo que es lo mismo, derrotar al mercado? Una primera explicación es que el mercado es una maquinaria extremadamente eficiente a la hora de procesar información [93]. Podemos ver el precio de un activo como el resultado neto de toda la información existente sobre él y el mercado, en un instante dado. En el momento que surge nueva información y se hace pública, el mercado la asimilará en forma casi instantánea, por ejemplo, cuando una compañía reporta ganancias superiores (o inferiores) a las estimadas por los analistas, el anuncio de un nuevo contrato, un nuevo producto, la amenaza de una guerra o un escándalo político.

Cuando una nueva información llega a oídos del inversor promedio, el mercado ya ha reaccionado por lo que cualquier oportunidad de extraer beneficios de ella se esfuma antes de que el inversor siquiera determine cuál es el impacto de esa información en primer lugar.

Esto hace muy difícil aprovechar cualquier oportunidad real que surja a partir del constante flujo de información disponible. No

Inversión Activa

debemos olvidar que cualquier conclusión a la que lleguemos sobre la valoración de un activo se basará en información de acceso público y que otros inversores (millones de ellos) ya han evaluado antes que nosotros. Si Ud. tiene razones válidas para pensar que la empresa X se apreciará 10% en bolsa en las próximas 2 semanas, entonces su precio subirá 10% hoy y lo que hará en las próximas 2 semanas solo dependerá de cualquier nueva información que se haga pública. Por otro lado, si X aún no se ha apreciado ese 10% pero el análisis que Ud. ha realizado le indica que sí lo hará, entonces se enfrenta a dos posibilidades: 1 – Ud. está en lo cierto y millones de otros inversores equivocados o 2 – quien está equivocado es solo Ud. ¿Qué opción creé que es la más probable?

Si bien el mercado puede ser eficiente a la hora de asimilar información, esto no significa que sus conclusiones siempre serán las correctas. Recordemos que el valor de un activo lo determina el flujo esperado de dinero que ese activo generará en el futuro. El problema surge cuando el mercado comienza a tener expectativas muy por encima (o muy por debajo) de la realidad. Un claro ejemplo fue la burbuja tecnológica de finales de los '90s. El *P/E* promedio del *S&P500* en los 130 años previos rondaba los 15 puntos. En el clímax de la burbuja este valor superó los 40 puntos [36]. Las expectativas de beneficios futuros que el mercado tenía en ese momento estaban muy por encima de lo que cualquier empresa era capaz de concretar.

Este tipo de eventos se los identifica como ineficiencias del mercado: los precios se alejan de cualquier valoración razonable que se pueda hacer a partir de la información disponible. ¿Significa esto que las burbujas bursátiles son algo evidente y que por tanto seremos capaces de evitarlas o tomar ventaja de ellas? Si fueran evidentes no habría burbujas en primer lugar. Un *P/E* de mercado que esté por encima de su promedio histórico no implica necesariamente la presencia de una burbuja o que el mercado esté fuera de control. Puede suceder que el *P/E* promedio histórico simplemente esté evolucionando hacia valores superiores.

El punto es que solo lo sabremos en retrospectiva. Siempre habrá alguien que afirme que estamos en una burbuja a punto de estallar y alguien que afirme lo contrario. Lo único seguro es que uno de los dos está en lo cierto.

Análisis Técnico

Market Timing

Imaginemos que efectivamente nos encontramos en medio de una burbuja que ha comenzado a desmoronarse. ¿Qué hacemos entonces? ¿Vendemos todos nuestros activos y salimos del mercado hasta que todo vuelva a la normalidad? Aunque esto parezca ser el curso de acción más razonable, presenta serios problemas, sobre todo porque no sabremos a ciencia cierta si realmente estamos en presencia de una burbuja que acaba de estallar.

Digamos que durante un largo período (tal vez años), el mercado ha estado al alza y oscilando con relativa baja volatilidad (no más del 5%). Repentinamente observamos una caída de entre 5% y 10%. ¿Es ésta la confirmación de que estamos a las puertas de un desplome bursátil de magnitud? Tal vez solo sea otra corrección de precios temporal a la que ya estamos habituados, luego de la cual el mercado retomará su trayectoria ascendente.

Ud. decide pues no vender ninguno de sus activos, pero el mercado continúa cayendo, y las pérdidas superan ahora el 10%. ¿Vamos, ahora sí, en camino de un serio desplome bursátil? Recuerde que técnicamente una caída de entre 10% y 20% se considera *solo* una corrección de precios. Se plantea nuevamente la pregunta ¿qué hacer ahora? ¿vender todo? De nuevo, tal vez sea solo una corrección y no llegue a convertirse en un crash. ¿Qué tal si el mercado cae hasta el 15%? ¿Qué hacemos? Si alcanza el 20% entraremos, por definición, en un crash. Si esto ocurre, los inversores entrarán en pánico y comenzarán a vender en forma frenética. Esto, a su vez, acelerará la caída aún más y podremos sufrir pérdidas del 30% o 40%, o incluso más abultadas.

En vista del posible escenario futuro, toma la decisión de no asumir riesgos. Vende todo su portafolio cuando este pierde un 10% de su valor. Se alegra al ver que el mercado continúa cayendo, y registra un 20% de pérdidas. Su decisión fue acertada. Podría haberlo hecho antes y reducido así sus pérdidas, pero no se culpa por ello.

Ahora bien, una vez que el mercado ha caído 20%, parece ser que comienza a recuperarse. Retorna primero al nivel de -15% y luego -10%, el punto en donde Ud. decidió salirse del juego. Se enfrenta ahora a otra decisión: ¿volver a entrar o esperar que suba un poco más? Es posible que solo sea una recuperación parcial y que luego el mercado vuelva a caer en la zona del crash y de ahí al abismo. Decide esperar.

El mercado continúa subiendo, ahora alcanza el nivel de -5% de pérdida. Ud. se ha salido en -10% por lo que ha dejado pasar 5% de beneficios, o lo que es lo mismo, la oportunidad de recuperar la mitad de sus pérdidas. De nuevo, ¿qué hace? ¿es el momento de entrar? ¿Y si lo hace y el mercado retoma la caída una vez más? En ese caso solo acumulará más pérdidas. De nuevo, decide esperar y ver qué pasa.

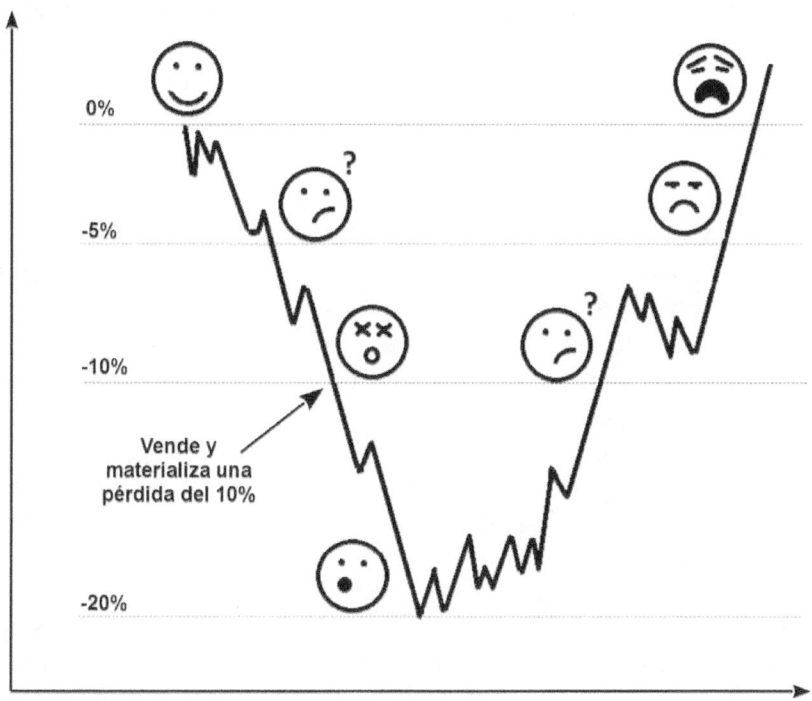

Gráfico 14.6: *Market Timing*. Intentar identificar el punto más alto del mercado y el punto más bajo de un desplome bursátil para maximizar nuestros beneficios. Una actividad que suele tener efectos devastadores.

Finalmente, el mercado recupera el nivel previo al desplome y Ud. decide volver a adquirir sus activos. El resultado: ha materializado una pérdida de 10%, aunque ha evitado una pérdida potencial de 20%. Sin embargo, si se hubiera mantenido dentro del mercado todo el tiempo, no hubiera materializado ninguna. Es más, podría haber realizado compras regulares a precios cada vez menores y recuperado sus pérdidas mucho antes.

Es importante notar que, para recuperar una pérdida, no basta con que nuestros activos se aprecien en igual porcentaje. Por ejemplo, una pérdida del 50% requiere que nuestros activos se aprecien 100%, o lo que es lo mismo, que dupliquen su valor tan solo para recuperar nuestra inversión inicial. Como regla general, el tiempo necesario para recuperar una pérdida suele ser mayor que el tiempo que tomó materializarla.

La práctica de intentar entrar o salir del mercado en el mejor momento posible es lo que se conoce como *"market timing"*. La idea es vender cuando el mercado alcanza su punto más alto y comprar en su punto más bajo. Por más sensato que parezca, es una de las actividades más destructivas que un inversor puede realizar [94].

Selección de activos

La eficiencia del mercado a la hora de asimilar toda la información disponible en un momento dado también hace muy difícil o casi imposible la tarea de determinar los activos o empresas que tendrán un rendimiento superior en el futuro. Los índices como el *S&P500* o el *Russell 3000* basan la composición de sus portafolios solamente en la capitalización de mercado, es decir, en el valor total actual de cada empresa incluida en el índice, sin realizar ningún tipo de análisis técnico o fundamental para determinar cuáles incluir y cuáles excluir.

Ésta es una de las críticas a la inversión indexada, o pasiva, por parte de aquellos que creen tener la habilidad de seleccionar los activos ganadores. ¿Cómo es posible que un mecanismo de selección tan trivial, basado solamente en capitalización, pueda igualar o incluso superar la selección de activos basada en un análisis exhaustivo de los mismos, en donde los expertos dedican incontables horas a analizar detalladamente todos los aspectos de una compañía: facturación, gastos, beneficios netos, deudas, balances contables, flujo de efectivo, competitividad, calidad de gestión, y una miríada de otros indicadores contables y económicos, no solo relacionados directamente con la compañía sino también con el sector al que ésta pertenece y al mercado en su conjunto, tanto nacional como global?

Inversión Activa

Pues la respuesta es sencilla: el precio de mercado actual de un activo, y por ende su capitalización, es precisamente el resultado neto de la valoración colectiva que millones de inversores e instituciones financieras hacen de ese activo. Por lo tanto, basar nuestras decisiones de inversión en la capitalización es equivalente a seguir el consejo experto de millones de individuos que han dedicado gran cantidad de tiempo y esfuerzo en analizar esos activos y lo mejor de todo: es totalmente gratis. ¿Cómo logramos esto? Mediante la inversión indexada.

Inteligencia Artificial: ¿La última frontera?

Una estrategia de inversión en auge hoy en día es el uso de la inteligencia artificial. Aunque parezca novedosa, la posibilidad de que una máquina pueda predecir el mercado es una idea que se viene investigando desde hace décadas. La inteligencia artificial está avanzando en forma asombrosa y tendrá un rol fundamental en las sociedades del futuro, no tengo ninguna duda sobre eso. De lo que si tengo dudas es que podamos usarla para predecir el futuro. Imagine una máquina diseñada para predecir el resultado de lanzar unos dados...por más inteligente que sea, ¿en qué puede basar sus predicciones?

Se puede argumentar que, si conocemos con exactitud la posición y la velocidad inicial de esos dados, entonces sería perfectamente posible predecir su posición final simplemente aplicando las leyes de la física. Y es correcto, al menos en teoría. En la práctica la dificultad es tal que es virtualmente imposible hacerlo. Para ello deberíamos ser capaces de alimentar la máquina con datos como: la dirección y velocidad exactas con la que el jugador ha lanzado los dados, la rugosidad y elasticidad de la superficie en donde estos aterrizarán, las condiciones atmosféricas circundantes, humedad, presión atmosférica, temperatura y una miríada de otros valores. A su vez, la máquina debería utilizar un modelo matemático preciso para representar todo el acto de lanzamientos dados. Finalmente, debería darnos una respuesta antes de que los dados aterricen en el suelo, es decir, en una fracción de segundo. El problema es que para entonces ya no podremos hacer ninguna apuesta.

Análisis Técnico

Si queremos una predicción más útil, por ejemplo, varios minutos antes del lanzamiento, la máquina debería modelar, además de todo lo mencionado antes, al propio lanzador de dados. Imagine la magnitud de la proeza computacional: sería necesario modelar todas las interacciones bioquímicas en el cerebro del lanzador que finalmente lo llevan a lanzar los dados de una forma y no de otra. No solo eso, la máquina debería también tomar en consideración la respuesta de los músculos a los estímulos nerviosos enviados por el cerebro, que en definitiva determinarán la velocidad y dirección en que los dados finalmente salen de la mano del lanzador.

Imagine ahora que, en lugar de modelar un solo jugador, nuestro objetivo es predecir lo que harán millones de jugadores simultáneamente. Eso es precisamente lo que deberíamos hacer si pretendemos predecir el mercado. Las posibilidades de que veamos este logro en el corto o mediano plazo son por demás escasas.

Sin embargo, el objetivo de la inteligencia artificial no es modelar todas y cada una de las interacciones que se dan en un sistema real y complejo, sino más bien reconocer los patrones que emergen de ese sistema y que nos permitan, con mayor o menor confianza, predecir cómo se comportará a continuación. Algo así como el pronóstico del tiempo: los modelos matemáticos utilizados para predecir tormentas y huracanes no tienen por objetivo representar y modelar cada molécula de aire en la atmosfera y cómo éstas interactúan entre sí, eso sería una tarea imposible. Lo que se hace es modelar una versión muy simplificada del sistema real que nos dé información aproximada acerca de cómo se comportará ese sistema en el futuro.

En este sentido, la inteligencia artificial intenta modelar lo que la mente humana hace mejor: reconocer patrones. Cuando un jugador de futbol lanza el balón al aire, sabe que éste regresará al suelo y en qué zona del campo de juego (aproximadamente) sin tener que realizar cálculos matemáticos para averiguar los efectos físicos que tendrá su puntapié sobre el balón.

Una de las herramientas más utilizadas por la inteligencia artificial son las redes neuronales. Estas son una representación muy simplificada del cerebro humano y que funciona muy bien a la hora de reconocer patrones. Sus usos van desde el reconocimiento facial a

Inversión Activa

la seguridad informática y la medicina. Por ejemplo, la investigación genética actual presenta más desafíos informáticos que biológicos: la información genética disponible es tan enorme que sería imposible extraer algo útil de ella si no fuera por la informática moderna. La inteligencia artificial es ampliamente utilizada en este campo para detectar los patrones genéticos responsables de ciertas enfermedades. Estos descubrimientos darán lugar, a su vez, a terapias genéticas en el futuro [95].

Otra herramienta sumamente útil son los llamados algoritmos evolutivos que, como su nombre lo sugiere, se basan en el concepto de evolución. Cualquier problema de optimización es susceptible de ser resuelto con un algoritmo de este tipo, por ejemplo, encontrar la ruta más corta entre dos puntos, algo que cualquier teléfono móvil equipado con GPS puede realizar hoy en día.

Estos algoritmos, en lugar de intentar encontrar la solución óptima de un problema en forma directa, lo que hacen es partir de un grupo de soluciones iniciales que normalmente son bastante mediocres, pero fáciles de obtener. Cada una de esas soluciones es el equivalente a un individuo dentro a una población. Luego, el algoritmo replica lo que ocurre en la naturaleza: comienza a cruzar o aparear parejas de individuos para producir *descendencia* y crear así una nueva generación de soluciones del problema original.

Estas nuevas soluciones son una combinación de sus progenitoras, por lo que son muy similares a éstas, pero con ligeras diferencias. Probablemente muchos individuos de la nueva generación sean peores que los individuos de la generación anterior, esto es, es posible que muchas de las nuevas soluciones producidas sean aún más mediocres que las anteriores. Sin embargo, habrá algunas que serán mejores. El siguiente paso es aplicar "selección natural", o en este caso, "selección artificial". De la nueva generación se seleccionan los mejores individuos y se descarta el resto. El grupo resultante se utiliza entonces para crear la siguiente generación. Todo el ciclo se repite cientos o miles de veces. El resultado final: un grupo de soluciones muy superior al grupo original y muy cercanas a la solución óptima del problema que queremos resolver.

Los algoritmos evolutivos son ampliamente aplicados en ingeniería, por ejemplo, para encontrar la forma óptima del ala de un nuevo prototipo de avión y maximizar así su rendimiento aerodinámico o para encontrar la distribución óptima de nodos en una red eléctrica [96].

En finanzas, se suelen utilizar en la etapa de *backtesting* que hemos visto anteriormente, es decir, para calibrar estrategias de inversión utilizando datos históricos. Por ejemplo, si nuestra estrategia utiliza promedios móviles (MA) y RSI, nos interesará encontrar los períodos óptimos con los que éstos indicadores deben configurarse para obtener el mayor retorno posible en un período determinado.

Otra técnica muy utilizada es la minería de datos: la extracción de patrones existentes en enormes cantidades de información, que sería imposible analizar en forma manual. Por ejemplo, se están investigando y desarrollando técnicas para analizar el contenido de la web con el objetivo de extraer indicios sobre el movimiento futuro del mercado. Un programa puede analizar, 24hs al día, el contenido de los mensajes en Twitter o Facebook y detectar, por ejemplo, un aumento del número de veces en que el nombre de una empresa es mencionado. Un aumento significativo de las menciones de nombres como *Tesla* o *Nike*, en combinación con adjetivos positivos (o negativos) puede estar indicando un repentino aumento del interés del público por ellas lo que, a su vez, puede traducirse en un aumento (o caída) de su valor en Bolsa. Un robot programado de esta manera puede comprar y vender activos en una fracción de segundo según el sentimiento del público en las redes sociales [97].

Estos son solo algunos ejemplos de las posibilidades de la inteligencia artificial aplicada a la predicción de mercado. Estoy seguro de que estas tecnologías tienen un futuro más que prometedor en una gran variedad de áreas, sin embargo, ¿qué tan efectivas son a la hora de predecir lo que ocurrirá mañana?

Se han realizado algunos estudios sobre la eficacia de las redes neuronales, por ejemplo, a la hora de predecir la evolución de los precios de mercado a partir de valores históricos. Lo interesante es que los resultados muestran cierta habilidad de predicción, pero solo en el (muy) corto plazo. Las predicciones se desvían de la realidad en el momento en que surgen eventos inesperados y aleatorios, los cuales ocurren todo el tiempo. Es precisamente la naturaleza aleatoria

Inversión Activa

de estos eventos la que los hace absolutamente impredecibles [98].

En 2015, el productor alemán de vehículos *Volkswagen* se vio envuelto en el escándalo de las pruebas de emisión de CO_2, en donde se descubrió que el gigante automotor llevaba tiempo maquillando los resultados de estas pruebas. Al conocerse la noticia, las acciones de la compañía perdieron un 30% de su valor casi en forma instantánea.

Este tipo de eventos no está en las previsiones de ningún analista ni es posible que sea anticipado por ningún computador. Intentar introducir en la ecuación todos los factores que afectan a los mercados y sus activos individuales, es como intentar predecir el resultado del lanzamiento de dados modelando la mente del lanzador.

Por supuesto, estas limitaciones no han impedido la creación de instrumentos de inversión activa basados en inteligencia artificial. Por ejemplo, recientemente se ha lanzado el ETF "*AIEQ - AI Powered Equity ETF*" cuyas decisiones de inversión son enteramente ejecutadas por un computador. Es muy pronto para evaluar sus resultados, pero no me sorprendería que fueran similares a los de cualquier ETF indexado o incluso peores. El hecho de tener, además, un expense ratio de 0.75% tampoco ayuda mucho.

No me mal interprete, siempre existe la posibilidad de que estas técnicas tengan éxito, pero si lo hacen, su éxito será efímero: más temprano que tarde el mercado detectará las mismas oportunidades y simplemente replicará las decisiones de inversión que la máquina haga y al hacer esto, la ventaja acabará por desvanecerse. Cualquier posibilidad que el mercado ofrezca de obtener beneficios superiores a la media, será inmediatamente explotada por los millones de inversores (y robots) que están siempre observando. Cuando Ud. o yo la detectemos, ya será demasiado tarde. Como lo dijo Bernard Baruch: "*Algo que todo el mundo sabe, no vale la pena saber*".

Puntos Clave

El análisis técnico, a diferencia del análisis fundamental, solo observa la evolución histórica de los precios con el objetivo de determinar cómo se comportarán en el futuro. Para ello hace uso de un arsenal de indicadores técnicos, como promedios móviles e indicadores de fortaleza relativa (entre muchos otros), así como también la identificación de patrones o formas que la curva de precios parece dibujar.

Al igual que el análisis fundamental, el análisis técnico adolece de varios problemas como, por ejemplo, asumir que los patrones o comportamientos pasados se repetirán en el futuro con una frecuencia conocida. Si tal cosa ocurre, no solo nosotros lo detectaremos, sino también el resto del mercado, lo que acaba por reducir o anular totalmente cualquier oportunidad de obtener resultados superiores.

Adicionalmente, la enorme eficiencia del mercado a la hora de asimilar la información disponible sobre los activos cotizados hace muy difícil identificar cualquier oportunidad lo suficientemente rápido como para poder tomar ventaja de ella. En otras palabras: el precio de mercado actual de un activo es, en todo momento, la estimación más precisa que podemos obtener de su valor real, según toda la información que hay disponible sobre él.

En cualquier caso, estos inconvenientes no impiden que muchos inversores intenten una y otra vez todo tipo de estrategias con el objetivo de obtener beneficios superiores a la media. Una de las trampas más comunes en las que suele caer el pequeño inversor es lo que se conoce como *Market Timing*: intentar identificar el momento en que el mercado ha alcanzado su techo o el momento en que una corrección o desplome ha alcanzado su suelo y actuar en consecuencia. No solo es imposible identificar estos dos extremos, sino que además estaremos luchando contra nuestras emociones que nos harán tomar decisiones incorrectas en el peor momento.

V
Gestión del Portafolio

15

Ejecutando el Plan

"Concretar pequeñas cosas es mejor que solo planear grandes cosas"
Peter Marshall

Una vez que hemos decidido la composición de nuestro portafolio, solo resta lanzarnos al agua y comprar nuestros activos. O... ¿tal vez no? ¿Qué sucede si invertimos todos nuestros ahorros e inmediatamente después ocurre un desplome bursátil? El saber que todos los desplomes que han ocurrido en el pasado han sido seguidos de una recuperación del mercado, no nos tranquiliza demasiado. Analizar una crisis en retrospectiva es muy diferente a vivir una en carne propia, viendo como nuestro capital va perdiendo valor día tras día.

Algo que no debemos olvidar es que durante una recesión el pesimismo es generalizado y eso es precisamente lo que perpetúa el deterioro de los mercados, de lo contrario no habría recesión en primer lugar. Ver las noticias y escuchar a los analistas financieros tampoco ayuda. Durante estos períodos hay razones reales para ser pesimistas.

Como en el caso de la burbuja tecnológica a finales de los 90 y la crisis financiera de 2008, los inversores nos enfrentamos a una promesa rota, algo que venía funcionando y tenía un futuro brillante de repente ya no lo tiene, y todo en lo que creíamos parece ser una mentira. El problema es que durante los períodos de euforia nuestras expectativas suelen estar muy por encima de lo que el mercado es realmente capaz de dar, y durante los períodos de recesión nuestro pesimismo suele ser mayor de lo que debería. En definitiva, los inversores en general, y por tanto el mercado, suelen reaccionar en forma exagerada en ambas situaciones. Esto siempre ha sido así y siempre lo será, es inevitable.

Entonces, ¿cómo proceder a la hora de iniciar una inversión? Una sencilla solución, que nos suele dar un mayor grado de paz mental, es ingresar al mercado en forma gradual, como cuando vamos a la playa y entramos al agua poco a poco hasta aclimatarnos. En lugar de invertir todo nuestro capital de una sola vez, podemos dividirlo en partes iguales y comprar nuestros activos periódicamente, por ejemplo, una vez al mes, durante 1 o 2 años. Este procedimiento se denomina *Dollar Cost Avarage* o estrategia del costo promedio.

Por ejemplo, un inversor que cuente con un capital de $10.000, puede invertir $1.000 durante 10 meses o $500 durante 20 meses. Las ventajas de este procedimiento son dos: 1 - Nos da una mayor tranquilidad el saber que no todo nuestro dinero está a merced de los vaivenes bursátiles y 2 - podemos tomar ventaja de cualquier caída o desplome durante el período de inversión. En un lapso de 1 a 2 años, es muy probable que observemos algún tipo de corrección de precios de la cual beneficiarnos. Cuando el valor de un activo cae, no solo estaremos comprando más barato, sino también más cantidad por el mismo valor monetario.

Es importante notar que esto no es equivalente al *Market Timing* que hemos visto antes. La estrategia del costo promedio no toma en cuenta ninguna valoración de mercado o indicador técnico alguno; es un procedimiento mecánico en donde realizamos una compra periódica sin prestar atención a las constantes fluctuaciones de los precios. Si bien no estaremos comprando a los precios más bajos, tampoco lo estaremos haciendo a los precios más altos. Estaremos *promediando el costo* de nuestros activos, de allí el nombre del procedimiento.

Claro está que esta estrategia no es infalible. Es posible que durante el período de inversión nos encontremos con un mercado en alza por lo que estaremos comprando nuestros activos a precios cada vez mayores. Los estudios académicos indican que entre el 60% y 70% de las veces el *Dollar Cost Average* produce peores resultados que la estrategia de invertir el 100% del capital desde el inicio, sin embargo, la diferencia no es realmente significativa en el largo plazo y a cambio nos ahorramos muchos dolores de cabeza [99].

De todas formas, la realidad es que la inversión gradual suele ser la única opción disponible para la mayoría de los pequeños inversores que solo disponen de un ahorro mensual a partir de su salario y no cuentan con un capital inicial considerable. Si este es su caso, bienvenido al club, ya somos dos.

Ahora bien, ¿cómo implementamos este procedimiento? Pues existen dos variantes.

Dollar Cost Average (DCA)

Dollar Cost Average (DCA) [100] o estrategia del costo promedio consiste en invertir una cantidad fija de dinero en forma periódica, normalmente cada mes, durante cierto período de tiempo o durante toda nuestra vida activa como inversores. Consideremos el siguiente portafolio:

- ✓ Activo **A**: 50%
- ✓ Activo **B**: 30%
- ✓ Activo **C**: 20%

Si invertimos $1.000 al mes, compraremos $500 del activo A, $300 del activo B y $200 del activo C. A lo largo del tiempo, la proporción de estos tres activos no permanecerá constante. Algunos se apreciarán y otros perderán valor. Esto nos dará la oportunidad de comprar parte del portafolio a un mejor precio, y cuando éstos suban, compraremos menos.

Por ejemplo, el ETF *SPY* (que replica el índice *S&P500*) cotizaba

Ejecutando el Plan

a $128.79 en septiembre de 2008. Una inversión de $12.000 en ese momento nos hubiera permitido adquirir 93 unidades de este ETF. Doce meses más tarde, en septiembre de 2009, el precio del ETF había caído hasta los $102.46 con lo cual nuestro capital se hubiera reducido hasta los $9.804, es decir, una pérdida de 18%[*]. Por otro lado, utilizando la estrategia del costo promedio, podríamos haber invertido $1.000 cada mes hasta completar los $12.000. La tabla 15.1 compara el resultado, mes a mes, de ambas estrategias.

Mes	SPY Precio por Unidad	Número de unidades adquiridas	Costo Mensual	Capital Acumulado	100% invertido al inicio del período
ago-08	$128.79 ---	7.76	$1.000	$1,000.00	12,000
sep-08	$115.99 ↘	8.62	$1.000	$1,900.61	10,868
oct-08	$96.83 ↘	10.33	$1.000	$2,586.66	9,072
nov-08	$90.09 ↘	11.10	$1.000	$3,406.61	8,441
dic-08	$90.24 ↗	11.08	$1.000	$4,412.28	8,524
ene-09	$82.83 ↘	12.07	$1.000	$5,049.97	7,824
feb-09	$73.93 ↘	13.53	$1.000	$5,507.36	6,983
mar-09	$79.52 ↗	12.58	$1.000	$6,923.78	7,566
abr-09	$87.42 ↗	11.44	$1.000	$8,611.63	8,318
may-09	$92.53 ↗	10.81	$1.000	$10,115.01	8,804
jun-09	$91.95 ↘	10.88	$1.000	$11,051.60	8,798
jul-09	$98.81 ↗	10.12	$1.000	$12,876.12	9,455
ago-09	**$102.46 ↗**	-	-	-	9,804
Total:		130	$12,000	$13,351	$9,804
	Ganancia/Pérdida Neta			11.3%	-18.3%

Tabla 15.1. Comparación entre inversión regular (*Dollar Cost Average*) e inversión única al inicio del periodo ($12.000 en agosto de 2008).

Para agosto de 2009, habríamos invertido todo nuestro capital de $12.000 y adquirido un total de 130 unidades del ETF. En ese momento, el valor total de nuestra inversión ascendería a $13.351, es

---

[*] Para simplificar el ejemplo no consideramos los dividendos que hubieran reducido nuestras pérdidas alrededor de 1%.

Gestión del Portafolio

decir, una ganancia neta del 11%. Esto es equivalente a haber comprado esas 130 unidades de *SPY* a un precio promedio de $92 (=$12.000/130).

Notemos que este precio promedio no es el más bajo que se ha registrado en el período considerado, pero tampoco el más alto, que casualmente se da al inicio. Si hubiéramos invertido todo nuestro dinero en agosto de 2008, estaríamos registrando una pérdida en lugar de una ganancia.

Esta estrategia, por supuesto, no es infalible. El período de 12 meses utilizado en el ejemplo fue cuidadosamente elegido para resaltar las bondades del método. El problema, claro, es que nunca sabremos cómo se comportará el mercado en el futuro. Si invertimos todo nuestro dinero hoy ¿cómo podemos estar seguros de que no estamos a las puertas de un desplome bursátil de magnitud, que puede durar meses o incluso años? ¿Estamos dispuestos a asumir ese riesgo? Nuestras habilidades de adivinación no deberían formar parte de nuestra estrategia de inversión.

La principal ventaja de la inversión gradual es la tranquilidad que nos brinda. El valor de nuestro portafolio no estará atado al precio de compra inicial sino al promedio de precios registrado durante todo el período de inversión. El costo de esta tranquilidad es la posibilidad de obtener un retorno ligeramente inferior en el largo plazo. Podemos verlo como el seguro contra incendios de nuestra casa: pagamos un determinado precio a cambio de la tranquilidad de saber que no perderemos todo si un desastre ocurre, aun cuando la probabilidad de ocurrencia de un evento catastrófico sea mínima. En 2008, ese improbable evento se volvió realidad.

Si nuestro portafolio está realmente diversificado, sus partes se comportarán en forma dispar durante el período de inversión inicial, es decir, algunos activos se apreciarán y otros perderán valor. Es en este escenario donde la estrategia de costo promedio muestra sus mayores beneficios: estaremos comprando más cantidad y a mejores precios aquellos activos que se deprecien y menos cantidad de los que ganen en valor. ¡Y lo mejor es que no tendremos que adivinar cuál es cuál de antemano!

Ejecutando el Plan

Dollar Value Average (DVA)

El segundo método de inversión gradual, muy similar al que acabamos de ver pero que suele dar mejores resultados, es el *Dollar Value Average (DVA)* o valor promedio [101]. Con este método también realizamos compras regulares pero el dinero invertido en cada compra es variable. En lugar de invertir una partida fija cada mes, el método nos propone incrementar el valor total de nuestro portafolio una cantidad fija en cada paso. Veamos un ejemplo para clarificar las diferencias con el método anterior.

Imagine que establecemos la siguiente política: el valor total de nuestro portafolio debe incrementarse $1.000 cada mes (o con la frecuencia que elijamos). De esta forma, el primer mes invertiremos precisamente $1.000. Si el segundo mes nuestro portafolio se ha apreciado un 10% y vale $1.100, entonces solo invertiremos $900 para que el valor total alcance los $2.000. Análogamente, si al llegar al tercer mes el valor de nuestro portafolio ha caído de los $2000 a los $1800, deberemos entonces invertir $1200 para alcanzar los $3000. Repetimos el procedimiento durante todo el período de inversión. Note que cada mes estaremos invirtiendo una cantidad de dinero variable dependiendo del valor total del portafolio en ese momento. Es incluso posible que no tengamos que invertir durante uno o varios meses si el valor total supera lo indicado por el método.

	DVA		
Mes	Valor objetivo del portafolio	Valor real del portafolio	Inversión
1	$1.000	$1.000 --	$1.000
2	$2.000	$1.100 ↗	$900
3	$3.000	$1.800 ↘	$1.200
4	$4.000	$3.300 ↗	$700
5	...	...	...

Con el *Dollar Cost Average (DCA)* sabemos exactamente cuánto dinero invertiremos cada mes, pero no el valor de nuestro portafolio, el cual será variable. Con el *Dollar Value Average (DVA)*, sabemos exactamente el valor del portafolio cada mes (mes 1 = $1.000, mes 2 = $2.000, mes 3 = $3.000, etc.) pero no la cantidad de dinero que deberemos invertir con cada contribución.

Gestión del Portafolio

El DVA es un procedimiento más agresivo que el DCA debido a que nos exige invertir más cuanto más cae el mercado. Por otro lado, utilizaremos menos de nuestro propio dinero cuando el mercado esté en alza. En cierto modo, esto soluciona el problema del método del costo promedio el cual no toma en cuenta el nivel actual de precios.

Al igual que antes, esto no nos asegura entrar al mercado con los precios más bajos, pero tampoco con los precios más altos. ¿Cómo responde este método si hacemos el mismo ejercicio que antes durante el período 2008-2009? La tabla 15.2 nos muestra el resultado.

Al utilizar el método del valor promedio, hemos acabado comprando 9 unidades menos del ETF al completar los 12 meses, pero observamos una ganancia del 12.3%, es decir, un punto porcentual más que con el método del costo promedio.

Mes	SPY Precio por Unidad	Unidades adquiridas	Costo Mensual	Capital Acumulado	100% invertido al inicio del período
ago-08	$128.79 ---	7.76	$1,000.00	$1,000.00	12,000
Sep-08	$115.99 ↘	9.48	$1,099.39	$2,000.00	10,868
Oct-08	$96.83 ↘	13.74	$1,330.37	$3,000.00	9,072
Nov-08	$90.09 ↘	13.42	$1,208.82	$4,000.00	8,441
dic-08	$90.24 ↗	11.01	$993.34	$5,000.00	8,524
ene-09	$82.83 ↘	17.03	$1,410.57	$6,000.00	7,824
Feb-09	$73.93 ↘	22.25	$1,644.69	$7,000.00	6,983
Mar-09	$79.52 ↗	5.92	$470.72	$8,000.00	7,566
abr-09	$87.42 ↗	2.35	$205.23	$9,000.00	8,318
May-09	$92.53 ↗	5.12	$473.92	$10,000.00	8,804
Jun-09	$91.95 ↘	11.56	$1,062.68	$11,000.00	8,798
Jul-09	$98.81 ↗	1.81	$179.34	$12,000.00	9,455
ago-09	$102.46 ↗	-	-	-	9,804
Total		121	11,079	$12,443	$9,804
		Ganancia/Pérdida Neta		12.3%	-18.3%

Tabla 15.2: Resultado de utilizar el método de valor promedio (*DVA*). El capital acumulado es conocido de antemano, no así el costo mensual de nuestras compras.

Observe también la disparidad del importe invertido entre un mes y otro: en febrero de 2009 hemos tenido que invertir $1,644 mientras que un par de meses después, en abril, solo $205. El procedimiento impone una mayor exigencia de capital en ciertos períodos que luego compensa en los restantes.

Evidentemente los beneficios de estas estrategias solo se materializarán si nos apegamos al procedimiento, esto es, si logramos dejar nuestras emociones fuera del juego. Claro que esto es más fácil de decir que de hacer, especialmente cuando estamos atravesando una recesión, en el que invertir más dinero parece un suicidio financiero.

Cualquiera de estos dos procedimientos debe ejecutarse en forma mecánica. Seleccione un día específico para hacer sus contribuciones al portafolio, por ejemplo, el primer día del mes o el primer lunes* (o martes, o miércoles) y compre los activos en las cantidades determinadas por el procedimiento elegido. Intente no prestar atención a los movimientos de precios ni a las noticias financieras del momento.

Una trampa en la que solemos caer es la siguiente: imagine que faltan dos días para realizar su siguiente compra y los activos que planea adquirir han estado apreciándose en los días previos. Se pregunta ¿debería comprar hoy para evitar pagar un precio mayor un par de días más tarde? De nuevo, nadie sabe cómo reaccionará el mercado en los siguientes dos o tres días o en los siguientes dos o tres meses. En efecto, algunas veces pagará sus activos a precios más altos dos días después y otras veces a precios más bajos.

Muchas veces escucharemos a los analistas afirmar que el mercado se encuentra sobrevalorado, que los precios están en máximos históricos y que es conveniente mantener el capital en forma de efectivo† y esperar a que los precios bajen a niveles más razonables. Ciertamente suena muy sensato. Sin embargo, esto presenta algunos problemas. Como hemos visto, el mercado tiende a ascender en el largo plazo y no parece quedarse estancado por mucho tiempo. Para hacer esto, necesariamente tiene que estar alcanzando máximos históricos en forma frecuente. Si esperamos a que los

---

* Por supuesto, puede ocurrir que ese día el mercado este cerrado. En ese caso realice su compra el día siguiente.
† O en forma de instrumentos "sin riesgo," como depósitos bancarios o bonos a muy corto plazo.

Gestión del Portafolio

valores desciendan a niveles que consideramos adecuados para invertir, corremos el riesgo de no invertir nunca. En otras palabras: es posible que hoy sea el último día que el mercado presenta los precios que estamos observando. Por la misma razón, cuanto más tiempo tengamos nuestro dinero inactivo, más beneficios dejaremos pasar.

Por otro lado, es legítimo que nos preguntemos cuál es el nivel de precios adecuado para invertir. Asumiendo que dicho nivel realmente existe, el problema es que será conocido por el resto de los inversores y esto hará que nunca lo alcancemos. Cuando los precios se aproximen a este nivel, los inversores comenzarán a comprar antes de llegar a él (por si acaso no lo alcanza), lo cual, a su vez, hará que los precios se incrementen de nuevo. Es como perseguir la zanahoria colocada frente a nuestras narices y que nunca alcanzaremos por más rápido que corramos.

La única estrategia sensata y que elimina el estrés de tomar decisiones equivocadas, es seguir un procedimiento preestablecido, como un programa de computador: ejecutar una instrucción y luego la siguiente sin importar lo que suceda alrededor. Cualquiera de las dos estrategias expuestas en los párrafos anteriores (DCA o DVA) nos permitirán lograr esto, simplemente deberemos apegarnos a ellas sin prestar atención al ruido del entorno.

Por supuesto, será inevitable que verifiquemos el rendimiento diario de nuestro portafolio: no se alarme si parte de él comienza a perder valor, vea el portafolio como un todo y sobre todo no tome decisiones impulsivas, deje que el mercado y la diversificación hagan su trabajo.

Ambas estrategias, no solo requieren disciplina para llevarlas a cabo, también requieren de algún tipo de asistente para calcular las cantidades de activos que deberemos adquirir en la próxima compra, como por ejemplo una planilla Excel. Si le resulta fácil manejarse con planillas electrónicas, le animo a confeccionarse una.

Para quienes no tienen el tiempo suficiente o no les interesa familiarizarse demasiado con Excel, tienen a su disposición una planilla lista para utilizar que pueden encontrar online, y en forma gratuita, en *www.efficientallocation.net*.

Ejecutando el Plan

Reajuste del Portafolio

Como hemos visto, el portafolio que finalmente construyamos dependerá del nivel de riesgo que estemos dispuestos a tolerar y esto a su vez determinará nuestra proporción de acciones/bonos, por ejemplo, 60% acciones y 40% bonos. Una vez hecho esto, decidiremos como subdividir o afinar cada clase de activos, si es que nos interesa hacerlo.

Ahora bien, ¿qué sucede con estas proporciones a lo largo del tiempo? Si nos olvidamos de nuestro portafolio y lo "abandonamos a la deriva", con el tiempo su estructura será totalmente diferente a la que teníamos en mente al comienzo. Es probable que luego de 5 años las acciones hayan tenido un rendimiento muy superior a los bonos y ahora nuestro portafolio se compone de, por ejemplo, 80% acciones y solo 20% bonos. En ese punto, la relación 80/20 presenta un nivel de riesgo muy diferente al que habíamos establecido 5 años antes. Lo que deberemos hacer es volver a *equilibrar o reajustar* nuestro portafolio para llevarlo a la proporción original de 60/40*, es decir, vender el exceso de acciones y con el dinero obtenido comprar el faltante de bonos. Lo mismo ocurrirá con cada una de las subclases dentro de las acciones y bonos.

A primera vista esto puede parecer ir en contra del sentido común: estamos vendiendo un activo que ha tenido un buen rendimiento para comprar otro activo que ha tenido un rendimiento mediocre en comparación. Lo que debemos tener en cuenta es que estamos aprovechando uno de los principios básicos de la inversión: vender caro y comprar barato. En el largo plazo, las clases de activos tendrán, o deberían tener, retornos positivos. Si a lo largo de nuestra vida como inversores tenemos la oportunidad de comprar parte de esos activos a precios más atractivos, nuestro resultado final será superior. Al reajustar nuestro portafolio estaremos aprovechando los beneficios de la diversificación.

La pregunta que ahora nos planteamos es: ¿cuándo deberíamos reajustar? Existen varias opciones o políticas de ajuste

---

* Recuerde que este es solo un ejemplo. Es posible que nuestro nivel de riesgo determine un portafolio 80/20 y con el tiempo éste evolucione a 60/40. De igual manera, debería reajustar para volver a la proporción original de 80/20.

Gestión del Portafolio

que podemos resumir de la siguiente manera [102]:

1. **Reajuste periódico:** Es la política más sencilla en donde elegimos una frecuencia de reajuste fija, por ejemplo, anual, semestral o trimestral.
2. **Reajuste por porcentaje absoluto:** Esta política nos dice que debemos reajustar solo cuando alguno de nuestros activos se desvía de su valor objetivo un cierto porcentaje preestablecido del total del portafolio, por ejemplo, 5% o 10%. Con esta opción no sabemos de antemano con qué frecuencia estaremos realizando un reajuste.
3. **Reajuste por porcentaje relativo:** Es similar a la política anterior, pero el porcentaje de desvío es relativo al activo y no al total del portafolio. Por ejemplo, en un portafolio compuesto de 60% acciones/40% bonos y con una política de reajuste relativo del 10%, solo ejecutaremos un reajuste si las acciones caen o suben más de 6%, es decir, el 10% de 60%. En forma análoga, deberemos reajustar si los bonos caen o suben más de 4%, es decir, el 10% de 40%. De nuevo, con esta opción no sabremos con qué frecuencia se producirá el reajuste.
4. **Reajuste combinado:** En este caso reajustamos en forma periódica, pero solo si se ha producido un desvío de porcentaje relativo o absoluto. Esta opción combina las políticas 1 y 2 o 1 y 3.

La realidad es que no hay una opción que sea correcta y otra incorrecta, en el sentido de que nos asegure un resultado óptimo. Si reajustamos en forma demasiado frecuente, por ejemplo, cada 2 o 3 meses, estaremos aumentando el número de compras y ventas y por tanto las comisiones a pagar. Además, es posible que acabemos pagando más impuesto a las ganancias de capital del que deberíamos. Otro inconveniente es que probablemente no estemos dando tiempo a los activos para que se aprecien lo suficiente. Por otro lado, una baja frecuencia de reajuste puede hacer que perdamos la oportunidad de capitalizar la apreciación de ciertos activos, es decir, la oportunidad de vender caro y comprar barato.

Ejecutando el Plan

Ninguna frecuencia o estrategia de reajuste específica nos asegurará el mejor resultado, sin embargo, un reajuste periódico (semestral o anual) puede incrementar, en el largo plazo, el rendimiento total de nuestro portafolio con respecto a uno que nunca es reajustado (o que se "abandona a la deriva"). Esto se observa, sobre todo, cuando se combinan activos volátiles y que presentan una baja correlación entre sí, como ser acciones y bonos a largo plazo [103]. Esta diferencia puede ser de tan solo medio punto porcentual (anual), lo cual podríamos considerar como algo insignificante, pero a lo largo del tiempo, esa pequeña mejora en el rendimiento tendrá un impacto considerable.

A modo de ejemplo, comparemos ambas opciones (reajustar y no hacerlo) en un portafolio compuesto de los ETFs *VOE** y *EDV†* en una proporción 60/40 respectivamente. El resultado desde enero de 2008 a septiembre de 2017 lo vemos en la tabla 15.3 y el gráfico 15.1.

Portafolio	Proporción	Reajuste anual	Inversión Inicial Enero 2008	Resultado Final Septiembre 2017	Retorno Compuesto Anual
VOE/EDV	60%/40%	Si	$10.000	$29,369	**11.79%**
EDV/EDV	60%/40%	No	$10.000	$23,522	**9.25%**

Tabla 15.3: Comparación del efecto que tiene el reajuste en un portafolio 60/40.

En una década observamos una diferencia de más del 2% de retorno anual en el portafolio reajustado con respecto al que nunca es reajustado. Cabe mencionar que este cálculo no tiene en cuenta los costos del reajuste (comisiones e impuestos). En breve veremos cómo mitigar este costo.

El principal objetivo del reajuste no es, sin embargo, la posibilidad de incrementar nuestro rendimiento final (esto es un saludable efecto secundario), sino más bien el de mantener, a lo largo de nuestra vida como inversores, un portafolio acorde a nuestro nivel de riesgo tolerado.

---

* VOE: Media Capitalización – Valor
† EDV: Bonos cupón cero a largo plazo

Gestión del Portafolio

Gráfico 15.1: Comparación del rendimiento de un portafolio reajustado periódicamente con el rendimiento del mismo portafolio, pero que es *abandonado a la deriva*. Fuente: *portfoliovisualizer.com*

Cosecha de pérdidas

El concepto de *cosecha de pérdidas* o *"loss harvesting"* [104] en inglés, nos puede sonar algo ominoso a primera vista. ¿Quién en su sano juicio se dedicaría a cosechar pérdidas? Veamos de que se trata y si nos puede ser útil.

Como ya sabemos, cualquier beneficio neto que obtengamos al vender un activo en el período fiscal en que realizamos la transacción, estará gravado con el impuesto a las ganancias de capital o *Captial Gain Tax*. Su cuantía varía dependiendo del país en donde Ud. resida, pero lo que es seguro es que no se librará de él, a menos que viva en un paraíso fiscal.

Mientras no vendamos nuestros activos no deberíamos preocuparnos. El problema surge a la hora de reajustar nuestro portafolio porque es probable que estemos vendiendo un activo apreciado y por tanto materializando una ganancia.

¿Existe alguna forma de evitar o reducir el impacto de este impuesto (¡y no me refiero a evadir impuestos!)? ¿Qué tal si al momento de vender un activo pudiéramos tener a "nuestro favor" ciertas pérdidas con las que neutralizar las ganancias? Pues para ello

Ejecutando el Plan

podemos materializar o cosechar pérdidas cuando éstas ocurran. La idea es vender un activo que ha entrado en el terreno negativo y reemplazarlo por otro con características similares de riesgo y retorno esperado. De esta manera estaremos registrando o contabilizando una pérdida que podremos utilizar más adelante. Normalmente, además, podremos trasladar estas pérdidas de un período fiscal al siguiente, lo que nos permite mantenerlas en "nuestro bolsillo" hasta que necesitemos utilizarlas. Veamos un ejemplo.

Imaginemos que nuestro portafolio contiene el ETF *SPY*, que replica el índice *S&P500*. Si en el primer año de nuestra inversión *SPY* sufre una pérdida del 10%, lo que podemos hacer es vender el ETF, contabilizar esa pérdida de 10% y con el dinero obtenido comprar el ETF *IWV* que replica el índice *Russell 3000*.

¿Qué hemos logrado con esto? Si bien no hemos evitado la pérdida del 10%, hemos tomado ventaja de ella. Ahora nuestro portafolio sigue siendo básicamente el mismo, simplemente hemos sustituido el ETF *SPY* por *IWV* que en la práctica representan la misma clase de activos: Gran capitalización del mercado americano y por tanto muestran un riesgo y rendimiento potencial muy similares entre sí. El resultado neto es que no hemos alterado ni el riesgo ni el retorno potencial de nuestro portafolio, pero ahora contamos con un balance negativo de -10% a nuestro favor para utilizar cuando sea necesario; hemos cosechado una pérdida.

Al momento de realizar un reajuste, esto nos permitirá cancelar, contablemente hablando, cualquier ganancia menor o igual a 10% y evitar así el pago del impuesto al capital en el que incurriríamos de no haber registrado ninguna pérdida, al menos en el período fiscal corriente. Si no la utilizamos, podremos trasladar esta pérdida a los siguientes períodos fiscales y utilizarla en el futuro.

La única condición es que debemos reemplazar el ETF por otro que se base en un índice diferente, porque de lo contrario es muy posible que ambos se consideren el mismo activo y el truco no funcionará. No nos vale reemplazar el ETF *SPY* por *VOO*, un ETF de *Vanguard* que también replica el *S&P500*.

La cosecha de pérdidas es una actividad que debe realizarse en forma cautelosa: debemos reemplazar un activo por otro suficientemente diferente, pero a la vez suficientemente similar en

Gestión del Portafolio

términos de riesgo y retorno. De no hacerlo así, estaremos modificando las características fundamentales de nuestro portafolio y por tanto los objetivos que nos hemos fijado en un principio. Al final del apéndice C encontrará algunas parejas de ETFs que pueden ser intercambiados entre sí para implementar este procedimiento.

Otro aspecto de esta técnica al que debemos prestar especial atención es que suele existir un período mínimo durante el cual no podemos volver a comprar el mismo activo que acabamos de vender, de lo contrario, la pérdida registrada será inválida.

Por ejemplo, si reemplazamos el ETF *SPY* por *VOO*, no podremos realizar la operación inversa durante un tiempo, (reemplazar *VOO* por *SPY*) para volver a nuestro portafolio original. Este período de espera varía de un país a otro, pero normalmente suele ser de 4 o 5 semanas. El objetivo de este tipo de restricciones es precisamente evitar o reducir el uso de la cosecha de pérdidas y poder así recaudar más impuestos. Antes de utilizarla, investigue cuál es este período en su país de residencia fiscal.

A pesar de sus bondades, esta práctica no está libre de críticas. Se suele argumentar que lo único que logra es postergar el pago del impuesto a las ganancias de capital y que no lo evita en lo absoluto. Esto es correcto: al reemplazar el activo A por el B evitaremos el pago de impuestos sobre el activo A, si lo hemos vendido a pérdida, pero eventualmente deberemos pagar ese mismo impuesto sobre el activo B cuando éste se aprecie en el futuro. El principal beneficio que obtenemos de la cosecha de pérdidas es ganar tiempo para que nuestros activos se aprecien, pero el día que liquidemos nuestro portafolio o parte de él, acabaremos pagando todos los impuestos que hemos venido postergando.

Si bien la crítica es perfectamente válida, no viene nada mal ganar tiempo, especialmente si somos inversores a largo plazo.

Ciclo de vida del inversor

Podemos dividir nuestro ciclo de vida como inversores en dos etapas bien diferenciadas: 1 - Acumulación de capital y 2 - usufructo de rentas o retiro. Durante la primera etapa nuestro objetivo es acumular capital mediante el ahorro y la inversión sistemática. Esta etapa comienza, o debería comenzar, cuando ingresamos al mercado

Ejecutando el Plan

laboral y logramos tener un ingreso regular de dinero. A partir de ese momento nos interesa hacer crecer nuestro patrimonio y tenemos una mayor tolerancia al riesgo al contar con más tiempo para recuperarnos de cualquier desplome o recesión.

Además, si poseemos activos que pagan dividendos, deberíamos reinvertirlos porque no nos interesa obtener una renta de esos activos, aún. Nuestro salario debería cubrir todos nuestros gastos cotidianos, sin tener que extraer dinero del portafolio de inversiones.

Una vez alcanzada la segunda etapa, el retiro, deberíamos contar con un capital suficiente del cual poder extraer una renta mensual o anual que cubra nuestras necesidades. Esto, por supuesto, se puede complementar con una pensión estatal o privada, si contamos con una.

¿Cuánto dinero necesitamos acumular para poder retirarnos? Para responder esa pregunta, lo primero que debemos estimar es el nivel de gastos que tendremos una vez que alcancemos el retiro. Esto, por supuesto, no es tarea fácil.

El retiro puede estar a décadas de distancia y no podemos basar nuestro cálculo simplemente en el nivel de gastos que tenemos en el presente, aunque puede ser un buen punto de partida. Normalmente nuestros gastos durante el retiro deberían ser menores que los actuales. Idealmente ya habremos acabado de pagar la hipoteca y nuestros hijos serán económicamente autosuficientes. Por otro lado, es posible que tengamos que hacer frente a un mayor gasto médico o cualquier otro gasto inesperado que no podremos predecir de antemano. A pesar de estas incertidumbres, es imperativo hacer una estimación inicial que luego podremos ir ajustando. No vale con decir: voy a necesitar la mayor cantidad de dinero posible...

Cabe mencionar que alcanzar la etapa de retiro no implica necesariamente tener que alcanzar la edad de retiro establecida por la ley. Con un poco de suerte, podremos estar en condiciones de abandonar la vida laboral en forma temprana, tal vez 5, 10 o 15 años antes. Por supuesto esto dependerá de nuestro poder de ahorro a lo largo de nuestra vida activa. Si el retiro temprano es nuestro objetivo, esta demás decir que deberemos mantener un estilo de vida frugal, teniendo nuestros gastos bajo control en todo momento.

Gestión del Portafolio

Un error común es creer que la mayor parte del crecimiento de nuestro capital proviene del retorno de nuestras inversiones. Si bien este retorno puede ser sustancial a largo plazo, la base de ese capital proviene más que nada de nuestro ahorro y éste, a su vez, dependerá de nuestro estilo de vida. No es mi objetivo aquí enumerar las diferentes estrategias que podemos utilizar para reducir nuestros gastos del día a día y aumentar nuestro nivel de ahorro, eso lo dejo en manos de su sentido común. Mi objetivo es hacer notar la importancia del ahorro y cómo puede impactar en su futura salud financiera. Un dólar ahorrado e invertido hoy puede valer más de veinte dólares en treinta años*.

La regla del 4%

Pues bien, imaginemos que hemos alcanzado nuestro momento dorado: el retiro (temprano o no). ¿Ahora qué? ¿Cuánto dinero podremos retirar mensual o anualmente de nuestro portafolio? ¿Cuánto tiempo durará nuestro capital si retiramos dinero regularmente? ¿Qué tal si se acaba en forma prematura?

El mayor riesgo al que nos enfrentamos como inversores en la etapa de retiro es "sobrevivir a nuestro portafolio", es decir, que nuestro capital se acabe y aún estemos ¡vivos! Afortunadamente la esperanza de vida se ha incrementado considerablemente en las últimas décadas, sin embargo, esto representa un mayor riesgo de acabar en la quiebra en el momento más inoportuno de nuestras vidas.

Entonces ¿cuál es la mejor estrategia para aumentar la longevidad de nuestro portafolio? Tradicionalmente, se ha sugerido utilizar la llamada regla del 4% [105]: extraer como máximo 4% del total de nuestro capital durante el primer año de retiro y luego extraer esa misma cantidad ajustada por inflación durante los años siguientes. La lógica detrás de esta regla es bien sencilla: si nuestro portafolio tiene un retorno anual de al menos 4%, entonces podremos extraer en forma segura esa cantidad sin disminuir nuestro capital a lo largo de los años y con un poco de suerte, éste incluso podría aumentar. Si, por

---

* Por supuesto habrá inflación, pero recuerde que ese mismo dólar valdrá casi cero en treinta años si no es ahorrado e invertido hoy.

ejemplo, nuestro retorno anual es de 6%, no solo podremos extraer una renta cada año, sino que además nuestro capital continuará creciendo a un ritmo anual de 2%.

Ésta sería, por supuesto, la situación ideal. En la realidad casi nunca obtendremos un rendimiento fijo anual de nuestra inversión. Habrá años en que incluso sufriremos pérdidas. Entonces, ¿cómo podemos estar seguros de que el método funciona? Lamentablemente este procedimiento no nos garantiza que nuestro capital se preserve a lo largo del tiempo. La regla del 4% es solo eso, una regla general.

Sin embargo, en 1998 se publicó un trabajo académico llamado el estudio Trinity (porque fue realizado en la Universidad Trinity, Texas, EE.UU) en el cual se analizaron datos históricos para determinar qué porcentaje anual puede ser extraído de un portafolio en forma segura minimizando el riesgo de acabar en la quiebra. Se tomaron períodos de 30 años consecutivos, a partir de 1925, y se simularon portafolios con diferentes combinaciones de acciones y bonos. A pesar de afrontar múltiples correcciones de precios y desplomes bursátiles (1929, 1974, etc.) el estudio mostró que un porcentaje de extracción de entre 3% y 4% permitía sostener el portafolio durante todo el período de 30 años, lo que otorga cierta validez a la regla [106].

Evidentemente esto se basa en datos históricos y no nos asegura que la regla del 4% continuará funcionando, como los mismos autores del estudio han señalado. Sin embargo, la regla es un buen punto de partida.

Ahora bien, si utilizamos este método ¿qué capital necesita tener nuestro portafolio al momento de retirarnos? Pues eso depende de la estimación que hagamos de nuestros gastos anuales una vez retirados. Una vez determinada esa cantidad, simplemente multiplicamos ese número por 25.

Por ejemplo, si Ud. estima que necesita unos $2.000 mensuales al momento de retirarse, esto equivaldrá a $24.000 anuales. Al multiplicar esta cantidad por 25 obtenemos que su capital debería ser de al menos $600.000. Puede parecer una cifra inalcanzable, pero tenga en cuenta que es la cantidad que habrá acumulado a lo largo de su vida y no estamos hablando de millones. Recuerde también el ejemplo de Francesca, que con solo ahorrar e invertir $100 al mes a lo largo de su vida activa, acababa con un capital superior al millón de dólares. De nuevo, todo esto se basa en estadísticas generales y cada caso o situación personal es diferente. Si bien no podemos predecir el futuro, podemos intentar prepararnos lo mejor posible para cuando este llegue.

Una alternativa a la regla del 4% es mantener parte de nuestro capital en forma de efectivo, algo así como un fondo de emergencia. Esto reducirá nuestras preocupaciones acerca de si el portafolio retornará lo suficiente el siguiente año para sustentar todos nuestros gastos. Diferentes estrategias se han desarrollado en los últimos años en torno a esta idea y una en particular es la que me resulta más atractiva: el llamado *"Portafolio en Compartimientos"*.

Portafolio en compartimientos

Una vez alcanzada la edad de retiro, la lógica nos indica que nuestro portafolio debería componerse en su mayor parte de bonos, es decir, activos con baja volatilidad que preserven el capital y que a la vez nos brinden un flujo de efectivo más o menos garantizado proveniente de dividendos y/o venta de activos. En principio, en esta etapa ya no nos interesa acumular capital sino más bien disfrutar de los beneficios de lo que hemos acumulado a lo largo de nuestra vida activa.

Si bien esta lógica es perfectamente válida, presenta algunos problemas. Por ejemplo, no sabemos a ciencia cierta cómo se comportará nuestro portafolio en los próximos 5, 10 o 20 años, aunque esté compuesto de activos relativamente seguros o estables. Siempre es posible atravesar una corrección de precios o un desplome bursátil que impacte, en mayor o menor medida, a todas las clases de activos.

Por otro lado, el pago de dividendos tampoco está garantizado y puede sufrir modificaciones en cualquier momento. La regla del 4% de extracción de capital puede ser contraproducente en períodos de fuerte depresión económica. Corremos el riesgo de "encoger" nuestro portafolio hasta alcanzar un nivel de capital peligroso.

En estas circunstancias, ¿por qué no simplemente mantener un fondo de emergencia que cubra, por ejemplo, nuestros gastos durante los próximos 2 años? Esta idea parece bastante razonable. Podemos ir un paso más allá y dividir nuestro portafolio en 2 o más partes y asignar a cada una un horizonte temporal diferente. De esta manera cada sección del portafolio presentará un perfil riesgo-retorno distinto.

El portafolio en compartimientos (o *bucket portfolio*) es una idea promocionada por MorningStar.com, el reconocido servicio americano de información financiera y bursátil. Esta estrategia nos propone dividir nuestro capital en 3 partes o compartimientos una vez que alcanzamos el retiro [107] [108].

Debemos ver cada parte como un portafolio separado y con un horizonte temporal diferente. Estos tres compartimientos son:

- **Compartimiento 1:** Contiene el equivalente a nuestros gastos cotidianos para los próximos 2 años, en forma de efectivo, depósitos bancarios o bonos a corto plazo. Este compartimiento es que el que menor riesgo presenta y su prioridad es preservar el capital en el corto plazo y darnos un mínimo de retorno.

- **Compartimiento 2:** Tiene un horizonte temporal de 2 a 10 años (medio plazo). Contiene activos con un mayor riesgo y retorno, como por ejemplo 40% acciones y 60% bonos a medio y largo plazo. De este compartimiento no extraeremos capital para nuestros gastos inmediatos y todos los dividendos e intereses son reinvertidos.

- **Compartimiento 3:** En esta porción es donde podremos asumir un mayor nivel de riesgo dado que el horizonte temporal es de más de 10 años (largo plazo). Construiremos un portafolio con una mayor cantidad de acciones que de bonos, por ejemplo 70/30.

¿Cómo mantenemos esta estructura a lo largo del tiempo? Una vez transcurridos dos años, ¿quedarán solo dos compartimientos? Pues no. La idea es mantener las 3 partes en todo momento. Esto significa que en forma periódica deberemos transferir capital de una sección a otra, como lo muestra la figura 15.1.

Gestión del Portafolio

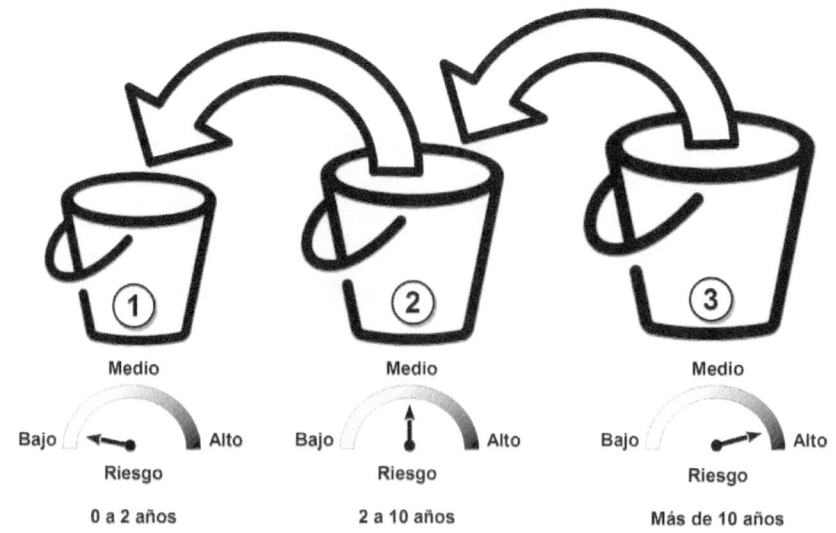

Figura 15.1: Portafolio por compartimientos:

1 – De 0 a 2 años, bajo riesgo. Cubre nuestro costo de vida inmediato.
2 – De 2 a 10 años, riesgo medio.
3 – Más de 10 años, riesgo medio-alto.

Orden de transferencia de fondos: *3 => 2 => 1*.

A medida que el compartimiento 1 vaya reduciéndose, deberemos reponer los fondos consumidos transfiriendo capital desde el compartimiento 2, por ejemplo, una vez al año, o semestralmente, de forma tal que en todo momento tengamos fondos suficientes para cubrir nuestros gastos durante los siguientes 2 años. De igual forma, tendremos que ir reponiendo el capital extraído del compartimiento 2 a partir del compartimiento 3, pero en forma menos frecuente, por ejemplo, cada 3 o 4 años. Con esto lograremos dar tiempo a los compartimientos 2 y 3 de recuperar su valor y, con un poco de suerte, todo el proceso será autosuficiente durante nuestros años de retiro.

Si bien este mecanismo tampoco es perfecto, al menos disminuye las probabilidades de agotar todo nuestro capital antes de tiempo. Contaremos con un flujo de ingresos constante proveniente

Ejecutando el Plan

del compartimiento 1 que nos brindará estabilidad y seguridad financiera en el corto plazo, independientemente de los vaivenes del mercado.

Otra ventaja fundamental de esta estrategia con respecto a la regla del 4%, es que no nos obliga a renunciar al crecimiento de nuestro portafolio a cambio de asegurar un ingreso regular de dinero. Al dividirlo en secciones con diferentes horizontes temporales, podremos asumir diferentes niveles de riesgo en cada una, y por tanto disfrutar de un mayor potencial de retorno, sin comprometer todo el portafolio.

Puntos Clave

Una vez que hemos determinado la composición del portafolio, nuestro trabajo no acaba allí. Debemos decidir qué método utilizaremos para hacer nuestras contribuciones periódicas y cómo vamos a reajustar el portafolio a lo largo del tiempo.

Con respecto a las contribuciones periódicas, contamos con dos mecanismos básicos:

- ✓ **DCA:** Costo promedio o *Dollar Cost Average*, en donde invertimos una cantidad fija de dinero en forma regular, por ejemplo, cada mes. No conoceremos de antemano el valor total de nuestro portafolio.

- ✓ **DVA:** Valor promedio o *Dollar Value Average*, en donde invertimos una cantidad variable de dinero en forma regular con el objetivo de incrementar el valor de nuestro portafolio en una cantidad fija, y conocida, cada mes. Las contribuciones periódicas son variables y no las conoceremos de antemano.

A la hora de reajustar el portafolio tenemos la opción de hacerlo en forma periódica o cuando nuestros activos se desvíen un cierto margen de la proporción original que les hemos asignado. Independientemente de la política elegida, lo recomendable es hacerlo al menos una vez al año.

El principal objetivo del reajuste del portafolio es el de mantener el nivel de riesgo/beneficio que hemos establecido originalmente. Un efecto secundario de hacer esto es que solemos incrementar algunas décimas de punto porcentual nuestro rendimiento anual, algo que en el largo plazo puede resultar en una diferencia considerable.

Una vez que alcanzamos el retiro, nuestro objetivo es obtener un ingreso regular de nuestro capital y a la vez que éste se preserve para no acabar en la quiebra. Para ello debemos estimar nuestros gastos en esta etapa para saber si el capital podrá sostenernos. Una vez determinada esta cantidad, la multiplicamos por 25 para saber cuál es el capital total requerido.

Podemos extraer, con cierto grado de seguridad, hasta un 4% anual del capital sin que este acabe desapareciendo por completo. Es la llamada regla del 4%.

Otra opción es implementar un portafolio en compartimientos con diferentes horizontes temporales:

- ✓ **Compartimiento 1:** Utilizado para cubrir nuestros gastos en los próximos 2 años, compuesto básicamente de efectivo, depósitos bancarios y bonos a corto plazo. Riesgo bajo.

- ✓ **Compartimiento 2:** Compuesto de bonos y acciones con un horizonte temporal de hasta 10 años. Riesgo medio.

- ✓ **Compartimiento 3:** Compuesto de bonos y acciones con un horizonte temporal de más de 10 años. Riesgo medio/alto

Esta última opción nos permite cubrir nuestros gastos inmediatos sin renunciar al retorno potencialmente superior que ofrece la inversión a largo plazo.

16

Errores Comunes del Inversor

"Experiencia es simplemente el nombre que le damos a nuestros errores."
Oscar Wilde

E s inevitable que a lo largo de nuestra vida como inversores cometamos algunos errores (o más bien muchos). Como ya sabemos, lo importante es reconocerlos y aprender de ellos. Por esta razón, presento a continuación una lista de los más comunes, porque si hay algo mejor que aprender de nuestros errores, es aprender de los errores de otros.

Insuficiente diversificación

El primer error y más común es mantener un pobre nivel de diversificación. Esto puede ser intencional o no. Si queremos obtener resultados superiores al promedio, es decir, derrotar al mercado,

Gestión del Portafolio

tenderemos a hacer apuestas más arriesgadas, por ejemplo, concentrar nuestro portafolio en ciertos sectores o incluso en compañías individuales. No hay otra manera de lograrlo. Tal vez tengamos la confianza suficiente de que nuestras apuestas serán recompensadas, pero debemos recordar que lo estaremos haciendo a costa de sacrificar diversificación y por tanto asumiendo mayores riesgos.

Por otro lado, es posible que estemos disminuyendo nuestra diversificación en forma inadvertida. Diferentes fondos de inversión pueden contener activos en común. Si incluimos estos fondos en nuestro portafolio estaremos invirtiendo dos veces en los mismos activos. Por ejemplo, un ETF basado en el *S&P500* y otro ETF basado en el *Russell 3000* incluirán las mismas compañías que se encuentren en el extremo más alto de la capitalización, por ejemplo, Apple, Microsoft o Amazon (2017-18).

Si queremos invertir en Gran y Media Capitalización (o Media y Pequeña), es muy probable que estas categorías se solapen en algún punto: la Gran Capitalización contendrá algunas empresas dentro de la categoría Media Capitalización. De forma similar, la Media Capitalización contendrá algunas empresas que caerán en la categoría de Pequeña Capitalización. Como hemos visto, la línea que divide unas y otras no suele ser muy nítida. En estos casos deberíamos elegir fondos a suficiente distancia entre sí dentro del espectro, como ser Gran y Pequeña Capitalización, o solo Media Capitalización si queremos incluir ambas.

Por otro lado, si orientamos nuestro portafolio a ciertos sectores económicos, la redundancia de activos se vuelve más relevante. Por ejemplo, un fondo que invierte en el sector de la salud puede contener empresas que también estén incluidas en otro fondo orientado a la biotecnología. Si bien los vemos como sectores o subsectores diferentes, habrá compañías que abarquen más de una actividad y por tanto pueden ser incluidas en fondos de diferente naturaleza. A la hora de elegir un fondo, deberíamos analizar su portafolio y verificar con qué criterios se construye.

Si bien no soy un ferviente creyente en la diversificación fuera del mercado americano, ésta tampoco le hará daño. Los mismos principios se aplican: compruebe que los fondos internacionales en los que elija invertir no se solapen. Si bien es poco probable que un fondo que invierte en países desarrollados acabe invirtiendo en países emergentes, ocurre que, por ejemplo, algunos fondos consideran a China como un país emergente y otros como desarrollado.

Si decide invertir en activos fuera de Estados Unidos, lo recomendable es hacerlo a través de fondos o ETFs globales como, por ejemplo, el ETF *"VEU - Vanguard FTSE All-World ex-US"* que incluye países tanto desarrollados como emergentes, y tiene un portafolio de más de 4.800 compañías a nivel global.

No reajustar el portafolio

Ya hemos visto que el reajustar el portafolio periódicamente puede incrementar nuestro retorno en el largo plazo. Sin embargo, hacerlo requiere disciplina. No es fácil vender un activo que se ha apreciado 20% para comprar otro que ha caído 15%. Cuando esto ocurre, el mercado suele estar huyendo del segundo activo y refugiándose en el primero. La actividad de reajuste del portafolio para llevarlo a su composición original implica hacer todo lo contrario, y esto suele generar muchas dudas y ansiedad.

Recuerde que cuando un activo cae, puede ser una gran oportunidad para comprar más y más barato. Al hacer esto, no necesitaremos que el precio del activo vuelva a su nivel anterior para recuperar nuestras pérdidas.

Por ejemplo, si invertimos $1.000 en el activo A, que cotiza a $10 por acción, compraremos un total de 100 acciones. Si el precio cae un 50%, hasta los $5, nuestro capital habrá caído en igual medida, algo que no será muy agradable de presenciar. Sin embargo, si volvemos a invertir otros $1.000, podremos comprar el doble de acciones a la mitad de precio. Nuestro portafolio contendrá entonces 300 acciones por un valor total de $1.500. Como hemos invertido $2.000 en total, nuestras pérdidas, por el momento, serán de $500. Sin embargo, el precio no necesita regresar a los $10 para recuperar este dinero: al llegar a los $6.67 el valor de nuestro portafolio será nuevamente de $2.000. Si luego alcanza los $10, habremos ganado otros $1.000.

Permítame jugar un poco más con los números y presentarle otro ejemplo, que ilustrará mejor aún las bondades del reajuste periódico. Imagine que posee dos activos A y B, según el detalle mostrado en la tabla 16.1.

Este portafolio contiene 80 acciones del activo A y 100 acciones del activo B, pero el valor monetario total de cada uno es el mismo: $2.000.

Activo	Acciones	Precio Por acción	Capital	%
A	80	$25	$2000	50%
B	100	$20	$2000	50%
		Total	$4000	100%

Tabla 16.1: Portafolio compuesto por los activos A y B en una proporción 50/50.

Imaginemos ahora que luego de transcurrido un año, el activo A se aprecia 100%, es decir, duplica su valor, mientras que el activo B se reduce a la mitad. En este escenario, nuestro portafolio lucirá como sigue:

Activo	Acciones	Precio Por acción	Capital	%
A	80	$50 (=$25x2) ↗	$4000	80%
B	100	$10 (=$20/2) ↘	$1000	20%
		Total	$5000	100%

Tabla 16.2: Composición del portafolio luego de un año: 80% de A y 20% de B

En este punto el activo A ha tenido un rendimiento excepcional mientras que el rendimiento de B ha sido más que decepcionante. El portafolio ahora se compone de un 80% de A y solo 20% de B. Su intuición le dice que sería insensato vender un activo que está en ascenso para comprar otro que parece estar en caída libre. Es más, se pregunta en qué estaba pensando cuando invirtió en el activo B.

Sin embargo, se apega a su disciplina de inversor y decide reajustar el portafolio para llevarlo de nuevo a su composición original de 50/50. Como resultado, deberá vender 30 acciones de A y con el dinero obtenido comprar 150 acciones de B para que el valor total de cada activo dentro del portafolio sea exactamente igual, en

Errores comunes del inversor

este caso $2.500. Luego de realizar el ajuste, nuestro portafolio luce como lo muestra la tabla 16.3. Note que no hemos variado el valor total del portafolio que sigue siendo de $5.000, es decir, un 25% más que el año previo. Pero ahora contamos con 50 acciones de A y 250 acciones de B.

Activo	Acciones	Precio Por acción	Capital	%
A	50	$50	$2500	50%
B	250	$10	$2500	50%
		Total	$5000	100%

Tabla 16.3: Composición del portafolio luego de ajustar los activos a su composición original de 50/50.

Ahora, luego de transcurrir otro año, ocurre lo inverso: el activo A, cuyo valor se había duplicado el año anterior, ahora cae 50% mientras que B se duplica. ¿Cuál es el resultado final? Observe la tabla 16.4.

Activo	Acciones	Precio Por acción	Capital	%
A	50	$25(=$50/2) ↘	$1250	20%
B	250	$20(=$10x2) ↗	$5000	80%
		Total	$6250	100%

Tabla 16.4: Composición del portafolio luego de transcurrido el segundo año.

Vemos que luego de transcurridos dos años, el precio por acción de ambos activos acaba siendo el mismo que al inicio. En este escenario, si no ajustamos el portafolio luego del primer año, el valor total de nuestros activos en el segundo año sería exactamente igual que al inicio, es decir, un retorno total neto de 0%. Sin embargo, al realizar el ajuste y volver el portafolio a sus proporciones originales, su valor total al final del período es de $6.250, es decir, ¡un retorno neto de 56%! Nada mal teniendo en cuenta que los activos A y B han dado un retorno neto nulo en el mismo período. El gráfico 16.1 nos resume todo el proceso.

Gestión del Portafolio

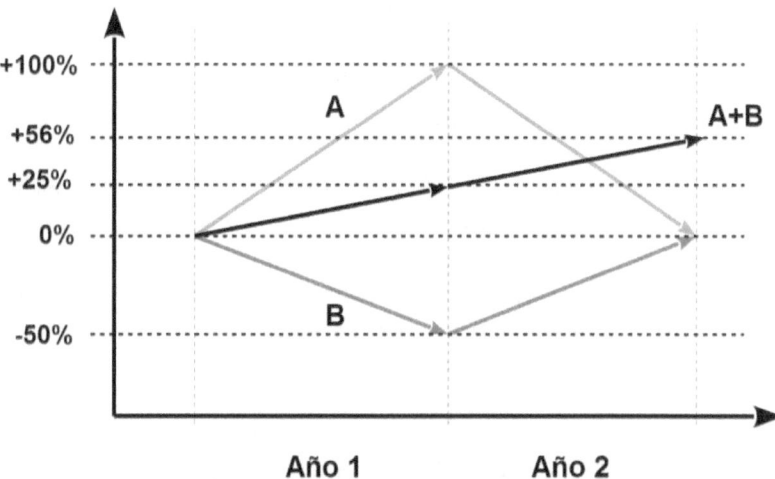

Gráfico 16.1: Los activos A y B tienen un retorno neto nulo luego de dos años. Un portafolio formado por estos dos activos y reajustado el primer año acaba con un retorno neto de 56%.

Si bien la situación descrita en este ejemplo no parece muy realista, escenarios parecidos ocurren en la vida real. De enero de 1999 a diciembre del mismo año, el mercado americano de acciones se apreció aproximadamente un 20% mientras que los bonos del tesoro a largo plazo cayeron 10%. Era el punto más alto de la burbuja tecnológica. A partir de allí, de enero de 2000 a enero de 2003, el mercado de acciones cae más del 40% mientras que los bonos a largo plazo se apreciaron en igual magnitud. Algo similar ocurrió 5 años más tarde durante la crisis financiera de 2008.

Quien haya mantenido un portafolio diversificado de acciones y bonos y seguido una política de reajuste periódico, habría navegado estos dos eventos traumáticos sin mayores consecuencias obteniendo, además, un retorno superior al mercado en la siguiente década.

No prestar atención a los costos

Benjamin Franklin una vez dijo: *"Una pequeña filtración puede hacer hundir el mayor de barcos"*. Se refería a esos pequeños gastos que por ser pequeños no les prestamos demasiada atención pero que sin embargo acabarán afectando nuestra salud financiera en forma significativa.

Al seleccionar fondos de inversión, una de las primeras cosas a observar es su costo, esto es, el *Expense Ratio*. Tal vez consideremos que un 1% de comisiones anuales no es gran cosa. En una inversión de $10.000 esto representa unos $100 al año.

Sin embargo, al cabo de 30 años, esto puede llegar a representar hasta un 35% de nuestro capital. No lo notaremos porque este costo estará repartido a lo largo del todo el período. Debemos recordar que el *Expense Ratio* estará siempre allí, independientemente de si hemos registrado beneficios o pérdidas en un año dado. Los ETFs suelen ser los ganadores en este apartado, pero no siempre, por eso no debemos asumir que ésta es la opción más barata en todos los casos.

Otro costo que no debemos perder de vista son las comisiones de los brókeres. Si su bróker ofrece una lista de fondos con comisión cero, aprovéchela, sobre todo si su portafolio se encuentra en la etapa de acumulación y necesita hacer compras periódicas.

Pagar por asesoramiento financiero

Solemos sentirnos más seguros si tenemos a alguien que nos aconseje, sobre todo si se trata de nuestro dinero que tanto esfuerzo nos ha costado ganar. No estoy diciendo que los asesores financieros intentarán timarlo, pero averigüe si su asesor obtiene una comisión por la venta de los productos en los que le sugiere invertir. Tal vez se sienta más cómodo si el asesor solo cobra comisión sobre las ganancias y no sobre todo el capital invertido. El problema es que en estos casos las comisiones suelen ser bastante altas, por ejemplo, 20%, lo que inexorablemente erosionará significativamente sus beneficios a largo plazo. Recuerde que cada dólar pagado en comisiones no generará ningún rendimiento futuro, por lo que el costo final de esa comisión acabará siendo varias veces superior a lo que hemos pagado por ella.

En muchas otras áreas de la actividad humana no tenemos más opción que pagar a quien posea el conocimiento necesario del cual carecemos, por ejemplo, un mecánico cuando nuestro coche se avería, un doctor cuando nos enfermamos o un abogado que nos saque de la cárcel. Sin embargo, cuando se trata de nuestras inversiones, lo mejor

Gestión del Portafolio

es hacerlo uno mismo siguiendo unos simples principios básicos. El resultado final no será peor que el de los profesionales y es probable que sea incluso mejor.

Si, aun así, siente que necesita asesoramiento profesional, no dude en buscarlo. Pero como suele decirse: nunca firme nada sin antes leerlo. Y más aún, sin antes entenderlo. Haga todas las preguntas que necesite; no se guarde ninguna. Exija saber todas las comisiones que su asesor cobrará y no se sienta intimidado por hacer preguntas que puedan parecer tontas. Evalúe las respuestas que recibe. No digo que le mentirán, pero evalúe las implicaciones que estas tienen.

Permítame ofrecerle un ejemplo. En algunos países, ciertos tipos de fondos de inversión están gravados con el impuesto a la renta en lugar del impuesto a las ganancias de capital. ¿Qué consecuencias tiene esto? Más allá de las diferencias en el porcentaje aplicado por uno y otro impuesto, lo más relevante en este caso es que el impuesto a las ganancias de capital nos permite cancelar pérdidas con ganancias, lo cual no es posible hacer con el impuesto a la renta.

Así, si Ud. ha ganado $1.000 al invertir en el fondo A y perdido $1.000 en el fondo B, sus ganancias netas son cero por lo que no pagará ningún impuesto al capital. Ahora, si los fondos A y B están gravados con el impuesto a la renta, Ud. deberá pagar este impuesto por las ganancias obtenidas en el fondo A, aunque en conjunto sus ganancias netas hayan sido nulas. El resultado es que Ud. acabará perdiendo dinero, aun cuando su portafolio, en conjunto, no haya registrado pérdida alguna.

Este tipo de información es la que un asesor financiero puede ocultar o disimular, si su objetivo es venderle los fondos A y B. Si Ud. pregunta en forma genérica: ¿qué impuestos pagaré si invierto en estos fondos? El asesor le dirá algo así como: "*Ud. pagará impuestos sólo sobre sus ganancias y ningún impuesto sobre sus pérdidas*". ¿Nota el truco? La respuesta es perfectamente correcta, el asesor no le esta engañando, pero tampoco le advierte de las verdaderas implicaciones impositivas de estos fondos. Ud. piensa que es perfectamente razonable pagar impuestos sólo cuando registre ganancias y cree haber entendido en dónde se está metiendo. Lo que el asesor omite aquí es que las ganancias gravadas no son las netas sino las registradas por cada fondo en forma independiente.

Por si se lo pregunta, este ejemplo no es inventado: fue a mí a quien dieron esa respuesta.

Seguir a la manada

Al momento de detectar un depredador, los suricatos* emiten un sonido característico que alerta al resto de la manada. Cada individuo corre a buscar refugio aun cuando ninguno ha visto al depredador con sus propios ojos. Sin embargo, cada uno sabe que tiene que imitar lo que el resto del grupo hace si quiere sobrevivir. Los humanos compartimos este mismo instinto primario que nos ha permitido sobrevivir como especie. Sin embargo, esto juega en nuestra contra a la hora de invertir.

Esto resulta evidente en cada desplome del mercado: ciertos activos, o incluso la mayoría de ellos, se encuentran en caída libre. Lo sensato es huir, buscar refugio y evitar pérdidas mayores. El problema es que el mercado se ha recuperado de todas y cada una de sus caídas (al menos el mercado americano), y cuando vendemos convertimos en permanentes esas pérdidas que hasta ese momento solo estaban en el papel.

Algo similar ocurre durante las burbujas: hay activos que no paran de crecer en valor y esto nos provoca ansiedad. No queremos quedarnos fuera de la fiesta, pero el problema es que solemos entrar en ella demasiado tarde.

Es fácil analizar los hechos una vez que han ocurrido. Se suele escuchar la frase: *"En ese momento era obvio que había una burbuja"*. Si fuera obvio, no habría burbuja en primer lugar. ¿Invertiría Ud. si estuviera seguro de que el mercado se encuentra en una burbuja a punto de estallar?

Desde principios de 2009, cuando el mercado tocó fondo luego de la crisis financiera, el *S&P500* ha experimentado un ascenso sostenido hasta la actualidad (2017/18). Y no solo ha recuperado su valor previo al desplome, ¡lo ha duplicado! ¿Estamos en medio de otra burbuja a punto de estallar? Muchos analistas así lo creen,

---

* Un mamífero carnívoro que habita en África y que se caracteriza por su postura vertical apoyado sobre sus patas posteriores.

mientras que muchos otros creen lo contrario. La realidad es que no lo sabemos a ciencia cierta (tal vez Ud. sí, cuando lea estas líneas).

Es posible que el mercado se desplome mañana, o que siga ascendiendo durante 20 años más, para luego caer a los niveles de hoy en día. En ese caso, hoy estaríamos observando el valor mínimo de los próximos 20 años. Alguien en el futuro vería el día de hoy con envidia, deseando haber estado aquí, hoy, para invertir todo su capital.

El punto es, de nuevo, que no sabemos lo que sucederá. Una vez que el mercado comienza a caer, tampoco sabremos cuál será su suelo. Podemos estar vendiendo todos nuestros activos precisamente en el momento en que el mercado comienza a subir. El sentimiento general nos presionará para que actuemos y esto es lo peor que podemos hacer.

La moraleja es: apéguese al plan. Una vez decidida la composición de su portafolio, no haga experimentos con ella según lo que le aconsejen sus amigos, colegas o lo que lea y vea en las noticias cada día. Simplemente continúe haciendo las contribuciones programadas a su portafolio y realice los ajustes periódicos que dicte la política que Ud. ha elegido desde un principio, sin importar lo que suceda a su alrededor. No será fácil, pero es la única forma de no cometer errores que luego pagaremos muy caro.

Intentar predecir el mercado

Ya hemos visto este concepto, que en inglés se conoce como *"Market Timing"*. Se trata básicamente de intentar comprar un activo cuando su precio alcanza un mínimo y venderlo cuando alcanza un máximo, valiéndonos de alguna estrategia basada en indicadores técnicos o fundamentales. El problema, como se imaginará, es que nunca sabremos donde están estos mínimos y máximos. El *market timing* nos exige tomar muchas decisiones lo que a su vez incrementa las posibilidades de cometer errores.

Aún en el caso de tener la suerte de vender un activo en el preciso momento en que alcanza su máximo, a partir de allí dejaremos de recibir dividendos que a su vez no estaremos reinvirtiendo a precios más bajos. Además, probablemente estaremos pagando impuestos a las ganancias de capital en forma innecesaria.

Errores comunes del inversor

Si realizamos compras periódicas, ya sea a través del método DCA o DVA, lograremos comprar parte de ese activo a precios mucho más atractivos lo que se traducirá en beneficios extra cuando el mercado se recupere, y créame que lo hará.

Por otro lado, si vendemos nuestros activos a la primera señal de corrección de precios acabaremos acumulando pérdidas hasta que realmente ocurra una corrección de precios considerable. Recuerde que el mercado está más tiempo al alza que a la baja y si estamos fuera de él la mitad del tiempo, dejaremos por el camino la mitad de sus beneficios.

De nuevo, la sugerencia aquí es simplemente comprar y mantener nuestro portafolio junto con una política de reajuste periódico. No solo incrementaremos nuestras probabilidades de recoger beneficios cuando estos lleguen, sino que también nos ahorraremos muchos dolores de cabeza.

Invertir en compañías individuales

El inversor promedio no debería invertir en compañías individuales sino en fondos de inversión indexados. La tarea de seleccionar compañías requiere un considerable esfuerzo de investigación y análisis que a su vez no garantizan el éxito. Es como apostar a los caballos: podemos saber cuál ha ganado más carreras, el que tiene el mejor jinete y mejor pedigrí, el número de apuestas a favor y en contra, y mil estadísticas diferentes, pero todo eso no garantiza que gane la siguiente carrera. Tenga en cuenta que los profesionales de la inversión se dedican a analizar enormes cantidades de información financiera con el objetivo de encontrar precisamente esas oportunidades que nadie más ha detectado hasta ahora. Tienen a su disposición recursos de todo tipo que Ud. y yo solo soñaríamos con tener.

Tal vez tengamos la suerte de encontrar el caballo ganador, pero será solo eso, suerte. ¿Apostaría todos sus ahorros? No tiene sentido reducir nuestra diversificación para hacer apuestas arriesgadas. Lo único sensato es invertir en fondos indexados que abarquen la totalidad del mercado o buena parte de él. Recuerde que cualquier empresa puede desaparecer del juego en cualquier momento, pero el mercado en su conjunto siempre estará allí. Y si un

Gestión del Portafolio

mal día es el propio mercado el que desaparece, no se preocupe, porque en ese caso la inversión será el menor de nuestros problemas.

Los medios tampoco nos ayudan: siempre veremos titulares sensacionalistas que hablan de la última inversión de moda, la empresa cuyos beneficios se han disparado hasta la estratósfera, la última tecnología que revolucionará el mercado, etc. Lo peor que podemos hacer es invertir en rumores.

Estamos siempre luchando contra nuestras propias emociones. Solemos pensar que nuestro desempeño, en lo que sea que hagamos, está por encima del promedio, aunque no lo anunciemos a viva voz. Si bien esto es deseable en términos de autoestima, es contraproducente a la hora de invertir.

Esto nos lleva a resistir o rechazar por completo la idea de obtener *solo* un resultado promedio. ¿Quién quiere eso? Si invertimos nuestro tiempo y esfuerzo en alguna actividad, deberíamos ser recompensados en forma acorde. Si entrenamos 10 horas semanales más que el resto de la gente, esperamos tener un desempeño físico superior. Si tenemos más experiencia y conocimientos que nuestros colegas de trabajo, esperamos tener un mejor salario. Si practicamos ajedrez 8 horas diarias, esperamos derrotar a cualquiera que solo sepa mover las piezas. De forma similar, al comenzar a entender cómo funciona el mercado pensamos que seremos capaces de obtener mejores resultados que un inversor principiante que no tiene la menor idea de dónde colocar su dinero. Es este rechazo a la idea de obtener *solo* un rendimiento promedio el que nos lleva a cometer errores y acabamos logrando lo que queríamos evitar: obtener un rendimiento mediocre y por debajo del promedio.

Dicho esto, si aun así le interesa invertir en compañías específicas, ya sea porque conoce muy bien el negocio o el nicho de mercado en el que esa compañía opera, entonces hágalo. Sin embargo, le recomiendo que no dedique más del 10% o 20% del total de su portafolio a este tipo de apuestas y no más del 2% o 3% a cada compañía individual. En el caso extremo de que una de estas empresas pierda 50% de su valor de mercado, esto no representará más del 1.5% de su portafolio.

Adicionalmente, intente diversificarse eligiendo empresas en diferentes sectores económicos. Enfoque su búsqueda a aquellas que posean marcas reconocidas, sobre todo a nivel mundial, y que tengan poca probabilidad de desaparecer en los próximos 20 o 30 años. Esto no significa que no puedan desaparecer, nada está asegurado. Sin embargo, me atrevería a decir que ejemplos de este tipo son Coca Cola o McDonald's. No le estoy sugiriendo que invierta en estas compañías, lo que digo es que son marcas muy populares e identificables en casi todo el planeta y es muy probable que continúen existiendo durante muchos años más.

Por supuesto, esto tampoco le garantiza un retorno superior en el futuro: estamos hablando de empresas enormes que han completado su fase de crecimiento y poco espacio tienen ya de expandirse aún más en el corto o mediano plazo. Sin embargo, son apuestas *más seguras* a la hora de preservar nuestro capital.

En cualquier caso, mantenga la mayor parte de su portafolio en fondos indexados, especialmente ETFs. Estos deben ser los cimientos de nuestra inversión.

Invertir dinero que necesitaremos en el corto plazo

Al momento de invertir, debemos tener claro nuestro horizonte temporal. ¿Cuál es nuestro objetivo? ¿Construir un capital para cuando nos retiremos o ahorrar para comprar un coche o una casa en los próximos dos años?

Si nuestros planes son a corto plazo, no podemos invertir en activos volátiles, como ser acciones. Si estamos pensando en un período de 1 a 5 años, mejor será invertir en bonos a corto y medio plazo. Obtendremos un retorno más bien pobre, pero es más probable que contemos con todo nuestro capital al momento de necesitarlo.

Evite invertir en el último activo de moda con la idea de duplicar su dinero en poco tiempo. Puede hacer lo mismo en el casino.

Si su horizonte temporal es de largo plazo, no utilice el dinero de la renta, la hipoteca o el colegio de sus hijos. Invierta todo aquel dinero que no necesite en los próximos 10 años. Esto no significa que si tiene una emergencia no podrá acceder a él durante todo ese tiempo, como si hubiera firmado un contrato, sino que es posible que acabe con menos dinero que al inicio.

Gestión del Portafolio

Observar el comportamiento de cada activo por separado

Nuestra ansiedad se disparará si alguno de nuestros activos cae 10% o 20%, aunque el portafolio en su conjunto se mantenga estable. No dejaremos de preguntarnos por qué hemos invertido en ese activo y no en otro. Consejo: deje su portafolio a solas, no se ofenderá si no le dirige la palabra por un tiempo.

Al estar permanentemente observando cada componente por separado, corremos el riesgo de actuar impulsivamente y cometer errores. Comprar y vender en bolsa están siempre a un clic de distancia.

Permita que la diversificación y el interés compuesto hagan su trabajo, solo hay que darles tiempo. Algunos activos caerán y otros subirán, no se alarme. De nuevo, continúe con el plan fijado: contribuciones regulares y reajustes periódicos del portafolio para volver a su configuración original.

Productos apalancados

Algo que no he mencionado hasta ahora, y por una muy buena razón, son los productos financieros apalancados o *"leveraged products"* en inglés. Estos son productos derivados que ofrecen un potencial de retorno enorme, así como también un potencial de pérdidas de igual magnitud. Se trata de productos que nos permiten adquirir o tener acceso a un activo por una fracción de su costo. ¿Cómo? Básicamente con dinero prestado. El ejemplo más conocido de este tipo de productos es la hipoteca inmobiliaria: nos permite comprar una casa por una fracción de su valor de mercado, por ejemplo, el 10% o 20%, mientras que el resto del dinero es prestado por un banco a cambio del pago regular de intereses.

Por ejemplo, si Ud. compra una casa que se cotiza a $300.000 con un pago inicial de solo $30.000, su hipoteca tiene un *apalancamiento* de 10 a 1, es decir, Ud. ha comprado (o accedido a) un activo que vale 10 veces lo que ha pagado por él. Si, además, no necesita vivir en esa casa puede entonces alquilarla y con la renta cubrir el pago mensual de la hipoteca[*].

---

[*] También habrá gastos de mantenimiento, impuestos y seguros, pero por razones de simplicidad asumimos que la renta cubrirá todos esos gastos.

Errores comunes del inversor

Imagine ahora que, luego de 2 años, la casa tiene un valor de mercado de $330.000, es decir, se ha apreciado 10%. En ese momento Ud. podría venderla y con el dinero obtenido cancelar toda su deuda con el banco. En el proceso se habrá embolsado $30.000 de ganancias netas. Eso representa un 100% de beneficios sobre su inversión inicial, es decir, ¡ha duplicado lo invertido en tan solo 2 años! Note que el valor del activo que Ud. ha comprado y vendido solo se ha incrementado 10% en el mismo período.

Como contrapartida, existe el riesgo de que ocurra lo contrario: que el valor de la casa caiga 10%, hasta los $270.000. Si por alguna razón, Ud. se ve obligado a vender la propiedad en ese momento, aún podrá cancelar toda su deuda, pero en el proceso habrá perdido los $30.000 del pago inicial, es decir, ¡una pérdida del 100%! Si el valor de la casa cae aún más, sus pérdidas comenzarán a superar el 100%!

En los mercados de valores, este concepto de apalancamiento funciona en forma muy parecida. Uno de los productos apalancados más populares es el *CFD* o *Contract For Difference* [109] [110]. La idea es similar a la de una hipoteca. Por ejemplo, imagine que desea comprar acciones de IBM que actualmente cotiza a, digamos, $150 por acción. Si su capital de inversión es de $1.500, solo podrá adquirir 10 acciones. Ahora, si invierte en un *CFD* de IBM con un apalancamiento de 20 a 1, podrá comprar el equivalente a 20 veces esa cantidad, es decir 200 acciones por un valor total de $30.000 con solo invertir $1.500. ¿De dónde provienen los restantes $28.500? Pues se los presta el bróker a través del cual ha adquirido el *CFD*. Lo que muchas veces sucede, en realidad, es que el bróker le prestará las acciones que él o uno de sus clientes ya posee y no el dinero con el cual adquirirlas (de todas maneras, este proceso es totalmente transparente para el inversor). Por supuesto, no se las prestará por pura generosidad, sino que le cobrará un interés diario durante todo el tiempo que Ud. mantenga el *CFD* en su poder. Es aquí donde los brókeres ganan dinero, y mucho.

Como en el caso de la hipoteca, si la acción de IBM sube 10% (de $150 a $165), el valor total de su *CFD* será de $33.000. Si en ese momento lo vende, cancelará su deuda y se embolsará $3.000 de beneficios, es decir, ha duplicado su inversión inicial de $1.500.

Por el contrario, si el precio de la acción cae solo 10%, Ud.

Gestión del Portafolio

perderá todo lo invertido. ¿Qué sucede si el precio de la acción cae 10% y luego se recupera, volviendo a su valor anterior? Esto es irrelevante: una vez alcanzado cierto nivel de pérdidas predefinido, el bróker cerrará su posición en forma automática materializando así la pérdida. Para evitar esto Ud. tiene que depositar más dinero en su cuenta del bróker para cubrir lo perdido hasta ese momento.

Esta es la diferencia crucial entre el *CFD* y la compra directa del activo que éste representa: el *CFD* no le permite sentarse a esperar a que el precio de la acción se recupere, Ud. puede perder todo su dinero mucho antes de que eso ocurra. Por esa razón, a la hora de usar un *CFD*, debemos estar seguros de que el precio del activo subyacente subirá en el corto plazo (en nuestro caso las acciones de IBM) lo cual, como ya sabemos, implica predecir el futuro.

En la práctica el bróker normalmente cerrará su posición antes de que sus fondos lleguen a cero, es decir, se establece un margen mínimo que, una vez alcanzado, hará que su *CFD* sea vendido a pérdida en forma automática. Este evento se denomina *Margin Call* y es la pesadilla de cualquier inversor, o más bien, especulador [111].

Otro detalle que debemos tener en cuenta es que al adquirir un *CFD* no estamos en realidad adquiriendo el activo subyacente, por ejemplo, acciones de IBM, sino un contrato por el cual cobraremos o pagaremos la diferencia de precio una vez que el contrato se cancele (voluntariamente o no). Por esta razón, no recibiremos ningún dividendo que el activo pudiera generar y además estaremos pagando intereses durante todo el tiempo que dure el contrato. El *CFD* es, pues, un instrumento extremadamente especulativo y de corto plazo.

A pesar de sus riesgos, la demanda de estos productos es abundante y por esto los brókeres ofrecen *CFDs* sobre casi cualquier activo cotizado y sus apalancamientos varían desde 2 a 1 hasta ¡1.000 a 1! Su principal atractivo es que tienen un potencial de retorno astronómico si estamos en lo correcto. Pero si nos equivocamos, pueden ser nuestra ruina. Por esta razón, son productos extremadamente peligrosos y no deberían ser usados por el pequeño inversor.

Vale la pena mencionar que también existen ETFs con apalancamiento, por ejemplo, el ETF "*SSO - ProShares Ultra S&P 500*

ETF" busca duplicar de rendimiento del *S&P500* mientras que el ETF *"UPRO - ProShares Ultra Pro S&P 500 ETF"* triplicarlo. Si bien un ETF apalancado no es exactamente lo mismo que un *CFD*, su objetivo es el mismo: amplificar las ganancias, pero a cambio también amplificará cualquier pérdida. Como si esto fuera poco, sus expense ratios suelen ser del orden del 1% o incluso más lo cual, en términos de costos, los coloca a la altura de los fondos de inversión activa.

Todos estos productos no dejan de ser curiosos e interesantes en sí mismos, pero no deberían formar parte del portafolio del inversor promedio.

Operaciones en corto

Las operaciones en corto o *short positions* [112] [113] son otro tipo de instrumento financiero del cual deberíamos mantenernos alejados. Tal vez le sorprenderá saber que no solo es posible ganar dinero cuando el valor de un activo sube, también es posible hacerlo cuando este cae... ¿cómo es posible? Pues en lugar de comprar algo y luego venderlo a un precio mayor, lo que la operación en corto hace es lo opuesto: vender primero y luego comprar a menor precio. Veamos un ejemplo.

Imagine que Ud. está convencido de que el precio del azúcar* caerá en un futuro cercano. ¿Cómo sacar provecho de esa corazonada? Respuesta: puede pedir prestada cierta cantidad de azúcar y venderla al precio actual. Cuando el precio baje, la vuelve a comprar y la devuelve a su dueño. En el proceso se habrá embolsado la diferencia de precios. Lo único que tiene que hacer es esperar al que precio baje y mientras tanto pagar un interés durante el período que dure el préstamo.

El problema, claro, es que el precio suba en lugar de bajar. En ese caso, no solo deberá seguir pagando el interés del préstamo, sino que sus pérdidas pueden crecer indefinidamente si el precio del azúcar no para de subir. En algún momento deberá tomar la decisión de liquidar su deuda y asumir las pérdidas, o seguir esperando a que el precio vuelva a bajar, pero si esto no sucede, sus pérdidas

---

* El azúcar es un *commodity* o producto básico que se cotiza en bolsa al igual que muchos otros como, por ejemplo: café, algodón, petróleo, gas natural, oro, etc.

Gestión del Portafolio

continuarán acumulándose.

Como se imaginará, es posible colocar una posición en corto contra casi cualquier activo, por ejemplo, acciones de IBM, oro o bonos del tesoro. El problema se agrava cuando estas operaciones son además apalancadas. Con muy poco dinero Ud. puede pedir prestado 10, 20 o 100 veces el capital invertido. Si su apuesta es correcta y el precio cae, sus ganancias serán enormes. Si se equivoca, puede fácilmente perder el 100% de lo invertido o incluso más si intenta evitar el *margin call*, esto es, si continuamente deposita más dinero para cubrir su posición y evitar así que ésta se cierre a pérdida, a la espera de que el precio del activo le sea favorable.

Lo opuesto de la operación en corto es la operación en *largo* o *long position* y es la que ya conocemos: la compra habitual de un activo, en forma apalancada o no, en la cual ganaremos si el precio sube. La pérdida potencial máxima de una operación *long* es de *solo* el 100%, en el caso que el valor del activo comprado llegue a ser cero (por ejemplo, cuando una empresa se declara en quiebra). Por el contrario, la pérdida potencial máxima de una operación *short* no tiene límite porque el precio del activo subyacente puede, en principio, aumentar indefinidamente y con él nuestras pérdidas.

Al igual que en el caso de los productos apalancados, el mercado financiero también ofrece ETFs que operan en corto con respecto a su índice de base: se los conoce como ETFs inversos. Por ejemplo, el ETF "*SH - ProShares Short S&P 500*" devuelve el retorno opuesto del *S&P500*, mientras que el "*RWM - ProShares Short Russell 2000*" hace lo propio con el índice *Russell 2000*, el cual representa el rendimiento la Pequeña Capitalización. Quien esté interesado en apostar en contra de la economía americana, encontrará muy útil cualquiera de estos dos ETFs.

Si le gustan las emociones fuertes, tiene a su disposición "*TZA - Direxion Daily Small Cap Bear 3X Shares*", un ETF inverso (*short*) basado en el *Russel 2000*, pero con un apalancamiento de 3 a 1, es decir, por cada punto porcentual de caída del índice, este ETF triplicará ese valor, pero en ganancias. Por el contrario, si el índice de referencia sube, sus pérdidas también se triplicarán.

Un detalle curioso, pero no menos importante, es que el apalancamiento de los ETFs se reinicia al comienzo de cada jornada bursátil. Sin entrar en detalles matemáticos, esto significa que un ETF con apalancamiento de 2 a 1, por ejemplo, no necesariamente nos devolverá el doble del retorno de su índice de referencia en el largo plazo. Lo que sucede es que, si el índice oscila y se mantiene dentro de un rango durante cierto tiempo, el ETF apalancado comienza a perder valor en forma progresiva, algo que dejará perplejo a un inversor desprevenido. Este tipo de ETFs no son un instrumento adecuado para la inversión a largo plazo sino para la especulación a muy corto plazo.

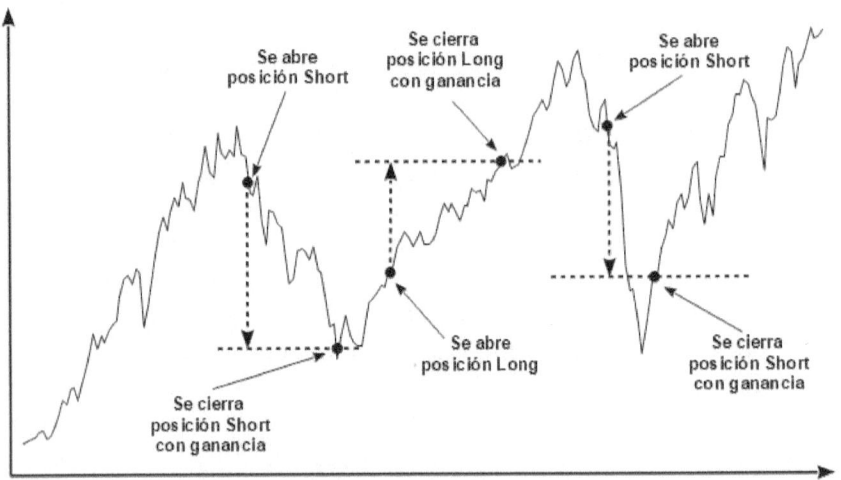

Gráfico 16.2: Las posiciones en corto o *short* ganan cuando el precio del activo de base cae. Las posiciones *long* (compras normales) ganan cuando el precio sube.

Asegúrese de que los ETFs con los que planea construir su portafolio no sean inversos (*short*) ni apalancados.

Penny Stocks

En el capítulo 6 hemos visto que el precio de una acción en sí mismo es irrelevante a la hora de valorar una compañía. Una empresa que cotiza a $100 por acción puede tener menos valor de mercado (es decir, menor capitalización) que una que cotiza a $50. El observar un precio en forma aislada, poco o nada nos dice sobre el valor de un activo. Lo mismo aplica a los fondos de inversión. Por ejemplo, el ETF *SPY* cotiza actualmente (2017) a un precio superior a los $200

Gestión del Portafolio

mientras que el fondo mutuo *SWPPX* lo hace por debajo de los $50. Sin embargo, ambos son fondos indexados que replican el índice *S&P500*. Por tanto, ambos tendrán beneficios futuros muy similares entre sí, independientemente del precio al que coticen hoy.

Sin embargo, existe una excepción a esta regla: cuando el precio del activo en cuestión es de solo unos centavos. Acciones que cotizan a estos precios se las conoce precisamente como acciones centavo o *Penny Stocks*. Originalmente se catalogaba como penny stock a cualquier empresa que cotizara por debajo de $1, pero debido a la inflación, ese umbral se coloca hoy en día en $5 [114].

El primer atractivo de este tipo de compañías es la posibilidad de adquirir un gran volumen de acciones con muy poco dinero. Si nuestro capital es $1.000, podremos comprar 10.000 acciones de una empresa que cotice a solo $0.1 por acción, pero no podremos comprar ni una sola acción de Amazon, por ejemplo.

El segundo atractivo de las *penny stock* es que su precio aparenta tener mucho más potencial de incremento que una acción que ya cotiza a cientos o miles de dólares. Si el precio de la acción es de tan solo unos centavos, solo puede moverse en una dirección, hacia arriba. Esto es una ilusión: para que una empresa duplique o triplique su valor de mercado, debe duplicar o triplicar sus expectativas de crecimiento futuro, como cualquier otra empresa.

En cualquier momento una compañía puede decidir hacer lo que se conoce como *Split*, es decir, dividir sus acciones en dos o más partes iguales con el objetivo de reducir su precio. Si Amazon decidiera hacer esto y dividiera sus acciones por un factor de 2.000*, estas pasarían a valer menos de $1 en forma inmediata y técnicamente Amazon se convertiría en un *penny stock*. Sin embargo, esto no cambiaría en absoluto sus expectativas de crecimiento futuro. Si Ud. posee una acción de Amazon, luego del *Split* pasará a poseer 2.000 de las nuevas acciones. Lo único que ha cambiado es el hecho de que ahora es más accesible a inversores con un menor poder de compra.

Una acción que cotiza a $1, ¿se duplicará más rápido que una que cotice a $20? *Berkshire Hathaway*, el conglomerado controlado por

---

* Ninguna empresa haría un Split por un factor tan enorme; el ejemplo es solo a modo ilustrativo.

Errores comunes del inversor

Warrent Buffet, comenzó a cotizar en los años 60 a un precio inicial de unos $19. A principios de los años 80 superó los $1.000. Hoy en día, sus acciones (identificadas como BRK.A) cotizan por encima de los ¡$300.000! Esto es porque nunca ha sido dividida. Sin embargo, la compañía con mayor capitalización de mercado en la actualidad, Apple Inc., cotiza por debajo de los $200 (hacia finales de 2017). Apple ha dividido sus acciones en cuatro ocasiones a lo largo de su historia, pero de no haberlo hecho su precio estaría hoy muy por encima del de *Berkshire Hathaway*.

Una compañía que cotice a unos pocos centavos de dólar no estará necesariamente al borde del colapso, pero muchas veces éste es el caso. Es posible que recientemente haya emitido más acciones al mercado para recaudar fondos. Un mayor número de acciones disponible hace que el precio de las ya existentes caiga (aumenta la oferta). Este proceso se lo llama diluir el valor de la acción y no suele ser una buena señal. Si el mercado percibe que una compañía tiene poco que ofrecer, tarde o temprano se convertirá en una *penny stock*.

Adicionalmente, las acciones de este tipo de empresas suelen tener problemas de liquidez. Muy pocos inversores las compran y venden y el volumen negociado es muy reducido. Es muy posible que cuando ingresemos una orden de compra o de venta, ésta tarde en ejecutarse y cuando lo haga, lo hará a un precio muy diferente del que teníamos en mente. Como recordará, este es el fenómeno llamado *slippage* y es muy común observarlo al negociar *penny stocks*.

También son propensas a ser manipuladas por inversores inescrupulosos que compran estas acciones para luego esparcir el rumor de que su precio está a punto de disparase. Sus víctimas son, claro, aquellos que buscan hacer dinero rápidamente. El inversor original resulta ser el único que vende y quien se embolsa el dinero de los incautos. Estos, a su vez, acaban siendo dueños de un activo sobrevaluado que nadie más quiere comprar.

Expectativas poco realistas

Otro de los errores más comunes al comenzar a invertir es pensar que nos volveremos ricos en poco tiempo. ¿Quién no ha soñado con ganar millones de la noche a la mañana? Pues es perfectamente posible: solo necesita ganar la lotería. Invertir no

Gestión del Portafolio

significa obtener grandes beneficios en poco tiempo: no se trata de una carrera de 100 metros llanos sino más bien de una maratón. Debe darle tiempo al dinero para que haga su trabajo.

Apresurar este proceso es lo que nos lleva a asumir riesgos y cometer errores que normalmente evitaríamos y cuyas consecuencias notaremos cuando ya sea demasiado tarde. Recuerde que cuando su capital sufre una pérdida de 50%, su inversión debe entonces duplicarse para volver al punto de partida. Esto a su vez lo llevará a asumir riesgos aún mayores.

La única forma de multiplicar su capital en el corto plazo es multiplicar el riesgo y, aun así, el éxito está lejos de ser garantizado. ¿Apostaría Ud. todos sus ahorros en la ruleta? Si acierta, los multiplicará por 36 en el tiempo que tarda el croupier en decir ¡No va más! Le deseo suerte.

Enfocarse solo en los dividendos

¿Le gustaría recibir pagos regulares en efectivo sin tener que trabajar? ¡¿Pues a quién no?! Los dividendos son precisamente eso, lo único que debemos hacer es mantener invertido nuestro dinero en activos que paguen dividendos regulares.

No me mal entienda, esto no es un problema en sí mismo. Si nuestro objetivo es obtener una renta de nuestro capital los dividendos son una opción ideal. Sin embargo, durante nuestra vida activa, deberíamos enfocarnos más en hacer crecer nuestro capital y no tanto en las rentas que éste pueda producir. Para ello deberíamos observar el retorno total de un activo*, y no solo sus dividendos.

Como hemos visto en el capítulo 6, un mayor dividendo suele significar un menor potencial de crecimiento. El dinero que las empresas pagan en dividendos no se utiliza para expandir el negocio, sino para mantener contentos a los inversores. Podemos pensar que al reinvertirlos obtendremos la parte de crecimiento que nos falta. El problema es que con ese dinero solo estamos comprando más acciones de la compañía y no reinvirtiendo en el negocio que ésta realiza. Es la propia compañía y no el inversor quien está en mejor posición de sacar el mayor provecho a ese dinero porque es ella quien

---

* Retorno total = Dividendos + Apreciación del Capital

tiene la experiencia, conocimientos y recursos necesarios para desarrollar y expandir su actividad económica.

Un problema añadido es que deberemos pagar comisiones bursátiles cada vez que reinvertimos nuestros dividendos, además del impuesto a la renta que éstos generen. En otras palabras, nunca estaremos reinvirtiendo el 100% de un dividendo.

Si aun así decide que este tipo de inversión es lo más importante para Ud., piénselo dos veces antes de invertir en una compañía con un alto rendimiento por dividendos. Recuerde que, si el precio de una acción está cayendo, su rendimiento por dividendo aumentará, lo que puede hacerla más atractiva, en apariencia. Obviamente esto no se debe a que la empresa esté siendo más generosa con sus inversores: el valor monetario absoluto de su dividendo será exactamente igual, lo único que ha cambiado es la relación con su cotización en bolsa.

De todas formas, lo más aconsejable como siempre es invertir en fondos de inversión que paguen dividendos en lugar de empresas individuales, y aprovechar así las ventajas de la diversificación. Por ejemplo, el ETF *"VCLT - Vanguard Long-Term Corporate Bond ETF"* invierte en bonos corporativos a largo plazo y tiene un rendimiento por dividendo de alrededor de 4%. Otro ejemplo es el ETF *"JNK SPDR Bloomberg Barclays High Yield Bond"* que invierte en bonos de alto rendimiento o "bonos basura" y nos brinda un rendimiento de 5.5%. Como contrapartida, al tratarse de bonos, veremos una menor apreciación de capital que en el caso de las acciones.

El mensaje final es: si su objetivo es la acumulación de capital, oriente su atención al retorno total, esto es, dividendos **más** apreciación de capital, evitando la tentación de buscar un ingreso de efectivo regular. Esto lo podrá hacer una vez que alcance el retiro.

Comprar ETFs exóticos

El instrumento ideal para el inversor a largo plazo es sin duda el ETF, por su accesibilidad, diversidad y costos reducidos. Sin embargo, no todos los ETFs han sido creados iguales. Ya hemos mencionado algunos ejemplos de ETFs exóticos que deberíamos evitar, sobre todo los apalancados o inversos (o ambos a la vez).

También deberíamos evitar ciertos ETFs temáticos con un

portafolio muy reducido de, por ejemplo, 20 o 30 compañías. Estos suelen asignar un gran peso a las 3 o 4 compañías en el tope de la capitalización por lo que no son fondos realmente diversificados. Si lo que nos interesa es un nicho muy específico y reducido de la economía (por ejemplo, compañías dedicadas a la producción de marihuana con fines terapéuticos o compañías que desarrollan coches sin conductor), es preferible invertir en un subgrupo de las empresas dentro de ese sector, de esta forma estaremos eliminando un nivel de costos: el propio ETF y su expense ratio. Sin embargo, ya sabemos que apostar por compañías individuales es un juego de alto riesgo.

Dejar que nuestras emociones tomen el control

La inversión pasiva, acompañada de un plan de contribuciones regulares y una política de reajuste periódico del portafolio tiene como principal objetivo eliminar de la ecuación a nuestro peor enemigo: nosotros mismos. La idea es seguir un plan en forma mecánica, sin excepciones, que nos evite el tener que tomar decisiones a cada momento. Puede pensar que es una estrategia para tontos, ¡y lo es! Esto es precisamente lo que necesitamos a la hora de invertir. Sospecho que ésta es una de las pocas actividades humanas en las que pensar demasiado es contraproducente.

Luego de una cuidadosa evaluación de pros y contras, solemos pensar que cada decisión que tomamos es la más racional. La realidad es muy diferente y esto no es una mera cuestión de opinión. Se han realizado diversos estudios académicos que lo confirman lo que ha dado origen a una nueva disciplina científica: Sicología Financiera.

Los resultados más interesantes comenzaron a ver la luz hacia finales de los 70's, con los estudios hechos por los sicólogos Amos Tversky y Daniel Kahneman en lo que se ha dado en llamar la teoría prospectiva (*Prospect Theory*). Sus resultados han sido confirmados por estudios posteriores y echan por tierra el concepto de que los inversores actuamos en forma racional, buscando maximizar el beneficio a la vez que minimizamos el riesgo [115].

Los problemas surgen cuando el inversor intenta tomar ventaja de las fluctuaciones del mercado a corto plazo. Se verá obligado a comprar y vender en forma repetida según las señales que su estrategia de inversión le indique, pero sus emociones siempre estarán allí, entorpeciendo todo el proceso.

Lo primero que observamos es que sufrimos lo que se denomina aversión a las pérdidas o *loss aversion*. Esto parece obvio, pero lo interesante es que el efecto negativo de una pérdida es de mayor magnitud que el efecto positivo de una ganancia similar.

Por ejemplo, si perdemos $50 sufrimos más de lo que disfrutamos al ganar $50, aunque se trate de la misma cantidad. Esto hace que cuando poseemos un activo que cae en valor, nos apeguemos a él más tiempo del que deberíamos, esperando a que se recupere. Esto es especialmente destructivo cuando invertimos en compañías individuales, en lugar de un fondo diversificado. Si vendemos el activo, estaremos materializando la pérdida y admitiendo que nos hemos equivocado.

Por otro lado, cuando el activo se aprecia en valor, tendemos a venderlo antes de tiempo por temor a perder el beneficio obtenido hasta el momento, lo que a la larga hará que dejemos pasar un beneficio mucho mayor. De alguna manera estamos asignando un significado especial al precio que hemos pagado por un activo, como si ese precio fuera el correcto y cualquier desviación posterior es, por supuesto, un error del mercado y no un error de valoración por nuestra parte.

Esta característica también nos lleva a ser reacios a invertir, porque percibimos un riesgo de pérdida que no estamos dispuestos a tolerar. Si Ud. cuenta con un capital de $10.000 ¿qué porcentaje de él invertiría? ¿1%, 10% o 20%? ¿Porque no el 90%? Si invertimos el 100% en una empresa individual, existe la posibilidad real de perderlo todo si ésta quiebra. Sin embargo, si este riesgo se reduce o se elimina totalmente, ¿por qué no invertir el 90% o el 100%? Este es el caso cuando invertimos en un fondo indexado que cubra la totalidad del mercado: para perder el 100% de su dinero, la economía en su totalidad debería colapsar, algo que no es imposible pero altamente improbable. Al invertir solo una fracción de nuestro capital estamos dejando pasar la mayor parte de los beneficios que podríamos obtener de él en el largo plazo y por razones poco racionales.

La aversión a las pérdidas suele dar lugar a otro fenómeno: el efecto dotación o *Endowment Effect* [116], el cual hace que valoramos más un activo que ya poseemos que un activo que deseamos comprar.

Gestión del Portafolio

En un experimento ya famoso, llevado a cabo por los investigadores Daniel Kahneman y Richard Thaler, se le entregaba a un grupo de personas una taza que podían canjear por su equivalente en bolígrafos. A un segundo grupo, se le entregaban bolígrafos que podían canjear por tazas. El grupo que ya poseía la taza exigía por ella, en promedio, el doble de bolígrafos ofrecido por el segundo grupo, el cual deseaba adquirir la taza. Por cierto, cada grupo no conocía la valoración que el otro grupo hacía del mismo objeto.

Esto demuestra la subjetividad a la hora de valorar un activo y la futilidad de intentar encontrar su valor real o intrínseco. Nos aferraremos a un activo que este cayendo en valor mientras que descartaremos otros, que aún no poseemos, por considerarlos muy por encima de su valor real.

En otro experimento, se planteó la siguiente pregunta a un grupo de personas: imagine que se encuentra en una situación en donde tiene una probabilidad de 1 en mil de morir repentinamente. ¿Cuánto pagaría por salir de esa situación y eliminar ese riesgo por completo? Luego, a un segundo grupo se le planteo la pregunta inversa: ¿cuánto dinero aceptaría por estar en una situación en donde hay una probabilidad de 1 en mil de morir repentinamente? El primer grupo no ofreció más de $200 a cambio de eliminar el riesgo, mientras que el segundo llegó a exigir hasta $50.000 a cambio de asumir el mismo riesgo. Dependiendo de la situación inicial en la que nos encontremos, valoraremos la misma cosa en forma muy diferente.

También somos víctimas de lo que se ha dado en llamar contabilidad mental o *mental accounting* [117]. Imagine que ha comprado, por anticipado, un billete para el teatro que le ha costado $40. Cuando llega al teatro, nota que ha perdido el billete por el camino. ¿Qué hace entonces? ¿Compra otro billete por $40 en la taquilla o se vuelve a su casa?

Imagine ahora que, en lugar de comprar el billete por adelantado decide comprarlo en la taquilla, previo a la función. Esta vez, al llegar allí nota que ha perdido $40 por el camino. De nuevo, ¿qué hace? ¿compra el billete de todas formas o se vuelve a su casa?

Estas mismas preguntas se plantearon a dos grupos diferentes de personas. En el primer grupo, la mayoría decidió regresar a su casa y no volver a gastar otros $40 en un segundo billete. En cambio, la mayor parte de las personas en el segundo grupo decidieron comprar el billete al llegar al teatro. Note que, en ambos casos, para poder ver la función, el costo total es el mismo: $80. Este costo y lo que obtenemos a cambio es exactamente igual en ambas situaciones, sin embargo, ambos grupos respondieron de forma muy distinta.

¿Qué es lo que sucede aquí? Pues que, en el primer caso, ya hemos gastado $40 en la compra de un billete, por lo que ese dinero ya está contabilizado en nuestra mente como "billete de teatro" y somos reacios a pagar el doble por la misma cosa. En el segundo caso, los primeros $40 los hemos colocado en el apartado de "pérdida accidental" o "robo", mientras que los segundos $40 en el apartado "billete de teatro". Estamos más dispuestos a gastar otros $40 si, en nuestra mente, se trata de una categoría de gasto diferente, sin darnos cuenta de que la cantidad total de dinero y el resultado final son exactamente los mismos en ambas situaciones.

Esta manera de valorar el dinero, y los activos en general, se entromete todo el tiempo con nuestro juicio y nos impide tomar decisiones racionales, o debería decir, objetivamente racionales, porque al momento de tomarlas nos resultan perfectamente lógicas.

Esto hace que sea imperativo eliminar nuestros sesgos y emociones a la hora de invertir. La única solución es una estrategia sistemática y mecánica que no dependa de nuestras valoraciones subjetivas.

Puntos Clave

Solo me resta enumerar los puntos anteriores para que no los olvidemos, aunque la lista completa de errores que solemos cometer es mucho más larga:

- ✓ No diversificar lo suficiente. Concentrar nuestro capital en unos pocos sectores o compañías.

- ✓ No reajustar nuestro portafolio en forma periódica.

- ✓ No prestar atención a los costos: expense ratios y comisiones de los brókeres.

Gestión del Portafolio

- ✓ Pagarle a alguien que administre nuestro dinero. Nadie se interesará más que nosotros mismos por el bienestar de nuestro capital.

- ✓ Seguir a la manada: Comprar los activos de moda y venderlos cuando el mercado entra en pánico.

- ✓ Intentar predecir el futuro.

- ✓ Invertir en compañías individuales en lugar de fondos diversificados.

- ✓ Invertir el dinero que necesitaremos en un futuro cercano. La inversión es un compromiso a largo plazo.

- ✓ No ver nuestro portafolio como un todo y enfocarnos en el comportamiento de cada uno de sus componentes por separado.

- ✓ Utilizar productos apalancados para obtener retornos potenciales superiores. Nuestras pérdidas potenciales serán también superiores.

- ✓ Apostar a la caída de un activo utilizando operaciones en corto.

- ✓ Invertir en acciones centavo o *penny stocks*.

- ✓ Tener expectativas irreales en el corto plazo, esto es, pensar en que podemos hacernos ricos de la noche a la mañana.

- ✓ Enfocar nuestra atención en los dividendos, en lugar del retorno total, perdiendo de vista la apreciación de capital.

- ✓ Invertir en ETFs exóticos o de muy reciente creación que no cuentan aún con una trayectoria y reputación comprobadas.

- ✓ Dejar que nuestras emociones guíen las decisiones de inversión y logren así que nos desviemos del plan fijado.

17

Enfrentando el Riesgo

*"No puedes descubrir nuevos territorios si nunca te permites
perder de vista la costa de la que has partido"*
André Gide

Riesgo es algo a lo que nos enfrentamos en todo momento: al cruzar la calle, conducir un coche, viajar en avión o al ingresar el PIN de nuestra tarjeta de crédito. En esas situaciones no nos detenemos a pensar en el riesgo, aunque siempre estará allí, en mayor o menor grado. Solemos pensar en él sólo a la hora de invertir, como si la inversión fuera la única actividad humana que presenta riesgos, y nos preguntamos ¿qué hacer cuando el desastre parece inminente?

Naturaleza del riesgo

En el capítulo 4 hemos visto que riesgo y retorno están íntimamente conectados. La teoría moderna del portafolio (que ya no es tan moderna) hace uso de la desviación estándar para representar

Gestión del Portafolio

y medir el riesgo. La teoría equipara el concepto de riesgo con el de volatilidad. El principal inconveniente con esta aproximación es que solo toma en cuenta datos estadísticos y no nos dice nada acerca de las causas estructurales del riesgo, algo que no sucede en otras áreas.

Por ejemplo, al construir un edificio la probabilidad de que éste se derrumbe estará determinada por una variedad de factores como ser la calidad de los materiales utilizados, el diseño, que tan propensa a temblores es la zona de construcción, etc. Al evaluar todos estos factores, los ingenieros pueden calcular el riesgo o probabilidad de que el edificio se derrumbe en un período de tiempo dado y tomar las medidas necesarias para mitigar ese riesgo. Si aplicáramos la teoría del portafolio moderno a la construcción de edificios, deberíamos construir varios a la vez, en diferentes lugares y con diferentes materiales y diseños, para asegurarnos de que no se derrumben todos al mismo tiempo. Con un poco de suerte, daremos con la combinación de materiales y diseño ideales. No suena muy práctico.

El problema es que los mercados son sistemas extremadamente complejos en los que millones de inversores (y ahora también robots) interactúan unos con otros en forma simultánea y en general, como ya hemos visto, en forma irracional. Es muy difícil o casi imposible considerar todas las variables involucradas con el objetivo de obtener un modelo de mercado más adecuado. De todas formas, a efectos prácticos la desviación estándar sigue siendo la aproximación más aceptable de riesgo financiero y sospecho que continuará utilizándose por un buen tiempo.

Ahora bien, asumiendo que tenemos una medida de riesgo medianamente decente, ¿cómo minimizamos o mitigamos ese riesgo? Si invertimos todo nuestro dinero en la compañía X, nos enfrentamos a la posibilidad de perderlo todo si ésta quiebra. La manera más sencilla de reducir las probabilidades de que esto pase es diversificar. Y a su vez, la manera más sencilla de lograr esto es invertir en la totalidad del mercado mediante el uso de fondos indexados. Así, estaremos minimizando o eliminando por completo el llamado riesgo no sistémico, que en nuestro caso es el riesgo asociado a las particularidades de la compañía X.

Por supuesto, la mala noticia es que no podremos evitar el riesgo sistémico, es decir, el del mercado en su conjunto (el sistema).

La única forma de reducirlo o mitigarlo es, de nuevo, la diversificación en clases de activos de diferente naturaleza y con la menor correlación posible entre sí, como ser acciones y bonos.

Sin embargo, esta opción no suele ser suficiente para muchos inversores que la ven como "demasiado pasiva" y quienes necesitan tener un rol más activo a la hora de mitigar el riesgo sistémico. Esto ha dado lugar al desarrollado de todo tipo de estrategias que intentan reducir o evitar los efectos negativos de una caída de mercado o recesión económica. El inversor suele plantearse la pregunta: ¿qué debería hacer cuando se produce un desplome bursátil de magnitud? Veamos algunas de las soluciones propuestas y analicemos sus pros y contras.

Liquidar el portafolio

Al percibir una amenaza, nuestra primera reacción es huir. Si el mercado está en caída libre, lo más sensato sería vender todos nuestros activos y mantener nuestro capital en forma de efectivo hasta que la tormenta amaine. Luego podremos volver a comprarlos.

Esto ciertamente hubiera funcionado durante la crisis financiera de 2008. De noviembre de 2007 a febrero de 2009, el *S&P500* perdió alrededor del 50% de su valor. Quien vendió su portafolio en el tope de la burbuja inmobiliaria y lo volvió a comprar una vez que el mercado tocó fondo, se hubiera embolsado unas ganancias astronómicas. También sería poseedor de la bola de cristal.

¿Cómo reconocer el momento correcto para vender? Cuando el mercado ha caído ¿5%, 10% o 20%? Ya hemos visto que, si vendemos demasiado pronto, estaremos materializando pérdidas cada vez que el mercado experimente una pequeña corrección de precios.

Por otro lado, si esperamos un poco más evitaremos esas pequeñas pérdidas, pero incurriremos en una pérdida mayor cuando efectivamente estemos en presencia de un desplome masivo. Es posible, además, que el mercado comience a recuperarse ni bien hemos puesto un pie fuera de él.

Ahora bien, si el mercado continúa cayendo una vez que hemos vendido, ¿cuándo volvemos a comprar? ¿cuándo caiga otro 5% o 10%? O ¿cuándo vuelva al punto inicial? ¿y qué tal si luego de

Gestión del Portafolio

volver a comprar, el mercado vuelve a caer? ¿vendemos de nuevo y asumimos más pérdidas?

Nos enfrentamos a nuestro conocido enemigo: *Market Timing* o intentar anticiparse al mercado, algo que simplemente no funciona. En un artículo publicado en el *Journal of Finance* en el año 2000 [1118], se analizó el resultado obtenido por 66.465 inversores individuales (no instituciones) durante el período 1991-1996. Aquellos inversores que más veces compraron y vendieron obtuvieron un beneficio promedio anual de 11.4%. Al incluir los que menos transacciones realizaron, el retorno promedio ascendió hasta un 16.4% anual. Estos valores serían considerados buenos o muy buenos de no ser por el hecho de que, en el mismo período, el retorno anual del mercado fue del 17.9%. Muchos otros estudios han encontrado resultados similares en diferentes períodos. Esto solo confirma lo que ya sabemos: intentar anticiparse al mercado y obtener resultados superiores a éste en forma consistente, es un juego perdido.

¿Qué alternativas tenemos?

Aparcar efectivo para usar durante un desplome bursátil

Esta estrategia nos sugiere mantener un porcentaje de nuestro portafolio, por ejemplo 20% o 30%, en forma de dinero en efectivo con el objetivo de utilizarlo para adquirir más activos cuando el mercado caiga.

Esta opción adolece de los mismos problemas que la anterior o incluso más. De nuevo, no sabremos si estamos ante un desplome bursátil o una simple corrección de precios. Tampoco sabremos a ciencia cierta la severidad de cada uno de estos eventos. ¿Cuándo deberíamos utilizar este dinero? Y ¿qué cantidad?

Un problema añadido es que estaremos manteniendo buena parte de nuestro capital fuera del mercado y por tanto perdiendo valor. El siguiente desplome bursátil significativo puede ocurrir mañana o dentro de 10 años. En este último caso, estaremos renunciando al retorno del mercado durante una década, el cual podría perfectamente compensar cualquier desplome futuro. Recuerde, además, que el mercado se encuentra al alza más tiempo que a la baja.

Enfrentando el Riesgo

Apostar en contra del mercado

Algunos inversores optan por apostar en contra del mercado mediante el uso de una operación en corto, lo que se denomina *short the market*. Si estamos seguros de que el mercado está al borde del colapso podemos, por ejemplo, operar en corto en contra del *S&P500* o algún otro índice que consideremos relevante.

Para ello existen varios mecanismos, por ejemplo, los llamados ETFs inversos que nos dan el retorno opuesto de un activo o índice. El ETF *"SH - ProShares Short S&P 500"* nos permite apostar en contra del *S&P500*, sin tener que colocar posiciones en corto para cada activo que compone el índice. El ETF se encargará de hacer esto por nosotros*.

Si quiere añadir emoción a su apuesta, puede considerar el ETF *"SDS - ProShares UltraShort S&P 500"*, que devuelve el doble de ganancias que el ETF anterior, es decir, tiene un apalancamiento de 2 a 1 en contra del mercado. Por supuesto, las potenciales pérdidas son igual de abultadas si el *S&P500* comienza a subir en lugar de bajar.

Durante la crisis financiera de 2008, cuando el índice perdió 50% de su valor, el ETF *SDS* se apreció 150%. Sin embargo, desde entonces, el *S&P500* ha cuadruplicado su valor mientras que el ETF inverso ha caído más del 97%. Si estos números le resultan confusos, observe el gráfico 17.1. Allí vemos una inversión de $10.000 en el ETF *SDS* hecha a comienzos de 2008, y se la compara con una inversión similar en el *S&P500*. El ETF *SDS* se comporta como una montaña rusa no apta para cardíacos.

Estos instrumentos están diseñados para hacer ser usados en el corto plazo y con fines puramente especulativos. En ese sentido ofrecen un importante servicio a los inversores más sofisticados en situaciones muy específicas, por lo que no deberían ser usados por el inversor promedio y con un horizonte temporal a largo plazo.

Uno de los casos más fascinantes en la historia de las operaciones en corto o *short positions*, sucedió precisamente durante la última crisis financiera de 2008. Michael Burry [119], un neurólogo convertido en inversor, crea en el año 2000 su propio fondo de

---

* En realidad, los ETFs inversos utilizan una variedad de instrumentos derivados además de las operaciones en corto.

Gestión del Portafolio

inversiones llamado *Scion Capital*. Desde el inicio muestra una considerable habilidad para obtener resultados excepcionales y por encima de la media.

Hacia el año 2005, Michael Burry comienza a analizar el mercado inmobiliario y en particular los llamados MBS (*Mortgage Backed Securities*), un tipo de instrumento financiero, bastante complejo, basado en múltiples hipotecas inmobiliarias individuales (que luego se acabaron conociendo como hipotecas basura) y que se venían comercializando en forma masiva durante los años previos.

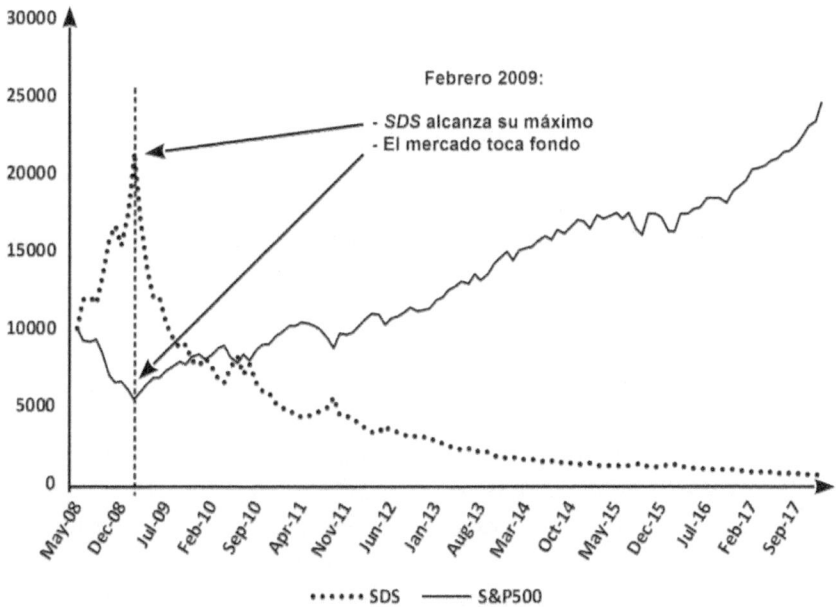

Gráfico 17.1: Efecto de apostar en contra del mercado. Durante la crisis del 2008 el ETF *SDS* obtiene unas ganancias de casi 150% mientras que el *S&P500* se desploma 50%. A partir de allí, el índice cuadruplica su valor mientras que *SDS* cae un 97% y, hoy en día, continúa cayendo. Fuente: *portfoliovisualizer.com*

En su análisis detecta que, según las condiciones de mercado que se daban en ese momento, estos instrumentos resultaban ser particularmente riesgosos y que se encontraban en una fase de burbuja que no se sostendría por mucho tiempo. Su análisis resultó correcto.

Esto le llevo a la conclusión de que debía operar en corto en contra de ciertos MBS, es decir, en contra del mercado inmobiliario. En ese momento no existía ningún instrumento para realizar tal cosa, por lo que Burry tuvo que acudir a los bancos y convencerlos de que crearan y le vendieran este tipo de producto. Apostar en contra del mercado inmobiliario era algo impensable: la compra y venta de propiedades siempre había sido uno de los negocios más sólidos y seguros de la historia. Hasta que repentinamente dejó de serlo.

Una vez iniciado el desplome, la operación en corto de Michael Burry comenzó a generar beneficios estratosféricos para él y sus inversores. Se estima que, al finalizar la crisis, sus ganancias personales netas superaron los 100 millones de dólares. Unas ganancias excepcionales teniendo en cuenta que durante el mismo período el mercado en su totalidad no paraba de acumular pérdidas.

Su historia se ha llevado a la gran pantalla con la película "*The Big Short*"*. El título hace referencia precisamente a esa operación en corto sin precedentes que, con la mente más fría, Michael Burry ejecutó en contra de todos los pronósticos [120].

Si bien la recompensa fue extraordinaria, también lo fue el riesgo asumido. Mientras que la burbuja inmobiliaria no estallara, esta operación en corto debía cubrir un margen de capital cada vez mayor para evitar así el *Margin Call*. Cuanto más tiempo se mantenga abierta una posición en corto, mayor es el riesgo de consumir todo el capital disponible y acabar en bancarrota. Si la burbuja hubiera continuado un poco más, por ejemplo, hasta 2010 o 2012, la historia hubiera sido muy diferente para *Scion Capital*.

Los riesgos de esta estrategia son enormes. Aun cuando una caída o recesión parezcan inminentes, apostar contra el mercado puede resultar mucho más nefasto que el propio desplome bursátil.

Oro

Históricamente, el oro siempre ha sido considerado un activo sólido en el que nos refugiamos cuando los problemas arrecian. Es utilizado, sobre todo, para contrarrestar la inflación, porque como

---

* Como dato curioso, el propio Michael Burry aparece como extra en una de las escenas de la película, pero solo durante unos pocos segundos.

Gestión del Portafolio

todos sabemos, el oro siempre tendrá valor... ¿verdad?

La realidad es que este metal precioso ha ido perdiendo su efectividad como activo refugio a partir de los años 70, cuando dejo de ser el respaldo del dólar americano en forma definitiva [121].

Hasta 1933, cada dólar en existencia debía estar respaldado por una cantidad equivalente de oro, lo que se conocía como el patrón oro, un sistema que se había utilizado durante siglos en muchas partes del mundo [122]. A partir de ese año el patrón oro deja de ser válido para los ciudadanos, que ya no pueden exigir el equivalente en oro por cada dólar que poseen. Sin embargo, el sistema se mantiene para las naciones extranjeras que aún podían exigir oro al gobierno americano a cambio del equivalente en dólares y viceversa. La principal razón para mantener el patrón oro a nivel internacional era el temor de que el resto del mundo perdiera la confianza en el dólar. Esto cambió definitivamente en los 70's, cuando Nixon finalmente corta todo vínculo del dólar con el oro*.

Sea ésta la razón o no, el abandono del patrón oro parece coincidir con una creciente inefectividad de este metal como activo refugio en los momentos de crisis. Durante el desplome de 1987, cuando el Dow Jones pierde más del 22% de su valor, el precio del oro sólo sube 5%. Durante la burbuja tecnológica de finales de los 90, el oro sólo se aprecia 2%. Durante la última crisis financiera de 2008, el valor del oro, luego de alcanzar un máximo, se desploma casi 30% en el momento en que más se lo necesitaba. En cualquier caso, siempre es posible seleccionar períodos específicos con los que podemos argumentar a favor o en contra de este activo.

También es cierto que el oro presenta una baja correlación con el resto del mercado lo cual lo hace atractivo a la hora de diversificar, pero sí de baja correlación se trata, contamos con mejores opciones, como ser los bonos a largo plazo. De todas maneras, si las ventajas del

---

* Puede parecernos saludable contar con un activo físico que respalde una moneda, sin embargo, esto hace que la cantidad de dinero en una economía sea fija y por tanto no es posible inyectar (o retirar) dinero del sistema según sea necesario, por ejemplo, durante una recesión. En estos períodos, la inyección de dinero suele estimular el crédito y esto a su vez, estimula la actividad económica, reduciendo así los efectos de la recesión. En cualquier caso, la utilidad del patrón oro sigue siendo un tema de debate.

oro como activo refugio durante las recesiones están en entredicho, ¿qué podemos decir de su comportamiento durante las épocas de prosperidad? ¿No es el oro un símbolo de riqueza? Pues esta opción tampoco funciona muy bien. El oro es un activo que no produce riqueza alguna, intereses o dividendos; es un activo inerte. Su valor depende de la oferta y la demanda que de él exista en cada momento. Al adquirirlo estamos apostando a encontrar otro comprador en el futuro dispuesto a pagar más por él.

Lo único que nos ofrece es una falsa sensación de seguridad (como el efectivo): el oro siempre ha sido codiciado y por tanto siempre tendrá valor, o al menos es lo que creemos. Poseerlo tiene, además, el inconveniente de que debe ser almacenado en un lugar seguro, lo cual por supuesto tiene un costo. En otras palabras: no solo no produce dinero, sino que además lo consume.

Históricamente, el retorno real del oro, tomando en cuenta la inflación, ha sido incluso inferior al de los bonos [56]. Entre 1980 y 1982, el precio del oro sufre una caída del 50%. Recupera su nivel previo recién a finales de 2006. Quien haya invertido en oro en 1980 obtuvo, luego de un cuarto de siglo, un retorno total de ¡0%! Si tomamos en cuenta la inflación, ese retorno es negativo. Desde entonces, el oro ha visto mejores épocas, pero nada nos asegura que ese patético resultado no se repita en el futuro [123].

Sin embargo, si aun así le interesa invertir en oro, lo mejor es como siempre hacerlo a través de un ETF y para ello cuenta con dos opciones:

- **GLD** - *SPDR Gold Trust*, con un expense ratio de 0.4%
- **IAU** - *iShares Gold Trust*, con un expense ratio de 0.25%

Ambos ETFs mantienen oro físico en varias cajas fuertes alrededor del mundo. Como puede notar, sus expense ratios no son nada despreciables y responden precisamente al costo de almacenamiento del metal. Y por supuesto, ninguno de estos ETFs paga intereses o dividendos. Solo podrá presumir de poseer oro....

Bitcoins

Es muy probable que las monedas virtuales acaben convirtiéndose en una clase de activos similar al oro. La más conocida es, por supuesto, el Bitcoin, pero tal vez le sorprenderá saber que hay más de mil monedas virtuales diferentes en existencia, de acuerdo con la lista que publica el sitio *investing.com* [124].

Estas monedas son un invento realmente ingenioso. No dependen de ningún gobierno o economía real. Tampoco se imprimen a voluntad. La creación de un Bitcoin, por ejemplo, requiere resolver una serie de problemas matemáticos realmente complejos. No es que no se puedan resolver, pero no es posible hacerlo manualmente; es necesario utilizar un software especializado y un computador con un poder de cálculo considerable. Esta actividad se denomina minería de bitcoins [125] porque es como excavar una mina en busca de oro, solo que en este caso se extraen bitcoins.

Como cualquier moneda, ésta se cotiza con respecto a las demás a un tipo de cambio específico que se mueve libremente según la oferta y demanda. En años recientes, la cotización del Bitcoin con respecto al dólar se ha disparado en forma asombrosa. A mediados de 2010, un Bitcoin se cotizaba a solo $0.06. En diciembre de 2017, su valor superó los ¡$19.000! Esto significa que tan solo diez dólares invertidos en 2010 se habrían convertido, 7 años después, en más de ¡3 millones de dólares! Con este tipo de retornos sin precedentes, no es de extrañar que muchos lo consideren la mejor inversión de la historia, aunque es más probable que estemos en presencia de la mayor burbuja de la historia.

Los bitcoins tienen algo en común con el oro: no producen absolutamente nada, pero a diferencia del oro, los bitcoins ni siquiera existen físicamente. Como moneda tampoco son muy útiles: no podemos usarlos para comprar bienes ni servicios, como hacemos con los dólares o los euros, al menos, no por el momento. Solo adquirimos bitcoins con la esperanza de que su valor se multiplique y que lo haga rápidamente. Sus defensores argumentan que las monedas de curso legal tampoco tienen ningún valor en sí mismas y que son solo papel, y es verdad, pero esas monedas tienen detrás una economía y un país, o un grupo de países, que las respaldan. Mientras que el dólar representa el valor de los 50 estados americanos, el Euro representa el valor de 17 economías de la Unión Europa, lo cual no es poca cosa.

En cualquier caso ¿puede el Bitcoin convertirse en un nuevo activo en el que refugiarse en momentos de crisis? La realidad es que nadie lo sabe. Las monedas virtuales aún no existían durante última gran crisis financiera por lo que no sabemos a ciencia cierta cómo se comportarán en un escenario similar, es un terreno totalmente desconocido.

Los detractores del Bitcoin argumentan que muestra todos los signos de una burbuja a punto de estallar. Y ciertamente así lo parece dado el crecimiento explosivo que esta moneda ha tenido en muy poco tiempo. ¿Pero es esto realmente así? Nos enfrentamos de nuevo al problema de identificar la presencia de una burbuja. Solo lo sabremos en retrospectiva.

El valor de esta moneda puede continuar multiplicándose durante 5 o 10 años más para luego perder el 90% de su valor y caer hasta los niveles de hoy en día. Es decir, el valor que observamos hoy tal vez sea el mínimo de los siguientes 10 años. Por otro lado, también es posible que se desplome mañana y pierda el 95% de su valor... Si queremos apostar por este tipo de activos es imperativo que seamos conscientes de los riesgos involucrados. Retornos excepcionales solo son posibles a cambio de riesgos excepcionales.

Personalmente no creo que valga la pena invertir en monedas virtuales, sin embargo, creo que la tecnología en la cual basan su funcionamiento, llamada *Blockchain*, tiene mucho futuro por delante. Las monedas virtuales son solo una aplicación del *Blockchain* y existen muchas más aún por desarrollarse que seguramente resultarán más útiles [126].

Las alternativas que hemos visto hasta ahora para evitar o minimizar el impacto de un desplome bursátil presentan serios problemas y resultan poco efectivas. Solemos caer en el error de intentar predecir los movimientos del mercado, lo cual es un ejercicio fútil y peligroso. Entonces, si no podemos predecir el desastre ni evitarlo, ¿sería posible contratar algún tipo de seguro contra pérdidas, algo así como el seguro contra incendios de nuestro hogar? Pues sí que es posible, pero la pregunta es: ¿a qué precio?

Opciones

Aquí es donde las cosas se ponen realmente interesantes. Las opciones [127] son un instrumento financiero bastante más complejo que los que hemos visto hasta ahora.

Sin embargo, no son instrumentos de creación reciente. Han existido desde hace siglos y se cree que ya se utilizaban desde los tiempos de Aristóteles [128]. Su origen histórico está ligado al comercio de productos básicos como olivas, trigo, arroz, etc., en donde productor y consumidor acuerdan un precio por el cual vender y comprar un determinado producto en una fecha futura. ¿Con que objetivo? Básicamente compartir el riesgo y reducir así el que ambos enfrentan por separado. Veamos un ejemplo.

Un productor de trigo solo podrá vender su producto luego de la cosecha, pero para entonces el precio del trigo puede haber caído tanto que ni siquiera le permita cubrir sus costos de producción. Por otro lado, un consumidor que necesite comprar trigo para producir, por ejemplo, pan y otros productos derivados estará interesado en que el precio de esta materia prima no se dispare al momento de comprarlo y así poder mantener, a su vez, sus propios costos de producción bajo control. Para evitar la incertidumbre, ambas partes acuerdan, entonces, un precio fijo por el cual completar la transacción en una fecha futura. Llegado el momento de comprar y vender, el precio del trigo estará por encima o por debajo del precio pactado, por lo que una de las dos partes saldrá más beneficiada que la otra. Sin embargo, esto es irrelevante: lo que importa es que ambos, productor y consumidor, han reducido o eliminado el riesgo que supone la volatilidad del precio del trigo. En otras palabras, han compartido el riesgo y logrado reducir el que habrían afrontado individualmente. El contrato que han establecido entre ambos es lo que llamamos una opción*.

Hoy en día, no solo encontramos opciones con las que se acuerda el precio de las materias primas sino también casi cualquier activo que se nos ocurra, por ejemplo, acciones y bonos. Existen dos tipos opciones: *Call* y *Put*. Veamos de qué se tratan.

---

*El ejemplo utilizado se asemeja más a un "futuro", un producto financiero diferente, pero la ilustración es igualmente apropiada para el caso de las opciones.

Una opción *call* [129] es un acuerdo o contrato que nos da el derecho, **pero no la obligación**, de comprar 100 unidades de un determinado activo (por ejemplo, 100 acciones de IBM) a un precio fijo, en una fecha futura predeterminada, conocida como fecha de expiración de la opción. Es decir, tenemos la *opción* de comprar o no el activo al precio fijado, de allí el nombre del instrumento.

Por otro lado, una opción *put* [130] es la contraparte de una opción *call*: Nos da el derecho, **pero no la obligación**, de vender 100 unidades de un determinado activo a un precio fijo, en una fecha futura predeterminada. En ambos tipos de opciones, el precio fijo al que podemos comprar o vender se lo conoce como precio de ejercicio o *Strike Price*. Al momento de adquirir la opción (*Call* o *Put*) el precio de ejercicio puede estar por encima o por debajo del precio actual del activo. Para clarificar estos conceptos, lo mejor es ver un caso concreto.

Opciones Call

Imaginemos que IBM cotiza actualmente a $150 por acción y compramos una opción *call* que tiene un precio de ejercicio (*strike price*) de $152 y una fecha de expiración de 30 días a partir de hoy. Esta opción tiene un precio de mercado de, por ejemplo, $0.47 por acción. Solo se nos permite comprar en múltiplos de 100, lo que se llama un contrato, por lo que en este caso un contrato *call* por 100 acciones de IBM nos costará $47 ($0.47x100).

¿Qué significa todo esto? Esos $47 que hemos pagado nos dan el derecho, **pero no la obligación**, de comprar 100 acciones de IBM a un precio fijo de $152 durante los siguientes 30 días y en el momento que nos plazca durante ese período. Por supuesto, solo nos interesará ejercer este derecho cuando el precio de la acción supere los $152, de lo contrario perderemos dinero.

Si efectivamente el precio alcanza, por ejemplo, los $154 podemos entonces ejercer el derecho que nos da la opción y comprar 100 acciones de IBM a $152 (el *strike price* de la opción) y venderlas inmediatamente a $154, con lo cual estaremos ganado $2 por acción lo que nos da un beneficio bruto de $2x100 = $200. Si a esto le quitamos los $47 que hemos pagado por la opción *call*, más la comisión del bróker, nuestra ganancia neta rondará los $150, es decir,

Gestión del Portafolio

hemos triplicado nuestra inversión inicial en menos de 30 días. Nada mal.

En la práctica, no se suele ejercer la opción porque eso implicaría tener que comprar y vender todo el volumen de acciones que la opción estipula, en este caso 100 acciones de IBM por un valor total de $15.200 que luego venderemos por $15.400 (obteniendo los $200 de beneficio). La alternativa es simplemente vender la opción, y embolsarnos los $150 de ganancia neta (en ese momento la opción se cotizará en el mercado por un valor cercano a los $200), o esperar a que la opción expire. Al alcanzar la fecha de expiración de la opción, el contrato (la opción *call*) se cancela y recibiremos la ganancia neta que determine el precio de la acción en ese momento. Como podemos notar, las opciones son un tipo de producto apalancado. En el ejemplo anterior, estamos accediendo a un activo cuyo precio de mercado es de $150 por solo $0.47, algo así como un apalancamiento de 300 a 1.

Ud. se preguntará, ¿pero por qué comprar una opción con un *strike price* o precio de ejercicio por encima del precio actual del activo? ¿No sería más beneficioso comprar una opción con un *strike price* igual o incluso por debajo de la cotización actual? Por supuesto que podemos hacerlo, pero como se imaginará el precio que pagaremos por ella será proporcionalmente superior. En cualquier caso, nuestras ganancias potenciales estarán determinadas, sobre todo, por la probabilidad de que el activo en cuestión pueda mover su precio un cierto porcentaje en ambas direcciones, es decir, su volatilidad y no tanto por el *strike price* de la opción. Volveremos sobre este punto.

Ahora bien ¿qué sucede si luego de pasados los 30 días, el precio de IBM no supera los $152 o incluso cae por debajo de los $150? En este caso la opción simplemente expira y su valor será igual a cero, con lo que habremos perdido $47, el precio que hemos pagado por ella.

Lo importante es que da igual cuánto haya caído el valor de la acción de IBM luego de esos 30 días, nuestra pérdida máxima siempre será el precio que hemos pagado por la opción. Esto significa que las pérdidas potenciales de una opción *call* están limitadas por el costo de ésta, mientras que las ganancias potenciales son ilimitadas y determinadas sólo por el precio que alcance el activo subyacente que, en principio, puede apreciarse indefinidamente.

En nuestro ejemplo, la pérdida máxima nunca será mayor a $47 mientras que la ganancia potencial máxima solo dependerá de cuánto suba el precio de la acción de IBM en los siguientes 30 días, y este valor es en principio ilimitado. Si al momento de expirar la opción, el precio de la acción alcanza los $192, es decir, $40 sobre el *strike price*, nuestras ganancias netas serán de $4.000, algo así como ¡8.000% de beneficios!

El gráfico 17.2 nos resume los posibles escenarios una vez alcanzada la fecha de vencimiento (en nuestro caso, 30 días a partir de hoy). Si el precio de la acción es igual al *strike price*, nuestras ganancias netas serán cero. Por encima de ese valor nuestro retorno dependerá de qué tanto se haya apreciado el activo. Si el precio se mantiene por debajo del *strike price* ($152), nuestras pérdidas máximas están limitadas por el costo de la opción.

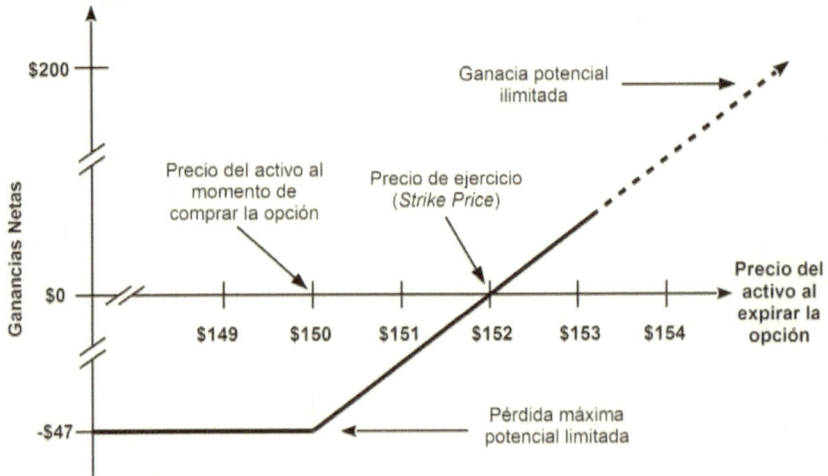

Gráfico 17.2: Retorno de una opción *Call* en función del precio del activo subyacente el día en que la opción expira. Máxima pérdida posible: Costo de la opción. Máxima ganancia posible: Ilimitada.

El principal atractivo de las opciones *call*, es que nos permite acceder a un mayor volumen de acciones (múltiplos de 100) por una fracción de su precio actual. Si a esto le sumamos el hecho de que las pérdidas potenciales son **limitadas** mientras que las ganancias

Gestión del Portafolio

potenciales **ilimitadas**, tenemos a nuestro alcance un instrumento que parece ser el Santo Grial de la inversión.

Sin embargo, deténgase un momento antes de lanzarse a comprar opciones *call* en forma impulsiva. En el ejemplo anterior, para que la acción de IBM pase de $150 a $192 antes de que la opción expire, la compañía debe incrementar su valor de mercado un 28% en 30 días o menos. Si históricamente IBM no suele mover su precio más de 1% o 2% al mes en cualquier dirección, es casi seguro que nunca veremos una ganancia de este calibre. El escenario más probable es que si IBM incrementa su valor en los siguientes 30 días, el precio de la acción estará alrededor de los $152 cuando la opción expire, es decir el *strike price*, y en ese caso solo habremos recuperado nuestra inversión inicial y obtenido unas ganancias netas nulas, o más bien negativas si tomamos en cuenta las comisiones del bróker. Peor aún, es igual de probable de que en esos 30 días el precio de IBM caiga 1% o 2% por debajo de los $150, con lo cual nuestra opción no tendrá ningún valor.

¿Qué tal si compramos una opción con un *strike price* de $150, en lugar de $152? De esta manera, cualquier incremento sobre el precio actual ($150) nos reportará beneficios. Pues ¿advine qué? En ese caso, la opción no nos costará $0.47 sino alrededor de $2, es decir, el beneficio más probable que nos puede dar esa opción, con lo cual estaremos en la misma situación: ganancia neta nula. Lo mismo ocurre si compramos una opción con un *strike price* por debajo de los $150: nos costará aún más cara. ¿Cuánto más cara? Pues precisamente el equivalente al beneficio más probable que de ella podemos obtener. Esto no significa que nunca ganaremos al comprar una opción, probablemente veamos ganancias en muchas ocasiones, como cuando lanzamos una moneda al aire y obtenemos cara 5 veces consecutivas. Pero en el largo plazo, si compramos y vendemos un gran número de opciones, nuestros beneficios netos tenderán a ser nulos. Es el inevitable efecto de la *Ley de los Grandes Números* de nuestro viejo amigo Bernoulli.

La figura 17.1 nos muestra el costo de varias opciones *call* con diferentes precios de ejercicio (*strike price*) y con el mismo período de expiración, por ejemplo, 30 días. La serie de precios inferior es el *strike price* de la opción mientras que la serie superior el costo de ésta. Los valores resaltados en el centro se corresponden con una opción cuyo *strike price* es igual al precio actual del activo. Vemos que a mayor *strike price*, menor es el costo de la opción porque es menos probable que el activo alcance ese precio en los próximos 30 días. Por el contrario, a menor *strike price*, el precio de la opción debe compensar el hecho de que el activo ya cotiza por encima de ese valor y por tanto el costo de la opción se incrementa.

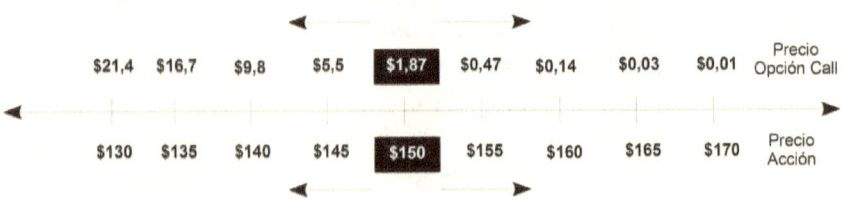

Figura 17.1: Opción *Call*: A mayor precio de ejercicio, menor será el precio de la opción y viceversa.

Alguien astuto nos dirá: pues solo basta con elegir otra compañía o activo que sea mucho más volátil que IBM y cuyo precio se mueva, por ejemplo, alrededor del 10% cada mes en lugar de 1% o 2%. De esta manera incrementaremos nuestras probabilidades de que el precio alcance un valor superior. El problema es que las opciones de los activos más volátiles tienen, a su vez, un precio más elevado. ¿Qué tan elevado? Pues, de nuevo, lo suficiente como para anular la ganancia más probable. Encontramos aquí el segundo factor que determina el precio de una opción además del *strike price*: la volatilidad (o desviación estándar) del activo subyacente, en nuestro caso IBM. A mayor volatilidad, mayor precio deberemos pagar por la opción.

El tercer factor que determina el precio de una opción es su fecha de expiración. A mayor duración de la opción, mayor será su precio. Esto es intuitivo: con una fecha de expiración mayor, el precio del activo subyacente tendrá más tiempo de alcanzar y superar el precio de ejercicio y por tanto habrá más posibilidades de obtener un retorno potencialmente superior que con una opción de menor duración.

Es importante notar, además, que el valor de una opción decrece con el tiempo. Es lo que se conoce como decadencia temporal

Gestión del Portafolio

o *time decay*. Si el precio del activo subyacente permanece por debajo del precio de ejercicio a lo largo de toda la vida de la opción (por ejemplo, 30 días), entonces el valor de esa opción irá decreciendo gradualmente hasta llegar a cero el día que ésta expira.

Todo esto puede parecer un poco confuso, pero la moraleja es: el costo de una opción siempre tiende a compensar el beneficio más probable que de ella podamos obtener. Esto significa que en el corto plazo nuestro retorno neto es impredecible, pero en el largo plazo éste será nulo o más bien negativo si incluimos las comisiones del bróker. Las opciones, utilizadas en forma aislada, son otro instrumento de especulación más que de inversión.

Opciones Put

Estas opciones son la contraparte de las opciones *call*. A diferencia de estas últimas, con las opciones *put* nos beneficiamos cuando el valor del activo subyacente cae. En este sentido, las opciones *put* son similares a las operaciones en corto que hemos visto anteriormente. Los factores que determinan el precio de este tipo de opciones son los mismos que los de las opciones *call*, pero su efecto es exactamente el opuesto.

La figura 17.2 nos muestra la relación entre el costo de una opción *put* con respecto al precio de ejercicio del activo subyacente, por ejemplo, acciones de IBM. Vemos que el precio de la opción aumenta o disminuye en forma inversa a como la hacían las opciones *call*.

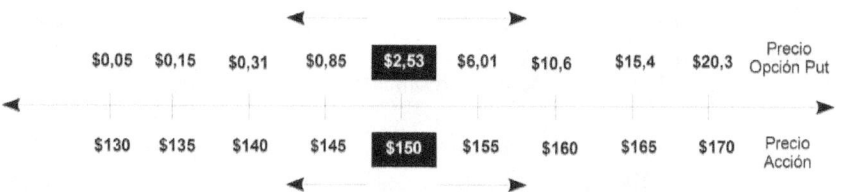

Figura 17.2: Opción *Put*: A mayor precio de ejercicio, mayor será el costo de la opción *Put* y viceversa.

Recordemos que la opción *put* nos da el derecho, **pero no la obligación**, de vender un activo al precio de ejercicio indicado, en un período de tiempo prefijado. Por ejemplo, si compramos una opción

Enfrentando el Riesgo

put de IBM a 30 días, con un precio de ejercicio de $145, pagaremos unos $85 por ella ($0.85x100) y tendremos el derecho de vender 100 acciones de IBM a $145 durante los siguientes 30 días, sin importar que el precio de cotización caiga a $140, $130 o $120. Es más, cuanto más caiga el precio, más dinero ganaremos.

El gráfico 17.3 nos muestra la evolución de nuestras ganancias (o pérdidas) en función del precio del activo al momento de expirar la opción. Al igual que las opciones *call*, con una opción *put* nuestras pérdidas máximas se limitan al importe que hemos pagado por ella. Estas pérdidas se darán si el precio de la acción de IBM se mantiene por encima de $150 luego de transcurridos los 30 días.

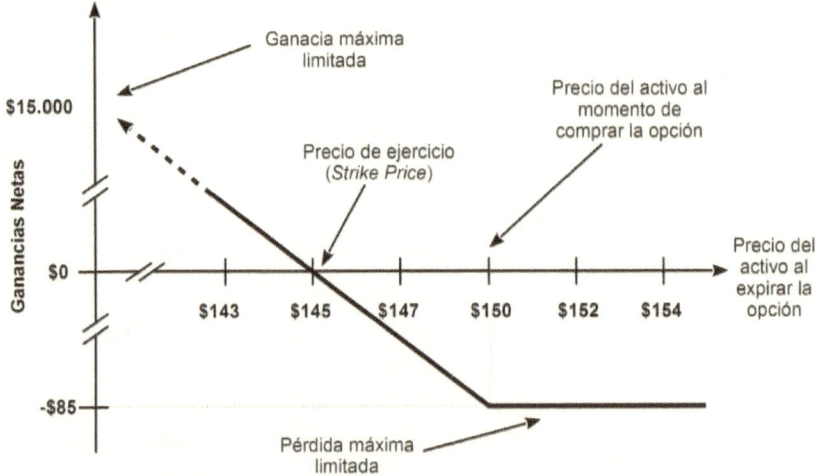

Gráfico 17.3: Retorno de una opción *Put* en función del precio del activo subyacente el día en que la opción expira. Máxima pérdida posible: Costo de la opción. Máxima ganancia posible: El valor del activo al momento de comprar la opción.

A diferencia de las opciones *call*, la ganancia potencial de una opción put está limitada: el precio del activo subyacente solo puede caer hasta cero, por lo que los beneficios potenciales máximos están determinados por el precio actual del activo.

Ambos tipos de opciones resultan más atractivas que la mayoría de los productos apalancados, como los CFDs, porque nos permiten amplificar nuestras ganancias potenciales, pero limitando a la vez nuestras pérdidas. Sabemos exactamente y de antemano cuál

Gestión del Portafolio

será la pérdida máxima potencial que podemos sufrir, por lo que sabemos exactamente el riesgo al que nos exponemos.

Sin embargo, no debemos olvidar que podemos perder el 100% de nuestro dinero si nos equivocamos en nuestras predicciones. Si en lugar de la opción *call*, compramos directamente una acción de IBM, nuestros beneficios potenciales serán menores, pero difícilmente veremos una pérdida del 100% de nuestro capital.

Adicionalmente, al utilizar solo opciones nuestro retorno a largo a plazo tiende a ser nulo. En otras palabras, la magnitud del beneficio que podamos obtener de una estrategia de inversión basada solo en opciones estará determinada únicamente por nuestra habilidad de predecir el movimiento futuro del precio de un activo y no por las particularidades del instrumento financiero utilizado, en este caso opciones. Si Ud. creé contar con esa habilidad, las opciones lo harán millonario.

Hacer apuestas bursátiles utilizando opciones como único instrumento financiero es un negocio arriesgado. Es lo que se conoce como opciones desnudas o *naked options*. Sin embargo, es posible usarlas en combinación con el activo de base como una forma de póliza de seguros. Veamos cómo.

Activos + Opciones Put: Una póliza de seguros

Imaginemos que hemos comprado 100 acciones de IBM cuando éstas cotizaban a $100. Luego de algún tiempo, estas pasan a cotizar a $150 por lo que nuestro capital ahora es de $15.000, es decir, un beneficio neto de $5.000. Sin embargo, aún no queremos liquidar nuestro portafolio y materializar esas ganancias, pero por otro lado tememos que un revés en los mercados las haga desaparecer. ¿Qué podemos hacemos?

Pues simplemente podemos comprar una opción *put* de IBM, con una fecha de expiración a 30 días (o cualquier otro período) y un precio de ejercicio de $150, es decir, el valor actual por el que cotiza la acción. Esta opción nos costará (según la figura 17.2) unos $253 ($2.53 x 100 acciones). Si al cabo de los 30 días el precio de la acción cae, por ejemplo, hasta los $140, habremos perdido $1.000 de nuestro portafolio, pero nuestra opción *put*, al momento de expirar, nos devolverá esos $1.000. ¿Por qué? Recuerde que esta opción nos da el derecho de vender 100 acciones de IBM a $150 aun cuando en ese momento coticen a $140. Cuando la opción expira, el resultado neto es equivalente a haber vendido esas 100 acciones a $150, por un total de $15.000, y haberlas comprado nuevamente a $140, por un total de $14.000. En la práctica, por supuesto, no hemos tenido que comprar ni vender ninguna acción: solo recibimos los $1.000 de diferencia.

En otras palabras: nuestras pérdidas netas serán solo de $253, lo que hemos pagado por la opción *put*. Sin embargo, de no haberla comprado, nuestras pérdidas netas hubieran sido $1.000, cuatro veces más.

¿Qué sucede si el precio, en lugar de caer, sube hasta los $160? En este caso, nuestra opción *put* no tendrá ningún valor al momento de expirar. Nuestro beneficio neto será entonces: $1.000 de apreciación de capital menos el precio que hemos pagado por la opción *put*, es decir, $1.000 - $253 = $747.

Esta estrategia nos permite limitar las pérdidas a cambio de reducir las ganancias potenciales. En este sentido, las opciones *put* funcionan como un seguro contra pérdidas: nos protege de una posible depreciación de los activos que ya poseemos a cambio del pago de una "*póliza*", es decir, el costo de la opción *Put*. En jerga financiera, esta operación se denomina *Protective Put* o *Hedge* (cobertura) [131].

El gráfico 17.4 nos resume todo el escenario. La línea punteada nos muestra el comportamiento del portafolio sin opción *put*. La línea continua el comportamiento del portafolio más la opción *put*, es decir, el *portafolio asegurado*. Cuando el valor de la acción cae por debajo de los $150, el portafolio asegurado no cae más allá de los $14.747, mientras que el portafolio normal continuará perdiendo valor.

Por el contrario, si el precio de la acción comienza a subir, ambos portafolios se apreciarán, pero el que está asegurado lo hará en menor medida. La diferencia entre ambos es precisamente el costo de nuestra póliza de seguros: el precio de la opción *put*.

Una vez que la opción ha expirado e independientemente del resultado, podemos comprar otra y volver a asegurar nuestros activos por otros 30 días. A cambio, entregamos parte de nuestro retorno futuro. Al igual que un seguro contra incendios, asumimos un determinado costo a cambio de la tranquilidad de estar cubiertos en

Gestión del Portafolio

caso de que un desastre ocurra.

Sin dudas esta estrategia puede parecer más que razonable: dada la inherente inestabilidad de los mercados, ¿qué mejor idea que contratar un seguro contra pérdidas? Pues el problema es que estamos subestimando el impacto que el costo de las opciones tiene sobre nuestro capital a lo largo del tiempo.

La compra periódica de una opción *put* que remplace la que acaba de expirar, puede costarnos entre 0,5% y 1% de nuestra inversión en forma mensual. Esto representa un costo anual de al menos 6% (probablemente más). Nuestra inversión deberá tener un retorno superior al 7% anual solo para cubrir estos costos.

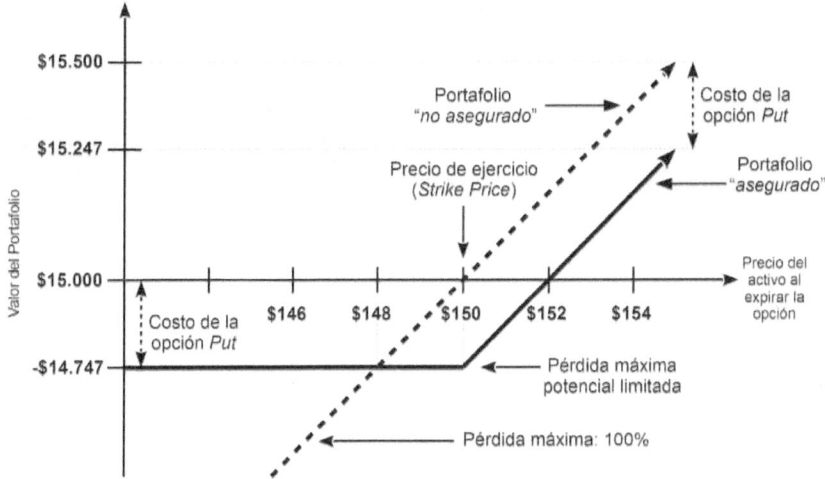

Figura 17.4: Utilización de una opción *Put* como cobertura (*Hedge*): Es el equivalente a una póliza de seguros para nuestros activos. El portafolio asegurado no caerá más allá de cierto valor. A cambio, cederemos una parte de los beneficios en caso de que la caída no se produzca.

Esta estrategia funciona muy bien sólo cuando el mercado se encuentra en caída libre, pero no olvidemos que nunca sabremos a ciencia cierta cuándo ocurrirá esto y que, además, el mercado se encuentra más tiempo al alza que a la baja. Podemos incluso tener la mala suerte de estar comprando opciones *put* durante largo tiempo mientras el mercado no para de subir y dejar de comprarlas precisamente en el momento en que el mercado comienza a caer.

Enfrentando el Riesgo

¿Qué alternativa nos queda?

¿Existe, entonces, alguna manera de evitar o minimizar el impacto de un desplome bursátil sin tener que adivinar cuándo ocurrirá o pagar una fortuna en opciones?

Pues sí que existe, y es la que hemos estado discutiendo a lo largo de estas páginas: diversificación y reajuste periódico del portafolio. La respuesta a nuestro dilema es en realidad la más sencilla y más barata. Un portafolio diversificado formado por ETFs indexados que invierten en acciones y bonos tendrá un costo mínimo de mantenimiento y se comportará en forma aceptable durante una corrección de precios o un desplome bursátil de magnitud. Si el mercado cae un 50% y su capital *solo* 25% o 30%, sin dudas será doloroso, pero eventualmente se recuperará y su portafolio estará por delante del mercado durante varios años a partir de ese momento. El reajuste periódico hará el resto: nos obligará a vender los activos apreciados y comprar los que estén a la baja, es decir, venderemos caro y compraremos barato, y ésta es la única receta mágica.

Puntos Clave

A lo largo de nuestra vida como inversores, el riesgo siempre será nuestro incomodo acompañante. Para intentar eliminarlo o reducirlo, se han ideado un sinnúmero de estrategias, entre las que contamos:

- ✓ Vender todos nuestros activos a la primera señal de problemas.

- ✓ Mantener dinero en efectivo para utilizarlo durante una corrección de precios o un desplome.

- ✓ Apostar en contra del mercado, mediante el uso de operaciones en corto.

- ✓ Acumular oro.

- ✓ Acumular monedas virtuales.

Gestión del Portafolio

✓ Utilizar opciones *put* como un seguro contra pérdidas.

Todas estas alternativas presentan sus propios problemas, pero lo que casi todas tienen en común es que dependen de una toma de decisiones activa por nuestra parte. Esto nos llevará inevitablemente a cometer errores que acabaremos pagando muy caro.

La mejor alternativa es, como siempre, intervenir lo menos posible: una vez establecida la composición de nuestro portafolio, la mantendremos a lo largo del tiempo mediante el reajuste periódico y dejando que la diversificación y el interés compuesto hagan su trabajo.

18

Conclusiones

*"Nunca he conocido a una persona que sea tan ignorante
que no pueda aprender nada de ella."*
Galileo Galilei

A lo largo de estas páginas espero haberlo convencido, estimado lector, de que la única opción para obtener una independencia económica real y duradera, es el ahorro y la inversión a largo plazo mediante la construcción y mantenimiento de un portafolio diversificado, compuesto de acciones y bonos. Y, sobre todo, evitando hacer experimentos exóticos con nuestro dinero, que tanto trabajo nos ha costado ganar. Además, deberíamos comenzar a invertir lo antes posible, ni bien ingresamos al mercado laboral y sin importar nuestro nivel de ingresos.

Gestión del Portafolio

El problema es que nos enfrentamos a muchas ideas preconcebidas que nos impiden hacerlo en forma apropiada: *"La Bolsa de Valores es como el Casino"*, *"Para invertir es necesario contar con un gran capital"*, *"El riesgo es demasiado para mí"*, *"Jamás apostaría mis ahorros de esa manera"*. La sabiduría (o ignorancia) popular mantiene vivas estas ideas erróneas. Tenemos la opción de aceptarlas sin más, o podemos ponerlas a prueba y ver si resisten los hechos y la evidencia en contra. La primera opción es la más cómoda mientras que la segunda requiere de un esfuerzo importante de investigación y aprendizaje por nuestra parte, sin embargo, la recompensa hará que valga la pena.

En los capítulos anteriores hemos analizado el concepto de diversificación y cómo utilizarlo para construir un portafolio que soporte las embestidas del mercado. Hemos visto, además, que la inversión no es algo que hacemos una vez, sino que es un proceso continuo, en el que invertimos nuestros ahorros en forma periódica hasta alcanzar el retiro, que puede ser incluso antes de llegar a la edad de jubilación establecida por la ley. Es a partir de ese momento cuando comenzamos a disfrutar de los beneficios de nuestra inversión que es, en definitiva, el objetivo final de todo nuestro esfuerzo.

En el proceso estaremos expuestos a todo tipo de distracciones: activos de moda de los que todo el mundo habla, estrategias novedosas que prometen resultados excepcionales, eventos devastadores que harán caer el mercado y nos harán dudar de nuestros objetivos a largo plazo, asesores financieros intentando vendernos sus productos, y todo tipo de noticias, artículos y rumores sobre el futuro de los mercados que incrementarán nuestra ansiedad y nos harán sentir obligados a reaccionar de alguna forma.

Cuando el mercado suba, sentiremos la urgencia de hacer apuestas arriesgadas y acabaremos comprando activos sobrevalorados. Cuando el mercado caiga, pensaremos que es una locura permanecer en él y acabaremos vendiendo a precios de descuento.

La evolución nos ha dotado del instinto natural de huir y buscar refugio ante cualquier amenaza y esto nos ha permitido sobrevivir como especie. Es muy difícil poner a un lado ese instinto

Conclusiones

natural a la hora de invertir. Por esta misma razón siempre vemos a los mercados reaccionar en forma desmedida ante cualquier nueva información, porque detrás de esos números y gráficos hay personas reales.

Cada vez que vamos a comprar un producto o contratar un servicio, la lógica nos indica que será mejor hacerlo en época de rebajas. Análogamente, si queremos vender algo, lo venderemos al mejor postor. A la hora de invertir tendemos a hacer exactamente lo contrario y acabamos pagando las consecuencias.

La única solución es seguir una estrategia simple y mecánica de inversión que deje fuera de la ecuación todo factor emocional. Esto lo lograremos siguiendo los pasos básicos que hemos visto en las páginas anteriores. Es buen momento, pues, para hacer una breve recapitulación.

✓ **Paso 1: Determine su proporción de acciones y bonos.**

En este primer paso lo que estamos haciendo es determinar nuestro nivel de riesgo tolerado. La regla general es tomar nuestra edad y asignar ese número a la proporción de bonos. Por ejemplo, alguien en sus 20 construirá un portafolio conteniendo 80% acciones y 20% bonos. Por supuesto, esto no es un mandamiento. Ud. tendrá que analizar si su nivel de riesgo es inferior o superior a lo que esta regla dicta. Como guía, observe de nuevo la tabla 10.1, que he vuelto a reproducir en la siguiente página.

Esta tabla nos muestra el retorno anual (dividendos reinvertidos) y la máxima pérdida registrada por un portafolio compuesto de acciones y bonos del tesoro americano en los últimos 40 años[*]. Con un portafolio 80/20, vemos un retorno anual de 9.52% y una caída máxima de 41%. Si esto no es tolerable, tal vez una proporción 60/40 sea más apropiada, con una pérdida máxima que no supera el 20%. Ésta, por supuesto, es una decisión personal. A medida que nuestra edad avance iremos ajustando esta proporción en forma progresiva.

Es importante notar que los valores de retorno y pérdida

---

[*] En casi todos estos portafolios, la pérdida máxima se registró durante la crisis de 2008.

potencial mostrados aquí son solo datos históricos y pueden ser diferentes o muy diferentes en los próximos 40 años. La tabla es solo una guía de cómo podemos configurar la relación riesgo-beneficio de nuestro portafolio al modificar su proporción de acciones y bonos. No debe tomarse como una predicción.

Portafolio Acciones/Bonos	Acciones	Bonos	Retorno Anual	Perdida Máxima Registrada
0-100	0%	100%	6.00%	5.90%
10-90	10%	90%	6.50%	6.00%
20-80	20%	80%	7.00%	8.50%
30-70	30%	70%	7.56%	13.35%
40-60	40%	60%	8.01%	19.36%
50-50	50%	50%	8.44%	25.15%
60-40	60%	40%	8.83%	30.72%
70-60	70%	30%	9.19%	36.08%
80-20	80%	20%	9.52%	41.22%
90-10	90%	10%	9.82%	46.16%
100-0	100%	0%	10.08%	**50.89%**

✓ **Paso 2: Decida en qué clases de activos invertir**

Una vez determinada nuestra proporción de acciones y bonos, deberemos decidir qué incluir en cada categoría. La opción más sencilla es utilizar solo dos clases de activos: 1 - Mercado total de acciones y 2 - Mercado total de renta fija.

El mercado total de acciones abarcará las cuatro esquinas del mercado:

1. Gran Capitalización/Valor
2. Gran Capitalización /Crecimiento
3. Pequeña Capitalización /Valor
4. Pequeña Capitalización /Crecimiento

Por su parte, el mercado total de renta fija combinará bonos que cubren toda la gama de calificaciones crediticias y sensibilidad a los tipos de interés.

De nuevo, el gusto personal tendrá un rol importante aquí: es

Conclusiones

posible que deseé subdividir cada una de estas clases en subclases para poder, por ejemplo, orientar su portafolio hacia Valor y/o Pequeña Capitalización. A su vez, también le puede interesar aumentar la duración promedio de sus bonos para disminuir la correlación entre las dos clases de activos principales. En el capítulo 10 hemos visto varios ejemplos que puede utilizar como guía.

✓ **Paso 3: Seleccionar los fondos de inversión a utilizar**

Una vez que tenemos el esqueleto de nuestro portafolio, deberemos seleccionar los instrumentos que utilizaremos para acceder a cada clase de activos. Solo utilice fondos indexados, es decir, pasivamente gestionados y en lo posible ETFs porque suelen tener un menor expense ratio. Por ejemplo, un portafolio compuesto de 60% acciones y 40% bonos, y orientado a Valor, Pequeña Capitalización y bonos (gubernamentales y corporativos) a largo plazo, podría lucir de la siguiente forma:

Clase de Activos	Sub-Clase de Activos	Porcentaje	ETF
Acciones	Gran capitalización	10%	SPY
Acciones	Media capitalización/Valor	25%	VOE
Acciones	Pequeña capitalización	25%	VB
Bonos	Bonos del tesoro a largo plazo	20%	TLT
Bonos	Bonos corporativos a largo plazo	20%	VCLT

No pierda de vista los expense ratios de cada fondo utilizado y asegúrese de que no sea un ETF apalancado o inverso. Los ETFs de *Vanguard*, *BlackRock* y *Charles Schwab* son los más populares y baratos. En el apéndice C encontrará algunas sugerencias de ETFs por categoría, mientras que el apéndice A presenta una serie de herramientas online de búsqueda y análisis de instrumentos financieros.

✓ **Paso 4: Elija un bróker**

Esta puede ser la decisión más difícil. El acceso a ciertos brókeres dependerá del país en dónde Ud. resida. El apéndice B nos ofrece una guía básica de las cosas a tener en cuenta a la hora de elegir un bróker.

Gestión del Portafolio

✓ **Paso 5: Elija el método para realizar sus contribuciones**

Una vez que tenemos definido nuestro portafolio y el bróker a utilizar, solo nos resta ¡lanzarnos al agua! Comience a hacer contribuciones mensuales siguiendo uno de los dos métodos que hemos visto: Costo promedio (*DCA*) o Valor Promedio (*VCA*) (ver capítulo 15). Mi preferencia personal es por el método *VCA*, básicamente porque tiende a reducir el precio promedio que pagamos por nuestros activos, lo que da como resultado en un mejor rendimiento a largo plazo. Es un mecanismo bastante más agresivo que el *DCA* y su principal inconveniente es que las contribuciones periódicas que hagamos son variables y no las conoceremos de antemano. Si esto le resulta incómodo, no dude en utilizar el método *DCA* en su lugar. Aún si cuenta con un capital inicial, es aconsejable invertirlo en forma gradual utilizando alguna de estas dos estrategias.

Para facilitar esta tarea, he creado un par de planillas Excel que le ayudarán a calcular las contribuciones mensuales según el método elegido. Las puede encontrar en *www.efficientallocation.net* (¡son gratis!).

✓ **Paso 6: Política de reajuste del portafolio**

Es probable que las contribuciones periódicas sean suficientes para mantener estable la composición de su portafolio, al menos inicialmente. Esto es porque la cantidad de dinero que Ud. invierte en cada contribución ya sea vía *DCA* o *VCA*, se basa en las proporciones actuales de cada activo dentro del portafolio. Cada contribución hará que todo el conjunto vuelva a sus proporciones originales, si es que se ha desviado.

Sin embargo, a medida que su capital aumente será cada vez más difícil mantener la composición original solo con contribuciones periódicas. En este caso, necesitaremos implementar alguna política de reajuste. En el capítulo 15 hemos visto las diferentes opciones que tenemos a nuestra disposición a la hora de ejecutar esta operación. Mi preferencia personal es la opción 4 en la que combinamos un reajuste periódico, por ejemplo, anual o semestral, con un reajuste basado en porcentaje de desvió absoluto o relativo.

En lenguaje llano, esto significa que una o dos veces al año, según la frecuencia elegida, analizamos la composición de nuestro portafolio y si algún activo se ha desviado de su proporción original más allá de cierto umbral prefijado, por ejemplo 5% o 10%, entonces realizamos un reajuste para llevar todo el conjunto nuevamente a su composición original, vendiendo los activos que se han apreciado y comprando los que han caído en valor.

✓ **Paso 7: Viva su vida y olvídese de la Bolsa**

Este es el paso más importante y no bromeo: la inversión no debería ser una actividad que nos quite el sueño ni que consuma buena parte de nuestro tiempo libre. La inversión debe ser una actividad aburrida, monótona y sin sobresaltos, como cortar el césped. Una vez configurados los parámetros iniciales (pasos 1 a 6), debemos dejar que la máquina funcione por sí misma, y solo intervenir para hacer las contribuciones y reajustes programados. Pero incluso estas actividades deberían ser totalmente rutinarias, sin que tengamos que pensar demasiado ni tomar decisiones que impliquen algún tipo de *market timing*, esto es, algún tipo de predicción sobre los movimientos futuros del mercado.

Lograr esto será lo más difícil, sobre todo por la masiva cantidad de información a la que estamos expuestos diariamente: noticias, publicidad, artículos, blogs, podcasts, YouTube, etc. Una vez que mostramos interés en algún aspecto de la inversión, la maquinaria publicitaria se pondrá en marcha. Google y/o Facebook detectarán sus preferencias y comenzarán a sugerirle artículos y publicidad relacionada con productos financieros de todo tipo. Verá anuncios de supuestos gurús de la inversión que le dirán como hacerse rico, a cambio de una "modesta tarifa" ... Haga todo lo posible por ignorar este tipo de publicidad. Si, aun así, algún producto llama su atención, averigüe exactamente de qué se trata y recuerde que, si promete retornos excepcionales, será a cambio de riesgos igualmente excepcionales.

Una vez que nuestra inversión se pone en marcha, solo nos resta dedicarnos a vivir nuestra vida y esperar el retiro. Y cuando digo retiro, me refiero a la independencia económica y no necesariamente a alcanzar la edad legal de retiro. Una vez llegados a este punto, no

Gestión del Portafolio

nos veremos obligados a realizar una actividad regular a cambio de un salario. Por supuesto, si le gusta su trabajo, ¡no tiene por qué dejarlo!

¿Cómo sabremos si hemos alcanzado la independencia económica? Como regla general, al momento de retirarnos nuestro capital debería ser el equivalente a 25 veces el importe total de nuestros gastos anuales. A partir de ese momento, podemos simplemente utilizar la regla del 4% o implementar el llamado portafolio en compartimientos. Ambas opciones están pensadas para permitirnos extraer una renta regular de nuestro capital sin que éste acabe por desaparecer. Personalmente prefiero la opción en compartimientos porque nos brinda una mayor flexibilidad al combinar portafolios con diferentes horizontes temporales. Esto nos permite tener acceso a los fondos necesarios para cubrir nuestros gastos inmediatos, sin tener que sacrificar el rendimiento superior que ofrece la inversión a medio y largo plazo.

Nuestro éxito como inversores dependerá de la disciplina con la que ejecutemos los 7 pasos anteriores y no de si hemos obtenido un 80% de beneficios al comprar un Bitcoin el lunes por la mañana y luego venderlo el jueves por la noche. Eso no es invertir, es apostar.

Por otro lado, iniciar el proceso de inversión lo antes posible es primordial para aprovechar al máximo los beneficios de la combinación tiempo e interés compuesto. Y no importa cuál sea su nivel de ingresos actual. Si solo puede ahorrar $50 al mes o menos, da igual. Puede hacer contribuciones a su portafolio en forma menos regular, por ejemplo, cada 3 meses, cuando cuente con el dinero suficiente para realizar las compras mínimas. Recuerde que cuanto más tiempo tenga el dinero fuera del mercado, más beneficios estará dejando por el camino.

Cuando ocurra el siguiente desplome bursátil, y le aseguro que ocurrirá, no entre en pánico, simplemente continúe ejecutando el plan de vuelo preestablecido. Si el mercado continúa cayendo, no se preocupe y sobre todo no desconecte el piloto automático, deje que el tiempo, la diversificación y el reajuste periódico hagan su trabajo.

Nadie sabe las sorpresas que el futuro nos tiene preparadas, ni siquiera el futuro inmediato. Nadie sabe cómo se comportarán las diferentes clases de activos en el corto, medio o largo plazo. Intentar

Conclusiones

predecirlo es un ejercicio inútil y peligroso. Intentar derrotar al mercado o anticiparse a él también lo es. Si alguien le dice que puede hacerlo, le estará engañado. Recuerde que siempre habrá alguien que lo logre, en un momento dado, pero eso no significa que pueda seguir haciéndolo en el futuro, más bien todo lo contrario. El regreso a la media es una fuerza omnipresente que tarde o temprano vuelve a colocar todas las cosas en su sitio.

Lo único que podemos hacer es intentar obtener lo que el mercado nos quiera dar, ni más ni menos. Esto, además de ser sencillo mediante el uso de fondos indexados, nos permitirá en el largo plazo obtener un rendimiento igual o superior al de la mayoría de los expertos y profesionales de la inversión.

Vale la pena recordar la cita de Warrent Buffet introducida en el capítulo 1 y que resume perfectamente el mensaje que he querido transmitir en estas páginas:

"Cuando el dinero 'tonto' reconoce sus limitaciones, deja de ser tonto"

Solo me resta decir que el objetivo del presente trabajo, y el mío personal, ha sido el de contribuir a desmitificar la inversión bursátil y hacerla accesible a todos. Mi deseo, además, es haber podido ayudar a que Ud. pueda dar ese primer paso en este viaje de mil kilómetros. Ahora le toca a Ud., estimado lector, continuar avanzando. Le deseo lo mejor.

VI

Apéndices

Apéndice A: Herramientas de Búsqueda y Análisis

Antes de comenzar a invertir, es fundamental analizar los instrumentos que vamos a utilizar para acceder a las diferentes clases de activos que nos interesen. Para ello tenemos a nuestra disposición una serie de herramientas online con las cuales debemos familiarizarnos si queremos completar esta tarea en forma segura y eficiente.

Morningstar

Uno de los servicios de información financiera más populares y reconocidos a nivel mundial es Morningstar. Si bien ofrece una amplia gama de servicios de pago, es posible utilizarlo en forma gratuita y acceder así a una enorme base de datos financiera. Simplemente ingresamos *morningstar.com* en nuestro navegador y luego digitamos el tique o el nombre del instrumento que nos interesa, por ejemplo, el ETF *SPY*. Veremos una lista de sugerencias como muestra la figura A.1. La primera opción suele ser lo que estamos buscando.

Una vez que seleccionamos el instrumento, accedemos a una página con toda la información disponible sobre él. Ésta se organiza en varias lengüetas: Cotización, Gráfico, Dividendos, Rendimiento, Portafolio, Comisiones, etc. En la lengüeta portafolio, si se trata de un fondo, vemos la lista de activos que éste contiene. Nos encontraremos aquí con el ya clásico cuadro Morningstar, que nos da una idea rápida de las características principales del instrumento.

En la figura A.2 vemos el cuadro Morningstar correspondiente al ETF *SPY*, basado en el *S&P500*. Adicionalmente, vemos la distribución dentro de cada casilla del cuadro, por ejemplo, 30% del

A: Herramientas de Búsqueda y Análisis

portafolio del fondo cae en la categoría *Gran Capitalización-Valor* (esquina superior izquierda), mientras que solo el 2% de las compañías es *Media Capitalización-Crecimiento*.

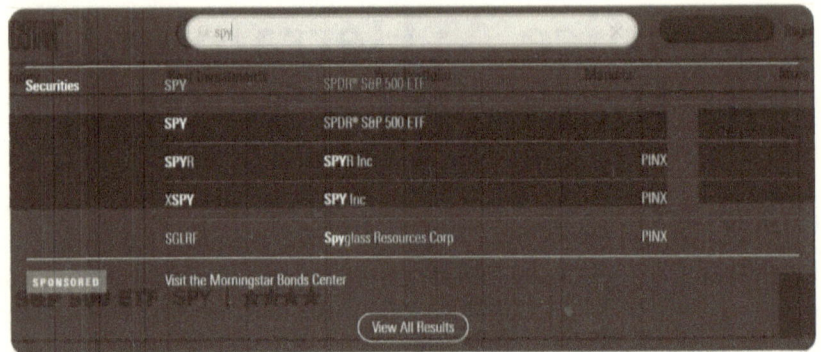

Figura A.1: Búsqueda de instrumentos en Monrnigstar.com

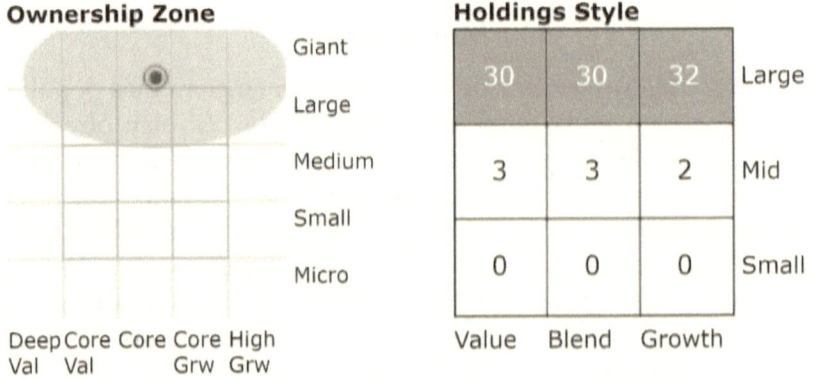

Figura A.2: Cuadro Morningstar del ETF *SPY*

Si se registra en el sitio (es gratis), tendrá la opción de crear su propio portafolio y ver como éste evoluciona a lo largo del tiempo. Encontrará que algunos de los servicios no están disponibles porque son de pago, sin embargo, la cantidad de información ofrecida en forma gratuita por Morningstar es bastante extensa. Tómese el tiempo necesario para navegar por el sitio y entender lo que está leyendo.

Apéndices

Yahoo Finance

Otro servicio de información financiera extremadamente popular es *Yahoo Finance*. Accedemos a él a través de la URL *finance.yahoo.com*. Al igual que Morningstar, simplemente ingresamos el tique o nombre del instrumento que queremos analizar. El sitio nos ofrecerá una lista de sugerencias.

Figura A.3: Búsqueda de instrumentos en *Yahoo Finance*.

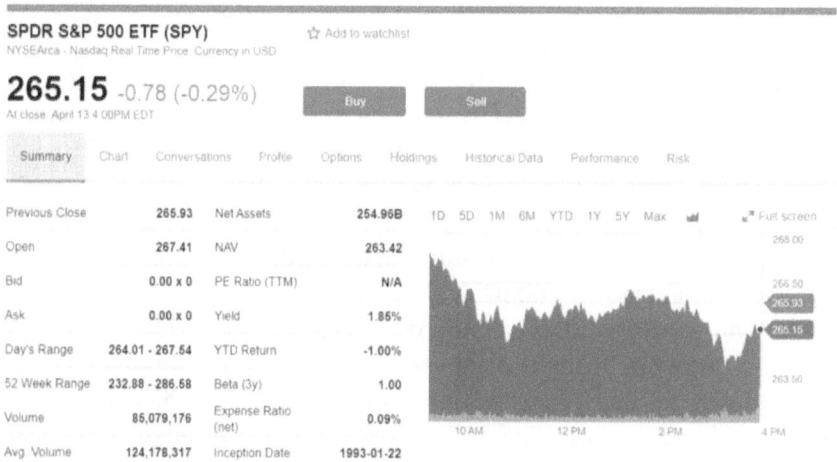

Figura A.4: Presentación de la información financiera en *Yahoo Finance*, una vez seleccionado el instrumento

Una vez seleccionado el instrumento (en nuestro caso *SPY*), de nuevo accedemos a un área organizada en lengüetas donde veremos toda la información y estadísticas disponibles, como ser gráficos,

A: Herramientas de Búsqueda y Análisis

rendimiento, dividendos, expense ratio y portafolio (Ver figura A.4). También aquí podemos crear nuestro propio portafolio una vez que nos hemos registrado (también es gratis).

Además de la cotización de una gran variedad de instrumentos, también tenemos acceso a la cotización de los principales índices de referencia, como ser *S&P500*, *FTSE100*, *Dow Jones* y la cotización de diferentes pares de monedas, como USD/EUR, GBP/EUR, etc.

De nuevo, dedique algún tiempo a navegar por el sitio y familiarizarse con él. También es posible instalar la aplicación móvil de *Yahoo Finance*, aunque en este territorio la oferta de aplicaciones es muy variada y dinámica. En este respecto, no creo que una aplicación móvil añada demasiado valor a nuestra tarea de análisis.

Etfdb.com

Este sitio se especializa en brindar información sobre ETFs. Nos permite realizar búsquedas por clase de activo, por ejemplo, *Capitalización*, *Valor*, *Crecimiento* o ciertos sectores económicos. La URL es: *http://etfdb.com/screener*.

Aquí tenemos a nuestra disposición una funcionalidad de búsqueda avanzada de ETFs que nos permitirá afinar nuestra selección. Una vez ingresado el criterio de búsqueda, el sitio nos presentará la lista de ETFs que más se ajuste a dicho criterio. A partir de allí podremos añadir más condiciones para reducir nuestra lista de candidatos. Si algún ETF nos llama la atención, simplemente damos clic en él para verlo en detalle. Ver figura A.5.

Una funcionalidad extremadamente útil incluida en este sitio es la comparación "cabeza a cabeza" o "*head to head*" de dos ETFs. Si tenemos dos o más ETFs que cubren una misma clase de activos, por ejemplo, el sector inmobiliario, podemos utilizar esta funcionalidad para ver en detalle en qué se diferencian y poder tomar así una decisión más informada. Accedemos a esta funcionalidad mediante la URL:

http://etfdb.com/tool/etf-comparison

Apéndices

Filtros			Lista de ETFs					
		Symbol	ETF Name	Asset Class	Total Assets ($MM)	YTD	Avg Volume	Previous Closing Price	Overall Rating
Bonds								
Commodity								
Currency		XLU	Utilities Select Sector SPDR Fund	Equity	$6,872.41	4.2%	19,842,744	$49.39	
Equity	**Gran**								
Select a Size	**Capitalización**	IPV	iShares MSCI AFF Value ETF	Equity	$6,692.35	0.68%	550,263	$55.58	
Large Cap		EUFN	iShares MSCI Europe Financials ETF	Equity	$2,368.16	10.2%	2,049,083	$23.65	
Mega Cap									
Micro Cap		FTXO	First Trust Nasdaq Bank ETF	Equity	$1,302.20	0.38%	125,044	$29.39	
Mid Cap									
Multi Cap		KBWB	PowerShares KBW Bank Portfolio	Equity	$1,148.81	0.06%	466,696	$54.87	
Small Cap									
Select an Investment Strategy		EWP	iShares MSCI Spain ETF	Equity	$1,026.61	14.0%	1,080,352	$33.23	
Blend		IDU	iShares U.S. Utilities ETF	Equity	$597.03	4.6%	85,324	$125.75	
Growth	**Valor**								
Value		FDD	First Trust STOXX European Select Dividend Index Fund	Equity	$568.88	3.97%	264,921	$14.22	
Select a Region									
Africa		IXP	iShares Global Telecom ETF	Equity	$407.28	4.00%	33,273	$58.11	
Africa Broad		EPOL	iShares MSCI Poland ETF	Equity	$351.07	3.06%	409,524	$26.26	
Egypt			WisdomTree International						

Figura A.5: Búsqueda avanzada de ETFs en http://etfdb.com/screener

Allí debemos ingresar el tique de los dos ETFs que deseamos comparar, por ejemplo, VNQ y SCHH (ambos orientados al sector inmobiliario). Ver figura A.6.

Una vez que presionamos el botón "Compare", accedemos una página dividida en una serie de lengüetas que nos presenta una comparación de los diferentes aspectos de cada ETF, por ejemplo, su expense ratio, el índice en el que se basan, el proveedor del ETF, el portafolio, etc. La ventaja de esta funcionalidad es que vemos cada pieza de información alineada una con otra, lo que nos permite hacer una comparación rápida de las diferencias entre ambos ETFs (Ver A.7 y A.8).

Una vez más, dedique el tiempo necesario para navegar por este sitio y probar sus funcionalidades. Como nota adicional, existe también el sitio *etf.com* (sin db) que nos permite analizar un ETF simplemente ingresando la URL *etf.com/Tique_de_ETF*, por ejemplo: *etf.com/VNQ*. Toda la información relevante del ETF esta presentada aquí en un formato muy amigable. Vale la pena tenerlo en nuestro arsenal de herramientas de análisis.

A: Herramientas de Búsqueda y Análisis

Head-To-Head ETF Comparison Tool

How To Use: Enter ticker symbols for two U.S.-listed ETFs to see a head-to-head comparison of holdings, technical indicators, and descriptive information.

Compare ETFs

vnq   vs   schh   Compare

Figura A.6: Comparación "cabeza a cabeza" de los ETFs VNQ y SCHH

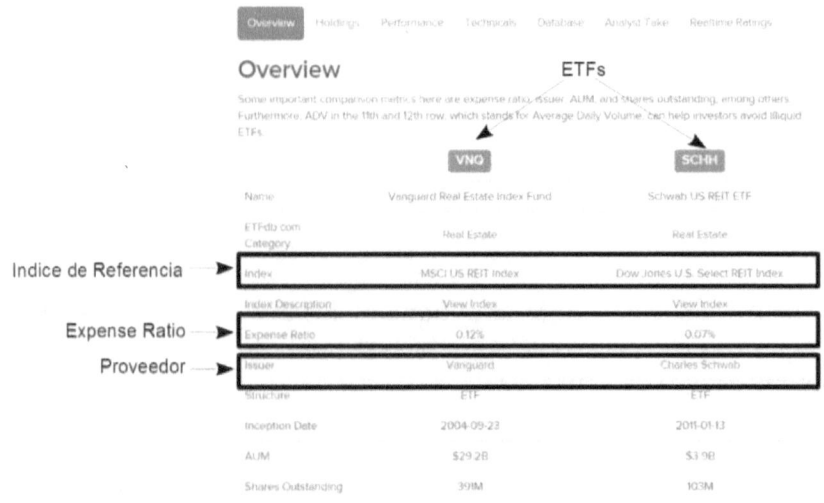

Figura A.7: Los datos relevantes de los dos ETFs se muestran en dos columnas para facilitar la comparación.

Apéndices

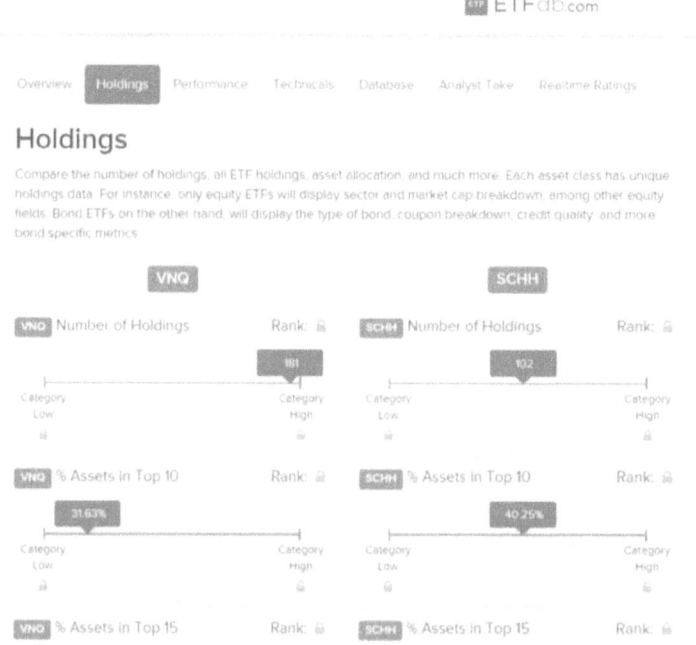

Figura A.8: Detalle del portafolio de ambos ETFs organizado, de nuevo, en dos columnas para facilitar la comparación. Por ejemplo, número total de activos en cada ETF: 181 en VNQ y 102 en SCHH.

Portfolio Visualizer

El sitio web *portfoliovisualizer.com* es, en mi opinión, uno de los más completos y útiles que existen en este momento y además ¡es gratuito! (y no me pagan por decirlo). Básicamente nos permite construir diferentes portafolios y realizar comparaciones entre ellos.

Entre otros datos relevantes, el sitio calculará la desviación estándar, Sharpe Ratio y Sortino Ratio de nuestros portafolios además de la correlación que éstos tienen con el mercado americano (básicamente el *S&P500*). Esto nos resulta extremadamente útil para hacer comparaciones del retorno ajustado por riesgo entre diferentes portafolios o clases de activos individuales.

A: Herramientas de Búsqueda y Análisis

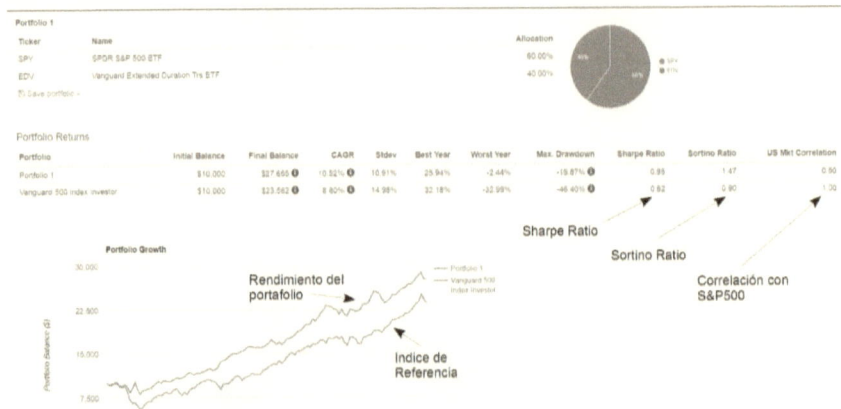

Figura A.9: Análisis del rendimiento de un portafolio en *portfoliovisualizer.com*. Datos suministrados: comparación con el índice de referencia (*benchmark*), composición del portafolio, retorno anualizado, desviación estándar, retorno total, máxima pérdida en el período, peor año, Sharpe Ratio, Sortino Ratio y correlación con el mercado americano.

Cuenta además con varias funcionalidades de análisis extremadamente útiles, como ser:

- Exportar los resultados a un fichero Excel.
- Simulación Montecarlo
- Correlación entre activos
- Optimización de portafolios
- Cálculo de frontera eficiente
- Simulación del comportamiento de un portafolio al añadir o retirar fondos en forma regular
- Simulación de diferentes objetivos financieros.

Cubrir todas estas funcionalidades tomaría varias páginas. Le invito a navegar por el sitio y descubrirlo por Ud. mismo. También le animo a visitar *www.efficientallocation.net* en donde estaré publicando algunos artículos sobre estas funcionalidades más en detalle.

Apéndice B: Brókeres

La elección del bróker no es algo que debería tomarse a la ligera. Existen tantos que seleccionar uno puede ser una tarea intimidante. De todas formas, podemos utilizar una serie de criterios básicos que nos ayudarán a reducir las opciones.

Disponibilidad geográfica

La lista de brókeres a los que tendremos acceso dependerá en gran medida de nuestro país de residencia. Si tiene la posibilidad de invertir directamente con un bróker americano, por ejemplo, *Vanguard* o *Charles Schwab*, no dude en hacerlo. Estos normalmente requieren poseer una cuenta bancaria en Estados Unidos.

Si no tiene acceso a estos brókeres, no significa que no pueda invertir en los productos que éstos ofrecen. Casi cualquier bróker hoy en día nos da acceso a los fondos y ETFs de una gran variedad de proveedores, incluidos *Vanguard* y *Charles Schwab*.

Antes que nada, investigue qué brókeres existen en su país. En caso de ocurrir una incidencia, será mucho más fácil estar en contacto con un servicio al cliente local.

Servicios adicionales

Compruebe si el bróker es de "solo ejecución" o "*Discount Broker*". Esto significa que solo ofrece el servicio de ejecución de órdenes, es decir, compra y venta de activos. Esto es precisamente lo que nos interesa. Muchos brókeres ofrecen infinidad de servicios adicionales como capacitación, herramientas gráficas, análisis financieros, precios en tiempo real, asesoría y muchos más.

Ud. no necesita nada de eso. Tenga en cuenta que no son gratis ni tampoco baratos. Y aunque no los utilice, el costo de estos servicios estará incluido en cada comisión que pague. En otras palabras: no se deje impresionar por los servicios adicionales que un bróker ofrezca, lo único que Ud. necesita es poder comprar y vender, nada más.

B: Brókeres

Certificado por una autoridad financiera

Verifique si el bróker esta supervisado o certificado por alguna autoridad financiera, como ser la FCA de Londres, SEC en Estados Unidos, CNMV en España, o el banco central de su país de residencia. Existen muchos brókeres que, si bien realizan su actividad en forma legal, no están debidamente supervisados. Esto nos dará un nivel más de confianza.

Fondo de garantía

Investigue qué cantidad de dinero está garantizada en caso de quiebra del bróker. Esto es algo así como la garantía de depósitos bancarios que Ud. tiene si su banco quiebra y sus fondos se pierden. La autoridad reguladora correspondiente garantiza la seguridad de sus activos hasta cierto valor, por ejemplo, 50.000 libras en el Reino Unido o €100.000 en España*. Si cuenta con un capital mayor, éste no estará garantizado, pero tampoco lo estará en un banco.

No confunda este fondo de garantía con una garantía contra pérdidas bursátiles: si el valor de uno de sus activos cae 20% o 30%, nadie se lo recompensará. La garantía solo aplica en el caso de que el bróker quiebre y por el valor de sus activos en ese momento.

Reputación

Más importante aún que todo lo anterior, es la reputación del bróker y cuánto tiempo lleva operando. Busque en internet las opiniones de los inversores en diferentes foros y no dude en contactar al bróker por teléfono o mail para evacuar cualquier duda. De esta forma podrá, además, comprobar la respuesta de su servicio al cliente.

Productos exóticos

Enfoque su atención en brókeres que ofrezcan sobre todo ETFs y no aquellos orientados a opciones, *CFDs* o productos apalancados en general. Hay brókeres que se especializan en un único producto o mercado, como por ejemplo el mercado de divisas o *Forex*. El no tener

---

* Estas cantidades pueden variar en cualquier momento.

acceso a estos productos evitará que se sienta tentado a usarlos. De nuevo, no los necesita.

Comisiones

Asegúrese de conocer todas las comisiones que deberá pagar. Cada compra o venta que realice de un ETF, o cualquier otro activo, tendrá una comisión asociada, aunque muchos brókeres hoy en día ofrecen una lista de activos libres de comisiones, sobre todo ETFs. Compruebe si existe algún cargo por administración o mantenimiento de activos que se aplique en forma periódica (anual o semestralmente). Este es un cargo que algunos brókeres imponen simplemente por mantener los activos a su nombre. No confundir este cargo con el expense ratio de un ETF, el cual siempre pagaremos.

Algunos brókeres tienen, además, cargos por inactividad. Esto es, si Ud. no realiza ninguna operación de compra o venta de activos durante cierto tiempo, por ejemplo 3 o 6 meses, es posible que le cobren una penalización.

Si tiene dudas sobre ciertos cargos, contacte al bróker. Evite tener que enterarse de comisiones ocultas una vez que ya ha comenzado a invertir.

Cuenta demo o de prueba

Eche un vistazo a la plataforma de inversión online o la aplicación que el bróker ofrezca. Muchas veces es posible crear una cuenta demo, es decir, una cuenta de práctica que solo contiene dinero ficticio. Si esto es posible, dedique algún tiempo a realizar algunas operaciones e intente familiarizarse con la plataforma.

Apertura de cuenta

Una vez seleccionado el bróker, solo resta abrir una cuenta. Le solicitarán, como mínimo, su documento de identificación o pasaporte, comprobante de domicilio (una factura de electricidad o Internet) y un extracto bancario. Normalmente podrá enviar una copia escaneada de estos documentos a través del sitio web del propio bróker, lo que agiliza mucho todo el proceso.

Dependiendo del bróker, el proceso de validación y apertura

B: Brókeres

de la cuenta puede tardar un par de días o varias semanas. Esto lo puede verificar al leer las opiniones online de los inversores, que normalmente resaltarán cualquier inconveniente que hayan experimentado con el bróker.

Ingreso y retiro de fondos

Una vez creada y habilitada la cuenta, deberá transferir fondos para comenzar a operar. Preste atención a los métodos ofrecidos para realizar depósitos y retiros de dinero de su cuenta. Estos suelen ser a través de transferencias bancarias o tarjetas de crédito.

De nuevo, verifique las opiniones de los inversores al respecto para comprobar si el bróker presenta problemas, sobre todo a la hora de retirar fondos. Puede hacer el experimento de abrir una cuenta, depositar una cantidad mínima de dinero y luego retirarla. De esta forma podrá comprobar de primera mano la eficacia del bróker en este respecto, sin tener que confiar en la opinión de terceros.

Brókeres globales

Si, por la razón que sea, los brókeres disponibles en su país no le acaban de convencer, existen algunos con los que es posible abrir una cuenta desde casi cualquier parte del mundo. La siguiente es una (muy) breve lista de brókeres con los que es posible operar online en forma internacional:

- *Fidelity*
- *TDAmeritrade*
- *eToro*
- *Interactive Brokers*
- *DeGiro*

Los tres últimos son los más accesibles en términos geográficos y con comisiones muy reducidas. El único inconveniente es que todo se encuentra en inglés, excepto *DeGiro* España.

Tómese el tiempo necesario

No se apresure a seleccionar el primer bróker que vea, tome la decisión con calma. A la hora de invertir, lo peor es la impaciencia.

Apéndices

Impuestos

Si invierte en activos domiciliados fuera de su país de residencia*, compruebe si existe un tratado de doble imputación fiscal entre ambos países para evitar el doble pago de impuestos.

Si, por ejemplo, invierte en fondos y ETFs americanos, pero Ud. reside fuera de Estados Unidos, es muy probable que deba completar y firmar la forma **W-8BEN** en la que declara que Ud. no reside y/o no es ciudadano americano. Al hacer esto, los impuestos que pague en Estados Unidos serán deducidos de su declaración de renta anual en su país de residencia. El propio bróker debería solicitarle completar esta documentación.

---

*Ciertamente éste será el caso si no vive en Estados Unidos y desea comprar ETFs de *Vanguard* , *Chales Schwab* o *BlackRock*.

Apéndice C: Lista de ETFs por Categoría

La siguiente es una selección básica de ETFs que cubren las principales clases de activos que hemos visto hasta ahora. Es solo una guía y no pretende ser una lista exhaustiva. ¿Por qué solo ETFs y no fondos indexados en general? Porque los ETFs suelen tener los *expense ratios* más bajos. Por otro lado, la enorme variedad de ETFs que existe hoy en día los hace el vehículo ideal a la hora de acceder a ciertos mercados o clases de activos a los que difícilmente accederíamos con otros instrumentos.

La lista está organizada por las categorías que ya conocemos.

Mercado Total

En esta categoría encontramos ETFs que cubren las cuatro esquinas del mercado, es decir, nos brindan una exposición a la totalidad del mercado americano o mundial.

Región	Tique	Nombre	Expense Ratio	Dividendo*
EE.UU	SCHB	Schwab U.S. Broad Market	0.03%	1.73%
EE.UU	VTI	Vanguard Total Stock Market	0.04%	1.76%
EE.UU	ITOT	iShares Core S&P Total U.S. Stock Market	0.03%	1.65 %
Mercado Mundial excl. EE.UU	VEU	Vanguard FTSE All-World ex-US ETF	0.11%	2.54%
Mercado Mundial excl. EE.UU	VXUS	Vanguard Total International Stock ETF	0.11%	2.51 %
Mercado Mundial incl. EE.UU	VT	Vanguard Total World Stock ETF	0.11%	2.09%

* Se refiere al rendimiento por dividendo y válido a diciembre de 2017.

Apéndices

Principales índices americanos

En esta categoría encontramos ETFs que replican los principales índices bursátiles del mercado americano.

Índice	Tique	Nombre	Expense Ratio	Dividendo
S&P500	*SPY*	SPDR S&P 500 ETF	0.09%	1.81%
S&P500	*IVV*	iShares Core S&P 500 ETF	0.04%	1.78%
S&P500	*VOO*	Vanguard S&P 500 ETF	0.04%	1.84%
Dow Jones	*DIA*	Dow Jones Industrial Average ETF	0.11%	1.63%
Nasdaq 100	*QQQ*	PowerShares QQQ ETF	0.20%	0.86%
Russell 3000	*IWV*	iShares Russell 3000 ETF	0.20%	1.60%

Gran Capitalización

Sub Categoría	Tique	Nombre	Expense Ratio	Dividendo
Valor	*VTV*	Vanguard Value ETF	0.06%	2.36%
Crecimiento	*SCHG*	Schwab U.S. Large-Cap Growth ETF	0.04%	1.06%
Crecimiento	*VUG*	Vanguard Growth ETF	0.06%	1.19%
Blend*	*SCHX*	Schwab U.S. Large-Cap ETF	0.03%	1.8%
Blend	*SCHK*	Schwab 1000 Index ETF	0.05%	-
Blend	*VV*	Vanguard Large Cap ETF	0.06%	1.77%

Media Capitalización

Sub Categoría	Tique	Nombre	Expense Ratio	Dividendo
Valor	*VOE*	Vanguard Mid-Cap Value ETF	0.07%	1.83%
Crecimiento	*VOT*	Vanguard Mid-Cap Growth ETF	0.07%	0.79%
Blend	*VO*	Vanguard Mid-Cap Index ETF	0.06%	1.36%
Blend	*SCHM*	Schwab US Mid-Cap ETF	0.05%	1.3%

---

* Recuerde que los fondos en la categoría *Blend* combinan activos pertenecientes a todo el espectro Valor – Crecimiento.

C: ETFs por Categoría

Pequeña Capitalización

Sub Categoría	Tique	Nombre	Expense Ratio	Dividendo
Valor	**VBR**	Vanguard Small Cap Value ETF	0.07%	1.74%
Crecimiento	**VBK**	Vanguard Small Cap Growth ETF	0.07%	0.86%
Blend	**SCHA**	Schwab U.S. Small-Cap ETF	0.05%	1.3%
Blend	**VB**	Vanguard Small Cap ETF	0.06%	1.33%

Bonos. Mercado total

En esta categoría encontramos ETFs que cubren todo el espectro de bonos: corporativos, gubernamentales, corto, medio y largo plazo, así como también bonos americanos e internacionales. Son una excelente opción si buscamos simplicidad y diversificación.

Sub Categoría	Tique	Nombre	Expense Ratio	Dividendo
Mercado Total	**SCHZ**	Schwab US Aggregate Bond ETF	0.04%	2.5%
Mercado Total	**BND**	Vanguard Total Bond Market ETF	0.05%	2.48%
Mercado Total	**AGG**	iShares Core U.S. Aggregate Bond ETF	0.05%	2.66%

Apéndices

Bonos del Tesoro

En esta categoría clasificamos los ETFs según la duración de los bonos que contienen (corto, medio, o largo plazo). Como es de esperar, el dividendo aumenta al aumentar la duración.

Plazo	Tique	Nombre	Expense Ratio	Dividendo
Todos	GOVT	iShares U.S. Treasury Bond ETF	0.15%	1.84%
Corto	SCHO	Schwab Short-Term U.S. Treasury ETF	0.06%	1.28%
Corto	VGSH	Vanguard Short-Term Government Bond ETF	0.07%	1.3%
Medio	SCHR	Schwab Intermediate-Term U.S. Treasury ETF	0.06%	1.88%
Medio	VGIT	Vanguard Intermediate-Term Government Bond ETF	0.07%	1.89%
Medio	IEI	iShares 3-7 Year Treasury Bond ETF	0.15%	1.78%
Largo	SPTL	SPDR Portfolio Long Term Treasury ETF	0.06%	2.87%
Largo	VGLT	Vanguard Long-Term Government Bond ETF	0.07%	2.88%
Largo	TLT	iShares 20+ Year Treasury Bond ETF	0.15%	2.92%

Bonos Cupón Cero

En esta categoría vemos ETFs especializados en bonos cupón cero, es decir, bonos que no pagan ningún interés[*].

Plazo	Tique	Nombre	Expense Ratio	Dividendo
Largo	EDV	Vanguard Ext Duration Treasury ETF	0.07%	3.04%
Largo	ZROZ	PIMCO 25+ Year Zero Coupon US Treasury Index Fund	0.15%	3.07%

---

[*] Ver capítulo 7, sección "Cupón Cero" para obtener una descripción más detallada de este tipo de bonos.

C: ETFs por Categoría

Bonos Corporativos

Plazo	Tique	Nombre	Expense Ratio	Dividendo*
Todos	**VTC**	Vanguard Total Corporate Bond	0.07%	-
Todos	**LQD**	iShares iBoxx $ Investment Grade Corporate Bond	0.15%	3.45%
Ultra Corto	**ICSH**	iShares Ultra Short-Term Bond	0.08%	-
Corto	**VCSH**	Vanguard Short-Term Corporate Bond	0.07%	2.23%
Corto/Medio	**SLQD**	iShares 0-5 Year Investment Grade Corporate	0.06%	2.07%
Medio	**VCIT**	Vanguard Intermediate-Term Corporate Bond	0.07%	3.29%
Largo	**VCLT**	Vanguard Long-Term Corporate Bond	0.07%	4.4%
Largo	**SPLB**	SPDR Portfolio Long Term Corporate Bond	0.07%	4.42%

Bonos de alto rendimiento (o bonos basura)

Estos son bonos con menor calidad crediticia por lo que pagan más interés. Esto se traduce en un mayor dividendo.

Plazo	Tique	Nombre	Expense Ratio	Dividendo
Todos	**JNK**	SPDR Barclays High Yield Bond ETF	0.40%	6.05%
Todos	**HYLB**	Deutsche X-trackers USDHigh Yield Corporate	0.20%	5.64%

Mercados Internacionales - Bonos

Plazo	Tique	Nombre	Expense Ratio	Dividendo
Todos	**IAGG**	iShares Core International Aggregate Bond ETF	0.09%	2.26%
Todos	**IGOV**	iShares International Treasury Bond ETF	0.35%	0.68%
Todos	**BNDX**	Vanguard Total International Bond ETF	0.12%	1.68%

---

* Cuando no se especifique un valor es porque el ETF es demasiado reciente y no muestra aún un historial de dividendos.

Apéndices

Mercados de Acciones por Región

Región	Tique	Nombre	Expense Ratio	Dividendo
Mercados Emergentes	**SPEM**	SPDR Portfolio Emerging Markets ETF	0.11%	1.08%
Mercados Emergentes	**SCHE**	Schwab Emerging Markets Equity ETF	0.13%	1.79%
Mercados Emergentes	**VWO**	Vanguard FTSE Emerging Markets ETF	0.14%	2.3%
Europa	**VGK**	Vanguard FTSE Europe ETF	0.10%	2.6%
Asia	**VPL**	Vanguard FTSE Pacific ETF	0.10%	2.31%
América Latina	**ILF**	iShares Latin America 40 ETF	0.49%	1.8%
Países desarrollados excl. EE.UU	**VEA**	Vanguard FTSE Developed Markets ETF	0.07%	2.52%
Países desarrollados excl. EE.UU	**IDEV**	iShares Core MSCI International Developed Markets ETF	0.07%	-

Mercado internacional de Acciones por Capitalización

Capitalización	Tique	Nombre	Expense Ratio	Dividendo
Grande, excl. EE.UU	**SPDW**	SPDR Portfolio World ex-US ETF	0.11%	1.08%
Grande, excl. EE.UU	**SCHF**	Schwab International Equity ETF	0.06%	2.09%
Grande, excl. EE.UU	**IDEV**	iShares Core MSCI International Developed Markets ETF	0.07%	-
Pequeña y media	**SCHC**	Schwab International Small-Cap Equity ETF	0.12%	1.61%
Pequeña y media	**VSS**	Vanguard FTSE All-World ex-US Small-Cap ETF	0.13%	2.43%

C: ETFs por Categoría

Sectores

Sector (EEUU, a menos que se indique lo contrario)	Tique	Nombre	Expense Ratio	Dividendo
Inmobiliario (REIT)	VNQ	Vanguard REIT ETF	0.12%	4.73%
Inmobiliario (REIT) Internacional	REET	iShares Global REIT ETF	0.14%	4.94%
Inmobiliario (REIT) Internacional	VNQI	Vanguard Global ex-U.S. Real Estate Index Fund ETF	0.15%	3.46%
Utilidades (Agua, gas natural, electricidad, reciclaje, etc.)	VPU	Vanguard Utilities ETF	0.10%	3.04%
Utilidades (Agua, gas natural, electricidad, reciclaje, etc.)	XLU	Utilities Select Sector SPDR Fund	0.14%	3.08%
Tecnología	VGT	Vanguard Information Technology ETF	0.10%	1.01%
Consumibles básicos	VDC	Vanguard Consumer Staples	0.10%	2.48%
Consumibles cíclicos (no básicos)	VCR	Vanguard Consumer Discretionary	0.10%	1.36%
Salud	VHT	Vanguard Health Care	0.10%	1.29%
Biotecnología	XBI	SPDR S&P Biotech ETF	0.35%	0.23%
Industria Aeroespacial	XAR	SPDR S&P Aerospace & Defense ETF	0.35%	1.11%
Financiero	VFH	Vanguard Financials ETF	0.10%	1.41%

Cosecha de pérdidas (*Loss Harvesting*)

En el capítulo 14 hemos visto el concepto de cosecha de pérdidas. Con este procedimiento lo que hacemos es vender un activo y reemplazarlo por otro similar con el objetivo de contabilizar una pérdida que luego utilizaremos para cancelar potenciales ganancias. De esta manera evitaremos pagar parte del impuesto a las ganancias de capital en el que podemos incurrir al momento de reajustar nuestro portafolio.

Por supuesto, solo estaremos posponiendo el pago de este impuesto y no evitándolo en forma permanente, sin embargo, aprovecharemos ese extra de "combustible" para potenciar nuestros beneficios a largo plazo.

La siguiente es una breve lista de ETFs que pueden ser intercambiados entre sí y que nos permite implementar esta estrategia. La idea es que cada par de ETFs cubra más o menos la

Apéndices

misma clase de activos, pero a través de un índice diferente.

Clase de activo	ETF	ETF
Sector Inmobiliario	VNQ	REET
Gran Capitalización	SPY	IWF
Gran Capitalización-Crecimiento	VONG	VOOG
Gran Capitalización-Valor	VTV	IWD
Media capitalización	VO	SCHM
Pequeña Capitalización	VB	SCHA
Mercado total de bonos	GOVT	BND
Bonos corto plazo	VCSH	VGSH
Bonos medio plazo	VGIT	BIV
Bonos largo plazo	VGLT	TLT
Mercado total de bonos corporativos	VTC	LQD
Bonos cupón cero	EDV	ZROZ
Bonos de alto rendimiento	JNK	HYLB
Mercados emergentes	SCHE	EEMA
Pequeña capitalización internacional	SCHC	VSS

ETFs que pueden ser intercambiados con el objetivo de contabilizar pérdidas.

Apéndice D: Glosario de Términos

Acciones: Una acción representa la mínima fracción que podemos poseer de una compañía. Para ser dueños del 100% de ella, deberíamos comprar todas sus acciones actualmente en existencia.

Acciones centavo (*Penny Stock*): Empresas que cotizan a menos de $5. No significa que sean malas empresas, pero por lo general lo son y deberíamos evitar invertir en ellas.

Activo: Cualquier cosa que consideramos de valor. En el caso de activos financieros, su valor está dado por su cotización en bolsa.

Algoritmo evolutivo: Programa informático basado en los principios de la evolución: reproducción, variación (mutación) y selección (artificial).

Análisis fundamental: Conjunto de técnicas de análisis utilizado para evaluar la salud financiera y competitiva de una empresa en un intento de determinar su valor real o intrínseco junto sus perspectivas de crecimiento futuro.

Análisis técnico: Conjunto de técnicas de análisis que intenta determinar la evolución futura de los precios, basándose en comportamientos históricos.

Ask: Precio que debemos pagar para adquirir un activo.

AUM (*Assets Under Management*): Valor total de los activos que gestiona un fondo de inversiones o ETF. No confundir con NAV.

Apéndices

Aversión a las pérdidas (*Loss Aversion*): Característica de la psique humana que nos hace sufrir más por una pérdida en comparación con lo que disfrutamos al obtener una ganancia de igual magnitud.

Backtesting: Técnica que nos permite verificar como se hubiera comportado una estrategia de inversión o un portafolio en el pasado. Se basa en datos históricos y nada nos dice sobre el posible comportamiento futuro.

Beta (β): Mide la volatilidad de un activo con respecto a un índice de referencia o *benchmark*. Por definición, este índice tendrá un $\beta = 1$.

Bid: Precio que se nos pagará cuando vendamos un activo.

Bitcoins: La moneda virtual más popular de un grupo de más de 1000 en existencia. A diferencia de las monedas tradicionales, estas no están respaldadas por ningún gobierno o economía real.

Bonos corporativos: Similares a los bonos del tesoro, pero emitidos por las empresas.

Bonos del Tesoro: Títulos de deuda emitidos por los gobiernos. Son básicamente préstamos que los inversores hacen a los gobiernos a cambio del pago de un interés fijo durante un período de tiempo específico, luego del cual el importe que el bono indica es entregado en su totalidad al poseedor del bono.

Bróker: Es una institución o empresa privada que oficia de intermediario entre el inversor y la Bolsa de Valores. Facilita la compra y venta de activos, así como también el apropiado registro de estas transacciones.

Calificación crediticia: Calificación otorgada a los títulos de deuda (bonos) que indica la probabilidad de que el emisor incumpla con su obligación de pago y entre en default.

Capitalización: Es el valor total de todas las acciones existentes de una empresa. Es equivalente al importe total que deberíamos pagar para ser propietarios del 100% de esa empresa.

Categoría Valor: Las empresas catalogadas como valor tienen un precio de mercado por debajo de lo que se considera su valor real o intrínseco. Una variedad de métricas financieras es utilizada para determinar si una empresa está o no dentro de esta categoría. Las más populares son: P/E y P/B.

Categoría Crecimiento: Una empresa catalogada como de "Crecimiento" muestra, precisamente, un crecimiento mayor a la media del mercado o del sector al que pertenece. Suelen ser empresas que no pagan dividendos y reinvierten todos sus beneficios. Una variedad de métricas financieras es utilizada para determinar si una empresa está o no dentro de esta categoría.

CFD (*Contract for Diference*): Producto apalancado que nos permite adquirir un activo por una fracción de su valor de mercado. Por ejemplo, un CFD de IBM con un apalancamiento de 10 a 1, nos permite comprar 10 acciones de IBM por el precio de 1. Ver *Producto Apalancado*.

Contabilidad mental: Concepto introducido por Richard Thaler, en el que se describe el proceso por el cual las personas clasificamos o categorizamos en forma diferente dos situaciones que tienen el mismo resultado económico. Esto nos lleva a actuar irracionalmente al gestionar nuestras finanzas y sobre todo nuestras inversiones. Ver ejemplo en capítulo 16, sección "Dejar que nuestras emociones tomen el control".

Correlación: Medida estadística que nos indica cómo se relacionan dos activos entre sí. La correlación es un valor entre -1 y +1. Cuando ésta es positiva significa que ambos activos tienden a moverse en la misma dirección. Cuando es negativa, significa que se mueven en direcciones opuestas. Una correlación cero, o muy cercana a cero, nos indica que los activos no tienen ningún tipo de "conexión", es decir, se mueven en forma totalmente independiente uno con respecto al otro.

Apéndices

Cosecha de pérdidas (*Loss Harvesting*): Técnica en la cual vendemos un activo a pérdida y lo sustituimos por otro de similares características. Esto nos permite contabilizar esa pérdida y usarla más adelante para compensar ganancias. De esta manera reducimos o eliminamos el pago del impuesto a las ganancias de capital, al menos temporalmente.

Cupón (*Coupon*): Tasa de interés fija que paga un bono desde el momento de ser emitido hasta su fecha de maduración.

DCA (*Dollar Cost Average*) : Método por el cual invertimos una cantidad fija de dinero en forma regular, por ejemplo, mensualmente.

Derrotar al mercado (*Beat the Market*): Obtener beneficios superiores al mercado en su totalidad en un período determinado. Normalmente el mercado es representado por el índice *S&P500*.

Desviación estándar: Valor numérico, expresado como porcentaje, que mide la magnitud en que una variable aleatoria se desvía de su promedio. Se suele utilizar para medir la volatilidad del retorno anual (o mensual) de un activo financiero.

Discount bróker: Bróker que solo ofrece el servicio de ejecución de órdenes. Suelen tener comisiones más bajas y son los que nos interesa utilizar.

Dividendo: Es la forma que tiene una empresa de distribuir beneficios a sus inversores. Se expresa como un valor monetario por acción, por ejemplo $0.35/acción, y se suele pagar en forma trimestral (aunque hay compañías que pagan dividendos mensuales).
Ver *Rendimiento por Dividendo*.

DVA (*Dollar Value Average*): Método similar al *Dollar Cost Average*, pero en lugar de invertir una cantidad fija en forma regular, lo que hacemos es incrementar el valor de nuestro portafolio en una cantidad fija predeterminada. Esto implica invertir una cantidad variable de dinero cada mes. Ver capítulo 15.

D: Glosario de Términos

ETF: Fondos de inversión cotizados en bolsa, como las acciones.

Expense Ratio: Costo anual que tienen todos los fondos de inversión. Se expresa como porcentaje del valor total de los activos que posee el fondo. Este costo está incluido en el precio de cotización de las unidades del fondo.

Fecha de expiración de un bono: También conocida como fecha de maduración. Es la fecha en que la deuda se cancela y el dinero prestado es devuelto al poseedor del bono en ese momento.

Fondo de inversión: Entidad legal autorizada a recaudar dinero de los inversores y que luego es invertido en una serie de activos específicos.

Fondo indexado: Fondo de inversión que replica un índice de referencia, es decir, invierte en los activos que el índice contiene. En un fondo no indexado, existe un gestor o grupo de gestores quienes deciden en qué invertir, sin tomar en cuenta ningún índice.

Hedge o cobertura: Técnica por la cual limitamos las pérdidas potenciales de un portafolio mediante la utilización de ciertos instrumentos derivados, por ejemplo, opciones *put*. Como contrapartida, también se suelen limitar las ganancias potenciales.

Índice Bursátil: Es simplemente un valor numérico que representa el precio promedio de un grupo de activos o del mercado en su totalidad. Es una herramienta que simplifica en gran medida el seguimiento del rendimiento de un sector de la economía o de todo el mercado, en lugar de analizar todos y cada uno de sus componentes por separado. El ejemplo más popular es el *S&P500*.

Índice de referencia (*Benchmark*): Índice bursátil utilizado como referencia para comparar el rendimiento de un fondo de inversión o portafolio.

Apéndices

Inversión activa: Método de inversión en la que decidimos qué activos compramos o vendemos y en qué proporción. Ver *Inversión Pasiva*.

Inversión en crecimiento: Invertir en activos o empresas en la categoría crecimiento. Ver *Categoría Crecimiento*.

Inversión en valor: Invertir en activos o empresas en la categoría Valor. Ver *Categoría Valor*.

Inversión pasiva: A diferencia de la inversión activa, la inversión pasiva simplemente intenta replicar un índice, invirtiendo en los activos contenidos en él, sin tomar decisiones sobre qué comprar y vender en cada momento.

Margin Call: Cuando usamos productos apalancados, como por ejemplo un *CFD*, corremos el riesgo de sufrir un *Margin Call*, esto es, que el bróker cierre nuestra posición a pérdida. Para evitarlo debemos depositar el dinero suficiente para cubrir el valor perdido hasta el momento. Esto puede llevarnos a la ruina.

Market Timing: Estrategia de inversión en la que intentamos determinar si el precio de un activo ha alcanzado su tope o su suelo, y actuar así en consecuencia. Esto es algo que no es posible de lograr en forma consistente.

Mercado de Renta Fija: Mercado de bonos.

Mercado de Renta variable: Mercado de acciones.

NAV: Cociente entre el valor total de los activos que administra un fondo y el número de unidades o participaciones que el fondo ofrece. Idealmente este valor debería ser, en todo momento, igual a la cotización de esas unidades en el mercado secundario.

Opciones *Call*: Nos dan el derecho, pero no la obligación, de comprar un activo a un precio fijo predeterminado en una fecha futura también predeterminada. Ganamos dinero cuando el precio del activo subyacente sube. La pérdida máxima es limitada mientras que

D: Glosario de Términos

la ganancia potencial es ilimitada.

Opciones *Put*: Nos dan el derecho, pero no la obligación, de vender un activo a un precio fijo predeterminado en una fecha futura también predeterminada. Ganamos dinero cuando el precio del activo subyacente cae. Tanto las pérdidas como las ganancias son limitadas.

Operaciones en corto (*short positions*): Operación bursátil en la cual nos beneficiamos cuando un activo cae en valor. Es más compleja que las operaciones "en largo", es decir, la compra tradicional de activos. Las ganancias potenciales son limitadas mientras que las pérdidas potenciales ilimitadas.

P/B Ratio: Coeficiente Precio/Valor Contable. Mide que tan caro o barato estamos pagando por el valor contable neto (actual) de un activo.

P/E Ratio: Coeficiente Precio/Ganancias. Mide que tan caro o barato estamos pagando por los beneficios que un activo produce.

Participante Autorizado (PA): Inversor o institución financiera autorizada a crear o redimir (destruir) unidades de un ETF a cambio de su equivalente en activos cotizados (acciones, bonos, etc.)

Portafolio: Conjunto de activos financieros como por ejemplo acciones, bonos, fondos de inversión, ETFs, dinero en efectivo, etc. Un portafolio pertenece a un inversor, grupo de inversores o institución financiera, quien lo gestiona en forma directa o recibe una comisión de un tercero por hacerlo.

Portafolio en compartimientos (*Bucket Portfolio*): Estructura de un portafolio en la fase de retiro. Suele tener 3 compartimientos según un horizonte temporal:

1. Dinero en efectivo u otros instrumentos de bajo riesgo que utilizamos para cubrir nuestros gastos durante los próximos 2 años.
2. Portafolio de riesgo medio, con un horizonte temporal de 2 a

Apéndices

10 años.
3. Portafolio de riesgo medio-alto con un horizonte temporal a largo plazo (más de 10 años). En forma progresiva, se transfieren fondos del compartimiento 3 al 2 y del 2 al 1.

Precio de ejercicio (*Strike Price*): Es el precio pactado en una opción *put* o *call* por el cual podemos vender o comprar, respectivamente, el activo subyacente.

Productos apalancados: Productos financieros que nos permiten adquirir un activo por una fracción de su valor de mercado. Esto se logra utilizando dinero prestado por lo que incurriremos en el pago de intereses mientras estemos en posesión del producto. Una hipoteca o un *CFD* son ejemplos de productos apalancados.

Promedio móvil (*MA*): Es el promedio del precio de un activo en un período previo dado. Se lo denomina móvil porque el período utilizado para hacer el cálculo se va desplazando hacia adelante en forma progresiva.

Reajuste del portafolio: Proceso por el cual llevamos nuestro portafolio a las proporciones que hemos establecido originalmente. Vendemos los activos que se han apreciado y compramos los que han caído en valor.

Red neuronal: Concepto matemático que modela, en forma muy simplificada, la estructura y funcionamiento del cerebro humano. Es utilizado para reconocer patrones como rostros, secuencias genéticas o movimientos de precios.

Regla del 4%: Consiste en tomar el 4% de nuestro portafolio en forma anual durante la fase de retiro. Se considera un porcentaje "seguro" de extracción de capital que nos permite cubrir nuestros gastos inmediatos sin agotar el capital disponible.

Regreso a la media: Característica que muestra el rendimiento de un activo, en el largo plazo, de volver a su valor promedio histórico luego de alejarse de él, tanto por encima como por debajo.

D: Glosario de Términos

REIT (*Real Estate Investment Trusts*): Empresas que invierten en el sector inmobiliario. Sus beneficios provienen principalmente de la renta de propiedades, intereses por hipotecas y la compraventa de inmuebles. Este tipo de compañías, al menos en Estados Unidos, están obligadas a distribuir el 90% de sus beneficios a los inversores.

***REIT-ETF*:** Estos ETF tienen un portafolio compuesto de compañías del tipo REIT. El más popular es VNQ del *Grupo Vanguard*.

Rendimiento de un bono : Interés que un bono paga expresado como porcentaje del valor actual del bono. A diferencia del cupón, el rendimiento de un bono varía con el tiempo. Ver *Cupón*.

Rendimiento por dividendos (*Dividend Yield*): Es el dividendo expresado como porcentaje del valor de la acción. Si una empresa paga un dividendo anual de $0.35/acción y la acción cotiza a $10, su rendimiento por dividendo es del 3.5%. Es importante notar que si el valor de la acción cae 50% y pasa a cotizar a solo $5, su rendimiento por dividendo se duplicará y será del 7% aunque el valor monetario del dividendo continúa siendo $0.35/acción. Simplemente pagaremos más barato esos dividendos al comprar acciones a $5 en lugar de $10.

Resistencia: Nivel de precios máximo que un activo aparenta no poder superar. Ver *Soporte*.

Retorno ajustado por riesgo: Es una técnica de comparación de activos que presentan diferentes retornos y volatilidades. Para poder hacer una comparación válida del rendimiento de dos activos, debemos hacerlo luego de ajustar o igualar la volatilidad (riesgo) de ambos.

Retorno esperado: Es la suma de los retornos posibles de un activo, multiplicados por la probabilidad de obtener dichos retornos. Por ejemplo, si un activo tiene una probabilidad del 50% de ganar 20%, y 50% de perder 10%, su retorno esperado es: 50% x 20% + 50% x -10% = 5%.

Apéndices

Retorno promedio: Promedio de los retornos anuales registrados. Este es el retorno utilizado para calcular la desviación estándar.

Retorno Real Anualizado: Es el retorno real compuesto, registrado por un activo en un período dado, expresado como porcentaje anual. Por ejemplo, si un activo vale $100 en 2010 y $259.40 diez años más tarde, su retorno real anualizado es del 10%. Esto no significa que el activo ha registrado un retorno de 10% en todos y cada uno de esos 10 años, sino que su apreciación en todo el período es equivalente a la de un activo imaginario que se incrementa exactamente un 10% cada año.

Riesgo de clausura: Probabilidad de que un fondo de inversiones sea liquidado. Cuando esto ocurre, sus activos son vendidos y el dinero obtenido se reparte entre los inversores.

Riesgo no sistémico: Se refiere al riesgo o volatilidad que presentan los activos individuales.

Riesgo sistémico: Se refiere al riesgo o volatilidad que presenta el mercado en su conjunto.

RSI (*Relative Strength Index*): Índice de Fortaleza Relativa. Es un cálculo matemático que nos indica si un activo esta sobre vendido o sobre comprado, en un período de tiempo determinado. Se expresa como un valor numérico entre 0 y 100. Si este valor está por encima de 70, el activo se considera sobre comprado. Por debajo de 30, el activo se considera sobre vendido. Se utiliza para obtener señales de compra y venta dentro de una estrategia de inversión activa.

Sharpe Ratio: Cociente entre el retorno (real) anual de un activo y su desviación estándar. Nos da una medida del rendimiento obtenido por cada unidad de riesgo asumido, es decir, por cada unidad de desviación estándar. Ver *Sortino Ratio*.

Short the Market: Realizar una operación en corto con el objetivo de obtener ganancias cuando el mercado cae. En lugar de realizar una operación en corto por cada activo individual, lo que se hace es operar

D: Glosario de Términos

en corto un índice que represente el mercado. Ver *Operaciones en corto*.

Slippage: Diferencia entre el precio de cotización de un activo y el precio que realmente pagamos al comprarlo o venderlo. Esta diferencia será mayor o menor dependiendo del volumen y liquidez que presente el activo en cuestión.

Soporte : Nivel de precios mínimo que un activo aparenta mantener. Ver *Resistencia*.

Sortino Ratio: Similar al Sharpe Ratio, pero utiliza la semi varianza en lugar de la desviación estándar, en otras palabras, solo penaliza la desviación de los retornos que caigan por debajo del promedio.

Split: Proceso por el cual se dividen las acciones de una empresa en dos o más partes iguales. La capitalización total de la empresa no varía. Se suele hacer para disminuir el precio de las acciones existentes y hacerlas más accesibles al público, lo cual aumenta su liquidez.

Stock Picking: Actividad en la que seleccionamos activos individuales en los cuales invertir. Esta selección se basa en alguna estrategia de análisis fundamental, técnico o una combinación de ambos.

Target Date Funds: Fondos de inversión que modifican gradualmente su combinación de Acciones/Bonos a medida que se acercan a una fecha predeterminada, en la que sus inversores alcanzan la edad de retiro.

Tipos de interés (*Intrest Rates*): Tasa de interés aplicada a los préstamos interbancarios y que es establecida por los bancos centrales de cada país, por ejemplo, la reserva federal de EE.UU. La modificación de este valor impacta al resto de las tasas de interés: hipotecas, tarjetas de crédito, préstamos bancarios, etc.

Turnover: Porcentaje del portafolio de un fondo de inversiones que es modificado anualmente. Un alto valor de Turnover indica una mayor actividad bursátil. Esto, a su vez, implica mayores costos y suele estar asociado a estrategias de inversión activa.

Valor Principal (de un bono): Es la cantidad dinero que el emisor de un bono pagará al poseedor de éste, una vez que el bono alcance su fecha de expiración. Se paga una sola vez al finalizar el período de maduración del bono, a diferencia del cupón que es pagado en forma periódica. El valor principal suele ser diferente al precio que hemos pagado por el bono originalmente.

Value Investing: Ver *Inversión en Valor*.

Apéndice E: Lecturas Recomendadas

La siguiente es una lista muy modesta de libros que considero imprescindibles (aunque no necesariamente los únicos) para profundizar en los conceptos de inversión que hemos visto hasta ahora. Son textos dirigidos al público en general por lo que son fáciles de leer y comprender. Los títulos están en su versión original en inglés. En lo posible, intente evitar las traducciones.

- **A Random Walk Down Wall Street,** Burton G. Malkiel

W. W. Norton & Company, Inc., ISBN-10: 0393352242

Originalmente publicado en 1973, va por su 11ª edición (2015). Es un libro ya clásico que nos introduce en el concepto de la inversión pasiva y sus ventajas frente a la inversión activa.

- **Stocks for the Long Run, 5ª Edition,** Jeremy J. Siegel

McGraw-Hill Education, ISBN-10: 0071800514

Jeremy Siegel, profesor de la universidad de Pensilvania, aborda conceptos complejos sobre los mercados actuales, pero lo hace de forma accesible al inversor casual. Nos brinda una guía de la inversión a largo plazo y analiza las causas de las crisis financieras más recientes.

- **The Intelligent Asset Allocator,** William J. Bernstein

McGraw-Hill Education, ISBN-10: 0071362363

En un lenguaje ameno y sencillo, aprendemos sobre la teoría del portafolio moderno y por qué la diversificación funciona.

Apéndices

- The Four Pillars of Investing, *William J. Bernstein*

McGraw-Hill Education, ISBN-10: 0071747052

    William Bernstein nos presenta aquí los cuatro pilares de la inversión: La teoría, la historia, la sicología y el negocio de la inversión.

- The Ivy Portfolio, *Mebane T. Faber y Eric W. Richardson*

Wiley, ISBN-10: 1118008855

    Este libro nos abre una ventana a la inversión de las grandes ligas. Nos muestra como imitar los portafolios de los fondos de inversión de las universidades más importantes, como Yale y Harvard, mediante el uso de ETFs.

- The Little Book of Common Sense Investing, *John C. Bogle*

Wiley, ISBN-10: 1119404509

    John C. Bogle, el fundador del *Grupo Vanguard* y del primer fondo indexado, nos presenta su filosofía de inversión. Un libro ameno y obligado para todo creyente en la inversión pasiva.

- Value Averaging: The Safe and Easy Strategy for Higher Investment Returns, *Michael E. Edleson*

Wiley, ISBN-10: 0470049774

    Michael E. Edleson, el creador del concepto de Valor Promedio (DVA), nos detalla en este libro como funciona y qué ventajas tiene.

- The 5 Mistakes Every Investor Makes and How to Avoid Them, *Peter Mallouk*

John Wiley & Sons, ISBN-10: 1118929004

    En forma sencilla y clara, Peter Mallouk nos advierte de los 5 mayores errores que todo inversor comete y cómo evitarlos.

E: Lecturas Recomendadas

- **A Comprehensive Guide to Exchange-Traded Funds (ETFs),** *Joanne M. Hill, Dave Nadig, Matt Hougan, Deborah Fuhr*

CFA Institute Research Foundation, ISBN-10: 1934667854

Esta publicación del *CFA Institute* nos brinda una descripción detallada de los fondos cotizados (ETFs), un instrumento fundamental para construir los cimientos de nuestro portafolio.

- **Against the Gods: The Remarkable Story of Risk,** *Peter L. Bernstein*

John Wiley & Sons, ISBN-10: 0471295639

Encontramos aquí la interesantísima historia del riesgo que es, en definitiva, a lo que todos los inversores nos enfrentamos. Nos relata la evolución intelectual del hombre en su objetivo de entender y controlar el riesgo. Esto, argumenta el autor, es lo que diferencia a las sociedades actuales de las antiguas, cuando el ser humano sólo contaba con los oráculos y los dioses para guiar su propio destino.

- **The Birth of Plenty: How the Prosperity of the Modern Work was Created,** *William J. Bernstein*

McGraw-Hill Education, ISBN-10: 0071747044

Este es un libro de historia, pero escrito en forma accesible. En él aprendemos cuales son los factores que determinan la creación de riqueza y prosperidad y derriba, al mismo tiempo, una serie de mitos ampliamente arraigados en la cultura popular.

- **Basic Economics,** *Thomas Sowell*

Basic Books, ISBN-10: 0465022529

Si bien no es un libro sobre inversiones, creo que es fundamental para todo aquel que quiera entender los principios básicos de la economía sin ser economista. Es un libro bastante voluminoso pero fácil de leer y sobre todo esclarecedor.

Apéndices

- Wealth, Poverty and Politics, *Thomas Sowell*

Basic Books, ISBN-10: 046509676X

Nuevamente, Thomas Sowell nos ofrece aquí una obra brillante. Nos revela los factores que determinan la prosperidad o la pobreza de las naciones, respaldando sus argumentos con hechos y estadísticas difícilmente rebatibles.

Referencias

[1] W. Buffet, "Berkshire Hathaway Shareholder Letter," Omaha, Nebraska, 1993.

[2] S. Crowther, "Everybody Ought to Be Rich. Interview with John J. Raskob," *Ladies Home Journal Magazine,* Agosto 1929.

[3] I. Fisher, "Fisher sees stocks permanently high," *New York Times,* p. 8, 16 Octubre 1929.

[4] Macrotrends LLC, "Dow Jones - 100 Year Historical Chart," 2018. [Online]. Available: https://www.macrotrends.net/1319/dow-jones-100-year-historical-chart.

[5] B. S. Bernanke, Principles of Macroeconomics (3rd ed.), Boston: McGraw-Hill, 2007, p. 98.

[6] Inflation.eu, "Inflation United States 1974," Triami Media BV, [Online]. Available: https://www.inflation.eu/inflation-rates/united-states/historic-inflation/cpi-inflation-united-states-1974.aspx.

[7] Office of the Historian, Bureau of Public Affairs, "Oil Embargo, 1973-1974," United States Department of State, [Online]. Available: https://history.state.gov/milestones/1969-1976/oil-embargo.

[8] A. Beattie, "Market Crashes: The Dotcom Crash (2000-2002)," Investopedia, 2018. [Online]. Available: https://www.investopedia.com/features/crashes/crashes8.asp.

[9] R. B. Roubini, "Three top economists agree 2009 worst financial crisis since great depression; risks increase if right steps are not taken," Houston, Texas, 2009.

[10] B. Burnett, "2000-2009: America's Lost Decade," 2010. [Online]. Available: https://www.huffingtonpost.com/bob-burnett/2000-2009-americas-lost-d_b_403887.html?guccounter=1.

[11] D. G. P. H. L. Ross, "The false consensus effect: an egocentric bias in social perception and attribution processes," *Journal of Experimental Social Psychology,* no. 13, pp. 279-301, 1977.

[12] R. Shiller, "Online Data Robert Shiller," Yale University, [Online]. Available: http://www.econ.yale.edu/~shiller/data.htm.

[13] dqydj.com, "S&P 500 Return Calculator, with Dividend Reinvestment," 2018. [Online]. Available: https://dqydj.com/sp-500-return-calculator/.

Referencias

[14] Moneychimp.com, "Compound Annual Growth Rate (Annualized Return)," [Online]. Available: http://www.moneychimp.com/features/market_cagr.htm.

[15] M. V. W. Erwin Bolthausen, "Bernoulli's Law of Large Numbers," 2013.

[16] Investopedia, "What is 'Standard Deviation'," Investopedia, [Online]. Available: https://www.investopedia.com/terms/s/standarddeviation.asp.

[17] M. Nikulin, "Three-sigma rule," Encyclopedia of Mathematics, [Online]. Available: https://www.encyclopediaofmath.org/index.php/Three-sigma_rule.

[18] B. J. Feibel, "Absolute Risk vs Downside Risk," in *Investment Performance Measurement*, Hoboken, New Jersey, John Wiley & Sons, Inc., 2003, pp. 156-160.

[19] H. M. Markowitz, "Portfolio Selection," *The Journal of Finance,* vol. 7, no. 1, p. 77-91, 1952.

[20] Investopedia, "What is 'Correlation'," [Online]. Available: https://www.investopedia.com/terms/c/correlation.asp.

[21] InvestingAnswers, "Efficient Frontier," [Online]. Available: http://www.investinganswers.com/financial-dictionary/investing/efficient-frontier-1010.

[22] J. Hur, "History of The Stock Market," BeBusinessed.com, 2016. [Online]. Available: https://bebusinessed.com/history/history-of-the-stock-market/.

[23] B. Taylor, "How 3 Countries Lost Their Position As The World's Dominant Financial Power Over The Last 800 Years," BusinessInsider.com, 2013. [Online]. Available: https://www.businessinsider.com/700-years-of-government-bond-yields-2013-12?IR=T.

[24] L. Bultinck, "The stock market: from the 'Ter Buerse' inn to Wall Street," National Bank of Belgium Museum, 2010. [Online]. Available: https://www.nbbmuseum.be/en/2010/01/stockmarket.htm.

[25] A. Beattie, "What Was the First Company to Issue Stock?," Investopedia, 2017. [Online]. Available: https://www.investopedia.com/ask/answers/08/first-company-issue-stock-dutch-east-india.asp.

[26] J. Lehrer, "Social Physics," in *Proust Was a Neuroscientist*, New York, Houghton Mufflin Company, 2007, p. 27.

[27] A. Hayes, "IPO Basics: What Is An IPO?," Investopedia, [Online]. Available: https://www.investopedia.com/university/ipo/ipo.asp.

Referencias

[28] C. R. Harvey, "Non-Systemic Risk," 2011. [Online]. Available: https://financial-dictionary.thefreedictionary.com/Non-Systemic+Risk.

[29] M. Davis, "How September 11 Affected The U.S. Stock Market," Investopedia, 2017. [Online]. Available: https://www.investopedia.com/financial-edge/0911/how-september-11-affected-the-u.s.-stock-market.aspx.

[30] C. R. Harvey, "Systemic Risk," 2011. [Online]. Available: https://financial-dictionary.thefreedictionary.com/Systemic+Risk.

[31] G. Curtis, "The Basics of the Bid-Ask Spread," 2018. [Online]. Available: https://www.investopedia.com/trading/basics-of-the-bid-ask-spread/.

[32] C. D.-S. Benzinga, "The Importance Of The Order Book," Yahoo Finance, Julio 2017. [Online]. Available: https://finance.yahoo.com/news/importance-order-book-170021212.html.

[33] Investopedia, "What is 'Slippage'," [Online]. Available: https://www.investopedia.com/terms/s/slippage.asp.

[34] Investopedia, "What is the 'Payout Ratio'?," 2018. [Online]. Available: https://www.investopedia.com/terms/p/payoutratio.asp.

[35] Investopedia, "P/E Ratio: What Is It?," [Online]. Available: https://www.investopedia.com/university/peratio/peratio1.asp.

[36] Macrotrends LLC, "S&P 500 PE Ratio - 90 Year Historical Chart," 2018. [Online]. Available: https://www.macrotrends.net/2577/sp-500-pe-ratio-price-to-earnings-chart.

[37] J. Maverick, "What is considered a good price to book ratio?," Investopedia, [Online]. Available: https://www.investopedia.com/ask/answers/010915/what-considered-good-price-book-ratio.asp.

[38] Investopedia, "Market Capitalization Defined," 2017. [Online]. Available: https://www.investopedia.com/articles/basics/03/031703.asp.

[39] J. Folger, "Index Investing: What Is An Index?," Investopedia, [Online]. Available: https://www.investopedia.com/university/indexes/index1.asp.

[40] M. P. Cussen, "Income, Value, and Growth Stocks," Investopedia, 2018. [Online]. Available: https://www.investopedia.com/articles/investing/080113/income-value-and-growth-stocks.asp.

Referencias

[41] R. J. &. Associates, "Long Term Investment Performance," 2011. [Online]. Available: https://www.raymondjames.com/melvillewealthmanagement/pdfs/long_term_investment_performance.pdf.

[42] Morningstar, "Morningstar Style Box," Morningstar, [Online]. Available: http://www.morningstar.com/InvGlossary/morningstar_style_box.aspx.

[43] Fidelity, "Two schools of investing: Growth vs. value," Fidelity, [Online]. Available: https://www.fidelity.com/learning-center/investment-products/mutual-funds/2-schools-growth-vs-value.

[44] Pimco, "Bonds," [Online]. Available: https://global.pimco.com/en-gbl/resources/education/everything-you-need-to-know-about-bonds.

[45] SEC, "What Are Corporate Bonds?," US Securities and Exchange Commission, New York, 2013.

[46] TradingEconomics.com, "United States Gross Federal Debt to GDP," TradingEconomics.com, [Online]. Available: https://tradingeconomics.com/united-states/government-debt-to-gdp.

[47] The Financial Crisis Inquiry Commission, "Losses: "Who owns residential credit risk?"," in *The Financial Crisis Inquiry Report*, Washington DC, Gobierno de EE.UU, 2011, pp. 226-230.

[48] D. N. M. H. D. F. Joanne M. Hill, A Comprehensive Guide to Exchange-Traded Funds (ETFs), CFA Institute Research Foundation, 2015, p. 113.

[49] A. R. Palmiter, "4.2.2 Basic Bond Valuation," Wake Forest University, 2003. [Online]. Available: https://users.wfu.edu/palmitar/Law&Valuation/chapter%204/4-2-2.htm.

[50] US Securities and Exchnge Commission, "Interest Rate Risk," SEC, 2013. [Online]. Available: https://www.sec.gov/files/ib_interestraterisk.pdf.

[51] CentralBanksGuide.com, "Central Banks," 2015. [Online]. Available: http://www.centralbanksguide.com/.

[52] CentralBanksGuide.com, "Controlling Interest Rates," 2015. [Online]. Available: http://www.centralbanksguide.com/controlling+interest+rates.

[53] Investopedia, "How do central banks impact interest rates in the economy?," 2018. [Online]. Available: https://www.investopedia.com/ask/answers/031115/how-do-central-banks-impact-interest-rates-economy.asp.

[54] K. Amadeo, "Central Banks' Function and Role," TheBalance.com, 2018. [Online]. Available: https://www.thebalance.com/what-is-a-central-bank-definition-function-and-role-3305827.

Referencias

[55] Investopedia, "What is a 'Strip Bond'," 2018. [Online]. Available: https://www.investopedia.com/terms/s/stripbond.asp.

[56] J. Kennon, "Stocks vs Bonds vs Gold Returns for the Past 200 Years," Joshua Kennon, [Online]. Available: https://www.joshuakennon.com/stocks-vs-bonds-vs-gold-returns-for-the-past-200-years/.

[57] J. E. McWhinney, "A Brief History of the Mutual Fund," Investopedia, February 2018. [Online]. Available: https://www.investopedia.com/articles/mutualfund/05/mfhistory.asp.

[58] T. Parker, "Closed-End vs. Open-End Funds," [Online]. Available: https://www.investopedia.com/financial-edge/0712/closed-end-vs.-open-end-funds.aspx.

[59] Morningstar, "Investing Glossary: Expense Ratio," [Online]. Available: http://www.morningstar.com/InvGlossary/expense_ratio.aspx.

[60] J. Kennon, "Investing in Index Funds for Beginners," TheBalance.com, 2018. [Online]. Available: https://www.thebalance.com/investing-in-index-funds-for-beginners-356318.

[61] Investopedia, "What is the 'Turnover Ratio'," 2018. [Online]. Available: https://www.investopedia.com/terms/t/turnoverratio.asp.

[62] D. Culloton, "A Brief History of Indexing," Agosto 2011. [Online].

[63] I. F. Advisors, "A Summary of the Academic Research on Stock Picking," Index Fund Advisors, [Online]. Available: https://www.ifa.com/articles/summary_of_academic_research_on_stock_picking/.

[64] J. C. Bogle, The Little Book of Common Sense Investing, Hoboken, New Jersey.: John Wiley & Son, Inc., 2007, pp. 94-95.

[65] O. S. R. W. L. Barras, "False Discoveries in Mutual Fund Performance: Measuring Luck in Estimated Alphas," *Forthcoming, Journal of Finance*, p. 2, 2009.

[66] S. Eräkorpi, Regression to the mean phenomenon in the stock market (Master's Thesis), Tallinn: Tallinn University of Technology, 2017.

[67] SEC, "Exchange Traded Funds (ETFS)," US Securities and Exchange Commission, [Online]. Available: https://www.investor.gov/introduction-investing/basics/investment-products/exchange-traded-funds-etfs.

[68] Vanguard, "What is the history of ETFs?," 2017. [Online]. Available: https://advisors.vanguard.com/VGApp/iip/site/advisor/etfcenter/article/ETF_HistoryOfETFs.

Referencias

[69] E. Fontinelle, "ETF Tracking Errors: Protect Your Returns," Investopedia, 2018. [Online]. Available: https://www.investopedia.com/articles/exchangetradedfunds/09/tracking-error-etf-funds.asp.

[70] D. N. M. H. Joanne M. Hill, "The Nuts and Bolts: How ETFs Work," in *A Comprehensive Guide to Exchange-Traded Funds (ETFs)*, New York, The CFA Institute, 2015, pp. 23-33.

[71] Knoema, "World Market Capitalization, 2017," Knoema, 2017. [Online]. Available: https://knoema.com/atlas/topics/Economy/Financial-Sector-Capital-markets/Market-capitalization.

[72] G. W. Jorion P, "Global Stock Markets in the Twentieth Century," *Journal of Finance*, p. 22, 1999.

[73] Investopedia, "What is a 'Real Estate Investment Trust - REIT'," [Online]. Available: https://www.investopedia.com/terms/r/reit.asp.

[74] Investopedia, "Beta," [Online]. Available: https://www.investopedia.com/walkthrough/fund-guide/introduction/1/beta.aspx.

[75] W. F. Sharpe, "Mutual Fund Performance," *The Journal of Business*, vol. 39, no. 1, pp. 119-138, 1966.

[76] L. N. P. Frank A. Sortino, "Performance Measurement in a Downside Risk Framework," *The Journal of Investing*, vol. 3, no. 3, pp. 59-64, 1994.

[77] K. Amadeo, "Stock Market Corrections Versus Crashes And How to Protect Yourself," TheBalance.com, [Online]. Available: https://www.thebalance.com/stock-market-correction-3305863.

[78] M. Hulbert, "Bear Markets Can Be Shorter Than You Think," 6 Marzo 2016. [Online]. Available: https://www.wsj.com/articles/bear-markets-can-be-shorter-than-you-think-1457321010.

[79] Wikipedia, "List of stock market crashes and bear markets," [Online]. Available: https://en.wikipedia.org/wiki/List_of_stock_market_crashes_and_bear_markets.

[80] Investopedia, "What is a 'Benchmark'?," [Online]. Available: https://www.investopedia.com/terms/b/benchmark.asp.

[81] J. Sommer, "The Best Investment Since 1926? Apple," The New York Times, Septiembre 2017. [Online]. Available: https://www.nytimes.com/2017/09/22/business/apple-investment.html.

Referencias

[82] B. McClure, "Fundamental Analysis: What Is It?," Investopedia, [Online]. Available: https://www.investopedia.com/university/fundamentalanalysis/fundanalysis1.asp.

[83] I. Dictionary, "Gordon Growth Model," investinganswers.com, [Online]. Available: http://www.investinganswers.com/financial-dictionary/income-dividends/gordon-growth-model-5270.

[84] B. G. Malkiel, A Random Walk Down Wall Street, New York: W. W. Norton & Company, 1999, pp. 168-169.

[85] A. M. S. Ryan Poirier, "Fleeting Alpha: Evidence From the SPIVA and Persistence Scorecards," S&P Dow Jones Indices, Febrero 2017. [Online]. Available: https://us.spindices.com/documents/research/research-fleeting-alpha-evidence-from-the-spiva-and-persistence-scorecards.pdf.

[86] B. Graham, "Securities In An Insecure World, A Lecture by Benjamin Graham," 15 Noviembre 1963. [Online]. Available: http://jasonzweig.com/wp-content/uploads/2015/03/BG-speech-SF-1963.pdf.

[87] J. J. Murphy, "Philosophy of Technical Analysis," in *Technical Analysis Financial Markets*, New York, New York Institute of Finance, 1999, pp. 1-2.

[88] M. C. Thomsett, Support and Resistance Simplified, Columbia, Maryland: Marketplace Books, 2003.

[89] J. Kuepper, "Technical Analysis: Chart Patterns," Investopedia, [Online]. Available: https://www.investopedia.com/university/technical/techanalysis8.asp.

[90] C. Mitchell, "How to Use a Moving Average to Buy Stocks," Investopedia, 2018. [Online]. Available: https://www.investopedia.com/articles/active-trading/052014/how-use-moving-average-buy-stocks.asp.

[91] J. J. Siegel, "Moving Averages," in *Stocks for the Long Run, 5th Edition*, New York, McGraw-Hill Education, 2014, p. 320.

[92] W. W. Jr., New Concepts in Technical Trading Systems, Greensboro, NC: Trend Research, 1978.

[93] B. G. Malkiel, "The Eficient Market Hypothesis and Its Critics," *Journal of Economic Perspectives*, vol. 17, no. 1, p. 59–82, 2003.

[94] V. Zakamulin, "The Real-Life Performance of Market Timing with Moving Average and Time-Series Momentum Rules," *Journal of Asset Management*, p. 5, 2014.

[95] J. B. Michael Kane, "An information technology emphasis in biomedical informatics education," *Journal of Biomedical Informatics*, vol. 40, no. 1, pp. 67-72, 2007.

Referencias

[96] Z. M. D Dasgupta, Evolutionary Algorithms in Engineering Applications, New York: Springer-Verlag Berling Heidelberg, 1997.

[97] M. Y. Tahir M. Nisar, "Twitter as a tool for forecasting stock market movements: a short-window event study," *The Journal of Finance and Data Science*, vol. 4, no. 2, 2017.

[98] A. Kar, "Stock Prediction using Artificial Neural Network," *Dept. of Computer Science and Engineering, IIT Kanpur*, p. 6, 1999.

[99] M. S. Rozeff, "Lump-Sum Investing Versus Dollar-Averaging," *Journal of Portfolio Management*, pp. 45-50, 1994.

[100] Investopedia, "What is 'Dollar-Cost Averaging (DCA)'," [Online]. Available: https://www.investopedia.com/terms/d/dollarcostaveraging.asp.

[101] M. E. Edleson, Value Averaging: The Safe and Easy Strategy for Higher Investment Returns, New York: Wiley, 2006.

[102] F. M. K. J. Y. Z. Colleen M. Jaconetti, "Best practices for portfolio rebalancing," 2010. [Online]. Available: https://www.vanguard.com/pdf/icrpr.pdf.

[103] W. J. Bernstein, "The Rebalancing Bonus:Theory and Practice," 1996. [Online]. Available: http://www.efficientfrontier.com/ef/996/rebal.htm.

[104] D. Hunt, "Tax-Loss Harvesting: What It Is and How It Works," Morgan Stanley, Diciembre 2017. [Online]. Available: https://www.morganstanley.com/access/tax-loss-harvesting.

[105] W. P. Bengen, "Determining withdrawal rates using historical data," Octubre 1994. [Online]. Available: http://www.retailinvestor.org/pdf/Bengen1.pdf.

[106] H. W. Cooley, "Retirement Savings: Choosing a Withdrawal Rate That Is Sustainable," *AAII Journal*, vol. 10, no. 3, p. 16-21, 1998.

[107] C. Benz, "A Sample Retirement Portfolio Using the Bucket Approach," Morningstar.com, Agosto 2012. [Online]. Available: https://www.morningstar.com/articles/566257/a-sample-retirement-portfolio-using-the-bucket-app.html.

[108] N. E. Fox, "Comparing a Bucket Strategy and a Systematic Withdrawal Strategy," AAII JOURNAL, Abril 2012. [Online]. Available: http://www.aaii.com/journal/article/comparing-a-bucket-strategy-and-a-systematic-withdrawal-strategy.

[109] C. Mitchell, "An Introduction To CFDs," Investopedia, 2018. [Online]. Available: https://www.investopedia.com/articles/stocks/09/trade-a-cfd.asp.

Referencias

[110] K. Shaik, "Chapter 2, Equity Swaps," in *Managing Derivatives Contracts: a Guide to Derivatives Market Structure*, Apress, 2014, p. 40.

[111] B. Schlossberg, "Margin Call," in *Technical Analysis of the Currency Market*, Hoboken, New Jersey, John Wiley & Sons, Inc., 2006, pp. 11-13.

[112] Investopedia, "What is a 'Short (or Short Position)'," [Online]. Available: https://www.investopedia.com/terms/s/short.asp.

[113] M. G. Young, Complete Guide to Selling Stocks Short, Ocala, Florida: atlantic Publishing Group, 2010.

[114] SEC, "Penny Stock Rules," US Securities and Exchange Commission, [Online]. Available: https://www.sec.gov/fast-answers/answerspennyhtm.html.

[115] A. T. Daniel Kahneman, "Prospect Theory: an Analysis of Decision under Risk," *Econometrica*, , vol. 47, no. 2, 1979.

[116] T. R. S. A. O. Sciences, "Richard Thaler's Contributions To Behavioral," The Royal Swedish Academy Of Sciences, Stockholm, Sweden, 2007.

[117] R. H. Thaler, "Mental Accounting and Consumer Choice," *Marketing Science*, vol. 4, no. 3, p. 199-214, 1985.

[118] T. O. Brad M. Barber, "Trading Is Hazardous to Your Wealth: The Common Stock Investment Performance of Individual Investors," *The Journal of Finance*, vol. VOL. LV, no. 2, p. 773, 2000.

[119] J. Szramiakje, "Here's the story of one of the heroes of 'The Big Short'," BusinessInsider, Mayo 2017. [Online]. Available: http://uk.businessinsider.com/michael-burry-life-story-2017-5?r=US&IR=T.

[120] M. Lewis, The Big Short: Inside the Doomsday Machine, New York: W. W. Norton & Company, 2011.

[121] B. Arends, "Why gold has utterly failed as a 'safe haven'," MarketWatch, Febrero 2016. [Online]. Available: https://www.marketwatch.com/story/why-gold-has-utterly-failed-as-a-safe-haven-2016-02-16.

[122] Encyclopaedia Britannica, "Gold Standard," 2003. [Online]. Available: https://www.britannica.com/topic/gold-standard.

[123] C. G. &. S. Inc., "Historical Gold Prices," CMI Gold & Silver Inc., [Online]. Available: http://www.onlygold.com/Info/Historical-Gold-Prices.asp.

[124] Investing.com, "All Cryptocurrencies," 2018. [Online]. Available: https://www.investing.com/crypto/currencies.

[125] Investopedia, "Bitcoin Mining," 2018. [Online]. Available: https://www.investopedia.com/terms/b/bitcoin-mining.asp.

Referencias

[126] M. Rodríguez, "15 aplicaciones de la tecnología blockchain más allá de bitcoin," fin-tech.es, Octubre 2016. [Online]. Available: https://www.fin-tech.es/2016/10/aplicaciones-de-la-tecnologia-blockchain.html.

[127] CBOE, "Options Basics," Chicago Board Options Exchange, [Online]. Available: http://www.cboe.com/institutional/portfolio-management-strategies/options-basics.

[128] K. Kiernan, "From Ancient Greece to Wall Street: a Brief History of the Options Market," FINRA: Financial Industry Regulatory Authority, 2015. [Online]. Available: http://www.finra.org/investors/ancient-greece-wall-street-brief-history-options-market.

[129] The Options Guide, "Call Option," [Online]. Available: http://www.theoptionsguide.com/call-option.aspx.

[130] The Options Guide, "Put Option," [Online]. Available: http://www.theoptionsguide.com/put-option.aspx.

[131] The Options Guide, "Protective Put," [Online]. Available: http://www.theoptionsguide.com/protective-put.aspx.

Índice Alfabético

A Random Walk Down Wall
    Street, 220
Acciones, 63
    share, 65
    slippage, 73
    split, 303
    volumen, 73
Acciones vs Bonos, 157
    regla general, 159
Activos
    de renta fija, 58
    de renta variable, 58
    negativamente
        correlacionados, 51
    perfectamente correlacionados,
        51
Ahorro, 15, 17, 18, 19, 24, 26, 32,
    133, 263, 275, 276, 277, 336
Albert Einstein, 63
Algoritmo, 8
Algoritmo Evolutivo, 255
Análisis Fundamental, 212
    Modelo de Gordon, 214
Análisis Técnico, 232
    Break Out, 236
    Índice de Fortaleza Relativa,
        243
    Moving Average (MA), 239
        curva del, 239
        lento, 241
        múltiples, 241
        rápido, 241
        sideways, 241
    Patrones, 237
        Cabeza y hombros, 238
        M, 238
        W, 238
    Price Action, 232
    Promedios Móviles, 239
    resistencias, 235
    RSI, 243
    soportes, 235
    Stop Loss, 233
    Take Profit, 233
André Gide, 312
Asesoramiento Financiero, 290
Ask, 69
Atentados del 11S, 14
Autoridad bursátil, 65
Aversión a las pérdidas, 308
Backtesting, 245
Banco Central Europeo, 108
Benchmarks, 208
Beneficios por Acción, 78
    Earnings per Share, 78
    EPS, 78
Benjamin Franklin, 289
Benjamin Graham, 227
Berkshire Hathaway, 10, 84, 122,
    303
Bernard Baruch, 9, 257
Beta (β), 191
Bid, 69
Bitcoins, 321
Blend. *Ver Valor y Crecimiento*
Blockchain, 322
Bolsa de Nueva York, 11, 127
Bolsa de Valores, 63
Bonos
    basura, 138

Índice Alfabético

corporativos, 97
corto plazo, 103
Cupón, 103
Cupón Cero, 112
del tesoro, 97
Edad, 103, 107
estructura de riesgo asimétrica, 155
Junk bonds, 138
largo plazo, 103
Maturity Date, 103
municipales, 97
plazo medio, 103
Rendimiento de un bono, 104
Stripped Bonds, 112
Valor de mercado, 105
Valor principal, 103
Bróker, 17
  comisiones, 144
  Reputación, 148
  Selección, 355
Bud Fox, 12
Burbuja inmobiliaria, 14
Burbujas, 205
Bureau of Statistics, 23, 25
Burton Malkiel, 220, 380
Calificación crediticia, 100
Capitalización, 93
  de mercado, 68, 83, 85, 86, 95, 252, 304
  Large-Cap, 82
  Mega-Cap, 82
  Micro-Cap, 82
  Mid-Cap, 82
  Nano-Cap, 82
  Small-Cap, 82
Captial Gain Tax, 273
Casino
  ruleta de, 34
Casino *M*, 35, 38, 40, 52

Casino *Market*, 35
CFA Institute, 101, 382
Clases de activos
  Internacional, 162
  rendimiento, 165
Clasificación crediticia
  Triple A (AAA), 100
Compañía de las *Indias del Este*, 64, 65
Confirmation bias, 247
Contabilidad mental, 309
Corrección de precios, 204
Correlación. *Ver Activos*
  entre clases de activos, 161
Cosecha de pérdidas, 273
Costo del dinero, 108, 109
Courratiers de change, 64
Crecimiento, 86
  Growth, 86
  Russell 1000 Growth, 91
  Russell 3000 Growth, 91
  S&P 500 Growth, 91
Década perdida, 14, 29
Default, 100
Derrotar al mercado
  beat the market, 210
Desplome bursátil, 204
Desviación estándar
  SD, 40
Deuda
  instrumento de, 97
  Privada, 98
  Pública, 97
Deuda pública
  instrumento de, 100
Dinero "tonto", 10
Diversificación, 52
Dividendo, 74
  Payout Ratio, 77
  reinversión, 75

Índice Alfabético

Rendimiento por dividendo
(Dividend Yield), 76
Divisas extranjeras, 58
Dollar Cost Average (DCA), 263
Dollar Value Average (DVA), 266
Dow Jones, 12, 13, 83, 85, 91, 179,
204, 229, 319, 350, 361
Efecto del falso consenso, 16
Efecto dotación, 308
Eficiencia del mercado, 248
Escándalo WaterGate, 13
Estilo. *Ver Valor y Crecimiento*
ETF
    arbitraje, 134
    canje en especias, 131
    error de rastreo. *Ver Tracking
error*
    ETFs inversos, 301
    Exchange Traded Funds. Ver
Fondos
    Participantes Autorizados
(PAs), 130
    por país, 178
    sectores, 179
    temáticos, 128
    Tracking Error, 130
    VEU, 176
    VNQ, 182
Eventos
    favorables, 34
    posibles, 34
Fed, 108
Fitch, 100
Fondos
    Assets Under Management
(AUM), 147
    balanceados, 171
    Capital mínimo de inversion,
120
    Closed-Ended Funds, 118

Costos
    de entrada, 120
    de salida, 120
    Expense Ratio, 119
    de inversión, 116
    indexados, 121
    liquidez, 146
    mutuos, 116
    NAV, 117
    Net Asset Value, 117
    Open-Ended Funds, 118
    participaciones, 117
    redimir (unidades), 127
    Riesgo de clausura, 147
    Target Date Funds, 172
    turnover, 123
    unidades, 117
    Valor Neto de los Activos, 117
    VBMFX, 156
    VTSMX, 156
Fontanero, 12, 15
Francesca, 20, 21, 22, 23, 26, 27,
34, 36, 37, 38, 39, 40, 41, 42, 48,
49, 50, 278
Frontera Eficiente, 53, 57
FTSE 100, 85
Galileo Galilei, 336
General George Patton, 48
George Washington, 153
Google, 68, 84, 85, 86, 87, 122, 131,
164, 342
Gordon Gekko, 12
Gran Depresión, 13
Grupo Vanguard, 148, 381
Guerra de Vietnam, 13
Herramientas de Búsqueda y
Análisis
    etfdb.com, 350
    Morningstar, 347
    PortfolioVisualizer.com, 353

Índice Alfabético

Yahoo Finance, 349
Historia del guardarropa, 201
IBEX 35, 85
Índices bursátiles, 83
Ineficiencias del mercado, 134
Inflación, 22
Instituciones financieras, 7, 9
Inteligencia Artificial, 253
Internet, 13, 86, 357
Inversión
    Activa, 17, 90, 124, 199
    bursátil, 14, 22, 209, 344
    en Valor, 227
    Pasiva, 17, 124, 373
Inversión pasiva vs activa, 124
Investigación genética, 255
iPhone, 216
Irving Fisher, 12
Jakob Bernoulli, 38
Jeremy Siegel, 380
John Adams, 17
John C. Bogle, 124, 148, 381
John J. Raskob, 12
John Keynes, 208
Juego de suma cero, 7, 14, 31, 32, 170
Karl Popper, 212
Lao Tzu, 17
Las cuatro esquinas del mercado, 92
Ley de los Grandes Números, 37, 38, 327
Libro de órdenes
    Stock Order Book, 70
Loss Harvesting. *Ver cosecha de pérdidas*
Margaret Thatcher, 232
Margin Call, 301
Margin of safety, 227
Mark Hulbert, 204

Market Timing, 250
Martin Scorsese, 12
Michael Burry, 316
Michael E. Edleson, 381
Microsoft, 43, 44, 84, 85, 102, 122, 131, 164, 285
Moody's, 100
Morningstar, 92, 93, 95, 111, 347, 348, 349
Mortgage Baked Securities
    MBS, 100
MSCI EAFE, 85
Myrion J. Gordon, 215
NASDAQ, 14, 85, 91
Netflix, 86
Nicolás Maquiavelo, 11
Oferta Inicial Pública (IPO), 66
Opciones
    call, 324
    hedge (cobertura), 332
    naked, 331
    protective put, 332
    put, 329
    strike price, 325
    time decay, 329
Operaciones
    en corto (short), 300
    en largo (long), 301
Ordenes límite, 74
Oro, 318
Oscar Wilde, 284
Overfitting, 247
Patrón oro, 319
Paul Rand, 116
Penny Stocks, 302
Perseguir el rendimiento, 127
Peter Drucker, 190
Peter F. Drucker, 143
Peter Mallouk, 381
Peter Marshall, 261

Índice Alfabético

Petróleo, 13, 58, 128, 204, 226, 300
Portafolio en compartimientos, 279
Precio-Valor Contable
  P/B, 79
  Price to Book, 79
Prestiti, 64
Probabilidad, 33
Producto Interior Bruto
  PIB, 98
Productos apalancados
  Contract for Difference (CFD), 298
  hipoteca inmobiliaria, 297
  Leveraged Products, 297
Reajuste
  absoluto, 271
  combinado, 271
  del portafolio, 270
  periodico, 271
  porcentaje relativo, 271
Redes Neuronales, 254
Regla de las tres sigmas, 44
Regla del 4%, 277
Regreso a la media, 125, 165, 168, 220, 344
REIT
  Real Estate Investments Trusts, 180
Retorno
  ajustado por riesgo, 193
  promedio, 35
  real, 35
  típico, 49
Richard Nixon, 13, 319
Riesgo
  no sistémico, 67, 68, 94, 313
  reducir el, 18, 56
  sistémico, 67, 68, 94, 313, 314
  tolerado, 19, 40, 57, 154, 156, 189, 208, 272, 338
Volatilidad, 38
  y retorno, 274
Riesgo y retorno, 17, 33, 35, 160, 275, 280, 312
Riqueza genuina, 15, 18, 30, 31, 32
Robert J. Shiller, 28
Robots inversores, 8
Rotación de activos. Ver *Fondos, turnover*
Russell 3000, 85
S&P500
  Standard & Poor's 500, 14, 27
Samuel Crowther, 12
Samuel Goldwyn, 33
Scion Capital, 317
Security Analisys, 227
Selección de activos, 252
semi-varianza, 46, 194
Sensibilidad a los Tipos de Interés, 105
Sharpe Ratio, 192
Short the Market, 316
Si quieres un amigo, cómprate un perro, 12
Sir Isaac Newton, 201
Sortino Ratio, 194
SPDR. Ver *ETF*
Spread, 69
Stock Picking, 89, 90, 378
Tendencias
  a la baja, 223
  al alza, 223
  momentum, 223
Teoría Moderna del Portafolio, 48, 50, 52, 312
Teoría prospectiva, 307
Terapias genéticas, 255
The Big Short, 318

Índice Alfabético

Thomas Sowell, 382, 383
Trump, 36, 42, 52
Usain Bolt, 90
Valor
   intrínseco, 88
   real, 88
   Russell 2000 Value, 91
Valor (Value), 88

Van der Buerse, 64
Vanguard Index Trust, 124
Volatilidad. *Ver Riesgo*
Warren Buffet, 10, 20
Welles Wilder Jr., 243
William J. Bernstein, 380, 381, 382
WilShire, 91

www.ingramcontent.com/pod-product-compliance
Lightning Source LLC
Chambersburg PA
CBHW020624220526
45464CB00001B/14